KCA 한국상담학회 상담학 총서 ___ 07

학습상담 ^{2판}

Counseling and Consulting for Learning

이재규 · 김종운 · 김현진 · 박혜숙 · 백미숙 · 송재홍
신을진 · 유형근 · 이명경 · 이자영 · 전명남 공저

학지사

[2판 발간사]

2013년 상담학 총서가 출간된 후 어느덧 5년이라는 시간이 흘렀다. 1판 발간 당시에는 상담학 전체를 아우르는 상담학 총서 발간에 대한 필요성을 절감하며 한국상담학회 제6대 김성회 회장과 양명숙 학술위원장이 주축이 되어 학술위원회에서 13권의 총서를 발간하기로 하고 대표 저자 선생님들과 여러 간사의 헌신적인 노력으로 상담학 총서를 출간하였다. 이를 계기로 상담학 총서는 상담의 이론뿐 아니라 상담의 실제 그리고 반드시 알아야 할 상담학 연구 등 다양한 영역의 내용을 포괄하여 상담학이 독립된 학문으로 자리 잡을 수 있도록 기초를 다졌다. 이러한 첫걸음은 상담학에 대한 독자의 균형 있고 폭넓은 이해를 도와 상담학의 정체성을 확립하는 디딤돌이 되었다.

이번에 발간되는 상담학 총서는 앞서 출간된 『상담학 개론』 『상담철학과 윤리』 『상담이론과 실제』 『집단상담』 『부부 및 가족 상담』 『진로상담』 『학습상담』 『인간발달과 상담』 『성격의 이해와 상담』 『정신건강과 상담』 『심리검사와 상담』 『상담연구방법론』 『상담 수퍼비전의 이론과 실제』의 개정판과 이번에 새롭게 추가된 『중독상담학 개론』 『생애개발상담』으로 구성되어 있다. 이처럼 여러 영역을 아우르는 총서는 상담학을 접하는 다양한 수요자의 특성과 전문성에 맞추어 활용될 수 있다는 장점이 있다. 각각의 총서는 상담학을 처음 공부하는 학부생들에게는 상담의 이론적 기틀 정립에 도움을 주고 있으며, 대학원생들에게는 인간을 보다 깊이 이해하고 상담학의 체계적인 연구 방법을 배울 수 있도록 한다. 또한 전문 상담자들에게는 상담의 현장에서 부딪힐 수 있는 다양한 어려움과 문제점을 해결할 수 있도록 구체적인 방안을 제공하는 실용서로 자리매김하고 있다. 이처럼 상담학 총서의 발간은 상담학의 학문적 기틀 마련과 전문 상담자의 전문성 향상이라는 학문과 실용의 두 가지 역할을 포괄하고 있어 상담학의 발전에 크게 기여하였다고 자부한다.

최근 우리 사회는 말로 표현하기 힘든 여러 가지 사건과 사고로 심리적인 어려움을 겪었고, 소통과 치유의 필요성은 날로 커지고 있다. 이에 따라 상담자의 전문성 향상에 대한 목소리가 높아지고 있으나, 이러한 때에도 많은 상담자는 아직도 상담기법만 빨리 익히면 성숙한 상담자로 성장할 수 있을 것이라 생각하여 기법 배우기에만 치중하는 아쉬움이 있다. 오랜 시간과 정성으로 빚어 낸 전통 장의 깊은 맛을 손쉽게 사 먹을 수 있는 시중의 장맛이 따라갈 수 없듯이, 전문 상담자로서의 전문성을 갖추기 위해서는 힘든 상담자의 여정을 견뎌 내는 시간이 필요하다. 선배 상담자들의 진득한 구도자적 모습을 그리며 성숙한 상담자가 되기 위해 노력하는 많은 분께 상담학 총서가 든든한 버팀목이 되었으면 한다.

1판의 경우 시작이 있어야 발전이 있다는 책무성을 가지고 어려운 난관을 이겨 내며 2년여의 노력 끝에 출판하였지만 좀 더 다듬어야 할 필요성이 제기되고 있었다. 이에 쉽지 않은 일이지만 편집위원들과 다시 뜻을 모아 각각의 총서에서 시대적 요구를 반영하고 새롭게 다듬어야 할 부분을 수정하며 개정판을 준비하였다. 개정되는 상담학 총서는 기다림이 빚는 우리의 장맛처럼 깊이 있는 내용을 담기 위해 많은 정성과 애정으로 준비하였다. 그러나 아직 미흡한 점이 다소 있을 수 있음을 양해 바란다. 부디 이 책이 상담을 사랑하는 의욕적인 상담학도들의 지적·기술적 호기심을 채워 줄 뿐 아니라 고통에서 벗어나 치유를 이루어야 하는 모든 사람에게 하나의 빛이 되기를 기원한다.

바쁜 일정 중에서도 함께 참여해 주신 여러 편집위원과 간사님들 그리고 상담학 총서의 출판을 맡아 주시고 물심양면으로 지원해 주신 학지사 김진환 사장님과 최임배 부사장님을 비롯하여 더 좋은 책이 될 수 있도록 그 많은 저자에게 일일이 전화와 문자로 또는 이메일로 꼼꼼한 확인을 마다하지 않은 학지사 직원 여러분께도 진심으로 감사를 전한다.

2018년 7월
한국상담학회 제9대 회장 천성문

대화와 상호작용을 통해 도움을 주고받는 것이 상담이라고 정의한다면, 상담은 인류의 시작과 함께 시작되었다고 볼 수 있다. 그러나 우리나라에서 현대적 개념의 상담이 시작된 것은 1952년 미국 교육사절단이 정신위생이론을 소개한 이후부터라고 할 수 있을 것이다. 1953년 대한교육연합회 내부기관으로 중앙교육연구소가 설립되었고, 이 기관의 생활지도연구실을 중심으로 가이던스, 카운슬링, 심리검사가 소개되면서 상담에 대한 관심이 대단히 높아졌다.

상담에 대한 이러한 관심은 주로 교육학과나 심리학과를 중심으로 시작되어 그 밖의 분야까지 확산되었다. 1961년 중등학교 교도교사 100여 명이 '전국 중등학교 카운슬러 연구회'를 창립하였고, 이 연구회가 발전하여 1963년의 '한국 카운슬러협회' 창립으로 이어졌다. 그리고 심리학회에서 1964년에 창립한 임상심리분과회의 명칭을 1974년에 '임상 및 상담심리분과회'로 변경하면서 상담심리가 그 이름을 드러냈다. 상담학이 교육학이나 심리학 등 특정 학문의 하위 학문으로 머물러 있는 한 발전이 어렵다는 공감대 아래, 2000년에 그 당시 이미 학회 활동을 하고 있던 대학상담학회, 집단상담학회, 진로상담학회 등이 주축이 되어 상담학의 독립화와 전문화 및 대중화를 목표로 한국상담학회를 창립하게 되었다.

현재 한국상담학회의 회원만 1만 4,000명이 넘는 등 상담의 대중화는 급물살을 타고 있다. 이러한 추세와 더불어 많은 대학에서 상담학과를 신설하고 있고, 전문 상담사를 모집하는 기관도 늘어나고 있다. 그러나 아직도 상담학을 독립된 학문으로 인정하지 않는 사람들이 많고, 전문 상담사들이 수혜자들의 요구 수준을 완전히 충족시키지 못하고 있다는 지적이 있다. 이러한 문제에 대해 한국상담학회에서는 수련 시간을 늘리고 전문 상담사의 전문적 수준을 높이는 등 전문 상담사의 자격관리를 철저히 함은 물론 상담학의 이론적 틀을 확고히 하려는 노력을 여러 방면에서 계속해 왔다.

그 노력 중 하나가 상담학 총서 발간이다. 우리나라에 상담학이 도입된 지 60년이 넘었고, 최초의 상담 관련 학회인 한국카운슬러협회가 창립된 지 50년이 다 되었지만 어느 기관이나 학회에서도 상담학 전체를 아우르는 총서를 내지 못한 것에 대해 전문 상담사들의 아쉬움이 컸다. 상담학 총서 발간에 대한 필요성은 제4대 회장인 김형태 한남대학교 총장께서 제의하였으나, 학회 내의 여러 사정상 그동안 이루어지지 못하고 있던 차에 본인이 회장직을 맡으면서 학술위원회에 상담학 총서의 발간을 적극적으로 요구했다.

이에 따라 양명숙 학술위원장이 주축이 되어 학술위원회에서 13권의 총서를 발간하기로 하고 운영위원회의 위임을 받아 준비에 들어갔다. 가급적 많은 회원이 참가할 수 있도록 하기 위해 자발적 참여자를 모집하였고, 이들이 중심이 되어 저서별로 대표 저자를 선정하고 그 대표 저자가 중심이 되어 집필진을 변경 또는 추가하여 최종 집필진을 완성한 후 약 2년간에 걸쳐 상담학 총서의 발간을 추진했다. 그 사이 13권 각각의 대표 저자들이 여러 번의 회의를 했고, 저자들이 교체되는 등의 많은 어려움도 있었다. 그러나 양명숙 학술위원장을 비롯하여 학술위원이자 총서 각 권의 대표 저자인 고홍월, 김규식, 김동민, 김봉환, 김현아, 유영권, 이동훈, 이수연, 이재규, 임은미, 정성란, 한재희 교수와 여러 간사의 헌신적인 노력으로 상담학 총서를 출간하게 되었다. 이에 관련된 모든 분께 감사드린다.

상담학 총서 중 일부는 이전에 같은 제목으로 출판되었던 것도 있지만 처음

출판되는 책들도 있다. 처음 시도된 분야도 있고, 다수의 저자가 참여하다 보니 일관성 등에서 부족함도 있을 것이다. 그러나 시작이 있어야 발전이 있기에 시작을 하였다. 이후 독자들의 조언을 통해 더 나은 책으로 거듭나기를 기대한다. 이번 상담학 총서 발간은 상담학의 발전을 위한 하나의 초석이 될 것으로 확신한다.

끝으로, 상담학 총서의 출판을 맡아 주시고 물심양면으로 지원해 주신 학지사 김진환 사장님과 최임배 전무님을 비롯하여 더 좋은 책이 될 수 있도록 그 많은 저자에게 일일이 전화와 문자로 또는 메일을 통해 꼼꼼하게 확인하는 것을 마다하지 않은 학지사 직원 여러분께 진심으로 감사드린다.

2013년 2월
한국상담학회 제6대 회장 김성회

[2판 머리말]

흔히 인간은 자신이 만물의 영장이라는 자부심을 가지고 있다. 인간은 무기를 개발하고 조직을 구성하여 인간보다 더 강한 동물들을 제압해 왔다. 또한 기계의 발명을 통해서 도저히 가능할 것 같지 않았던 대규모 교량을 만들고, 건축물을 만들기도 한다. 날개를 가지지 못한 인간은 하늘을 날기도 했다. 이렇게 인간이 만물의 영장이 될 수 있었던 것은 무엇 때문일까? 아마도 인간이 다른 동물들에 비하여 뛰어난 학습능력을 가지고 있기 때문이 아닐까?

그런데 최근에 인간 문명의 발달은 인간이 만물의 영장이라는 인간의 자부심을 위협하고 있다. 스스로 학습할 수 있는 인공지능들이 등장하면서, 이제껏 인간만이 가능했던 학습 및 판단과 같은 고차적 사고는 더 이상 인간의 전유물이 될 수 없게 된 것이다. 2016년 이세돌이 알파고에 완패를 당한 것을 지켜본 많은 사람은 정신적 공황 상태를 경험하게 되었다. 이제 인간은 기계의 종이나 노예가 될지도 모른다는 사실을 걱정하게 되었다.

이세돌이 알파고에 패한 것은 인간의 학습이 인공지능의 학습에 패한 것이나 다름없었다. 이제껏 인간이 위기에 직면할 때마다 인간을 구원해 주었던 인간의 학습이 위기에 봉착하게 되었다.

그래서 인간은 스스로를 구원하기 위해서 "학습이란 과연 무엇인가? 인간이 이제껏 했던 학습으로 과연 인공지능의 학습을 능가할 수 있을까? 인공지능의 학습을 능가하기 위해서는 인간은 어떤 학습을 어떻게 해야 하는가?" 등 인간의 학습에 대해서 근본적인 질문을 던져야 했다.

이제껏 인간은 다른 인간보다 유능해지기 위해서 학습을 해 왔다. 인간이 다른 인간과 경쟁하여 이기기 위해서는 어떻게 해야 할까? 다른 인간보다 더 많은 시간을 들여 더 많은 학습을 해야 한다는 생각이 지배적이었다. 하지만, 잠도 자지 않고 집중력이 흐려지지 않는 인공지능과 경쟁해야 하는 상황에서 보다 많은 시간 동안 보다 많은 양의 학습을 하면 된다는 생각으로는 인공지능과 경쟁할 수 없게 되었다. 그러면 어떻게 해야 할까? 모든 것을 포기하고 인공지능의 종이나 노예가 되어서 살아가는 선택도 가능할 것이다. 그것을 원치 않는다면, 인공지능의 학습과 질적으로 다른 인간만이 가능한 학습이 무엇인가를 찾고, 그것을 할 수 있는 방법을 찾아야 할 것이다.

인간의 학습이 이러한 위기에 처해 있는 상황에서, 학습자는, 선생님은, 학습상담자는 이를 분명하게 인식하고 대처하고 있을까? 인간은 위기에 직면하여 도전을 선택하기도 하지만, 때로는 도피를 선택하는 것 같다. 2016년에 이세돌이 알파고에 완패를 당했을 때만 해도, 학습자들이나 선생님들이나 학습상담자들은 인간의 학습을 어떻게 도약시킬 것인지에 대해서 잠시 고민을 하는 듯했다. 하지만, 뚜렷한 해답을 찾지 못하자 곧바로 망각해버린 것 같다. 인공지능을 이기기 위한 학습에 대해서 더 이상 신경을 쓰지 않고 구태의연하게 다른 인간들을 이기기 위한 학습에 몰두하고 있는 것 같다.

그러면, 다른 인간을 이기기 위한 학습이 아니라 인공지능을 이기기 위한 학습을 해야 하는 상황에서, 학습상담자들은 어떤 질문에 대해서 답할 수 있어야 할까? 이에 대해서는 많은 사고와 토론이 필요할 것이다. 하지만, 몇 가지를 제기해 보면 다음과 같은 것들이 있다고 생각된다.

첫째, 도대체 학습이란 무엇인가에 답할 수 있어야 할 것이다. 적어도 두 가지 학습에 대한 관점 중에서 어떤 것이 인공지능을 이기기 위한 학습에 가까운 것인가에 대해서 답을 할 수 있어야 한다. 학습에 대한 관점은 다양하지만 대표적으로 두 가지 관점이 있다. 하나는 학교라는 제도에서 가르쳐 주는 바를 잘 이해하여 높은 점수를 받기다. 다른 하나는 인간이 생존과 번영을 위해서 자신 그리고 자신을 둘러싼 환경, 그리고 둘 사이의 관계, 둘 사이가 조화되지 않는다면 그것을 조화시키는 방법을 찾기다. 어떤 학습관에 따라 학습이 전개될 때, 그 학습은 인공지능을 이기는 학습이 될 수 있을까?

둘째, 학습상담자가 무엇을 어떻게 해야 학습자가 자신의 학습능력을 신뢰할 수 있게 될 수 있을까? 학습자가 자신의 학습능력을 신뢰하여 무엇인가 학습해 내야 할 것이 있을 때 회피하기보다는 도전하고 결국은 학습을 해내게 할 수 있을까? 많은 학습상담자가 경험하였듯이, 나이가 어린 학습자일수록 무엇인가 배워야 할 것이 있을 때 기꺼이 배우려고 한다. 반면, 나이가 많은 학습자일수록 무엇인가 배워야 할 것이 있을 때 배울 수 있다고 생각하고 도전하기보다는 지레 겁을 먹고 피하려고 한다. 무엇인가 배워야 하는 학습자들이 지레 겁을 먹고 피하려고 할 때, 나는 그들이 무엇을 성공적으로 배웠는지에 대해서 검토해 보도록 한다. "당신은 한 살 때 100m를 다른 사람들만큼 빨리 걸을 수 있었나요? 지금은 어떠한가요? 당신은 한 살 때 1페이지 정도의 글을 쓸 수 있었나요? 지금은 어떠한가요? 당신은 한 살 때 ○○○게임을 할 수 있었나요? 지금은 어떠한가요?" 등 내가 이렇게 물어보면 대다수의 학습자가 "아니요, 예, 아니요, 예, 아니요, 예 등"으로 대답한다. 나는 그들에게 다시 묻는다. "당신은 어떻게 해서 한 살 때는 하지 못했던 것을 지금은 할 수 있게 되었나요?" 그들은 대답한다. "배우고 익혔기 때문인 것 같습니다." 이런 대화를 하다 보면, 학습자들은 자신이 살아오면서 많은 문제를 경험했지만 결국 배우고 익혀서 그 문제를 해결할 수 있게 되었으며, 지금 학습해야 할 것도 결국은 해낼 수 있음을 인식하게 되었다고 한다. 학습자들이 인공지능과 경쟁에서 이기는 학습을 할 수 있기 위해서는 무엇보다도 자신의 학습능력을 신뢰할 수 있어야 할 것이다. 과연 어떻게 해야 학습상담자들은 다양한 학습자에게 자신의 학습능력을 신뢰할 수 있도록 도울 수 있을까?

학습자들이 인공지능과의 경쟁에서 이기는 학습을 할 수 있도록 돕기 위해서 앞의 두 가지 질문 이외에도 학습상담자들이 답할 수 있어야 하는 질문은 대단히 많을 것이다. 학습상담자들이 어떻게 해야 학습자들이 자신의 학습과정에 대해서 성찰하고, 자신의 학습과정에서 겪는 어려움을 헤쳐 나아갈 수 있도록 도울 수 있을까? 학습자나 학습자의 부모들이 인공지능과 이기기 위한 학습능력의 신장보다는 다른 인간을 이기기 위한 학습 방법을 알려 달라고 할 때 어떻게 대처해야 하는가? 등이 있다.

『학습상담(2판)』에서는 앞에서 제기한 문제들에 대해서 생각해 보도록 하고, 그 문제의 답에 대한 실마리를 찾는 데 도움이 되는 내용을 담으려고 했다. 하지만 충분하지는 못한 듯하다. 『학습상담(2판)』을 사용하는 선배, 동료, 후학들이 이에 대해서 많은 문제를 제기해 주기를 간절히 요청하는 바이다.

2022년 3월

대표 저자 이재규

[1판 머리말]

'학습'은 다양한 활동을 기술하는 용어이다.

첫째, 학습은 개인이 생존과 번영에 필요한 무엇인가를 배우고 익히는 과정을 뜻한다. 유아들은 원활한 의사소통을 위해서 모국어를 배우고 보다 빠른 이동을 위해서 걷고 뛰는 기술을 익힌다. 중학생들은 친구들과 어울리기 위해서 농구나 축구 등과 같은 운동경기나 함께 즐길 수 있는 각종 게임을 배운다. 외국인을 자주 접할 기회가 있는 초·중·고등학생과 성인들은 외국인들과의 원활한 소통을 위해서 외국어를 익힌다. 성인들은 급속하게 변화하는 시대가 요구하는 빠른 의사소통을 위해서 늦은 나이에 스마트폰의 활용법을 습득하기도 한다. 다양한 연령과 계층의 학습자들이 자신들의 생존과 번영을 위해 자발적으로 배우고 익히는 활동에 참여할 때 그들은 학습에 기꺼이 참여하고 학습 자체를 즐길 수 있게 된다.

둘째, 학습은 제도교육이 요구하는 교과의 내용을 정해진 기준에 따라 배우고 익혀 내야 하는 활동을 의미한다. 초·중·고등학생들은 수학 교과에 제시된 함수와 방정식 그리고 도형의 성질 등을, 대학생들은 전공과목에 제시된 각종 개념을 정해진 기간 동안에 정해진 수준만큼 배우고 익혀 내야 한다.

셋째, 학습은 제도교육의 평가 체제에서 보다 더 높은 수준의 성취를 이루어

내는 활동을 말한다. 초 · 중 · 고등학생들은 1차 고사와 2차 고사 그리고 대입에서의 보다 높은 성취를 위해서 학습을 한다. 대학생들도 취업 시험에서 더 높은 성취를 얻기 위해서 학습을 한다.

한국 사회에서는 두 번째와 세 번째 유형이 학습 활동의 주류를 이루고 있다. 이 두 가지 유형의 학습 활동에서 학습자들은 다양한 문제들을 겪는다. 성적의 상중하를 막론하고 거의 모든 학생들이 학습으로 인하여 심각한 정도의 스트레스를 경험하고 있다. 어떤 학생들은 학습으로 인하여 자기존중감의 상실을 경험한다. 학습으로 인한 과도한 스트레스로 인하여 두통과 편두통, 소화불량, 탈모 등의 신체화 증상을 호소하기도 한다. 심지어 어떤 학생들은 이러한 스트레스를 견디지 못하여 꽃다운 청춘을 마감하는 극단적인 선택을 하기도 한다. 부모와 자녀 사이에 학습으로 인한 심각한 갈등이 생기기도 한다.

학습으로 인하여 고통을 겪는 학생과 학부모가 많아졌고, 그들을 대상으로 하는 정부와 민간단체 혹은 개인의 학습상담 서비스가 날로 확장되고 있다. 대전교육청 등에서는 학습상담자를 고용하여 학습부진아를 돕는 서비스를 제공하고 있다. 또한 각종 민간단체와 개인들은 학습으로 인하여 고통받는 학생과 학부모들을 위해서 학습상담 서비스를 제공하고 있다.

한국상담학회의 상담학 총서에 이 책이 포함된 것은 학습상담에 대한 요구가 이와 같이 증대하고 있기 때문이라고 생각된다. 이 책의 집필진들은 상담이라는 활동을 통해서 학습으로 인한 학생과 학부모의 고통을 줄여 주는 방법을 다각적으로 모색해 보았다. 이런 모색을 하는 과정에서 상담 서비스가 학습으로 인한 학생과 학부모의 고통을 얼마나 덜어 줄 수 있을까 하는 점에 대해서 많은 회의를 느끼기도 했다.

학습으로 인하여 학생과 학부모가 겪는 고통은 개인의 문제가 아니라 사회적 · 문화적 · 제도적 문제와 밀접하게 연관되어 있기 때문이다. 현재 한국 사회에서는 개인의 생존과 번영을 위해 필요한 그 무엇인가를 배우는 활동으로서의 학습은 거의 존재하지 않고 있다. 학습의 본질적인 측면은 간과되고 있으며, 학습은 오로지 제도교육의 평가 체제에서 보다 우수한 등급을 받기 위한 수단의 의미만 가지고 있다. 학생과 학부모가 학습으로 인하여 받는 고통의 대부분은 학습을 둘러싼 사회·문화·제도의 특징으로 인한 것이었기 때문에, 상담이 학습으로 인한 학생과 학부모의 고통을 덜기 위해서 제공할 수 있는 서비스는 제한되어 있었다.

단 한 권의 책만으로는 학습으로 인하여 학생과 학부모가 겪는 고통을 더는 데 한계가 있겠지만, 상담 서비스를 통해서 학생과 학부모를 도울 수 있는 방안을 찾기 위한 과정의 첫걸음을 시작하고 보다 나은 대안을 찾으려는 의도로 이 책을 펴내게 되었다.

이 책의 공저자들은 학습의 본질을 왜곡하는 한국의 열악한 '학습' 현실 속에서 학습 문제로 인하여 고통을 겪는 학생과 학부모를 돕기 위해 애써 오신 분들이다. 그리고 그러한 학생과 학부모가 학습의 본질을 추구함으로써 학습의 참된 의미를 발견하고 성취감을 경험할 수 있는 환경을 형성하기 위해 연구의 영역에서 그리고 학습상담 실천의 영역에서 작은 변화들을 일으키기 위해 노력해 오신 분들이기도 하다. 머리말을 통해서 이런 노력을 경주하고 계신 김종운 교수님, 김현진 교수님, 박혜숙 교수님, 백미숙 소장님, 송재홍 교수님, 신을진 교수님, 유형근 교수님, 이명경 소장님, 이자영 교수님, 전명남 교수님께 감사를 드리고 싶다.

또한 상담학 총서를 기획하신 양명숙 학술위원장님, 상담학 총서의 진행을 물심양면으로 지원하신 김성회 회장님, 원고 제출이 지연되었음에도 불구하고 일정에 맞춰 책이 출간될 수 있도록 적극적인 역할을 해 주신 학지사 최임배 전무님과 편집부의 이현구 선생님께도 감사의 말씀을 전한다.

2013년 4월
대표 저자 이재규

[차례]

제1부 상담학의 기초

제2부 학습 문제의 진단과 평가

제3부 학습상담의 실제

제4부 특수 장면과 특수 대상 학습상담

제1부

상담학의 기초

제1장
학습상담의 개념

| 이재규 |

이 장에서는 학습상담이 무엇인지에 대해서 살펴보고자 한다. 먼저 학습상담의 정의를 제시하겠다. 그런 후에 학습상담의 핵심 구성 요소인 학습상담의 목적과 목표, 내용, 방법에 대해서 소개하겠다.

1. 학습상담의 정의

학습상담은 학습이라는 용어와 상담이라는 용어의 합성어이다. 그런데 두 용어 모두 매우 다양한 의미를 가지는데, 두 용어의 의미를 어떻게 보느냐에 따라서 학습상담의 의미, 학습상담의 목표와 내용, 방법 역시 달라질 수 있다.

1) 두 유형의 학습

일반적으로 학습(學習)은 학(學)과 습(習)으로 이루어졌다. 학(學)은 모르는 것을 알게 되는 과정과 결과를 지칭하고, 습(習)은 서툴고 힘을 들여야 할 수 있는 것을 온전히 익혀 능숙하게 힘을 들이지 않고 할 수 있게 되는 과정과 결과를 과정을 지칭한다(Olson & Hergenhahn, 2009).

그러나 이런 의미를 가진 학습은 사용되는 맥락에 따라 그 내포(內包, connotation)와 외연(外延, extension)이 달라지며, 다양한 상황에서 이루어지고 학습에 참여하는 개인들의 경험도 다양하다. 그런데 이런 다양성에도 불구하고, 본질적인 차이를 고려하였을 때 두 유형으로 나눌 수 있다. 하나는 자연적 상황에서 이루어지는 학습이며, 다른 하나는 제도권에서 이루어지는 학습이다.

(1) 자연적 상황에서 이루어지는 학습

자연적 상황에서 개인은 자신의 생존과 번영을 위해서 누구의 권유나 강제가 없어도 수많은 것들을 학습해 낸다. 생후 12개월에 이른 영아는 원하는 장난감에 빨리 도달하기 위해서나 구세주인 엄마에게 빨리 접근하기 위해서 걷기를 학습한다. 개인이 성장함에 따라 걷기뿐만 아니라 달리기, 자전거 타기, 운전하기 등을 학습하여 자신이 원하는 곳에 보다 빨리, 용이하게 이동하는 데 필요한 다양한 역량을 학습한다. 개인은 타인과의 원활한 소통을 위해서 모국어의 듣기, 말하기, 읽기, 쓰기를 학습하고, 그의 생존과 번영에 도움이 된다고 판단하는 경우에 외국어 소통능력을 학습한다. 중학생들은 친구들과 어울리기 위해서 농구나 축구 등과 같은 운동경기나 함께 즐길 수 있는 각종 게임을 배운다. 성인들은 급속하게 변화하는 시대가 요구하는 빠른 의사소통을 위해서 늦은 나이에 스마트폰과 같은 정보기기의 활용법을 습득하기도 한다. 다양한 연령과 계층의 학습자들이 자신들의 생존과 번영을 위해 자발적으로 배우고 익히는 활동에 참여할 때 그들은 학습에 기꺼이 참여하고 학습 자체를 즐길 수 있게 된다.

자연적 상황에서 학습은 왜 일어나는지, 자연적 상황에서 학습은 어떤 특징을 가지는지 등에 대해서 함께 생각해 보자.

① 개인의 실존적 조건과 학습

자연적인 상황에서 학습이 왜 일어나는지를 이해하려면, 개인의 실존적 조건에 대해서 명확하게 이해할 수 있어야 한다. 개인의 실존적 조건의 주요요소를 그림으로 표현하면 다음과 같다.

- 개인은 소망덩어리이다.
- 개인의 소망 실현은 환경과의 상호작용을 통해서만 가능하다.
- 환경은 기본적으로 개인에게 무관심하다.
- 개인이 무관심한 환경과 상호작용하여 소망을 실현할 수 있기 위해서는 환경을 학습하고, 환경에 요구에 따라서 자신의 조정하는 능력을 학습해야 한다.

출처: 이재규(2019), 본성적 소망실현 상담 이론.

• 개인은 소망덩어리이다

개인의 본질은 무엇인가? 어떤 이는 지성이라고 하고(Ellis & Catharine, 2005), 어떤 이는 감정이라고 하고(Greenberg, 2016), 어떤 이는 언어능력이라고 하고, 어떤 이는 사회적 존재라고 한다. 이런 주장들은 그럴 듯하다. 하지만, 이런 것들이 개인의 본질이 아님은 추가 질문을 해 보면 자명해진다. 개인은 왜 지성을 개발하고자 하는가? 지성을 개발해야 소망을 달성할 수 있기 때문이다. 사람이 슬프고, 기쁘고, 화나고, 초조해지는 것은 무엇 때문인가? 소망이 있기 때문이다. 소망이 없다면 저런 감정들은 경험될 수 없다. 사람이 언어능력을 발달시키고자 하는 이유는 무엇인가? 언어를 통해서 다른 존재와 소통할 수 있을 때 자신의 소망을 달성할 수 있으며, 자신의 소망이 위협당하는 것을 예방할 수 있기 때문이다. 사람은 왜 사회를 구성하며, 사회 내에 머무르는 것을 선택하고, 고립되는 것을 피하는가? 사회를 구성하는 것이 그의 소망 실현에 유익하고, 소망이 위협당할 때 대처하는 데 유리하기 때문이다. 개인은 자신의 소망 실현에 도움이 되면 특정집단에 머물지만, 자신의 소망 실현에 도움이 되지 않으면 그 집단을 떠나는 것을 선택한다. 이런 것들에 비추어 볼 때, 개인의 본질은 바로 소망이며, 개인은 소망의 덩어리, 소망의 복합체라고 할 수 있다.

개인은 수많은 것들을 소망한다. 호흡하고, 마시고, 먹고, 배설하고, 자고, 안전하고, 소속하고, 사랑을 받고, 존경을 받고, 자기를 실현하기를 소망한다(Maslow & Frager, 1987). 안전을 위해서 직업 활동에 참여하기를 소망한다. 권력을 위해서 지위를 소망한다. 이때 소망은 개인(소망자)과 환경의 특정 구성요소 혹은 구성요소들과의 특정한 관계를 지향하고, 특정한 관계를 지양하는 경향성이라고 정의할 수 있다(이재규, 2019).

• 개인의 소망 실현은 환경과의 상호작용을 통해서만 가능하다

여기서 개인은 A 씨, B 씨, 갑돌이, 갑순이 등과 같은 개체를 말한다. 환경은 특정 개인을 둘러싼 모든 것들을 말한다. 40명의 학생과 1명의 교사로 이루어진 교실에서 학생 A를 개인으로 볼 때, 교실의 공기, 책상, 의자뿐만 아니라 A 씨의 짝인 B 씨, 교사인 W 씨 역시 학생 A 씨의 환경이 된다. 뿐만 아니라 그 학급이 속한 학교의 규칙, 학교의 명성 등도 A 씨의 환경이 된다.

개인의 소망실현은 환경과의 상호작용을 통해서만 가능하다. 예컨대, 학생 A가 물을 한잔 마시고 싶은 소망을 경험한다고 해 보자. 이때 학생 A가 이 소망을 실현하려면 그의 밖에 있는 물을 마셔야 한다(물과 상호작용해야 한다). 학생 A가 괜찮은 친구가 되고 싶다면, 그는 그 반에 속한 B 씨, C 씨 등과 상호작용을 해야 한다.

개인의 어떠한 소망이라도 환경과의 상호작용 없이는 실현이 불가능하다. 이 진술에 대해서 어떤 이는 이렇게 반문할 수도 있다. 자고 싶을 때 자는 것은 환경과의 상호작용 없이 가능하다고 주장한다. 이런 주장은 터무니없다. 안전한 물리적 공간을 확보하지 않고 자는 상황을 생각해 보자. 자고 싶은 그의 소망은 실현될 수 있을까? 절대 아니다. 모기들의 공격에 의해 자는 것이 방해받을 수

있고, 때마침 몰려온 소나기에 의해서 자는 것이 방해받을 수도 있다. 자고 싶은 소망을 실현하기 위해서는 안전하고 방해받지 않을 수 있는 공간을 확보해야 한다. 그리고 공간을 확보하기 위해서는 다양한 범주의 환경과 상호작용해야 한다.

• 환경은 기본적으로 개인의 소망에 무관심하다

개인이 물 한잔 마시고 싶다는 소망을 경험할 때, 그의 소망 대상인 물은 개인의 소망에 관심이 있어서 즉시 개인에게 달려오는가? 절대 아니다. 물은 자연의 법칙에 따라서 있는 그곳에 있다. 개인이 깨끗한 물을 마시고 싶은 소망을 경험할 때, 주변에 있는 물은 항상 깨끗한가? 절대 아니다. 깨끗한 물일 수도 있고, 대장균이 득실거리는 물일 수도 있다.

한 학생이 친구들에게 인정받고 싶다고 소망할 때, 그의 친구들은 학생을 인정할 준비를 하고 있는가? 절대 아니다. 그의 친구들은 각자 자신의 소망을 품고 있으며, 그 소망에 충실할 뿐이다. 한 선생님이 담당학생들에게 존경받고 싶어 할 때, 담당학생들은 선생님의 그런 소망에 대해서 관심을 가지고 있고, 선생님을 존경할 준비를 하고 있는가? 절대 아니다. 그들 역시 자신의 소망에만 관심을 가지고 있을 뿐이다.

필자의 이런 주장에 대해서 어떤 이는 자녀를 둔 부모를 예로 들어서 반론을 제기한다. 부모는 자녀의 소망에 관심을 가지고 있다고 주장한다. 그럴 듯하다. 하지만, 엄밀하게 따져 보면, 부모는 자신의 소망─자신은 좋은 부모가 되고 싶다, 욕먹지 않는 부모가 되고 싶다─는 소망에 따라 자녀에게 관심을 가질 뿐이다. 부모가 자녀의 소망에 관심이 있다면, 인간세상의 부모와 자녀의 그 수많은 갈등은 설명될 수 없다. 부모는 자신의 소망에 관심이 있고, 자녀 역시 자신의 소망에 관심이 있기 때문에, 부모와 자녀는 갈등을 경험하는 것이다.

개인을 둘러싼 환경은 개인의 소망에 무관심할 뿐만 아니라 경우에 따라서는 개인의 소망 실현을 지원하기도 하고, 방해하기도 하며, 개인의 실현된 소망을 위협하기도 한다(Brofenbrenner, 1977). 기후환경은 그 자체의 법칙에 따라 움직이는데, 그런 기후환경은 때로는 장마로, 때로는 한파로, 때로는 가뭄으로 개인의 생존을 위협한다. 모기들은 자신의 생존을 위해서 움직이는데, 경우에 따라서 개인에게 치명적인 질병을 일으키기도 한다. 한 국가의 대입제도는 그 자체의 원리에 따라서 변화하기도 하는데, 이런 변화는 특정한 개인의 소망을 좌절시키기도 하고, 특정한 개인의 소망을 지지하기도 한다.

- 개인이 무심한 환경과 상호작용하여 소망을 실현하려면 자신과 환경을 학습해야 하고, 자신의 소망에 따라서 환경을 조정하고, 환경의 요구에 따라서 자신을 조정하는 능력을 학습해야 한다

개인이 물 한잔을 마셔 갈증을 해소하려면, 그는 자신과 환경을 학습해야 한다. 자신의 신체에서 특정 증상을 경험하면, 그것은 갈증을 느끼는 것이라는 사실을 알아차리는 학습을 해야 하며, 갈증을 해소하기 위해서는 환경에 있는 물이 필요함을 학습할 수 있어야 한다. 더불어 물은 깨끗할 수도 있고, 그렇지 않을 수도 있음을 학습하고, 깨끗한 물과 그렇지 않은 물을 분별하는 법을 학습해야 한다. 만약 마시고 싶은 물이 깨끗하지 않다면, 물을 마실 수 있는 것으로 정화하는 방법을 학습해야 한다.

한 학생이 친구와 잘 지내려면, 그는 자신과 친구로 삼을 만한 사람들을 알아내는 방법을 학습해야 한다. 자신이 친구를 필요로 하는 상황들을 학습을 통해서 알아야 하며, 한 사람 혹은 두 사람과 친구가 되기 위해서는 친구가 될 만한 사람과 그렇지 못한 사람을 분별하는 법을 학습해야 한다. 또한, 낯선 두 사람이 만나서 친구가 되는 과정에 대해서 학습해야 하며, 낯선 사람과의 어색함을 넘어서는 방법을 학습해야 하고, 친구를 통해서 필요한 도움을 얻는 방법과 친구에게 필요한 도움을 제공하는 방법을 학습해야 한다.

이렇게 학습은 개인의 생존 및 번영과 밀접하게 관련되어 있어, 개인은 자신과 환경에 대해서 학습하고자 하는 경향을 진화의 과정을 통해서 발전시켜 왔다(Buss, 2012).

② 자연 상황에서 학습의 특징

자연 상황에서의 학습은 대단히 성공적이다. 자연 상황에서 개인이 자신의 생존과 번영을 위해서 무엇인가를 배우고자 할 때, 개인은 그것들을 성공적으로 배우게 된다. 그리고 그 과정을 통해서 개인 자신이 자신의 생존과 번영에 기여할 수 있음을 확신하게 된다. 이동능력을 예로 들어 이를 생각해 보자. 이동능력은 생존과 번영에 매우 중요하다. 유아가 이동능력을 학습하면, 장난감이 필요한 아이들은 다소 거리가 떨어진 곳에 있는 장난감까지 이동하여 그 장난감을 가지고 놀 수 있다. 성인이 이동을 쉽게 하기 위해서 운전하는 능력을 학습하면, 그는 업무 수행, 여행 등에서 이동이 필요할 때 이를 활용할 수 있게 된다. 이동능력의 학습이 개인의 생존과 번영에 직결되기 때문에, 개인은 자신의 여건과 상황에 맞게 자신들의 이동능력을 학습하여 사용한다. 이동능력을 학습하는 데 극단적으로 어려운 여건에 있는 개인들도 자신의 이동능력을 학습하는 데 성공하는 것 같다. 예컨대, 잘 알려진 닉 부이치치는 이동능력을 학습하는 데 매우 곤란한 여건에 놓여 있다. 하지만, 그는 여전히 자신의 신체가 허락하는 만큼의 이동능력을 학습하였다.

타인과 소통하는 의사소통능력은 생존과 번영에 중요한 능력이다. 때문에 개인들은 자신의 여건과 상황에 맞게 다양한 사람들과 의사소통을 하는 능력을 학습한다. 이는 의사소통을 학습하는 데 장애가 심하여 도저히 의사소통능력을 발달시키기 곤란한 사람들도 자신만의 방식으로 의사소통능력을 학습하여 활용하는 것을 볼 때 분명해진다. 청각장애가 있는 분들은 시각을 활용하여 상대의 입술을 읽는 능력을 학습하여 언어를 이해하는 능력을 학습한다. 발음장애가 있는 분들은 수화나 문자를 활용하여 상대에게 자신의 뜻을 전달하는 능력을 학습한다. 시각, 청각 등에 장애가 있었던 헬렌 켈러는 촉각과 움직임을 활용하여 상대와 소통하는 방법을 학습하였다.

그렇다면, 자연 상황에서 학습은 어떻게 이루어지는가? 자연 상황에서 학습이 어떤 과정과 경로를 통해서 이루어지기 때문에 학습은 이렇게 성공적인가?

첫째, 학습에 대한 동기화가 충분히 이루어진 후에야 비로소 학습이 시작된다. 이동능력인 걷기를 배우는 영아의 경우를 예로 하여 이에 대해서 추정해 보자. 영아가 걷기 학습에 도전하기 전에 영아는 걷기가 생존과 번영에 어떤 가치가 있는지를 절감하는 기회를 경험한다. 멀리 떨어져 있는 장난감에 도달하기 위해서 자신은 기어야 하는데, 부모는 성큼성큼 걸어서 장난감을 가져다준다. 양육자인 부모에게 다가가고 싶을 때도 자신은 기어야 하는데, 부모는 성큼성큼 걸어서 자신에게 다가온다. 이런 과정을 통해서 영아는 걸을 수 있게 되면 생존과 번영에 큰 도움을 받을 수 있음을 절감하게 된다. 영아들이 모국어를 학습할 때도 영아들은 모국어 학습에 대해서 충분히 동기화된다. 영아들은 태어날 때 의사소통방법으로 울기, 웃기, 눈 크게 뜨기, 찡그리기 등을 할 수 있다. 그래서 영아들은 불만족스러운 상황에 직면하면, 찡그리기, 울기 등을 한다. 그런데 찡그리기, 울기 등은 의사소통의 방법으로 한계가 있다. 벌레가 등을 물어서 따끔거릴 때, 영아는 이것을 호소하기 위해서 운다. 영아의 울음소리를 들은 부모는 배가 고픈지, 엉덩이가 젖었는지를 확인하기 위해서 순차적으로 시도를 한다. 부모가 이런 시도를 순차적으로 함에 따라 부모가 영아의 등이 물렸음을 발견하고 치료를 해 줄 수도 있고, 그렇지 못할 수도 있다. 그런 영아의 눈에 아버지와 어머니가 어떤 일을 했을 때 서로가 바로 알아듣고 대응해 준다는 것이 보인다. 이것이 반복되면 영아는 세상에 있는 이것저것을 지칭하는 단어가 있음을 알게 되고, 그 단어들을 배우기 위해서 강하게 동기화된다.

자연 상황에서 학습이 이루어질 때, 강하게 동기화되는 것은 영아에게만 해당하는 것이 아니다. 돈을 벌기 위해서 주식투자를 하기로 결심한 청소년, 친구들과 어울리기 위해서 농구나 게임을 배우고자 하는 청소년, 늦은 나이에 악기 배우기에 도전하는 중년의 경우에도 자연 상황에서의 학습은 강하게 동기화된 상황에서 시작되는 경우가 많다.

둘째, 학습과정에서 학습재료가 풍부하고 세밀하고 학습자가 소화할 수 있는 수준에서 제공된다. 걷기 학습에 도전하고자 하는 영아에게 부모는 어떻게 일어서고, 어떻게 발을 내딛고, 어떻게 중심을 잡는지에 대해서 반복해서 시범을 보여 준다. 모국어 학습에 도전하고자 하는 영아에게 부모는 어떻게 발음해야 하는지에 대해서 풍부한 실례를 제공한다. 농구를 배우고자 하는 청소년들도 또래의 시범이나 TV 등을 통해서 풍부한 시범을 볼 수 있다. 돈을 벌기 위해서 주식투자를 배우고자 하는 청소년에게도 풍부한 자료가 제공된다고 볼 수 있다. 이에 대해서 학습하고자 할 때, 그 청소년이 소화할 수 있는 수준의 자료가 널려 있기 때문이다.

셋째, 적절하게 학습했는지에 대해서 즉각적이고 정교한 피드백을 제공한다. 걷기를 학습하는 아동은 두 발을 어떻게 디뎠을 때 중심을 잡고, 어떻게 디뎠을 때 중심을 잃는지를 즉각적으로 알 수 있다. 또한 걷는 속도를 어느 정도 했을 때 넘어지고, 어느 정도 했을 때 넘어지지 않는지에 대해서 즉각적으로 알 수 있게 된다. 모국어를 배울 때도 어떻게 말하면 부모가 알아듣고 어떻게 말하면 알아듣지 못하는지를 즉각 피드백을 받을 수 있다. 주식투자를 할 때도 어떤 과정을 통해서 투자를 하면 이익을 보고 어떤 과정을 통하면 손실을 보는지 상당히 즉각적으로 피드백을 받을 수 있다.

(2) 제도권(학교)에서 이루어지는 학습

제도권에서의 학습은 보다 좁은 의미를 가진다. 이때 학습은 제도교육이 요구하는 교과의 내용을 정해진 기간 동안에 정해진 수준만큼 배우고 익혀 내야 하는 활동을 말한다. 초·중·고등학생들은 수학교과에 제시된 함수, 방정식, 도형의 성질 등을 정해진 기간 동안 정해 준 수준만큼 이해해야 한다. 대학생들은 전공과목에 제시된 각종 개념을 정해진 기간 동안에 정해진 수준만큼 숙지해야 한다. 학습이 이와 같은 의미로 사용될 때는 학습이라는 말보다는 학업이라는 말이 더 자주 쓰인다(김형태, 오익수, 김원중, 김동일, 1996). 한편, 제도적 교육기관에 연관된 학생·학부모·교사들 중 일부에게 있어서, 학습은 더 좁은 의미를 가지기도 하는데, 이때 학습은 제도적 교육기관에서 실시하는 각종 성취도 평가에서 보다 높은 점수 혹은 등수를 획득하기 위한 수단적 행동이라는 의미를 가진다. 초·중·고등학생들은 1차 고사와 2차 고사 그리고 대입시험에서 보다 높은 성취를 얻기 위해서 학습을 한다. 대학생들도 취업시험에서 더 높은 성취를 얻기 위해서 학습을 한다.

개인들은 자연적인 상황에서 자신의 생존과 번영과 관련된 것들을 즐겁고, 자신 있게, 성공적으로 학습한다. 하지만, 이들 중 상당히 높은 비율의 개인들이 제도권(다양한 학교)에 들어가면, 학습에 대해서 무가치하다고 느끼고, 지루함을 느끼고, 주어진 학습을 제대로 할 수 없을 것이라고 생각하여 자신감이 감소되고, 성공하는 대신에 실패한다.

도대체 자연 상황과 제도권에서 이루어지는 학습자의 경험들은 왜 이렇게 차이가 나는가? 학습동기, 학습과정, 학습에 대한 피드백 세 측면에서 이를 검토해 볼 필요가 있다.

① 학교에서 학습은 학습에 충분히 동기화되지 않은 상태에서 시작된다

자연 상황에서의 학습은 개인이 특정한 것을 학습하지 않는 것이 자신의 생존이나 번영에 어떤 점에서 불리하고, 그것을 학습하면 자신의 생존이나 번영에 얼마나 유익한지를 체험한 후에 시작된다. 그러한 것을 체험한 개인은 특정한 기술, 역량 등을 학습하겠다고 동기가 매우 강해지는데, 자연 상황에서의 학습은 이렇게 높은 수준으로 동기화된 개인에 의해서 시작된다.

반면, 학교에서는 개인이 충분히 동기화되지 않은 상황에서 학습이 시작된다. 학교에서 학습이 충분히 동기화되지 않는 개인들을 대상으로 이루어지고 있는 것은 학교의 여러 특징 때문이다.

첫째, 학교에서 학습과제는 학습자 개인에 의해서 선택되기보다는 교육전문가, 행정가, 교육에 대한 문화에 의해서 제안된다. 특히 근대 이후의 학교는 개인을 위한 것이기보다는 집단을 위한 것이었다. 학교는 집단을 유지하기 위해서 집단을 구성하는 개인들이 반드시 알아야 한다고 간주되는 지식, 기술, 태도를 형성하는 제도적 기관이 되었다.

둘째, 학교는 개인에게 어떤 학습과제를 어떤 순서로 언제 할 것인지에 대해서 학습자 개인을 존중하지 않는다. 대신에 교육 제공자의 입장이나 편리를 우

선 고려한다. 현재 대한민국 학교에서 수업시간표를 계획할 때, 학생들의 입장은 거의 고려되지 않는다. 당연히 학생 개개인의 입장은 전혀 반영되지 않는다.

물론, 학교가 학생들이 특정 학습과제에 대해서 학습할 필요성을 인식시키고, 동기화할 수 있도록 아무런 조치를 취하지 않는다고는 말할 수 없다. 학교는 학업성취도에 따라 인정, 기회 등을 차별화하여 학습동기를 높이고자 하며, 특정 주제에 대해서 학습하는 것이 왜 필요한지에 대해서 설명해 주기도 한다.

하지만, 학습이 매우 성공적으로 이루어지고 있는 자연 상황에서의 학습과 비교한다면, 학교에서의 학습은 학생들이 거의 동기화되지 않은 상태에서 시작된다고 할 수 있다. 동기화되지 않는 학습과제에 참여하기 때문에 학생들이 학습에 대해서 지루함, 의미 없음 등을 경험하는 것은 당연하다고 할 수 있다.

② 학교는 학습자들에게 충분한 학습자료를 제공하지 않는다

자연 상황에서 학습은 학습자에게 충분한 학습자료를 제공한다. 걷기를 학습하는 학습자에게 부모, 손위 형제자매 그리고 주변 사람들은 어떻게 걸어야 하는지에 대한 모델링을 통해서 충분한 자료를 제공한다. 모국어를 배우는 학습자에게도 다양한 모델들은 충분한 학습자료를 제공한다.

반면, 학교에서 학습은 대체로 학습자에게 충분한 학습자료를 제공하지 못한다. 학교에서 학습자료를 시각 자료, 청각 자료로 제시하는 경우도 있지만, 대체로 언어적 자료만 주어지는 경우가 많다. 교과서, 교수자의 교수 등은 대체로 언어를 통해서 제공된다.

학교에서 학습을 하는 동안 학습자들이 어떤 곤란함을 겪을 수 있는지를 이해하기 위해서 학습자료로서의 언어의 특징을 따져 볼 필요가 있다. 언어는 세상을 대신하여 지시해 주는 기능이 있지만, 학습자료로서의 언어는 세상이나 자신이 무엇인지에 대해서 직접적인 정보를 제공해 주지는 못한다. 중력을 언어를 통해 학습하는 학생들은 중력이라는 단어는 알지만 실제 중력을 경험하지 못한다. 함수를 언어를 통해 학습하는 학생들은 함수라는 단어는 알지만, 자신의 실생활에서 함수가 어떻게 작용하는지를 이해하지 못하는 경우가 많다.

③ 학교는 학습자에게 피드백을 주지 않거나 학습동기를 감소시키는 피드백을 제공한다

걷기 학습, 모국어 학습, 전자오락을 하는 방법에 대한 학습, 농구 경기에 참여하는 학습 등 자연 상황에서 학습이 이루어질 때, 학습자는 즉각적이고 직접적인 피드백을 받을 수 있다. 자신이 잘했는지 그렇지 못했는지를 즉각적으로 알 수 있고, 바로 교정을 할 수 있으며, 교정의 결과 역시 즉각적으로 체험할 수 있다. 이런 즉각적이고 직접적인 피드백은 학습의 결과를 즉각 경험하게 하여 성취감을 경험하게 하며, 학습을 지속적으로 강화시킨다.

반면, 학교에서 학습이 이루어질 때, 피드백은 즉각적으로 주어지지 아니하며, 직접적이지도 않다. 학교에서 전기, 중력, 서술의 시점 등을 학습할 때, 학습자는 자신이 그것들을 이해했는지에 대해서 즉각적인 피드백을 받을 수 없다. 즉각적으로 피드백을 받을 수 없기에 학습자들은 애매모호함이라는 부정적 감정을 경험하게 된다. 또한, 학교에서 학습에 대한 피드백이 이루어지는 경우에, 그것은 점수나 등수의 형태로 주어지는 경우가 많은데, 이런 점수나 등수라는 형태의 피드백은 개인이 무엇인가를 제대로 학습했는지에 대해서 거의 정보를 주지 못한다. 반면에 타인과의 관계에서 상대적 우월감이나 열등감을 경험하게 할 수 있다.

학습상담자는 왜 '자연 상황에서의 학습'과 '제도권 상황에서의 학습'을 구분할 수 있어야 하는가?

그동안 학습상담에서 '학교 학습'은 상수(常數)로 간주되었고, '학습자'는 변수(變數)로 간주되었다. 즉, 학교 학습은 변할 수 없는 것, 어찌할 수 없는 것, 절대적인 것으로 간주하면서, 학습에서 곤란을 겪는 학습자는 절대적으로 변할 수 없는 것이 요구하는 것을 갖추지 못한 뭔가 부족하고 열등한 존재로 보았다.

이런 사고를 가진 학습상담자들은 부지불식간에 학습자를 철이 덜 든, 사회에 적응하는 데 필요한 역량을 충분히 개발하지 못한 개인으로 보고, 그들을 변화시키기 위해서 노력하였다. 학습상담자의 이런 관점은 학습상담에서 내담자, 특히 학

생 내담자에게 반감을 초래하는 한 원인으로 작용하기도 한다.

학습상담자가 자연 상황에서의 학습이 어떻게 성공적으로 이루어지는지를 이해하고 있다면, 학습상담자는 학습에 곤란을 겪고 있는 학생들을 돕기 위해 다양한 창의적 방법들을 찾아낼 수 있을 것이다.

이수연(1998)은 「"공부하기 싫어하는 아이"에 대한 반증적 사례 연구」에서 학교 학습에서는 실패하고 부적응하는 행동을 보이지만, 자연적 학습 상황에서는 성공적으로 학습하는 사례를 보여 주었다.

2) 상담

상담이란 무엇인가? 이에 대한 정의는 다양하지만 상담은 개인이 직면한(혹은 직면할) 문제를 해결하도록 조력하는 과정이라는 점에는 여러 학자가 동의한다. 상담을 보다 정확하게 이해하기 위해서 따져 보아야 하는 개념은 문제, 문제의 해결, 조력이다(이재규, 2013a, 2019).

(1) 문제

여기서 문제는 다양한 의미를 가진다. 문제는 때로는 풀어야 할 과제, 때로는 곤란 혹은 어려움, 때로는 불안이나 긴장을 유발하는 사태 등을 지칭한다. 하지만 상담 장면에서 문제란 개인이 무엇인가 소망하는 것이 있는데 이것이 현실에서 실현되지 않아서 힘들고 고통스럽게 느껴져 변화를 원하는 사태를 말한다.

학습상담에서 다루어지는 문제를 몇 가지 제시해 보면 문제의 의미가 더욱 명확해질 것이다.

학습 상담에서 제기되는 문제들

호소 문제: A 유형

- 곧 있으면 중간고사를 봐요. 집중해서 공부하고 싶은데(소망) 집중이 되지 않고 자꾸 딴생각이 나요(현실). 어떻게 하면 좋을까요?
- 공부를 잘하고 싶어요(소망). 그런데 나는 공부를 해 봤자 잘할 수 없을 것처럼 느껴져요(현실). 어떻게 하면 좋을까요?
- 공부를 할 때 내가 원하는 시간에 내가 원하는 방식으로 하고 싶어요(소망). 그런데 어머니는 시도 때도 없이 공부를 하라고 합니다(현실). 어떻게 하면 좋을까요?
- 공부를 하면 남는 것이 있었으면 좋겠어요(소망). 그런데 2시간 정도 공부해도 머릿속에 기억나는 것이 거의 없어요(현실). 무엇이 문제이고 어떻게 해야 하지요?
- 시험을 준비할 때 차분하게 할 수 있으면 좋겠어요(소망). 그런데 시험을 준비할 때만 되면 불안하고 초조해서 공부에 제대로 집중할 수가 없어요(현실). 어떻게 해야 하지요?
- 2차 함수 문제를 잘 풀고 싶어요(소망). 그런데 문장으로 문제를 제시하면 문제를 잘 이해할 수 없고, 그래서 틀리는 경우가 많아요(현실). 어떻게 하면 좋지요?

호소 문제: B 유형

- 아들에게 공부 이야기만 꺼내면 화를 내곤 해요(현실).
- 선생님! 저는 아무리 해도 공부로는 성공하지 못할 것 같아요. 공부를 때려치울래요(현실). 시험 준비하는 기간만 되면, (공부 이외에) 하고 싶은 것들이 너무 많아져요. 그래서 공부를 할 수가 없어요(현실).

앞의 '호소 문제: A 유형'을 살펴보면, 내담자들의 호소 문제는 무엇인가를 소망하는데, 그것이 실현되지 않아서 힘들고 고통스러운 현실로 구성되어 있음을 알 수 있다. 물론, '호소 문제: B 유형'에서 볼 수 있는 바와 같이, 내담자가 소망에 대해서 언급하지 않고 자신의 현실만 제시하는 경우도 있다. 하지만, 자신의 현실만 제시하는 경우에도 내담자의 마음에는 소망이 있다. "아들에게 공부 이 야기만 꺼내면 화를 내곤 해요."라는 어머니가 진짜 하고 싶은 말은 "아들이 지금보다 더 열심히 효율적으로 공부하도록 돕고 싶습니다(소망). 그런데, 내가 지금 하는 식으로 말하면, 아들은 화를 내곤 합니다. 어떻게 하면, 아들과 원만하고 생산적인 대화를 하는 분위기를 만들 수 있을까요?"라고 할 수 있다.

문제가 무엇인지 잘 이해하기 위해서는 소망과 현실에 대해서 잘 이해해야 한다. 소망이란 무엇인가? 흔히 소망은 간절히 바라는 것이라고 생각한다. 이 수준의 정의는 낱말풀이로서는 적절하지만, 상담을 하는 데는 충분하다고 할 수 없다. 상담의 관점에서 볼 때, 소망은 개인(소망자)이 세계 내 특정 대상(사람, 사물, 제도, 소망자 자신 등)과 특별한 관계를 지향하는 대신에 특정한 관계를 지양하는 사태를 뜻한다(이재규, 2019). 예컨대, "시험공부를 하면 남는 것이 있었으면 좋겠다."는 소망은 "소망자가 자신의 지적기능(뇌)과 특별한 관계(여기서는 공부를 하는 동안 자신의 뇌가 어떻게 작동하는지를 알고, 그 작동원리에 따라서 자신의 인지과정을 조절하는 것)를 맺고, 특정한 관계(여기서는 공부를 하는 동안 자신의 뇌가 어떻게 작동하는지를 알지 못하고, 그 작동원리에 따라서 자신의 인지과정을 조절하지 못하는 것)를 지양하는 것"을 뜻한다.

"성적을 잘 받고 싶어요."라는 소망을 분석해 보자. 이 소망 소유자는 무엇과 관계를 맺어야 하는가? 어떤 이는 책, 어떤 이는 자신의 뇌 등이라고 생각할 수 있다. 성적을 잘 받고 싶은 소망을 실현하기 위해서는 무엇보다도 출제자의 생각(출제의도, 참고하는 출제 근거자료, 등)을 정확하게 꿰뚫을 수 있어야 한다. 사실, 초·중·고등학생의 성적은 학생의 공부시간에 비례하지는 않는다. 어떤 학생들은 적은 시간을 공부해도 상대적으로 좋은 점수를 받고, 또 어떤 학생들은 많은 시간을 공부에 투자해도 낮은 점수를 받는다. 적은 시간을 공부하고 좋은 점수를 받는 학생들은 성적을 잘 받기 위해서는 출제자의 생각을 알아야 한다는 것을 알고, 출제자(교사들)가 강조할 때 그것을 민감하게 알아듣는 학생들이다.

한편, 현실은 소망대상의 상태와 소망자의 역량으로 구성된다. 호소 문제 "공부를 할 때 내가 원하는 시간에 내가 원하는 방식으로 하고 싶어요(소망). 그런데 어머니는 시도 때도 없이 공부를 하라고 합니다(현실)."를 가지고 이에 대해서 설명해 보겠다. 이 호소 문제에서 소망자의 소망대상은 어머니이다. 만약, 어머니가 소망자의 소망을 이해하고, 그것을 존중하려는 마음을 가지게 되면, 소망자의 소망은 실현된다. 한편, 소망대상인 어머니가 변화하지 않는다고 하더라도, 만약에 소망자가 어머니를 설득할 수 있는 역량이 있다면, 소망자의 소망은 실현된 것이나 다름없다. 그러면 소망자는 더 이상 문제 상황에 놓이지 않게 된다.

(2) 문제해결(소망의 실현)

문제해결은 소망과 현실의 격차가 해소됨을 의미한다(Egan, 1999). 소망과 현실의 격차가 해소되려면, 적어도 두 가지 양식이 있어야 한다(이재규, 2019). 하나는 소망이 변화하는 것이고, 다른 하나는 현실이 변화하는 것이다. 그런데, 소망의 변화이건 현실의 변화이건, 상담에서 지향되는 것과 지양되는 것이 있다.

① 소망의 변화

소망과 현실의 격차가 해소되는 하나의 방법은 소망이 변화하는 것이다. 소망의 변화는 적어도 두 가지 방식이 있는데, 하나는 상담에서 지향되는 것이고, 다른 하나는 상담에서 지양되는 것이다.

• 상위 소망으로 변화

일전에 송이(대3, 여)를 상담한 적이 있었다. 송이의 상담과정은 소망이 상위 소망으로 변화하는 과정을 잘 보여 준다(이재규, 2019).

내담자: 교수님! 저는 매사에 의욕이 없어요. 의욕을 좀 회복하고 싶어요.
상담자: 태어날 때부터 그러지는 않았을 것 같은데요……. 언제부터죠?

내담자: 중3 이후부터요.

상담자: 그 당시 무슨 일이 있었을 것 같군요.

내담자: 그 전에 뮤지컬 가수가 꿈이었죠! 근데 중3 때, 자기면역질환을 앓게 되면서 목소리가 변했어요. 그때부터죠!

(상담자가 꿈을 잃은 것에 대해서 공감과 위로의 반응을 상당히 하였다.)

상담자: 궁금해요. 뮤지컬 가수가 되면 무엇이 좋을 것 같았나요?

내담자: 사람들에게 감동을 줄 수 있지요.

상담자: 또?

내담자: 사람들에게 박수를 받을 수 있어요. 인정을 받을 수 있지요…….

(상담자는 계속해서 뮤지컬 가수가 되면 좋은 점들을 물었고, 내담자는 이에 대해서 대답했다.)

상담자: 아하! 알겠어요. 뮤지컬 가수가 되고자 했던 것은 감동을 주고, 인정을 받고 등등을 할 수 있었기 때문이네요. 좋습니다. 사람들에게 감동을 줄 수 있는 다른 일들을 생각해 봅시다.

내담자: 음, 잘 떠오르지가 않아요.

상담자: 마더 테레사처럼 봉사활동을 하면, 사람에게 감동을 줄 수 있지요.

내담자: 그러네요.

상담자: 헬렌 켈러의 선생님 설리번처럼 제자를 훌륭하게 키워 내도 감동을 줄 수 있지요.

내담자: 그렇군요. 음, 장애를 가진 사람들이 최선을 다할 때도 감동을 받았어요. 이렇게 생각할 수 있었는데……. 왜 그동안 생각하지 못했을까요?

상담자: 지금이라도 생각할 수 있어서 다행으로 생각할 수도 있어요. 세월이 더 흐른 후에 이런 생각을 해낼 수 있는 것보다는 지금 이런 생각을 할 수 있

게 된 것이 훨씬 다행이지 않아요?

내담자: 맞아요.

상담자: 뮤지컬 가수가 되고 싶은 것이 꿈이었다고 했지요? 그런데, 이렇게 생각해 보면, 그것은 꿈이 아니라 꿈을 이루기 위한 수단이었지요. 동의하나요?

내담자: 무슨 말씀이신지요?

상담자: 뮤지컬 가수가 되고 싶었던 것은 사람들에게 감동을 주고 싶었기 때문이지요. 여기서 감동을 주는 삶을 사는 것이 꿈이고, 소망이고, 뮤지컬 가수가 되는 것은 꿈을 이루는 하나의 수단이라고 할 수 있지요.

내담자: 맞아요. 맞네요. 저는 꿈을 잃은 것이 아니라 수단을 잃었군요. 진작 이렇게 생각할 수 있었다면, 5년을 허송세월하지 않아도 되었을 텐데요. 교수님은 마술사 같아요.

상담자: 칭찬 들으니 기분이 짱 좋군요. 다음에 만날 때까지 사람들에게 감동을 줄 수 있는 일 20개 정도 찾아볼 의향이 있나요?

내담자: 당연하지요. 꼭 찾아올게요.

앞에서 보았듯이, 어떤 소망은 소망처럼 보이지만, 소망(보다 본성적 소망)을 실현하는 수단 혹은 소망을 실현하기 위한 하나의 경로이다. 소망처럼 보이지만 소망실현의 수단 혹은 경로인 것에서 소망을 분석해 낼 수 있다면, 소망의 실현가능성을 높일 수 있다.

상담에서 내담자의 소망을 실현하도록 돕기 위한 한 방법은 소망(엄밀히 말하면 수단 혹은 경로)과 소망(상위 소망)과 연결 짓는 것이다. 소망이 좌절되어 내담자가 낙담해 있을 때, 상담자는 보다 상위에 있는 소망에 가까운 소망을 찾도록 한다. 훈이(대2, 남)는 유학을 가고 싶은데 어학 실력이 뒷받침되지 않아서 낙담을 하고 있었다. 필자는 훈이에게 왜 유학을 가고 싶은지를 물었다. 그는 요리사가 되고 싶다고 했다. 필자는 왜 요리사가 되고 싶은지 물었다. 훈이는 돈을 벌고 싶다고 대답했다. 훈이에게 돈을 많이 벌 수 있는 요리 종목에 대해서 알아보라는 과제를 내 주었다. 다음 상담시간에 훈이는 국내에서도 배울 수 있는 많은 요리 종목을 선정해 왔으며, 굳이 유학을 가지 않더라도 자신의 소망을 실현할 수 있을 것 같다고 만족감을 표현하였다.

• 현실에 소망을 맞추기

상담에서 내담자의 소망이 변화하는 또 다른 방식이 있다. 소망이 현실에 맞추어지는 것이다. 이런 변화를 방어적 문제해결이라고 한다. 예컨대, 공부를 잘하고 싶지만(소망) 그렇지 못했던(현실) 학생이 자신의 현실을 소망 쪽에 가깝게 하는 것이 버겁게 느껴질 때 '행복은 성적순이 아니잖아요!'라고 자신을 합리화하면서 공부를 포기하게 되는 경우가 있다. 어머니의 기대에 부응하고 싶지만(소망) 그럴 수 없었던(현실) 학생이 어머니의 기대가 과하기 때문에 자신은 도저히 어머니의 기대에 부응할 수 없다고 자포자기를 하는 경우 역시 방어적 문제해결의 한 가지 예이다. 상담에서는 방어적 문제해결은 지양된다.

② 현실의 변화

소망과 현실의 격차가 해소되는 또 다른 변화는 현실이 변화하는 것이다. 현실의 변화는 다시 소망 대상의 변화, 소망자의 역량의 변화로 구분된다(이재규, 2019). 상담에서 소망 대상의 변화에 의한 변화는 지양되며, 소망자의 역량의 변화에 따른 변화를 지향한다.

• 소망 대상의 변화

학습자가 직면한 다양한 문제는 그의 소망 대상이 변화함으로써 해결될 수 있다. 몇 가지 예를 들어서 설명해 보자.

- 철수(중3, 남)는 어머니가 자신의 공부에 대해서 간섭하지 않기를 바라는데, 어느 날 무엇 때문인지 모르겠지만 철수의 어머니가 더 이상 공부에 대해서 말을 하지 않게 될 수 있다. 철수의 어머니가 이렇게 변화되면 철수의 소망은 실현된다.

- 모란(고2, 여)은 대학수학능력시험에서 영어에서 2등급을 받기를 희망하고 있다. 그런데, 정부가 영어시험을 상대평가에서 절대평가로 변경하였다. 모란은 절대평가체제에서는 2등급 정도 받을 수 있을 것 같아서 좋아했다.
- 병조(중2, 남)는 발표할 때 불안해하지 않고 자신 있게 할 수 있기를 바란다. 그런데 병조는 그렇지 못하다. 병조가 과제를 발표하게 된 날, 무슨 일인지 선생님이 매우 친절하였다. 병조에게 "발표를 잘하는 것보다는 준비한 만큼을 할 수 있는 만큼 전달하면 된다."고 하였다. 또한, 학급구성원들에게 병조가 발표할 때 많이 웃어 주고 응원해 달라고 부탁을 하였다. 선생님이 격려를 해 주자, 병조는 발표를 아주 잘할 수 있게 되었다.

많은 내담자는 앞과 같이 자신의 소망 대상이 변화하여 문제가 해결되길 바란다. 그리고 적지 않는 상황에서 내담자들은 앞과 같은 변화를 경험하고 행복해하고 즐거워한다. 하지만, 상담에서 이런 변화에 대해서 경계한다. 왜냐하면, 이런 변화는 내담자에게 필요한 역량을 개발해 주지는 못하기 때문이다. 내담자가 다음 기회에 유사한 문제를 경험하였을 때, 내담자는 그런 문제를 해결하기 위해서 무엇을 어떻게 해야 하는지에 대해서 전혀 배울 수 없기 때문이다. 따라서 상담자는 내담자의 문제가 소망대상의 변화로 인하여 해결되었을 때, 내담자의 기쁨에 대해서 공감해 주되, 내담자가 문제해결 역량을 개발하였는지에 대해서 직면시켜 줄 필요가 있다. "이번에는 문제가 쉽게 해결되었는데, 기뻐하시는 모습을 보니, 나도 기쁩니다. 그런데, 앞과 같은 문제가 발생하였을 때, 항상 이런 식으로 문제가 해결될 수 있을까요? 만약 상대가 변화하지 않는다면 그럴 때는 어떻게 하는 것이 좋을지에 대해서 그림이 그려지나요?"

• 내담자의 역량 발달

개인의 좌절된 소망이 실현되는 또 다른 형태는 소망자의 역량이 발달되는 것이다. 몇 가지 예를 들어 보자.

- 철수(중3, 남)는 어머니가 자신의 공부에 대해서 간섭하지 않기를 바란다. 그런데, 철수의 어머니는 철수에게 공부시간, 공부 방법에 대해서 자주 지적을 하신다. 철수는 어머니가 왜 그러는지 곰곰이 생각을 하였다. 철수는 어머니가 자신의 공부량을 확인하고 싶은 소망이 있음을 알게 되었다. 철수는 어머니에게 공부 계획표를 보여 주고, 앞으로 어느 정도 했는지를 알려 주겠다고 하였다. 더불어 어머니의 잦은 지적이 자신의 학습동기와 학습효율성을 어떻게 감소시키는지에 대해서 설명했다. 결과적으로 철수는 어머니로 하여금 자신을 신뢰하고 존중할 수 있도록 도울 수 있었다.
- 모란(고2, 여)은 대학수학능력시험에서 영어에서 2등급을 받기를 희망하고 있다. 모란은 영어의 하위 영역별 기대점수와 현재 점수를 분석하였다. 독해와 이해력에서 점수 차이가 많이 나는 것을 확인하였다. 모란은 독해와 이해력의 학습에 대해서 자문을 받았고, 자문 받은 바에 따라서 영어학습을 지속하였다. 결과적으로 모의평가에서 목표로 했던 2등급을 받을 수 있었다.

앞의 두 상황에서 개인의 소망이 실현된 것은 개인의 역량이 변화되었기 때문이다. 상담에서 이와 같은 변화들은 가치 있는 변화로 생각한다. 왜냐하면, 개인의 소망이 이런 방식으로 성취되었을 때, 개인은 유사한 문제를 다시 직면하게 될 때도 문제를 성공적으로 해결할 수 있게 되고, 개인의 소망을 여전히 실현할 수 있기 때문이다(이재규, 2019).

(3) 조력

상담은 기본적으로 내담자를 조력하는 과정인데, 상담에서 조력의 의미는 크게 두 가지 차원을 가진다. 하나는 내담자를 그 자신의 삶의 주인으로 대접해 주는 차원이고, 다른 하나는 내담자가 가고자 하는 방향으로 갈 수 있도록 힘을 보태어 주는 차원이다. 각각에 대해서 살펴보자.

① 조력자의 태도

• 조력은 내담자를 그들 자신의 삶의 주인으로 대접해 주는 것이다

조력이라는 용어는 상담 핵심 과정인 문제해결 과정에서 내담자의 역할과 상담자의 역할이 각각 무엇이어야 하는가에 대한 철학을 담고 있다. 상담의 과정은 내담자가 자신의 소망을 깊은 수준에서 명확하게 깨닫고 그 소망을 실현하기 위해서 노력하는 과정이며, 상담자의 역할은 내담자가 내담자 자신의 소망을 실현하는 것을 도와주는 과정이다. 이러한 철학은 상담에서 문제해결의 주체는 내담자이고 상담자는 내담자의 문제해결을 돕는 조력자의 입장에 있다는 것을 강조하고 있다.

이 문제와 관련하여 프로이트(Freud)는 상담자(프로이트 전통에서는 상담자라는 용어 대신에 분석가라는 용어를 선호함)의 역할을 산파에 비교하였다. 산파가 아이를 낳거나 아이가 무엇이 될 것인지 결정하지 못하듯이, 상담자도 한 영혼을 잉태하거나 변화시킬 수는 없다. 변화하고자 하고 변화하는 사람은 내담자 자신이다(윤순임 외, 1995). 또한, 로저스(Rogers) 역시 상담자의 역할은 내담자가 성장과 발달을 위해서 활용할 수 있는 분위기를 조성하는 것이라고 하였다.

상담을 할 때 이 점을 분명하게 인식해야 한다. 상담자가 조력자에 불과하다는 것을 명확하게 이해하고 있는 상담자는 문제를 정의하는 과정에서 내담자가 진정으로 원하는 것이 무엇인지를 내담자에게 묻는다. 반면, 이 점을 분명하게 이해하지 못하는 상담자는 내담자를 대신하여 내담자가 무엇을 원해야 하는지에 대해서 암시를 주고, 설득하려고 한다.

또한, 상담자는 조력자에 불과하다는 것을 분명하게 이해하고 있는 상담자는 문제해결 과정에서 문제해결의 방법을 내담자로 하여금 생각해 보게 한다. 반면에 이 점을 분명하게 이해하지 못한 상담자는 내담자를 대신하여 자신들이 문제해결책을 주어야 한다고 생각하고, 대신 문제를 해결하기 위해서 애쓰게 된다.

상담 과정에서 상담자가 조력자의 역할에 충실하기 위해서는 문제해결 과정에서 내담자의 과제와 상담자의 과제를 명확하게 구분할 수 있어야 한다. 이 장

의 뒷부분에서는 문제해결 과정에서의 내담자의 과제와 상담자의 과제를 설명할 것이다.

• 조력은 내담자에게 힘을 보태어 주는 것을 의미한다

앞에서 조력의 의미 중 한 가지가 상담자가 내담자에게 힘을 보태어 주는 것이라고 설명하였다. 하지만 그동안 상담자로서 그리고 수퍼바이저로서 경험한 바에 비추어 볼 때, 조력으로서의 상담이 내담자에게 힘을 보태어 주는 과정이라는 점은 쉽게 오해되거나 망각되는 경우가 많다.

조력의 개념은 상담이 내담자가 소망을 실현할 수 있도록 지원하는 방향으로 이루어져야 함을 내포하고 있다. 하지만 인간의 모순된 경향성으로 인하여 상담이 내담자의 소망을 실현하는 방향으로 나아가는 것은 쉽지 않다. 꿈(목표 달성, 혹은 욕구 충족)은 개인에게 노력과 고통을 요구한다. 꿈이 있는 사람은 꿈을 실현하기 위해서 항상 깨어 있어야 하며, 피와 땀과 눈물을 흘려야 하고, 위험과 모험을 감내해야 한다.

내담자들이 고민하고 힘들어하는 것은 바로 그들이 꿈을 가지고 있으며 그것을 실현하려 하기 때문이다. 개인이 무엇인가 원하는 것이 있는데 현실에서 그것이 성취되지 않았을 때 개인은 고민하고 애를 써야 한다. 꿈의 실현이 요구하는 고통에 대처하는 방법은 적어도 두 가지이다. 하나는 꿈을 포기하는 것이다. 꿈을 포기하면 인간은 비록 삶의 재미와 의미를 경험하지는 못하지만 편안해진다. 다른 하나는 꿈을 유지하고 꿈을 실현하기 위해서 지속적으로 고통을 감내하는 것이다.

사람들은 꿈을 달성하고 싶기도 하지만 편안하게 지내고 싶기도 하다. 또한, 사람은 타인이 꿈의 실현을 위해서 고통을 감내하는 것에 감동을 받기도 하지만 그러한 고통에 대해 너무도 안쓰럽게 느끼기도 한다. 대다수의 사람들은 타인이 고통받는 모습을 바라보는 것을 원치 않는다. 다른 사람이 편안한 상태에 있어야 우리 마음도 편안해지는 것이다. 이런 이유로 인하여 조력하는 사람들은 부지불식간에 내담자들로 하여금 꿈을 실현하기 위해서 고통을 감내하도록 안내하기보다는 꿈을 포기하는 방향으로 안내하기도 한다. 즉, 상담자들은 내담자들이 힘들어할 때 힘들게 하는 꿈을 확인하고 그 꿈을 실현하기 위해서 함께 고민하기보다는 쉽게 '좋게 생각해라. 너무 심각하게 생각하지 말라.'고 말하는 경향이 많다.

어려움에 처한 사람을 돕는 입장에 있는 사람은 그가 전문 상담자이든지, 일반인이든지에 상관없이, 타인을 돕는 과정의 곤란함으로 인하여 상대에게 '좋게 생각하라. 편안하게 생각하라.'고 말하려는 충동을 명확하게 인식하고 조절할 수 있어야 한다.

② 조력의 과제

상담 과정은 문제 상황에 처한 내담자가 문제를 해결하여 자신의 소망을 실현하기 위해서 노력하는 과정이고, 상담자는 그런 노력을 하는 내담자를 돕는 과정이라고 하였다. 내담자가 문제를 해결하여 소망을 실현하기 위해서 해야 하는 과제가 있고, 상담자가 해야 할 과제가 있다.

• 내담자가 1차 소망에 자각하고 그것에 집중할 수 있도록 도와야 한다

내담자가 자신이 원하는 바를 실현하기 위해서는 자신이 진실로 원하는 것(1차 소망)이 무엇인지를 명확하게 자각하고 상징화할 수 있어야 한다. 그런데 문제 상황은 내담자들이 자신의 1차 소망을 자각하고 상징화하는 것을 어렵게 한다. 왜냐하면, 문제 상황은 기본적으로 1차 소망이 좌절된 상태이며, 1차 소망의 좌절은 2차 소망을 전경으로 떠오르게 하고, 1차 소망을 배경으로 사라지게 하기 때문이다.

예를 들어, 이 문제를 생각해 보자. 학생이 학교에 입학할 때 그는 학교생활을 잘하고자 하는 1차 소망을 가지게 된다. 즉, 그는 학교에 입학하여 선생님들께 사랑을 받고, 또래들과 우정을 쌓으며, 공부를 잘해서 자신의 장래에 대해서 확신을 가지고 싶어 한다. 그런데 이런 1차 소망이 좌절되는 경우에 학생은 2차 소망, 여기에서는 학교를 그만두고 싶은 마음을 경험한다. 다른 예를 하나 더 들

어 보자. 미혼인 처녀와 총각이 결혼할 때 그들은 배우자에게 사랑과 인정을 받고 돌봄을 받고 싶어 한다. 그리고 상대가 원하는 그런 것들을 제공할 수 있기를 바란다. 그런데 이런 1차 소망이 좌절되는 경우에 그들은 2차 소망, 여기에서는 결혼관계를 종료하고 싶은 소망을 가지게 된다. 이처럼 문제 상황은 개인에게 자신이 진실로 원하는 바(즉, 1차 소망)에 집중하는 것을 허용하기보다는 1차 소망의 좌절로 인하여 발생하는 2차 소망에 집중하도록 만든다.

내담자가 자신의 2차 소망을 자신의 1차 소망으로 인식하고 추구하기 위해서 노력할 때 상담자는 지금 경험하는 2차 소망이 어디에서 연유하였는지를 묻고, 그런 질문을 통해서 내담자가 1차 소망을 자각할 수 있도록 돕고, 1차 소망에 집중할 수 있도록 도와주어야 한다.

• 내담자가 자신의 소망이 실현될 수 있음을 희망하도록 도와야 한다

내담자가 문제 상황에서 여전히 자신의 소망을 실현할 수 있기 위해서는 내담자는 자신이 원하는 것이 지금은 좌절되었지만 결국은 성취될 수 있음을 희망할 수 있어야 한다. 그런데 문제(혹은 좌절) 상황에서 내담자는 지금 여기서 자신의 소망이 실현되지 않음에 집중하기 때문에 절망하고 좌절한다.

이런 상황에서 상담자가 내담자가 희망을 가질 수 있도록 도와주어야 한다. 상담자는 절망하고 있는 내담자가 다시 희망을 경험할 수 있도록 돕기 위해서 두 가지 작업을 해야 한다. 하나는 내담자의 시간 조망을 넓혀 주는 것이고, 다른 하나는 자신의 소망을 실현하는 데 동원할 수 있는 자원에 대한 조망을 넓혀 주는 것이다.

시간 조망의 범위가 좁혀질 때 우리는 희망을 경험하지 못하게 된다. 예컨대, 자신의 꿈을 이루기 위해서 명문대에 진학하기를 꿈꾸었던 고등학생이 수학능력시험에서 낮은 점수를 받았다고 해 보자. 낮은 점수를 받은 이 학생은 지금 여기만을 생각할 때 절망에 빠질 수 있다. 하지만 그의 시간 조망이 1년, 2년으로 넓혀지면 그는 다시 희망을 경험할 수 있다. 1년 혹은 2년 동안에 자신의 노력과 주변의 조력을 생각한다면 그는 지금보다 더 높은 점수를 받을 수 있다는 것

을 생각할 수 있기 때문이다.

소망을 실현하는 데 동원할 수 있는 자원에 대한 조망이 좁혀질 때 우리들은 희망을 경험할 수 없게 된다. 하지만 이 자원에 대한 조망이 넓혀질 때 우리들은 좌절 상황에서도 여전히 희망을 경험할 수 있다. 예컨대, 수학능력시험에서 좌절을 겪은 학생이 보다 높은 점수를 받기 위해서 필요한 자원을 생각함에 있어서 자신이 현재 가지고 있는 자원만을 생각할 때 그는 절망할 수 있다. 하지만 그의 자원 조망에 대한 시각이 넓혀지면, 즉 지금 당장은 자신이 가지고 있지 못하지만 학습상담 전문가들이 가지고 있는 집중력 강화 전략, 암기력 강화 전략, 추론 전략을 생각하고 자신이 그것들을 학습하면 자원이 많아질 것이라고 생각할 수 있다면 그는 절망 상황에서도 여전히 희망을 경험할 수 있다.

상담자들은 절망하고 있는 내담자의 시간 조망과 자원 조망을 확인하고 이를 확장할 수 있도록 도와줌으로써 내담자가 희망을 가질 수 있도록 해 줄 수 있다.

• 내담자가 소망 실현에 대한 책임감을 느끼도록 도와주어야 한다

내담자가 자신의 소망을 실현하기 위해서는 자신의 소망은 결국은 자신의 것이며, 자신의 소망을 실현하기 위해서는 자신이 의미 있는 노력을 해야 한다는 점을 자각할 수 있어야 한다. 이를 어려운 말로 하면 책임감 자각이라고 한다.

그런데 문제 상황에서 내담자들은 소망이 자신의 것이라는 점을 분명하게 자각하지 못하기도 한다. 또한, 자신이 노력해야 한다는 점을 분명하게 자각하지 못하는 경우도 많다. 예를 들어 한 학생이 상담실에 와서 부모의 간섭이 너무 심하다고 불평하고 있다고 가정해 보자. 이 학생은 부모가 간섭을 하지 않으면 만사가 행복해질 것이라고 생각하고 있다. 하지만 부모의 간섭이 왜 학생에게 고통을 주는지를 생각해 보자. 학생이 자신의 삶의 목표와 과정에 대해서 자율권을 가지고 싶기 때문에 부모의 간섭에 대해서 고통스러워하는 것이다. 그리고 자신의 삶의 목표와 과정에 대해서 자율권을 가지고 싶은 것은 학생 자신의 소

망이며, 자신이 원하는 것을 실현하기 위해서는 부모에게 자신에게 그런 소망이 있다는 것을 말하고, 부모가 자신의 소망을 존중하고 배려할 수 있도록 하기 위해서 학생 자신이 무엇인가를 해야 한다.

이런 맥락을 고려할 때, 상담자는 내담자의 불평이나 불만을 토로하는 이면에 어떤 책임감의 이슈가 있는지를 확인하고 내담자가 이를 자각할 수 있도록 도와줄 수 있어야 한다.

• 내담자가 최적의 문제해결 전략을 구성할 수 있도록 도와주어야 한다

내담자는 자신의 소망을 실현하기 위해서 구체적인 문제해결 전략을 구성할 수 있어야 한다. 활력을 유지할 수 있는 수준으로 먹기 위해서(소망) 먹을 수 있는 것과 먹을 수 없는 것을 구분할 수 있어야 하고, 먹을 것을 구입하는 방법을 찾아야 한다(문제해결 전략의 구성). 좋은 배우자를 만나 행복한 결혼 생활을 하기 위해서(소망) 배우자와의 관계 속에서 만족시키고 싶은 자신의 욕구를 알아야 하며, 자신의 욕구를 만족시켜 줄 수 있는 예비배우자를 찾아야 하며, 예비배우자와의 관계를 형성하고 결혼에 도달하기 위해서 필요한 행동양식을 찾아서 실현해야 한다(문제해결 전략의 구성).

그런데 문제 상황에 처한 내담자는 경우에 따라서 경험과 지혜가 부족하여 해결 방법을 구체화하지 못하거나 잘못된 해결 방법을 구성하기도 한다.

상담자는 내담자가 문제해결 전략과 과정을 구성하는 데 필요한 지식과 지혜를 찾을 수 있도록 격려하고, 정보를 제공하는 한편 구성한 문제해결 전략들 중에서 최적의 전략을 선택할 수 있도록 안내하고 격려할 수 있어야 한다.

• 상담자는 내담자가 모험할 수 있도록 도울 수 있어야 한다

내담자가 소망을 성취할 수 있기 위해서는 자신이 구성한 최적의 문제해결 방법을 실행할 수 있어야 한다. 그런데 현실 세계는 거의 대부분의 상황에서 불확실성과 애매성을 갖는다.

예를 들어 보자. 좋은 배우자를 만나 행복한 결혼 생활을 하기 위해서는(소망) 배우자와의 관계 속에서 만족시키고 싶은 자신의 욕구를 알아야 하고, 자신의 욕구를 만족시켜 줄 수 있는 예비배우자를 찾아야 하며, 예비배우자와의 관계를 형성하고 결혼에 도달하기 위해서 필요한 행동양식을 찾아서 실현해야 한다(문제해결 전략의 구성)고 했다. 이런 소망을 가진 내담자가 상담의 과정을 통해서 배우자와의 관계 속에서 만족시키고 싶은 자신의 욕구를 알아차렸고, 자신의 욕구를 만족시켜 줄 수 있는 배우자상에 맞는 이성을 찾았다고 가정해 보자. 그런데 이 내담자는 자신의 욕구에 대한 자각이 얼마나 충분한 것인지, 그리고 찾은 이성이 과연 자신을 만족시켜 줄 배우자인지에 대한 확신을 어느 정도 가질 수 있을까? 아마도 100%의 확신을 가지지는 못하는 경우가 많을 것이다.

찾은 방법에 대해서 100%의 확신을 가질 수 없을 때 어떤 사람은 모험을 하고 어떤 사람은 그렇지 못한다. 모험을 한 사람은 자신의 판단에 대해서 검증하고 수정하는 데 필요한 정보를 수집하여 새로운 노력을 할 수 있는 기회를 가지지만, 모험을 하지 못한 사람은 자신의 판단을 검증하고 수정하는 데 필요한 정보조차 얻을 수 없게 된다. 인간의 실존적인 삶은 거의 대부분의 상황에서 100%의 확신을 가질 수 없는 경우가 많다. 오히려 불확실성과 애매성에도 불구하고 모험을 해 보는 것이 필요하다. 하지만 많은 내담자들이 인간의 실존적 삶의 불가피한 측면인 불확실성이나 애매성을 수용하지 못한다. 그들은 불확실성과 애매성에도 불구하고 모험을 함으로써 한 걸음 진전하기보다는 망설이고 주저한다.

상담자는 내담자가 인간의 실존적 삶의 불확실성과 애매성을 깨닫고, 모험의 가치를 인식하고 모험할 수 있도록 격려하고 지지해 줄 수 있어야 한다. 그리고 경우에 따라서는 모험하지 못함으로 인한 결과를 직면시켜 내담자의 소망의 실현을 위해서 필요한 모험을 할 수 있도록 도와줄 수 있어야 한다.

• 상담자는 내담자가 객관적 평가에 기반하여 지속적으로 노력할 수 있도록 도와
    줄 수 있어야 한다

내담자가 자신의 소망을 보다 충실하게 실현하기 위해서는 앞에서 언급한 일
련의 절차에 따라서 구성한 문제해결 전략을 실행한 후에 그것을 객관적으로 평
가하고 필요한 노력을 지속할 수 있어야 한다. 즉, 전략의 실행으로 자신의 소망
이 어느 정도 실현되었는지, 구상한 전략이 소망 실현이 도움이 된 부분은 무엇
이고 도움이 되지 못한 면은 무엇인지, 혹시 예상하지 못한 부작용이 없었는지
를 객관적으로 평가할 수 있어야 한다. 또한, 그런 평가에 기초하여 부족한 부분
을 보완하고 예상치 못한 부작용을 해소하기 위한 방안을 찾아서 실행할 수 있
어야 한다.

그리고 상담자는 내담자가 소망 성취의 정도, 시행한 전략의 효과성 정도, 발
생한 부작용의 정도 등을 객관적으로 평가하고 추가적으로 노력을 지속할 수 있
도록 도와줄 수 있어야 한다.

이상에서 내담자가 자신의 소망을 실현하기 위해서 수행할 과제와 상담자를
내담자를 돕기 위해서 수행할 과제를 서술해 보았다. 이상의 서술은 충분한 것
이 아니라고 생각한다. 소망의 실현 과정과 조력 과정에 대한 보다 상세한 탐구
를 통해서 이상의 진술을 보완하고 수정해 나가야 할 것이다.

3) 학습상담

이상에서 학습의 의미와 상담의 의미를 살펴보았다. 학습은 맥락에 따라서
두 가지 의미를 갖는다.

첫째, 생존과 번영을 위해서 그리고 자신의 소망을 실현하기 위해서 자신과
세계를 알고, 자신과 세계에 대해서 영향력을 행사하는 데 필요한 지식, 기술,
태도, 역량을 개발하는 과정을 지칭하기도 한다.

둘째, 학교와 같은 제도적 교육기관에서 지식을 배우고 익히는 과정과 그 결

과를 지칭하는 경우도 있으며, 매우 좁게는 제도적 교육기관에서 실시하는 성취도 평가에서 보다 높은 점수와 등수를 얻기 위한 수단이라는 의미를 가지기도 한다.

상담은 개인이 소망을 달성하는 과정에서 직면한(혹은 직면할) 문제를 해결하여 자신의 소망을 달성할 수 있도록 조력하는 과정이라고 하였다. 따라서 학습상담이란 다양한 내담자가 다양한 학습의 과정에서 소망하는 바를 적절하게 인식하고 지혜롭고 현명한 방법을 통해서 성취할 수 있도록 돕는 과정이라고 할 수 있다. 학습상담은 최종적으로 개인이 유능한 학습자가 될 수 있도록 돕는 과정이라고 할 수 있다. 이를 몇 가지로 구체화시켜 보면 다음과 같다.

첫째, 학습상담은 학생들로 하여금 학습과 관련된 자신의 소망을 명확하게 인식하도록 돕는 과정이다.

둘째, 학습상담은 학생들로 하여금 학습과 관련된 자신의 소망을 실현하기 위한 자신의 잠재력을 인식하고 활용하도록 돕는 과정이다.

셋째, 학습상담은 학생들이 학습과 관련하여 자신의 소망을 실현하기 위한 자신의 사고, 행동, 전략을 객관적으로 파악하고, 보다 유익하고 효과적인 사고, 행동, 전략을 구성할 수 있도록 돕는 과정이다.

넷째, 학습상담은 학생들이 소망 달성에 보다 유익하고 효과적인 사고, 행동, 전략을 실천하도록 돕는 과정이다.

다섯째, 학습상담은 학생들이 학습과 관련하여 경험하는 좌절에 의연하게 대처하도록 돕는 과정이다.

2. 학습상담의 목적과 내용

학습상담의 최종 목적은 내담자의 학업성취의 향상에 있다. 내담자의 학업성취 향상과 관련되어 있는 개인적인 변인이나 환경적 변인의 변화는 학습상담에서의 과정적 목적이라고 할 수 있다.

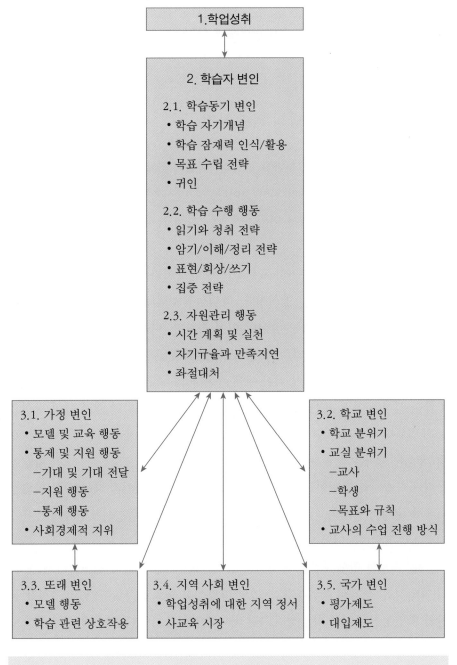

[그림 1-1] 상담철학

학습상담의 목적과 내용을 살펴보기 위해서 학습상담의 최종 목적인 내담자의 학업성취에 영향을 끼치는 제 변인들과 학업성취의 생태학적 관계도를 먼저 제시하면 [그림 1-1]과 같다.

1) 학업성취: 학습상담의 최종 목적

학업성취란 학습 행동의 결과를 말한다. 학습자들이 학습상담을 받는 최종적인 목적은 학업성취를 높이기 위한 것이다.

학업성취는 맥락에 따라서 다양하게 범주화되고 각 범주는 다시 여러 하위 범주로 나눌 수 있다.

첫째, 학업성취를 인식하거나 표현하는 방식에 따라 범주화하면, 두 차원으로 나누어진다. 하나는 양적인 방식이다. 학업성취를 '점수' '등수' '합격 및 불합격' 등으로 인식하거나 표현하는 방식이 이에 속한다. 다른 하나는 질적인 방식이다. 학업성취를 '학습 내용의 이해 정도' 혹은 '학습을 통한 어떤 능력의 개발' 등으로 인식하거나 표현하는 방식이 이에 속한다.

학습 성취를 양적 표현 방식으로 개념화할 것인가, 아니면 질적 표현 방식으로 개념화할 것인가는 단순하지 않다. 왜냐하면, 학업성취에 대한 양적 혹은 질적 개념화 방식은 학습자의 학습동기와 학습 행동 등에 영향을 끼치고, 학습을 둘러싼 학습자와 관련인들의 상호작용에도 큰 영향을 끼치지 때문이다. 학습동기에서 내재적 동기와 외재적 동기는 학업성취도를 양적으로 표현하느냐 혹은 질적으로 표현하느냐와 밀접하게 관련되어 있다.

둘째, 특정한 학업성취를 달성하는 데 설정한 기간에 따라 범주화하면, 단기의 학업성취, 중기의 학업성취, 장기의 학업성취 등으로 나눌 수 있고, 1시간 동안의 학업성취, 1일의 학업성취, 1달간의 학업성취, 10년간의 학업성취 등으로 나눌 수도 있다.

셋째, 학업성취에 학업성취에 포함되는 과목 수 혹은 역량 수에 따라서 종합적 학업성취와 단위별 학업성취로 구분할 수 있다. 국어, 수학, 영어 등을 종합하여 어느 정도 성취를 이룩하였는지를 따질 때는 종합적 학업성취라고 할 수 있고, 국어, 수학, 영어, 역사 등 개별 단위로 어느 정도 학업성취를 했는지에 따라서는 단위별 학업성취라고 할 수 있다.

학습자나 학습자를 돕는 이들(부모, 교사 등)은 맥락을 고려하여 자신들의 학업성취를 유익한 방식으로 개념화할 수 있기도 하고 유해한 방식으로 개념화할 수 있기도 한다. 따라서 학습상담자는 학습자나 학습자를 돕는 이들을 상담할 때, 학습자나 학습자를 돕는 이들이 학업성취를 어떻게 개념화하는지를 파악해야 하며, 처한 맥락에 적합한 방식으로 학업성취도를 개념화할 수 있도록 돕는 것이 필요하다.

2) 학습자 개인 변인: 학습상담의 과정적 목표

학습자의 학업성취도에 가장 밀접하게 영향을 끼치는 요소는 학습자의 개인 변인들이다. 학습자가 학습동기를 어떻게 관리하고, 학습 수행 행동을 어떻게 관리하고, 학습자원을 어떻게 관리하느냐는 학업성취도에 영향을 끼친다. 또한, 학업성취도는 학습자 개인 변인에 영향을 끼치기도 한다.

학습자의 동기는 학업성취도에 긍정적으로 작용하기도 하고 부정적으로 작용하기도 한다. 학습 수행 행동 역시 마찬가지이다. 어떤 학습 수행 행동은 학업성취도에 효과적으로 작용하며, 어떤 학습 수행 행동은 학업성취도와 역기능적 관계에 있기도 하다. 학습자원 관리 행동 역시 마찬가지이다. 더불어서 학습자 변인의 세 측면인 학습동기, 학습 수행 행동, 학습자원 관리는 서로 영향을 주기도 하고 받기도 한다.

이런 맥락에서 학습상담에서 학습자의 동기를 향상하고, 학습 수행 행동을 효율화하고, 학습자원을 적절히 관리하도록 하는 것은 학습상담의 과정적 목표가 된다. 학습상담자는 학습자 개인 변인을 정확하게 평가할 수 있어야 하며, 학습자 개인 변인이 학업성취도에 긍정적으로 작용하도록 조정할 수 있어야 한다. 학습상담에서 학습자 개인 변인과 관련된 제반 논의는 이 책의 제2장에서 상세히 논의될 것이다.

3) 학습자 환경 변인: 학습상담의 과정적 목표

학습자의 개인 변인에 영향을 끼치는 요소로서 학습자의 환경 변인들이 있을 수 있다. 학습자의 환경 변인은 흔히 가정 변인, 학교 변인, 또래 변인, 지역사회 변인, 국가 변인으로 구분되어서 논의되는데, 학습자의 환경 변인은 학습자 개인 변인에 영향을 끼쳐 학습상담의 최종 목적인 학업성취도에 영향을 끼친다. 예컨대, 학습자의 환경 변인 중에서 가정 변인은 학습자의 학습동기 변인에 긍정적으로 작용하기도 하고 부정적으로 작용하기도 한다. 가정 변인 이외의 다른 변인들도 학습자의 개인적인 변인에 긍정적 혹은 부정적으로 영향을 끼친다.

학습자의 환경 변인이 학습자의 개인 변인에 미치는 영향의 방식 및 정도를 평가하고, 환경 변인이 학습자 개인 변인에 긍정적 영향을 미치도록 촉진하는 것은 학습상담의 과정적 목표로서 중요하며, 학습상담의 중요한 영역이 된다. 학습자의 환경 변인에 대한 상세한 논의는 이 책의 제3장에서 이루어질 것이다.

3. 학습상담의 서비스 방법

여기서 학습상담의 서비스 방법이란 학습상담이라는 서비스를 어떻게 전달하는가와 관련되어 있다. 학습상담 서비스 전달 방법은 방법을 무엇으로 보느냐에 따라서 다양하게 구분할 수 있다. 이런 다양한 구분은 학습상담 서비스를 상황에 맞게 전달하는 방략에 대해서 가장 적합한 방식을 찾는 데 공헌할 수 있다.

1) 학습 및 학습자에 대한 관점에 따른 분류

현재 학습상담 서비스가 전달되고 있는 방식을 학습, 학습기술, 학습자에 대한 관점에 따라서 분류해 보면, 크게 교육공학적 접근과 상담적 접근으로 분류할 수 있다.

(1) 교육공학적 접근

학습상담에 대한 교육공학적 접근은 학습, 학습기술, 학습자에 대한 행동주의적 관점에 근거하고 있다. 행동주의적 관점에서는 학습의 내용을 세분화할 수 있고, 학습기술 역시 세분화할 수 있다고 보고 있다. 또한 학습자는 학습의 내용과 기술을 스스로 구성하기보다는 환경적 자극을 그대로 수용한다고 간주한다. 이런 맥락에서 행동주의적 관점은 어떤 학습 과제나 어떤 학습자에 상관없이 적용할 수 있는 절대적인 학습기술이 있다는 것을 가정한다. 이런 가정 하에 소위 학업우수자들이 사용하는 학습기술을 요소화하고 그것을 하나의 프로그램으로 만들어서 학습자에게 제공하고 있다.

현재 한국 사회의 학습상담 영역에서 교육공학적 관점에 기반한 학습상담 서비스가 만연하고 있는데, 이런 학습상담 서비스는 학습상담에 대해 체계적으로 훈련받는 전문가들보다는 학습상담을 하나의 경제적 수단으로 여기는 학습상담 장사꾼(?)들에 의해서 이루어지고 있다는 것이 필자의 판단이다.

교육공학적 관점에 기반한 학습상담은 우연에 의해서 특정 학습상담자에게 도움을 주기도 한다. 하지만 교육공학적 관점에 기반한 학습상담에서 도움을 받지 못하는 학습자들도 여전히 많이 있다. 교육공학적 관점에 기반한 학습상담에서 도움을 받지 못하는 학습자들은 모든 사람에게 적용될 수 있는 절대적인 학습기술이 있다는 교육공학적 관점에 기반한 학습상담자나 학습상담 서비스에 의존하는 부모에 의해서 다양한 형태의 부정적 피드백을 받고 있다. 이런 부정적 피드백은 학습상담을 받는 학습자들의 문제를 더욱더 심화시키고 있다.

앞으로 학습상담 연구자들은 이런 현상에 대해서 심도 깊은 연구를 해야 하며, 이런 현상에 대한 사회적 관심을 부각시킬 필요가 있다.

(2) 상담적 접근

학습상담에 대한 상담적 접근은 학습자에 대한 현상학적인 접근과 학습과 학습기술에 대한 구성주의적 관점에 기반하고 있다. 여기서 학습자에 대해서 현상학적인 접근을 한다는 것은 학습자가 각기 다른 목적과 의미를 위해서 학습을 한다는 것을 가정함을 의미한다. 따라서 상담적 접근은 학습자가 학습에 어떤 의미를 부여하고 있으며, 학습을 통해서 무엇을 달성하려고 하는지에 대해서 관심을 기울인다. 그리고 여기서 학습과 학습기술에 대해 구성주의적 관점에 기반한다는 것은 누구에게나 유용한 학습 또는 학습기술이 있다고 가정하기보다는 학습자가 자신의 학습 목적과 의미에 기반하여 각자에게 가장 유용하고 적합한 학습기술을 창조하고 구성해 나간다고 간주함을 의미한다.

학습상담에 대한 상담적 접근은 학습자에 대한 현상학적인 접근과 학습과 학습기술에 대한 구성주의적 관점에 기반하고 있기 때문에 학습상담 서비스를 제공할 때 집단지도적 접근보다는 개별상담적 접근을 취한다. 학습상담에 있어 필요에 따라 집단지도적 접근을 할 때도 개인에게 제공된 학습상담 서비스가 개인의 독특한 학습 목적과 학습에 부여하는 의미에 비추어서 어느 정도 유용성을 가지는지에 대해서 관심을 기울인다.

2) 개입 시점에 따른 구분

개입 시점은 상담 서비스 방법을 구분하는 중요한 기준 중 하나이다. 이때 개입 시점을 구분하는 기준은 학습 문제의 발생과 밀접하게 관련되어 있다. 이런 기준에 따를 때, 학습상담 서비스 방법은 1차 예방적 접근(학습 문제의 예측과 문제해결 역량의 강화), 2차 예방적 접근(학습 문제의 조기발견 및 조기개입), 3차 예방적 접근(학습 부적응의 교정과 재활)으로 구분할 수 있다. 각각에 대해서 간략하게 기술하면 다음과 같다.

(1) 1차 예방적 접근: 학습 문제의 예측과 문제해결 역량의 강화

1차 예방적 접근은 문제가 발생하기 전에 문제를 예측하고 문제해결 능력을 육성하는 방법이다(이재규, 2013a). 학습은 동기적 측면, 인지·초인지적 측면, 자원관리적 요소로 구성되어 있는데, 각 요소에서 문제가 발생할 수 있다. 1차 예방적 접근에서 상담 서비스의 대상자들이 학습 상황과 관련하여 언제 어떤 문제가 발생할 수 있을지를 미리 예측하여, 개인들이 그러한 문제를 겪기 전에 학습 영역에서의 문제해결 능력을 육성하는 상담 서비스를 제공할 수 있다.

현재 학습상담 영역에서 1차 예방적 상담이 다양하게 시도되고 있다. 학습시간관리 프로그램(윤미희, 2012), 인지 및 초인지 전략 프로그램(김동일, 2005) 등이 그것이다.

(2) 2차 예방적 접근: 학습 문제의 조기발견 및 조기개입

2차 예방적 접근은 상담 서비스 대상자들이 문제 상황에 노출되어 힘겨워하고 있을 때 이를 조기에 발견하고 조기에 문제를 해결할 수 있도록 돕는 개입을 말한다.

(3) 3차 예방적 접근: 학습 부적응의 교정과 재활

3차 예방적 접근은 학습 문제를 효과적으로 해결하지 못하여 학습 부적응을 보이는 학습자를 대상으로 학습동기를 활성화하고, 학습 전략을 습득하고, 학습 자원을 효과적으로 관리하는 기술을 습득하여 학습 부적응을 더 이상 겪지 않고, 추후 상황에서 학습에서 성취감을 경험하도록 안내하는 접근법이다. 현재 학교나 교육청에서 시도하는 대부분의 학습상담은 이 범주에 속한다고 할 수 있다.

상담 분야 그리고 의료 분야에서의 개입 시점에 따른 접근 방법의 효과성과 효율성 및 경제성에 대한 연구에 따르면, 3차 예방적 접근보다는 2차 예방적 접근이, 2차 예방적 접근보다는 1차 예방적 접근이 효과성, 효율성 및 경제성 측면에서 보다 우수하다고 한다. 그럼에도 불구하고 현재 한국 사회에서 학습상담은 1차 예방적 접근보다는 2차 예방적 접근이, 2차 예방적 접근보다는 3차 예방적 접근이 더 높은 비중을 차지하고 있다.

앞으로 학습상담 연구자들과 학습상담 서비스 종사자들은 학습자들 그리고 그들과 관련된 학부모 및 교사들에 대한 교육복지를 위해서 더 효과적이고 효율적인 1차 혹은 2차 예방적 서비스를 제공하는 방안을 강구해야 한다는 것이 필자의 견해이다.

3) 참여자 수에 따른 구분

학습상담 서비스는 학습상담이 이루어지는 동안 참여하는 학습자의 수의 따라서 개별적 접근과 집단적 접근으로 구분할 수 있다.

(1) 개별적 접근

개별적 접근은 학습상담이 이루어지는 동안 참여하는 학습자의 수가 1인인 경우를 말한다.

(2) 집단적 접근

집단적 접근은 학습상담이 이루어지는 동안 참여하는 학습자의 수가 2인 이상인 경우를 말한다.

학습상담 서비스를 제공할 때 개별적 접근을 해야 하느냐 혹은 집단적 접근을 해야 하느냐의 선택은 단순하지가 않다. 대체로 개별적 접근 혹은 집단적 접근을 선택할 때 그 기준은 상담자의 편의에 의해서 결정되는 경향이 있다. 하지만 학습상담을 함에 있어서 개별적 접근을 해야 하는가 혹은 집단적 접근을 해야 하는가는 학습상담에서 다루는 주제인 '학습이 무엇인가? 학습상담에서 증진하려고 하는 학습기술이 무엇이어야 하는가?'에 대한 관점과 밀접하게 관련되어 있다.

앞으로 학습상담 연구자는 이 문제에 대해서 심도 깊은 연구를 하고, 학습상담 서비스 종사자는 학습상담 서비스 과정에서 이 문제가 학습상담의 효과성과 적합성에 대해서 어떤 함의를 가지는지에 대해서 숙고해야 한다.

제2장
학업성취도와 학습자 개인 변인

| 신을진 |

　학습상담을 위해서는 학업성취와 관련된 변인들을 총체적으로 파악하고, 각 학습자마다 어떤 변인과 관련된 어려움이 큰지 진단을 내려 그에 따른 개입 전략을 모색하는 것이 필요하다. 학업성취도와 관련된 변인은 크게 학습자 개인 변인과 환경적 변인으로 구분할 수 있다. 이 장에서는 먼저 학습자 개인 변인을 동기와 정서 요인, 인지 및 초인지 요인, 자원관리 요인 등으로 나누어 살펴보도록 하겠다.

1. 동기와 정서 요인

　동기와 정서는 학습을 시작하고 유지하는 것과 매우 밀접한 관련성이 있다. 학습에 대한 동기가 높고 긍정적인 정서를 가지고 있는 학생이라면 학습 내용이 어려워도 그 내용을 이해하기 위해 더욱 노력하겠지만, 동기도 낮고 부정적 정서를 가지고 있다면 학습을 쉽게 포기할 수도 있을 것이다. 이 절에서는 학습에 영향을 주는 동기와 정서 요인으로 목표, 자아개념, 내외적 동기, 좌절대처 전략, 귀인 양식 등에 대해 알아보도록 하겠다.

1) 목표와 학습동기

학습자가 목표를 가지고 있다면 학습동기가 더욱 높아질 수 있을까? 많은 연구들은 이에 대해 '그렇다'고 한다(Bandura, 1997; Schunk, 1989). 목표를 갖는다는 것은 현재 자신의 모습에 만족하지 않고 다른 모습이 되고 싶어 한다는 것을 의미하기 때문이다. 이는 페스팅거(Festinger, 1957)의 '인지 부조화(cognitive dissonance)'라는 개념과도 일맥상통한다. 페스팅거는 각 개인은 자신의 신념, 태도, 의견, 행동 사이에 조화로운 관계를 유지하려는 성향이 있기 때문에, 이들 간의 부조화가 생기면 모순된 생각이나 행동을 바꾸어 조화시키려 한다고 보았다. 목표를 갖는다는 것은 현재와 다른 모습을 기대하게 되는 것으로, 그러한 기대가 현재와 불일치된다는 것을 자각하고 이를 일치시키려 할 때 행동과 태도에 변화가 생길 수 있는 것이다.

학습상담에서 상담자가 학습자인 내담자에게 "공부를 하는 이유가 뭘까?" 혹은 "나중에 어떤 사람이 되고 싶어?" 등과 같이 학습과 내담자의 장래희망을 연결시키는 개입이 포함되는 것은 바로 이런 이유 때문이라 할 수 있다. 내담자가 현재의 모습을 미래에 되고 싶은 모습과 비교하여 변화를 시도하도록 하기 위한 상담자의 의도가 담겨 있는 것이다. 이와 같은 상담자의 의도가 늘 성공하는 것은 아니지만 내담자가 이 질문에 답하면서 변화를 시도하게 된다면 내담자는 '목표'를 갖게 될 것이며, 그 목표가 학습과 관련되어 있다면 학습에 대한 '동기'도 높아지게 될 것이라 보는 것이다.

그러나 목표가 세워졌더라도 반드시 학습동기의 향상이나 학습 태도의 변화로 연결되지 않는 경우도 있다. 이에 대해 로크와 라넴(Locke & Lathem, 1990)은 목표 설정 이론(goal setting theory)에서 목표 설정이 행동 변화로 연결되기 위해서는 목표의 형태가 적절해야 한다고 보았다. 즉, 모든 목표가 동기 향상에 기여하는 것이 아니라 적절한 조건을 갖춘 목표여야 한다는 것이다. 로크와 라뎀(1990)이 언급한 목표의 세 가지 조건은 근접성, 구체성 그리고 난이도이다. 각 조건의 의미를 정리해 보면 다음과 같다.

- 근접성(proximity): 지나치게 먼 장래에 이루어질 수 있는 목표가 아니라 가까운 시일 내에 이룰 수 있는 단기 목표의 형태를 갖는 것이다.
- 구체성(specificity): 막연하고 모호한 형태가 아니라 구체적으로 명확한 형태를 갖는 것이다.
- 난이도(difficulty): 상당히 어렵게 느껴지지만, 학습자의 능력 범위 안에서 도달 가능한 정도의 형태를 갖는 것이다.

예를 들어, '나는 커서 훌륭한 과학자가 될 거야.'와 같은 목표는 학습에 대한 의욕을 일시적으로 높일 수는 있겠지만, 구체적으로 언제까지 무엇을 해야 하는지 등을 포함하고 있지 않기 때문에 실제 학습 행동에는 아무런 영향을 주지 못할 수도 있다. 그러나 '오늘 수학책 다섯 페이지를 풀어야겠다.'와 같은 목표는 오늘이라는 가까운 시일 그리고 구체적으로 할 일과 범위를 포함하고 있다. 즉, '근접성'과 '구체성'을 만족시키는 것이다. 일반적으로 학습상담 장면에서 내담자가 제시하는 목표는 '나는 커서 훌륭한 과학자가 될 거야.' 등과 같이 장기적이고 추상적인 목표에서부터 시작하여 '오늘 수학책 다섯 페이지를 풀어야겠다.' 등과 같이 단기적이고 구체적인 수준에 이르는 형태까지 다양한 수준이 존재한다. 근접성과 구체성을 갖춘 목표는 그렇지 않은 목표보다 실천 가능성이 높아진다. 따라서 '나는 커서 훌륭한 과학자가 될 거야.'와 같은 목표는 그것을 위해 올해에, 이번 달에, 그리고 오늘 무엇을 할 것인지, 즉 근접성과 구체성이 포함된 목표와 연결될 때 그 실천 가능성을 높일 수 있을 것이다.

또한 같은 목표라도 '난이도'는 학습자의 현재 인지, 정서, 행동 등의 상태에 따라 다르게 지각될 것이다. 앞에서 언급된 '오늘 수학책 다섯 페이지를 풀어야겠다.'와 같은 목표는 수학 문제를 거의 풀어 본 적이 없는 학습자에게는 매우 어렵게 느껴질 수도 있고, 늘 수학공부를 꾸준히 해 오던 학습자에게는 오히려 쉽게 느껴질 수도 있다. 학습자에게 가장 실천 가능성이 높은 난이도는 다소 어렵긴 하겠지만 그래도 열심히 하면 할 수 있을 것으로 느껴지는 수준이라고 볼 수 있다.

이상에서 언급한 조건 외에도 목표의 실현을 위해서는 그 목표에 대한 학습자의 헌신(commitment)도 중요하다(Locke & Lathem, 1990). 로크와 라뎀(1990)은 학습자가 목표에 헌신하는 데 영향을 주는 요인을 〈표 2-1〉과 같이 제시하였다. 로크와 라뎀은 이 중에서도 특히 '자기효능감'이 목표 헌신에 영향을 주는 가장 중요한 요인이라고 보았다. 목표가 설정되어 있고 그것에 도달하기 위해 노력을 하고 싶어도 자신이 그것을 해낼 수 없을 것이라고 생각한다면 목표 자체를 외면해 버릴 가능성이 높기 때문이다.

○○○ **표 2-1** 목표 헌신에 영향을 주는 요인들

개인적 요인	사회적 요인
– 이전 수행 수준(previous performance) – 실제 능력이나 기술의 수준(actual ability/ skill level) – 자기효능감(self-efficacy) – 귀인(causal attributions) – 가치(valence/values) – 기분이나 마음가짐(mood)	– 집단 요인(group factors) – 역할 모델링(role modeling) – 보상 구조(reward structure) – 권위의 특성(nature of authority and goal assignment) – 피드백의 특성(nature of feedback)

2) 학문 자아개념과 학습동기

자아개념(self-concept)이란, 장기간에 걸친 경험에 근거하여 '나는 어떤 사람이다.' 또는 '나는 무엇을 할 수 있다.'와 같이 자기 자신에 대한 포괄적인 평가나 생각을 갖게 되는 것이다. 자아에 관한 연구를 처음 시도한 윌리엄 제임스(James, 1890)는 자아란 '한 개인이 자기의 것이라고 말할 수 있는 모든 것'이라고 정의하면서, 실제로 존재하는 자아는 자신 혹은 타인의 지각과 차이가 있을 수

있기 때문에 자신이 경험을 통해서 형성된 자신에 대한 관점을 이해하는 것이 중요하다고 보았다. 자아개념은 자기 자신의 존재 자체에 대한 생각, 태도, 느낌 등을 의미하며, 이는 행동에도 영향을 줄 수밖에 없다. 자아개념이 긍정적일수록 성공에 대한 기대 또는 성공 가능성도 높아지며, 성공의 경험이 많아지면 반대로 자아개념도 보다 긍정적으로 바뀔 것이다.

한편, 셰이블슨, 휴브너와 스탠튼(Shavelson, Hubner, & Stanton, 1976)은 자아개념을 학문 자아개념, 사회 자아개념, 정서 자아개념, 신체 자아개념으로 나누고, 학문 자아개념을 제외한 나머지 3개의 자아개념을 비학문 자아개념으로 구분하였다. 송인섭(1989)은 이를 더욱 세분화하여 자아개념을 학문 자아개념, 중요타인 자아개념 그리고 정의 자아개념으로 나누고, 학문 자아개념을 다시 학급 자아개념, 능력 자아개념, 성취 자아개념으로, 중요타인 자아개념을 사회 자아개념, 가족 자아개념으로 그리고 정의 자아개념을 정서 자아개념과 신체 자아개념으로 구분하였다. 이 중 학문 자아개념의 세 가지 하위 요인인 학급, 능력, 성취 자아개념에 대해서는 다음과 같이 정의하였다.

- 학급 자아개념: 학급에서 이루어지는 학업과 관련된 활동, 즉 예를 들면 수업시간에 질문을 받거나 친구들과 관계를 맺는 데 있어 자신에 대한 지각을 의미한다.
- 능력 자아개념: 학업과 관련하여 자신이 성취할 수 있다고 느끼는 정도, 즉 자신의 잠재 능력에 대한 지각을 의미한다.
- 성취 자아개념: 학업성취에 있어 자신이 성공했다고 느끼는지 혹은 실패했다고 느끼는지에 대한 것으로, 실제로 얻은 학업성취 결과와 관련된 지각이다.

이렇게 학문 자아개념은 학교생활이나 학급생활을 하면서 생기는 것으로, 자신의 잠재 능력에 대한 지각 혹은 자신의 학업성취 결과에 근거한 자아상을 의미한다. 일반적인 자아개념도 학업과 밀접한 관련이 있지만, 학문 자아개념은 학업 상황과 보다 긴밀하게 연결되어 있다. 즉, 학문 자아개념은 학업성취를 예언할 수 있는 가장 강력한 요인이 되기도 하고(Bloom, 1956), 학업성취에 영향을 줄 수 있는 자기주도성, 학교 적응 능력 등에 영향을 주기도 한다. 때문에 상담자는 내담자의 학업성취가 객관적으로 어느 정도 되는가에 대한 정보를 알 뿐 아니라 학업성취에 관련한 내담자의 해석, 특히 학문 자아개념이 어떤지, 그에 영향을 주는 주관적 요인 및 객관적 요인은 무엇인지 등을 탐색하여 그에 근거한 개입을 할 필요가 있다.

3) 내외적 동기와 학습동기

학습과 관련된 동기를 보다 체계적으로 연구한 것은 행동주의적 접근에서 비롯되었다고 볼 수 있다. 스키너(Skinner, 1953)는 조작적 조건화 이론에서 손다이크(Thorndike)와 파블로프(Pavlov) 등이 앞서 제시했던 행동주의 이론들을 ABC 모델로 통합하였다. 즉, 선행사건(antecedent)이 특정한 행동적 반응(behavior)과 자주 결합되면 이 두 가지는 연결될 수 있으며, 그 행동이 긍정적 결과(consequence), 강화를 가져오면 그 행동은 더욱 자주 발생하게 된다고 보는 것이다. 예를 들어, '매일 같은 시간에 공부를 시작한다.' '정해진 장소에서 공부를 한다.' '특정한 TV 프로그램이 끝나면 숙제를 시작한다.' 등과 같은 특정한 환경적 단서가 학습 행동과 결합되면 특정한 환경에서 학습 행동을 할 가능성이 더 높아진다고 볼 수 있다. 다음으로, 행동 결과(보상)의 경우 공부를 한 다음 갖고 싶었던 물건이나 칭찬 등 긍정적인 보상을 받게 되면 공부하는 행동은 더욱 증가될 수 있다고 보는 것이다. 이와 같이 행동주의적 접근에서는 인간의 학습동기를 환경적 자극이나 보상 등에 의해 발생하는 것, 즉 '외적 동기'로 설명한다. 즉, 학습은 학습 자체가 좋아서라기보다 다른 무엇인가를 위해 하는 것으로 보는 것이다.

학습을 하도록 유도하기 위해 '외적 동기'를 활용할 때는 다음의 두 가지 사실을 기억할 필요가 있다.

첫째, 특정한 환경적 자극 혹은 강화가 모든 사람에게 같은 효과를 주는 것은 아니라는 것이다. 사람에 따라 같은 환경적 자극이나 강화물이라도 그 효과가 다르며, 심지어 환경자극이나 강화물이라 하더라도 지속적으로 주어질 때는 그 효과가 상황에 따라 달라질 수 있다. 예를 들어 학습자 'A'와 'B' 모두에게 기말시험에서 성적이 오르면 게임팩을 선물하겠다고 약속을 했다 하더라도, 해당되는 게임팩을 얼마나 갖고 싶어 하는가에 따라 'A'에게는 강화가 될 수 있는 게임팩이 'B'에게는 그다지 강화가 되지 않을 수도 있다. 또 A가 다른 친구의 게임기를 얻어 선물로 받기로 한 게임팩을 이미 충분히 갖고 놀았다면 A에게도 게임팩은 처음과 달리 그 매력 정도가 감소할 것이다. 때문에 강화물을 활용하여 학습동기에 변화를 주고자 할 경우에는 개인적·상황적 특성을 면밀히 파악한 다음 적용해야 한다.

둘째, 학습보다 보상 자체에 더 주의를 기울이게 할 수도 있다는 점이다(Deci, 1971). 심지어 특정한 학습 과제에 대해서는 보상이 오히려 과제에 대한 관심을 감소시킬 수도 있다. 데시와 라이언(Deci & Ryan, 1985)은 이를 '절감의 원리'로 설명한다. 즉, 보상 때문에 어떤 일(학습을 포함하여)을 했다고 생각하면 그 일을 하는 이유가 외부에 있는 것으로 생각되기 때문에 그 일 자체에 대한 관심이나 흥미는 감소할 수 있다는 것이다.

학습에 대한 외적 동기와 달리, 내적 동기는 다른 것 때문이 아니라 학습 자체에 대한 흥미를 가지고 적정한 수준의 도전을 추구하고 또 숙달하려는 지향성이다(Deci & Ryan, 1985). 학습 내용 자체에 호기심을 가지고 있기 때문에 학습 경험 자체에 의미를 부여한다.

따라서 학습 장면에서는 외적 동기를 활용하는 경우에도 학업 자체에 대한 흥미나 관심, 즉 내적 동기를 손상시키지 않는 개입을 할 필요가 있다. 이를 위해서는 가급적 유형적 보상보다 무형적 보상, 즉 칭찬 등을 보상으로 주는 것이 더욱 바람직하다. 칭찬을 할 때는 성취 수준에 대한 구체적인 정보를 담는 것이 효과적이다. 예를 들면, '이제 나눗셈을 상당히 잘하는구나.' '글씨가 깨끗해지고 있구나.' 등과 같이 학습과 관련하여 어떤 변화가 있는지에 대한 구체적인 정보가 담긴 칭찬일수록 학습에 대한 내적 동기를 감소시키지 않을 것이다(Brophy, 1981).

　물론 실제로 학습자가 외적 동기와 내적 동기를 양분된 형태로 소유하는 것은 아니다. 상황에 따라 필요에 따라 학습자는 외적 동기를 가질 수도 있고 내적 동기를 가질 수도 있다. 데시와 라이언(Deci & Ryan, 1985)은 자기결정 이론에서 무동기와 내적 동기 사이에 자기결정이 개입된 정도에 따라 외적 조절, 투입된 조절, 동일시된 조절, 통합된 조절 등의 외적 동기 유형이 존재한다고 보았다. 이를 설명하면 다음과 같다.

- 외적 조절(external regulation): 외적 조절 상태는 특정한 행동이나 과제에 대해 내적인 흥미가 전혀 없는 상태이다. 때문에 상으로 스티커를 받거나 벌로 청소를 해야 하는 등 외적인 환경 요인이 없을 경우에는 과제를 시작하지 않는다.

- 투입된 조절(introjected regulation): 투입된 조절 상태는 외적 조절 상태에 비해 특정한 행동을 해야 하는 이유가 내면화되기 시작한 상태이다. 반드시 보상이나 벌 때문에 특정한 과제를 하지는 않지만, 자신이 중요하게 생각하는 타인의 정서적 반응에 따라 과제를 수행할지 수행하지 않을지를 결정할 수 있다. 공부를 하면 어머니가 좋아할 것이라고 생각하기 때문에 공부를 하는 경우가 이에 해당된다.

- 동일시된 조절(identified regulation): 동일시된 조절 상태는 특정한 행동이나 과제를 하는 이유에 대해 그 가치를 자신의 것으로 받아들인 상태이다. 예를 들면 공부를 하는 것은 자신이 원하는 진로를 선택하기 위해 필요한 것이라는 것을 자신의 신념으로 받아들인 상태라고 볼 수 있다. 그러나 그렇다고 해서 공부하는 것 자체에 의미부여를 하거나 흥미롭게 생각하는 것은 아니다.

- 통합된 조절(integration regulation): 통합된 조절 상태는 특정한 행동이나 과제의 가치를 자신의 것으로 받아들인 것이고, 그 자체에 대한 내적 흥미를 가지고 있는 상태이다.

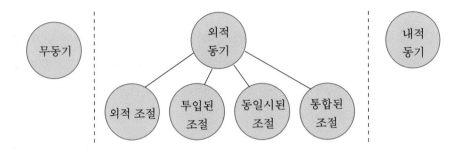

[그림 2-1] 자기결정 이론에 따른 동기 유형

출처: Pintrich & Schunk(2002) 재인용.

학습자의 학습동기는 이와 같이 외적 동기와 내적 동기의 연속선상의 어느 지점에 위치할 것이다. 따라서 상담 장면에서는 내담자가 현재 학습에 대해 어떤 동기 상태를 가지고 있는지 살펴보고 그것을 고려한 개입을 하는 것이 가장 효과적이다. 즉, 공부 자체의 의미를 전혀 모르는 내담자라면 우선 외적 동기를 활용하여 학습에 대한 동기를 높이는 개입을 하는 것도 의미가 있다고 볼 수 있다. 그러나 여기에서 그치지 않고 점차 학습에 대한 가치를 내면화하고 학습 자체의 가치와 흥미를 경험하도록, 즉 내적 동기를 높이는 개입이 점차 이루어질 필요가 있는 것이다.

4) 좌절대처 전략과 학습동기

학습의 과정은 목표에 도달하기까지 성공과 실패가 교차되는 과정이다. 성공의 경험은 기쁨을 주고 학습자의 자기효능감을 높여 주지만, 실패할 때는 좌절감을 경험할 수밖에 없다. 그러나 실패에 대한 정서적 반응이나 대처 방식에는 학습자마다 차이가 있다. 학습자에 따라서는 실패 경험에서 잘 벗어나지 못하고 무기력감에 빠지는 경우도 있고, 반대로 실패를 발판 삼아 더욱 노력을 하는 경우도 있다. 클리포드(Clifford, 1984, 1988)는 이런 차이를 가져오는 것이 바로 '실패에 대한 내성(failure tolerance)'이라고 보았다. '실패에 대한 내성'이란 '실패 결과에 대해 비교적 건설적인 태도로 반응하는 경향성'으로, 실패에 대한 내성이 높은 사람은 낮은 사람에 비해 실패에 대해 보다 긍정적인 태도를 보인다는 것이다. 즉, 실패를 하게 되었을 때 오히려 이를 발판으로 더욱 과제를 지속하고, 재개하고, 열중하는 등의 모습을 보인다는 것이다. 실패에 대한 내성 중 특히 학습과 관련된 것을 '학업적 실패내성(academic failure tolerance)'이라 하고 이를 측정할 수 있는 검사를 개발하였다(Clifford, 1988). 우리나라에서는 김아영이 이를 한국판으로 표준화하였으며(1994, 2002), 그 구성 요인은 감정, 행동, 과제선호 수준 등이다.

- 감정(feeling): 실패를 경험한 다음 보이는 감정적 반응의 긍정-부정의 정도를 나타내며, 자신의 실패 경험에 대해 건설적으로 대처할수록 부정적 감정의 정도가 낮게 나타나고 높은 실패내성을 가지고 있다고 볼 수 있다.
- 행동(behavior): 행동은 인지적 측면과 행동적 측면으로 구분할 수 있다. 인지적 측면은 실패를 만회하기 위한 계획 수립, 대책 마련 등을 가리키며, 행동적 측면은 실패를 극복하기 위한 극복 행동을 의미한다.
- 과제선호 수준(task difficulty preference): 실패내성이 높을수록 어려운 과제도 도전하려 한다.

학습 상황에서의 좌절대처와 관련 있는 또 하나의 개념으로 꼽을 수 있는 것은 '자아탄력성(ego-resilience)'이다. '자아탄력성'이란 '어떤 상황에서도 일정한 자아통제 수준을 유지하고 스트레스의 영향으로부터 벗어나 이전의 상태로 되돌아갈 수 있는 대처 능력'을 의미한다(Block & Block, 1980). 자아탄력성의 상태에 따라 탄력적인 자아와 연약한 자아가 존재하는데, 탄력적인 자아일수록 스트레스 상황에서도 융통성 있고 통합된 문제해결력을 보이며, 연약한 자아일수록 변화된 환경이나 힘든 일을 경험할 때 잘 대처하지 못하고 회복에 어려움을 보인다.

자아탄력성을 구성하는 요인이 무엇인지에 대해서는 학자마다 차이를 보였다. 클로넨(Klohnen, 1996)은 낙천성, 생산적 활동성, 대인관계의 통찰력과 따뜻함, 능숙한 자기표현 기술 등을 꼽았으며, 이해리와 조한익(2006)은 개인내적 특질로 자기효능감, 문제해결 능력, 감정과 충동조절, 공감과 수용, 목표와 희망, 낙관주의, 의미추구, 종교적 영성을 그리고 외적 보호 요인으로 학교, 가정, 지역사회, 또래 차원에서의 돌봄의 관계와 기대, 의미 있는 상호작용 등을 꼽았다. 그러나 자아탄력성이 높으면 스트레스와 좌절의 상황에서도 융통성 있게 대처할 수 있는 능력을 발휘할 수 있다고 본다는 측면에서 공통점이 있다.

5) 귀인 양식과 학습동기

인간은 자신과 타인의 행동에 대해 원인을 알고자 하는 성향이 있다. 이와 같이 인과관계를 추론하는 과정을 귀인(attribution)이라고 한다. 학습과 관련된 귀인은 주로 학업성취와 관련이 있다. 성적 등 학업성취 결과가 성공적이거나 그렇지 않을 때 스스로 '왜 점수가 이렇게 나왔을까?'라는 의문을 가지고 그 원인을 찾아보려는 시도를 하는 것이 바로 귀인의 과정인 것이다. 개인마다 일정한 혹은 선호하는 방향이 있다고 보기 때문에 이런 귀인의 과정은 귀인 양식이라고도 한다. 학습상담의 장면에서 내담자의 귀인 양식을 중요하게 다루어야 하는 이유는, 학업성취 결과에 대해 학습자가 어떤 귀인을 했는가에 따라 이후 학업과 관련된 행동이 달라질 수 있기 때문이다.

귀인에 관한 이론은 하이더(Heider, 1958)에서 시작되었다. 하이더는 사람들에게는 모든 행동에 대해 원인을 추론하는 성향이 있으며 특히 기능, 동기유발, 운 등으로 귀인하는 경향이 많다는 것을 발견하였다. 로터(Rotter, 1966)는 귀인성향을 통제소재(locus of control)에 따라 내적 통제와 외적 통제로 구분하였으며, 켈리(Kelly, 1972)는 귀인과 관련된 연구들을 종합하여 대부분의 사람이 행동결과의 원인으로 '노력' '능력' '운' '과제 난이도' 등을 꼽았고 그중에서도 특히 능력과 노력을 가장 중시한다고 보았다. 와이너(Weiner, 1979, 1985)는 귀인에 대해 다차원적인 모델을 제안하면서 귀인을 학업성취 영역과 연결하는 데 많은 기여를 하였다.

와이너는 귀인을 3차원, 즉 통제소재(locus of control), 안정성(stability), 통제 가능성(controllability)으로 나누어 분류하였다. 첫째, 통제소재에 따른 구분은 원인이 학습자 내부의 특성과 관련된 내적 원인인가, 학습자와 관련 없는 외적 원인인가를 기준으로 분류하는 것이다. 예를 들어, 시험 점수가 나쁜 원인을 '능력'이나 '노력'의 부족으로 꼽았다면 내적 원인으로 돌린 것이고, '운'이 안 좋아서 혹은 '시험 문제'가 잘못되어서라고 생각했다면 외적 원인으로 본 것이다. 둘째, 안정성에 따른 구분은 원인이 시간이나 상황이 바뀌어도 쉽게 변하지 않는 안정적 요인인가 혹은 수시로 변할 수 있는 불안정한 요인인가 하는 것이다. 예를 들어 시험 점수가 나쁜 것이 '능력' 때문이라고 보았다면 안정적 요인에 귀인한 것이고, '노력' 때문이라고 보았다면 불안정한 요인에 귀인한 것이다. 셋째, 통제 가능성에 따른 구분은 원인이 자신의 의지에 의해 통제 가능한 요인인가 혹은 불가능한 요인인가 하는 것이다. 예를 들어, '노력'은 자신의 의지에 따라 조절할 수 있기 때문에 통제 가능한 요인이라고 볼 수 있지만, '기분'이나 '능력'은 자신이 조절하기가 비교적 어렵기 때문에 통제 불가능한 요인으로 볼 수 있다. 와이너가 언급한 3차원의 귀인 성향에 따라 학습 장면에서 흔히 언급되는 요인들을 정리해 보면 〈표 2-2〉와 같다.

ooo **표 2-2 와이너의 세 가지 차원에 의해 분류한 학업성취 관련 귀인**

안정성	통제소재			
	내적		외적	
	• 통제 가능	• 통제 불가능	• 통제 가능	• 통제 불가능
안정	• 장기적 노력	• 적성	• 교사의 편견/ 편애	• 과제 난이도
불안정	• 기술/지식 • 일시적 혹은 상황적 노력	• 시험 당일의 건강 상태 • 기분	• 친구나 교사로부터의 도움	• 운

이와 같은 귀인 성향이 학업상담의 장면에서 중요한 이유는 이후 학업과 관련된 행동, 정서 등에 영향을 미치기 때문이다. 즉, 귀인의 과정은 선행조건 → 인과적 단서 → 인과적 차원 → 정의적 반응 → 인지적 반응(행동)으로 나타날 수 있다. 이를 정리하면 〈표 2-3〉과 같다.

ㅇㅇㅇ **표 2-3 와이너의 세 가지 차원에 의한 주요 귀인의 속성**

귀인 요소	차원	결과
능력	내적 안정 통제 불가능	• 유능감/무력감, 자부심/수치심 • 미래에도 동일한 결과 기대, 성공의 경우 자부심 증대 • 실패의 경우 수치심, 체념, 무관심 증대
노력	내적 불안정 통제 가능	• 자부심/수치심 • 결과 변화 기대/성공의 경우 기대 지속 • 자부심/죄의식 증대
운	외적 불안정 통제 불가능	• 자기상이 변하지 않음 • 결과 변화 기대/성공에 대한 기대 감소 없음 • 성공 혹은 실패 시 놀라움
타인	외적 불안정 통제 불가능	• 자기상이 변하지 않음 • 결과 변화 기대/성공에 대한 기대 감소 없음 • 도움에 대한 감사/방해에 대한 분노
과제의 난이도	외적 안정 통제 불가능	• 성공에 대한 자기존중감이 증대되지 않음 • 미래에도 동일한 결과 기대, 성공의 경우 자부심 증대 • 놀라움, 안도/의기소침, 좌절

〈표 2-3〉에서 보는 것처럼 시험성적이 좋지 않고 이를 '능력'이 부족했기 때문인 것으로 귀인한다면, '내적' '안정적' '통제 불가능'의 속성을 가지고 있기 때문에 결과적으로 학습에 대해 체념하거나 무관심하게 될 것이다. 반면 '노력'의 부족으로 귀인한다면 '내적' '불안정' '통제 가능'의 속성을 가지고 있기 때문에 수치심을 느끼면서도 미래에는 노력에 따라 결과가 달라질 수 있을 것이라 기대하며 더 노력하지 않은 것에 대한 죄의식을 느낄 것이다. 따라서 다음 시험을 대비하여 더 열심히 공부할 가능성이 높아진다.

밴듀라(Bandura, 1982)는 귀인 양식에 따라 효능감의 수준도 달라질 수 있다고 보았다. 바람직한 귀인은 자기효능감을 높여 줄 수 있는 형태일 것이다. 포스털링(Fosterling, 1985)은 바람직한 귀인과 바람직하지 못한 귀인을 [그림 2-2]와 같이 도식화하였다.

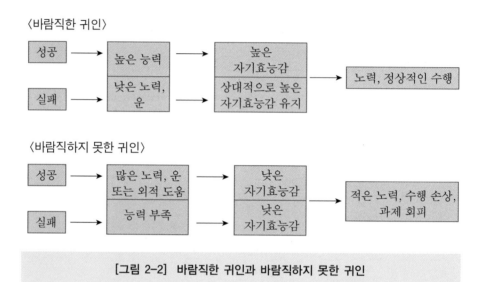

[그림 2-2] 바람직한 귀인과 바람직하지 못한 귀인

와이너(1986)는 귀인변경 프로그램을 통해 실패 → 추론된 능력 결핍 → 무능감 → 성취 감소로 이어지는 귀인 성향을 실패 → 노력 결핍 → 죄책감과 수치심 → 성취 증가로 바꾸어 주는 것이 가능하다고 보았다. 많은 경험적 연구에서는 귀인 성향을 훈련을 통해 변화시켰을 때 학습과 관련된 긍정적 태도를 갖게 되거나 실제로 학업성취 정도가 증가하는 등의 결과를 보여 주고 있다(Dweck, 1975; Schunk, 1983a). 예를 들어, 드웩(Dweck, 1975)은 초등학생들을 대상으로 25일간의 귀인 재훈련 프로그램을 실시하여 실패의 원인이 불충분한 노력 때문이라는 것을 익히도록 하고 수학 문제를 잘 해결하지 못할 경우 그것을 자신의 탓으로 돌리게 된 학생들이 성적이 향상되었다고 하였다. 슝크(Schunk, 1983a)는 수리 문제를 푸는 능력이 부족한 아동 40명을 대상으로 3개의 처치 집단(과거귀인 집단, 미래귀인 집단, 확인 집단)과 1개의 통제 집단으로 구분하여, 수학 문

제를 풀고 각기 다른 형태로 피드백을 제공하였다. 즉, 과거귀인 집단에 대해서는 "열심히 공부했구나."와 같은 형태로 노력귀인 피드백을 했고, 미래귀인 집단에 대해서는 "더 열심히 할 필요가 있겠구나."와 같이 노력귀인 피드백을 하였다. 확인 집단에 대해서는 단지 수학 문제를 풀고 있는 상황에 대해 점검만 하였다. 그 결과 과거귀인 집단과 미래귀인 집단이 확인 집단과 통제 집단에 비해 결과적으로 자기효능감과 학업성취 결과가 올라갔다고 보고하였다. 그뿐만 아니라 국내에서도 많은 연구들이 귀인 훈련이 학습과 관련하여 긍정적인 영향을 주었다는 보고를 하고 있다(김경미, 2006; 박현주, 1994; 전재원, 2002). 이와 같은 연구 결과들은 귀인이 바람직한 방향으로 이루어지는 것이 학업에 대한 태도 변화뿐 아니라 학업성취에도 영향을 주고 있다는 것을 보여 준다.

따라서 학습상담 장면에서도 학습자의 귀인 성향을 점검하고 개입해야 할 때가 있다. 물론 귀인의 방향을 바꾸도록 설득하는 것이 쉬운 과정은 아니다. 학습자는 실패 자체를 인정하지 않으려 하거나, 아예 지금까지 사용해 왔던 귀인의 방향 자체를 의식하지 못할 수도 있다. "선생님이 문제를 이상하게 낸 것 같아요." "다른 아이들도 전부 시험 못 봤어요." "저는 수학은 잘 못해요." 등이 학업과 관련하여 상담 장면에서 흔히 언급되는 귀인의 내용들이다. 귀인의 차원을 적용해 본다면 외적·안정적 요인, 불가능한 요인인 경우가 많다. 이와 같은 상태가 지속된다면 학습자는 학업에 대한 무기력감을 지속적으로 경험할 가능성이 높다.

따라서 능력귀인을 많이 하는 학습자라면 노력귀인으로 변경할 수 있도록 정보를 제공하고 설득하는 것이 필요하다. 그러나 노력을 충분히 기울였음에도 불구하고 좋은 결과를 얻지 못했다고 생각하는 학습자에게는 노력귀인을 계속하는 것은 의미가 없다. 오히려 학습 방법이나 전략으로 귀인하도록 하는 것이 효과적일 수 있다(Clifford, 1984). 즉, '교과목에 맞는 공부 방법을 선택했는가?' '대비하고 있는 시험의 유형에 맞는 방법이었는가?' '수준에 맞는 방법이었는가?' 등과 같이 자신의 특성 및 상황에 맞는 전략의 사용을 장려하는 것이다. 이와 같은 전략적 접근은 학생들에게 결과에 대한 통제감을 주어(Schunk, 1989),

학업을 포기하지 않고 지속적인 노력을 기울일 수 있도록 할 것이다.

2. 인지 및 초인지 요인

학습의 필요성을 자각하고 책을 펴거나 수업을 경청하는 등의 행동을 한다 하더라도, 학습자가 학습 내용이나 과제를 자신의 것으로 습득하거나 활용할 수 있어야 비로소 학습이 이루어진 것이라 볼 수 있다. 학습이 효과적으로 이루어지도록 하기 위해 학습자는 자신이 가지고 있던 지식을 떠올려 보기도 하고, 새로 접한 지식의 내용이나 구조를 분석하거나 조직할 수 있으며, 이 과정을 스스로 점검하여 조절을 할 수도 있다. 이와 같이 학습자가 의도적으로 학습을 위해 수행하는 인지적 활동을 '학습 전략(learning strategy)'이라고 한다.

이 절에서는 학습 전략을 그 적용 영역에 따라 네 가지로 구분하였다. 즉, 내용을 읽고 습득하는 단계에서 사용하는 읽기 및 청취 전략, 읽고 청취한 내용이 충분히 학습되었는지 검토하고 조정하는 데 사용하는 전략인 초인지 전략, 암기 전략 그리고 시간을 포함한 자원을 관리하는 데 사용하는 자원관리 전략으로 나누어 각 내용을 살펴보았다.

1) 읽기 및 청취 전략

학습자료를 읽고, 수업 내용을 청취하는 것은 학습의 가장 기본적인 과정이면서 동시에 가장 핵심적인 과정이라고 볼 수 있다. 읽기 및 청취는 정보를 접하고 습득하고 자신의 것으로 이해하는 과정이다. 그러나 단순히 정보를 읽고 또 교사의 설명을 청취했다고 해서 학습이 이루어지는 것은 아니다. 학습이 이루어지기 위해서는 단순히 글자를 해독하는 수준이 아니라 글의 의미를 해석하고 그 내용을 재구성할 수 있어야 한다. 그리고 이를 위해서는 다양한 학습 전략이 필요하다.

슈메이커 등(Schumaker et al., 1982)은 읽기를 위한 3단계 학습 전략을 제안하였다. 첫 번째 단계는 학습할 내용의 주제와 구조에 익숙해지기 위해 큰제목, 소제목, 그림, 단원의 개요 등을 살펴보는 것이다. 두 번째 단계는 단원의 끝부분 등에 제시된 질문을 읽어 보거나 글의 문단에서 제시하고 있는 단서들(예를 들면, 진한 글씨, 그림으로 강조된 부분 등)을 참고하여 공부할 내용에서 어떤 것을 배워야 할지 미리 질문을 만들어 보고 그것에 대한 답을 찾아보는 것이다. 세 번째 단계는 학습 내용을 읽은 다음 각 단원의 마지막에 제시된 확인 질문을 사용하여 스스로 묻고 답을 하면서 내용을 충분히 이해했는지 점검하는 것이다. 이 외에도 읽기 및 청취와 관련된 전략을 제시한 여러 국내 연구들이 있다(김나정, 2009; 김복자, 2006; 김효숙, 2007; 안미경, 2009; 최은순, 2007).

이와 같은 연구 결과들을 토대로 읽기 및 수업 청취에 필요한 전략을 3단계로 정리해 보면 다음과 같다.

(1) 읽기 및 청취 전 전략

학습할 내용을 읽거나 듣기 전에 학습자에게 필요한 전략으로는 배울 내용과 관련하여 이전에 알고 있던 지식을 떠올려 보는 '배경지식 활성화' 전략과 배울 내용이 어떻게 구성되어 있는지를 '개관(survey)'하는 전략을 들 수 있다. 이는 오수벨 등(Ausubel et al., 1978)이 언급한 사전조직자와도 연결될 수 있다. 사전조직자는 외적 조직화와 내적 조직화로 나뉜다. 여기서 외적 조직화는 새로 배우려는 내용이 학습자가 기존에 알고 있던 내용과 어떻게 관련되는지를 파악하는 것이고, 내적 조직화는 새로 배우려는 내용이 어떤 형태로 서로 관련되어 있는지를 파악하는 것이다. 배경지식 활성화 전략은 외적 조직화와 관련이 있고, 개관하기는 내적 조직화와 관련이 있는 전략이다.

① 배경지식 활성화

새로운 내용을 배우려 할 때 학습자는 낯선 느낌을 경험한다. 때문에 새로 배울 내용이 기존에 알고 있던 지식과 어떻게 관련되는지 모른다면 암기하는 것

[그림 2-3] 중학교 국사 교과서 일부 |

외에 다른 학습 방법을 적용하는 것이 어려울 수도 있다. 예를 들어, [그림 2-3]과 같이 국사 교과의 삼국시대에 대해 배워야 한다면, 기존에 알고 있던 신라, 고구려, 백제와 관련된 인물을 떠올려 보거나, 관련된 책의 내용, 드라마에서 보았던 내용 등을 떠올려 볼 수 있다. 기존에 알고 있던 지식을 떠올릴 수 있다면 그렇게 하지 않았을 때와 비교하여 새로 배울 내용이 친숙하게 느껴지고, 내용을 이해하는 데 도움이 될 것이다. 이와 같이 관련된 기존 지식을 새로운 내용을 학습하기 전에 떠올리는 것을 배경지식 활성화(prior knowledge activation) 전략이라 한다. 배경지식 활성화를 위해 단서로 활용할 수 있는 것이 제목, 그림, 도표, 중요개념 등이다. 만일 학습자에게 관련된 지식이 전혀 없거나 지식이 있어도 매우 낮은 수준이라면, 먼저 새로운 개념과 연결 지을 수 있는 활동을 경험하게 하거나 이전 학년에 배운 내용 중 관련 있는 부분을 간단하게라도 읽어 보도록 하는 것이 효과적일 것이다.

② 개관

개관(survey)이란 읽기나 청취를 본격적으로 하기 전에 어떤 내용으로 구성되어 있는지 전체적으로 살펴보는 것이다. 한 권의 책 전체를 개관하는 경우에는 책의 서문을 읽고, 다음으로는 [그림 2-4]와 같이 책의 목차를 살펴보는 것이 도움이 된다. 다음으로 각 단원의 제목과 소제목들을 살펴보면서 책의 내용이 전체적으로 어떻게 구성되어 있는지를 살펴본다. 각 단원마다 있는 요약이나 개요를 살펴보는 것도 책의 내용을 짐작하는 데 도움이 된다. 각 단원을 개관하는 경우에는 큰제목과 소제목의 구성을 먼저 살펴보는 것이 좋다. [그림 2-5]에서

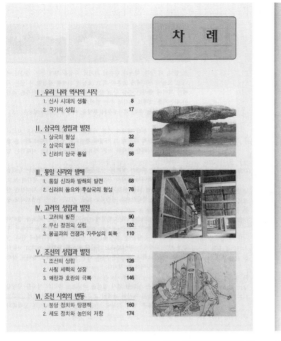

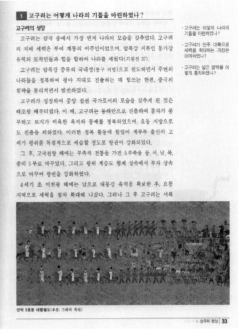

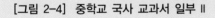

[그림 2-4] 중학교 국사 교과서 일부 Ⅱ

[그림 2-5] 중학교 국사 교과서 일부 Ⅲ

볼 수 있는 것처럼 각 소제목 밑의 2~3줄 정도를 보면서 소단원의 내용을 짐작해 본다. 그러나 아직 전체적인 내용을 꼼꼼하게 읽는 단계가 아니므로 2~3줄 정도만을 읽고 내용을 짐작해 본다. 중간중간 제시된 그림이나 사진 등을 미리 살펴보는 것도 도움이 된다. 이와 같이 개관을 하면서 이 내용을 공부하며 꼭 알아야 하는 것은 무엇인지 혹은 새로운 개념은 무엇인지 등을 질문의 형태로 떠올리며 적어 두는 것도 도움이 된다. 이런 과정을 통해 이후에 나올 내용을 미리 예측해 볼 수 있고, 이후에 본격적으로 읽을 때 집중력을 높여 줄 수도 있기 때문이다.

(2) 읽기 및 청취 중 전략

본격적인 읽기 혹은 청취 과정에서 학습이 제대로 이루어지기 위해서는 다

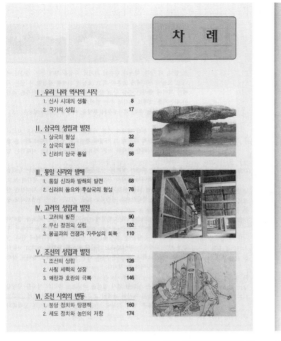
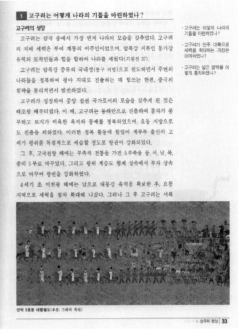

음 두 가지 전략, 즉 '핵심 내용 파악'과 '요약'과 같은 전략을 적절히 사용할 수 있다.

① 핵심 내용 파악

핵심 내용의 파악은 책의 내용이나 수업 내용 중 중요한 것과 비교적 중요하지 않은 내용을 구별하는 것이다. 배경지식이 있거나 개관이 먼저 이루어진 경우에는 핵심 내용을 파악하기가 비교적 용이하다. 또 육하원칙에 해당되는 내용, 제목이나 중요한 개념 등에 대한 설명이 있는 부분 등도 중요한 부분이라 볼수 있다. 각 문단의 주제와 가장 중요한 문장 등이 무엇인지를 찾아보는 것도 핵심 내용을 파악하는 데 도움이 된다. [그림 2-6]은 핵심 내용 파악 전략을 따로 연습한 활동지를 예로 제시한 것이다.

> 2. 가정은 화초와 같다. 탐스럽고 예쁜 꽃일수록 많은 정성과 수고가 있어야 하듯이, 행복한 가정을 꾸미려면 하루도 쉬지 않고 가꾸는 노력이 있어야 한다. 이러한 희생과 봉사가 없으면 그 꽃은 병들고 시들고, 마침내 뿌리까지 마르고 만다. 또 처음부터 화초로 가꾸지 않으면 누구에게나 천대받고 버림받는 잡초로 되고, 잡초로 끝내 방치하면 자신과 사회에까지 나쁜 영향을 주는 독초로까지 되고 만다.
> 또 가정은 오케스트라와 같다. 전 가족이 협주자가 되어 아름답고 멋있는 음악을 연주하는 것이다. 어느 악기에서라도 불협화음이 생기면 그것은 이미 실패작이다. 또, 그 불협화음이 많으면 그것은 이미 음악이 아니고 소음일 뿐이다.

1. 어려운 낱말에 줄을 긋고 글의 내용과 관련지어 그 뜻을 잘 생각해 봅시다.
2. 글에서 중심내용을 찾아 밑줄을 긋고, 그 내용을 써 봅시다.
3. 글의 내용 중 없어도 되는 부분은 지우고, 덧붙이고 싶은 내용이 있으면 더 넣어 봅시다.
4. 다시 글을 읽고 글의 내용을 머릿속에 그림으로 그려 봅시다.
5. 글을 보지 말고 글의 내용을 생각해서 정리해 봅시다.

[그림 2-6] 핵심 내용 파악 연습을 위한 활동지

출처: 신을진, 김형수(2007), p. 168.

일단 핵심적인 내용이 파악되면 밑줄을 긋거나 강조 표시 등을 해 둘 수 있다. 이와 같이 중요한 부분을 기억하기 위해 단순히 반복하여 말하거나 쓰는 것을 시연(rehearsal)이라고 한다(Weinstein & Mayer, 1986). 시연은 핵심 내용이 정해진 이후에 그 내용에 집중하게 하고 또 오래 기억하는 데 도움이 되는 전략이다. 그러나 핵심 내용을 파악하거나, 배경지식과 새로 배운 내용을 연결할 수 있도록 하는 전략은 아니다. 이를 위해서는 정교화 전략이나 조직화 전략과 같은 보다 심층적인 전략을 필요로 한다.

② 요약

요약은 핵심 내용 파악하기를 먼저 한 다음 그 결과를 정리한 것이다. 학습한 내용 중 중요한 부분을 중심으로 내용을 압축한 것이다. 핵심 내용을 파악하는 과정에서 알게 된 각 문단의 중요한 문장, 개념 등을 적고 이를 포괄할 수 있는 상위 개념을 중심으로 묶어서 적으면 된다. 요약은 핵심적인 내용을 추려 글로 적는 형태로 할 수도 있지만, 이를 보다 시각화하여 도표로 만들거나 마인드맵과 같은 형태로 나타낼 수도 있다.

요약하는 과정에서 이전에 알고 있던 지식과 새로 배운 내용의 차이점과 공통점 그리고 내용을 보다 분명히 이해하기 위한 다양한 예시 등도 추가할 수 있다. 이를 정교화 전략이라고 하는데 새로운 정보와 이전에 가지고 있던 정보를 연결하는 적극적인 인지 활동이 포함된다(Weinstein & Mayer, 1986). 또한 학습한 내용들 간의 논리적 관계를 염두에 두고 내용을 정리하는 것도 도움이 되는데 이는 조직화 전략이라고 한다(Weinstein & Mayer, 1986). 정교화 전략과 조직화 전략은 학습한 내용을 보다 분명하게 이해하고, 장기적으로 기억하기 위해 필요한 전략이다.

(3) 읽기 및 청취 후 전략

읽기 및 청취 후에는 학습이 되었는지 점검하는 전략이 필요하다. 점검을 하지 않을 경우 학습이 제대로 이루어졌는지 여부를 알 수 없기 때문이다.

점검 전략은 학습을 한 다음, 다시 내용을 개관하면서 제대로 학습이 이루어졌는지를 검토하는 것이다. 이때 읽기 및 청취 전 단계에서 궁금하게 생각했던 것을 충분히 알았는지 스스로 답을 해 보며 확인하고, 읽기 및 청취 중 단계에서 정리해 두었던 내용을 다시 보면서 이해되지 않은 부분을 확인하고 보완할 수 있다. 그러나 읽기 및 청취 중 단계와 달리 내용을 꼼꼼하게 읽기보다는 전체적인 내용을 개관하면서 부족한 부분만 다시 확인하여 보충한다.

2) 초인지 전략

초인지 전략은 학습 과정 자체에 대한 이해와 조절 전략을 의미한다. 따라서 초인지 전략을 잘 사용한다는 것은 학습할 내용을 분량과 난이도에 맞게 잘 계획하고, 효과적인 공부 방법이 무엇인지 판단하며, 학습이 부족한 부분을 스스로 점검하여 보완할 수 있다는 것이다. 브라운(Brown, 1981)은 읽기와 관련된 초인지 전략의 세부 전략으로 ① 읽기 목적의 명료화, ② 읽기 자료나 내용의 요지 발견하기, ③ 중요한 내용에 초점을 맞추기, ④ 이해가 되었는지 확인하고 점검하기, ⑤ 목적이 달성되었는지 스스로 질문하기, ⑥ 이해되지 않을 때 질문이나 보충자료 찾기 등 보완적 활동하기 등을 제시하였다. 플라벨(Flavell, 1979)은 초인지 전략으로 계획, 모니터링, 점검을 제시하였다. '계획'은 과제를 수행하기 전에 미리 그 과정을 머릿속으로 그려 보며 가능한 사태와 오류 발생 등에 대해 미리 예상해 보고 적절한 전략의 사용 시기를 정하는 것이다. '모니터링'은 자신이 사용하고 있는 학습 방법이 과목이나 상황에 맞는 것인가를 점검하고 스스로 수정하는 것이다. '점검'은 학습을 마치고 난 다음 학습 과정에서 사용한 인지 전략이 얼마나 효과적이고 정확했는지를 스스로 평가하는 것이다. 맥키치(McKeachie, 1986)는 플라벨이 제안한 '모니터링'과 '점검'을 '점검'으로 통합하고, 점검 결과를 반영한 '조절'을 추가하여, 초인지 전략을 계획, 점검, 조절로 구분하였다. 이를 보다 자세하게 살펴보면 다음과 같다.

(1) 계획

계획은 학습에 본격적으로 임하기 전에 학습할 과목과 내용을 살펴보면서 어떤 인지적 전략을 사용하는 것이 가장 효과적일지 미리 생각해 보는 전략을 의미한다. 일반적으로 학습을 시작하기 전에는 준비 절차로 목차를 읽어 보고, 무슨 내용들이 있는지 개관을 하고, 어떤 내용이 나올지 예상해 보는 등의 전략을 사용하게 되는데 이런 방법들은 모두 초인지 전략 중에서도 계획을 위해 사용하는 학습 전략이라고 볼 수 있다.

(2) 점검

점검은 학습을 하면서 자신이 얼마나 학습 내용과 과정에 집중하고 있는지, 내용은 이해하고 있는지 등을 확인하는 것이다. 즉, 자신의 상태를 확인해 보는 과정으로 초인지 전략의 가장 핵심이 되는 전략이기도 하다. 따라서 주위 환경이나 과목 그리고 스스로의 상태가 주의집중에 얼마나 영향을 주는지 점검하기, 주요한 개념과 내용에 대한 이해 정도를 문제집 혹은 스스로 만든 질문을 통해 평가하기 그리고 시험을 보는 상황에서도 마감시간을 의식하며 문제 푸는 속도를 점검하기 등과 같은 방법들이 이에 해당된다.

(3) 조절

조절은 점검과 밀접한 관련이 있다. 즉, 학습 내용과 과정에 대해 점검을 하면서 문제점이 발견될 경우 이를 보완할 수 있는 학습 활동을 하는 것이 조절 전략이다. 주위가 너무 시끄러워 집중이 되지 않는다는 것을 발견하고 조용한 장소로 옮기거나, 이해가 잘 되지 않은 부분을 발견하여 반복하여 내용을 읽어 보거나 보충자료를 더 찾아보는 것 그리고 시험을 보면서 마감시간이 다 되어 간다는 것을 알고 모르는 문제는 우선 건너뛰고 아는 문제를 먼저 풀고 답안을 작성하는 등이 모두 조절에 해당되는 것이다. 즉, 학습 과정에 대한 점검 결과 스스로 발견한 문제점에 대한 교정적·보완적 행동을 하는 것이다.

3) 암기 전략

학습한 내용을 필요한 상황에서 활용하기 위해서는 이를 읽고 이해할 뿐 아니라 잘 암기해 둘 필요가 있다. 학습자에 따라 암기 전략을 사용하는 빈도나 유형은 차이가 있겠지만 암기와 관련된 핵심적 원리와 전략을 정리해 보는 것은 가능할 것이다. 기억과 관련된 많은 연구들은 이중저장기억 모델을 기반으로 수정, 발전되어 왔다. 그러므로 암기와 관련된 기본적인 원리를 이해하는 데 있어서 이중저장기억 모델의 주요 내용을 살펴보는 것은 필수적이라고 볼 수 있다.

앳킨슨과 시프린(Atkinson & Shiffrin, 1968)은 이중저장기억 모델에서 [그림 2-7]에서 보는 것처럼 3단계로 학습 내용이 기억되는 과정을 보여 준다. 즉, 인간의 기억은 적어도 세 가지 인지처리 과정, 즉 감각등록기 – 작업(단기)기억 – 장기기억의 과정을 거친다고 본다. 감각등록기는 모든 정보를 받아들이고 일시적으로 저장하지만 그 시간은 매우 짧기 때문에 학습자가 주의를 기울이지 않은 정보는 기억에 남지 않고 그대로 사라지고, 주의를 기울인 정보만이 작업기억으로 이동하여 옮겨진다고 본다. 작업기억에서는 받아들인 정보를 이해하고 해석하는 작업을 하게 되는데, 감각등록기보다는 조금 길긴 하지만 작업기억에 저장되는 기간도 비교적 짧은 편이다. 작업기억의 저장 용량은 개인마다 차이가 있지만, 7±2 단위 정도의 정보를 한 번에 처리할 수 있는 수준이다. 이러한 한계를 극복할 수 있는 방법은 많은 정보들을 묶어서 기억하거나 처리하는 청킹(chunking)이다. 아무리 많은 정보라 하더라도 의미 있게 묶였을 경우 처리하는 정보단위를 줄일 수 있어 그만큼 많은 정보를 한꺼번에 기억할 수 있게 된다. 마지막으로 장기기억은 기억하는 시간이 매우 길고 심지어 거의 영구적이라고 보기도 한다. 그러나 장기기억 속으로 들어가기 위해서는 정보의 피상적인 특징이 아닌 보다 심층적인 내용을 이해하고 있어야 다양한 형태로 기억 속에서 상황에 맞는 인출이 가능하며, 아울러 기존에 알고 있는 지식과 연결되어 학습자에게 의미 있는 기억으로 자리를 잡아야 한다. 이와 같은 이중저장기억 모델에 기반하여 다음과 같은 암기 전략을 제안할 수 있겠다.

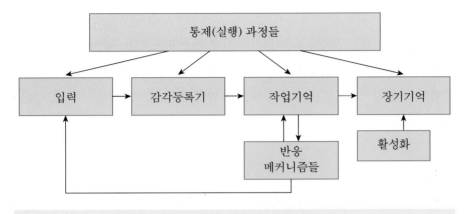

[그림 2-7] 학습과 기억에 관한 정보 처리 모델

출처: Schunk(2006) 재인용.

(1) 주의집중

학습 상황에는 다양한 정보가 존재한다. 예를 들어, 수업시간이라 하더라도 선생님의 설명 외에 친구의 이야기 소리, 휴대폰 문자, 자동차 지나가는 소리 등 다양한 시각 및 청각적 자극이 존재한다. 이 상황에서 학습자가 선생님의 설명에 집중하기 위해서는 학습자의 의지적인 노력이 필요하다. 앞에서 제시한 읽기 및 청취 전략 중 배경지식 활성화 전략이나 개관하기 등의 전략을 학습자가 사용하게 되면, 새로 배울 학습 내용 중 가장 핵심적인 부분을 미리 짐작할 수 있게 되고, 따라서 다른 내용과 비교하여 핵심 내용에 대한 주의집중 정도가 높아져 결과적으로 기억에 저장될 가능성도 높아진다.

(2) 시연

학습 내용이 작업기억 안으로 들어온 다음에도 이 내용이 장기기억에 저장되기 위해서는 역시 학습자의 전략이 필요하다. 학습자가 가장 우선적으로 사용할 수 있는 전략이 바로 시연, 즉 반복학습으로, 내용을 반복하여 읽거나 써 보는 등의 방법으로 학습자가 배운 내용을 계속 되새겨 보는 것이다. 이때 시연의 방법에는 두 가지가 있다. 하나는 기계적인 반복으로 내용을 이해하거나 자신이 이미 있는 말로 바꾸어 보려는 시도 없이 단순하게 반복하는 것이고, 또 다른 시연은 유의미한 시연으로 학습자가 학습 내용의 의미를 생각하고 자신의 말로 바꾸어 유의미한 내용으로 바꾸는 과정을 거친 다음 반복하는 것이다. 기계적인 반복은 일시적으로는 기억 속에 남을 수 있지만 장기기억에 저장되는 데는 한계가 있다.

(3) 정교화

정교화란 학습 내용을 받아들일 때 자기 나름대로 그 뜻이나 의미를 해석하는 과정을 거치는 것이다. 예를 들어 국사 교과서에서 청동기 시대에 무덤의 한 형태로 '고인돌'을 배우게 되었다면, 왜 고인돌이라는 명칭을 붙이게 되었는지 학습자 나름대로 생각을 해 보면서 '이렇게 돌을 쌓아 무덤의 형태로 만들어 고인돌이라고 하는구나.' 등과 같이 자신의 언어로 풀어 보고, '당시 사람들은 왜 이렇게 큰 돌로 무덤을 만들었을까?' '누가 옮겼지?' '족장과 같이 힘이 좀 있는 사람이어야 사람들이 많이 동원될 수 있었겠구나.' 등과 같이 '고인돌'과 관련된 사회적 배경을 함께 이해하는 과정이 정교화이다. 정교화를 하고 나면 장기기억으로 저장될 가능성이 더 높으며, 고인돌에 대한 내용을 질문을 받거나 시험을 보는 상황 등에서 보다 잘 기억해 낼 수 있다. 정교화를 하면 정교화를 하지 않았을 때와 비교하여 관련된 내용을 생각해 낼 수 있는 단서들이 많아지기 때문이다.

(4) 조직화

조직화는 새로 알게 된 학습 내용을 단편적으로 이해하지 않고 다른 내용 혹은 기존에 알고 있던 지식과 연결하여 상호 관련성을 파악하는 전략이다. 조직화에는 내적 조직화와 외적 조직화가 있다. 내적 조직화는 학습 내용에 내재하는 개념과 원리의 위계적 체계를 파악해 두는 것이고, 외적 조직화는 기존에 알던 지식이나 혹은 다른 학습 내용과의 체계적인 연관성을 파악해 두는 것이다. 예를 들어 [그림 2-8]과 같이 고구려의 성장 과정에 대해 학습한다면 [그림 2-9]와 같이 위계적 형태로 내용을 정리해 볼 수 있을 것이다.

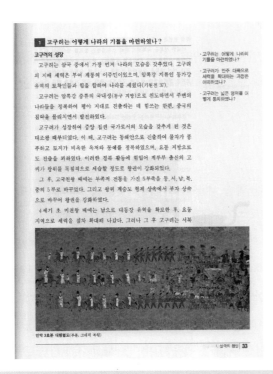

[그림 2-8] 중학교 국사 교과서의 예

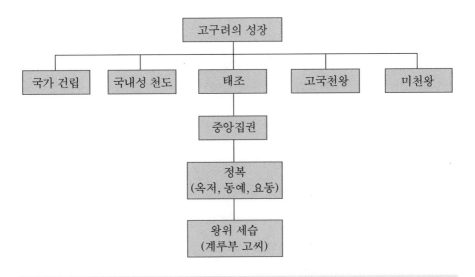

[그림 2-9] 교과서 내용에 대한 조직화 전략 적용의 예

[그림 2-9]와 같은 형태로 내용을 머릿속에서 정리하거나 혹은 실제로 도표화하며 학습을 한다면 단순 나열된 지식을 통해 학습을 하는 것보다 내용에 대한 이해의 수준이 높아질 뿐 아니라 학습한 내용이 장기기억으로 저장될 가능성도 높아질 것이다.

(5) 시각적 심상

시각적 심상이란 학습 내용을 언어로 익힐 뿐 아니라 이미지나 그림으로 떠올려 보거나 그려 보는 방법을 말한다. 파이비오(Paivio, 1971, 1986)는 이중부호화 이론에서 지식은 두 가지 형태, 즉 언어 체계와 심상 체계로 구성되어 있으며, 언어 체계는 추상적 정보에 적합하고 심상 체계는 구체적인 사물이나 사건을 나타내는 데 적합한 방법이라고 보았다. 따라서 파이비오의 주장대로라면 학습할 내용에 따라 언어 체계의 형태로 이해하고 저장하는 것이 더 적합한 것도 있지만, 반면 심상 체계를 활용하여 이해하고 저장하는 것이 더 적합한 것도 있을 것이다. 또한 학습자에 따라서 언어의 형태보다 그림이나 도표의 형태로 학습 내용을 재구성하는 것이 더 효과적일 수도 있다.

(6) 기억술

학습 내용 중에는 논리적으로 조직된 형태가 아니거나 유의미한 자료가 아닌 경우에도 반드시 암기해야 할 자료들이 있다. 이때는 다음과 같은 기억술을 사용해 볼 수 있다.

① 장소법

장소법(method of loci)은 익숙한 장소나 방 안의 물건들을 외워야 할 내용과 연결하는 것이다. 예를 들어, [그림 2-9]에서 제시된 고구려 성장 과정에서 언급된 왕의 이름, 즉 태조, 고국천왕, 미천왕을 암기하고자 할 때 집에서 버스 정류장까지 갈 때 지나치게 되는 익숙한 건물들 3개를 선택하여 각 왕의 이미지나 이름과 연결할 수 있다. 집에서 나와 바로 이발소가 있고 조금 더 가면 서점이 있고 다음으로 버스 정류장이 있다면, 이발소는 칼을 휘두르며 정복 활동을 펼친 태조를, 서점은 후세대를 교육할 수 있는 책들이 많은 곳이므로 왕권의 승계 방식을 형제 상속에서 부자(父子) 상속으로 바꾼 고국천왕을 그리고 버스 정류장은 여기저기로 가는 버스가 서는 곳이므로 남으로 요동으로 세력을 확대한 미천왕을 연결지을 수 있을 것이다.

② 걸이 단어법

걸이 단어법(pegword method)은 새로 학습할 내용을 자신이 이미 알고 있는 것과 연결하는 전략으로, 특히 숫자나 가나다라 등과 같이 이미 순서가 정해진 내용과 새로운 내용을 결합하는 방법을 흔히 사용한다.

예를 들어, 책을 읽을 때는 다음과 같은 방법으로 하면 효과적이다.

1. 전체적인 내용을 개관한다.
2. 큰제목과 소제목을 살펴본다.
3. 그림, 지도, 도표 등을 살펴본다.
4. 문단 단위로 읽는다.
5. 소리 내지 않고 읽는다.

이를 무조건 암기하는 것보다는 걸이 단어법을 적용하는 것이 보다 효과적일 것이다. 우선 숫자 1~6까지를 다음과 같이 쉽게 기억할 수 있는 단어로 바꾸어 생각한다.

1-한번
2-이름
3-삼박자
4-살짝
5-오붓하게

이 단어들을 앞에서 제시한 내용과 연결하여 이야기를 구성한다. 이렇게 익숙한 단어와 생소한 내용을 연결하여 이야기를 만들면 내용과 순서를 함께 기억할 수 있는 장점이 있다.

> 1. 한번은, 전체적으로 내용을 개관한다.
> 2. 이름을 불러 준다. 큰제목과 소제목.
> 3. 삼박자인, 그림, 지도, 도표를 살펴본다.
> 4. 살짝 문을 열며, 문단을 읽어 본다.
> 5. 오붓하게, 소리 내지 않고 읽는다.

③ 약성구 기법

약성구 기법은 암기하려는 항목들의 첫 글자를 따고 앞뒤에 모음을 적절히 넣어 단어나 구 혹은 문장으로 만들어 외우는 방법이다. 무지개 색깔의 이름 앞 글자를 따서 '빨주노초파남보'와 같이 외우는 것이 대표적인 예가 된다. 또 미술 사조의 흐름인 고전파 – 낭만파 – 자연파 – 사실파 – 인상파 – 신인상파 – 후기인상파를 외우기 위해 앞 글자를 가지고 '고개 넘어 낭자가 오네. 사인을 해 달라고 신호를 보내 봐야지.' 등과 같이 만들 수도 있다.

4) 자원관리 전략

자원관리란, 생활에서 반드시 해결해야 하는 과제를 효율적으로 진행하기 위해 자신의 행동을 관리하는 능력이며, 보다 구체적으로는 자기조사, 자기기획, 자기지도, 자기감시, 자기평가 등의 능력을 포함한다. 이런 능력의 핵심은 '시간관리'라고 볼 수 있다. 시간을 잘 관리하는 것이야말로 자신이 원하는 과제를 해내기 위해 가장 중요한 과정이라고 볼 수 있다. 특히 학업에서 시간관리란, 해야 할 공부를 정해진 시간 안에 해내기 위해 자신의 행동을 잘 통제하고 조절하는 것을 의미한다.

구체적으로 시간관리를 위한 전략을 익히도록 해 주는 프로그램과 활동들에 대해서는 이미 많은 연구가 진행되어 왔다. 김동일, 박경애, 김택호(1995)는 시간관리 프로그램을 크게 동기화 단계, 훈련 단계, 마무리 단계 등의 3단계로 나누고 각 단계별 활동을 제시하였다. 먼저 동기화 단계에서는 지금까지 시간 사용에 있어 실패한 것을 분석하고 이를 기반으로 보다 효과적인 시간 활용 계획을 세우도록 하였다. 둘째, 훈련 단계에서는 삶의 목표와 연계하여 현재의 생활이나 활동을 구성하여 보도록 하였다. 구체적으로는 목표 세우기의 원리, 우선순위 정하기의 원리, 계획 세우기, 실행하기, 다지기, 정보 이용하기의 원리 등으로 구성하였다. 마지막으로 마무리 단계는 훈련 단계에서 익힌 일반적인 원리를 실제 생활에서 잘 활용할 수 있도록 적용하는 단계로, 주간 계획 및 일일 계획표를 구체적으로 세우고 평가해 보도록 하고 있다.

이숙영, 박승민, 이재규, 김택호, 김동일(1996)은 시간관리와 정신 에너지 관리로 프로그램을 크게 구분한 후 시간관리는 '미래상 그리기 - 목표 세우기 - 우선순위 정하기 - 계획하기 - 다지기(실행하기)'로 구성하고, 정신 에너지 관리는 '자기인식 - 초점 맞추기 - 집중하기 - 자기보상하기' 등으로 구성하였다. [그림 2-10]은 프로그램의 내용을 일부 제시한 것이다.

김영진(2003)은 목적과 행동의 우선순위 정하기 - 계획 세우기 - 계획과 실행 기록하기 - 꾸물거리지 않기 - 보고서나 자료에 집착하지 않기 - 규칙적인 방법으로 자료를 관리하기 - 급하다고 생각되는 과제에서 피하기 등으로 구성하였다. 전반적으로 시간관리 프로그램의 주요 활동을 시간관리의 중요성 파악하기 - 장기 목표 세우기 - 단기 목표 세우기 - 점검 및 평가 방법 등으로 구성하였다.

• 나의 미래상 그리기: 나의 꿈은 무엇입니까?

• 목표 세우기: 나의 꿈을 현실로 이루기 위하여

 - 장기 목표(10~20년)

 - 중간 목표(3~5년)

 - 단기 목표(6개월~1년)

 - 주간, 일간 목표

• 우선순위 정하기

상 ▲ 중요도 ▼ 하	B 영역 - 예방 활동(건강 등) - 인간관계 구축 - 중·장기 목표 관련	A 영역 - 위기 상황 - 기간이 정해진 일
	D 영역 -하찮은 일 -시간 낭비거리	C 영역 - 눈앞의 급박한 일 - 인기 있는 활동
	하 ◀ 긴급도 ▶ 상	

[그림 2-10] 시간관리 프로그램의 예

출처: 이숙영 외(1996).

제3장
학습자에게 영향을 주는 환경 변인

| 신을진 |

학습자 개인에 영향을 끼치는 환경은 크게 가정환경, 학교환경 그리고 제도적 환경으로 구분하여 볼 수 있다. 이 중 가정환경은 다시 가정의 사회경제적 지위와 부모의 관여로, 학교환경은 교사와 또래로 구분하여 볼 수 있다. 이 장에서는 이런 환경 변인들이 학습자에 대해 어떤 영향을 주고 있는지를 구체적으로 살펴볼 것이다.

1. 가정환경

1) 가정의 사회경제적 지위

가정의 사회경제적 지위(socioeconomic status: SES)란, 가족원의 사회적 지위나 수입 및 자산 등을 의미한다. 즉, 부모가 어떤 직업을 가지고 있고, 수입이 어느 정도가 되며, 재산이 얼마나 있는지 등을 의미한다. 가정의 사회경제적 지위와 학업의 관련성에 대한 관심은 학교 교육이 이 영향력을 얼마나 약화시킬 수 있는가 그리고 궁극적으로 사회경제적 지위의 격차를 해소할 수 있는가에 대한 관심에서 비롯된 것이라 볼 수 있다(Coleman, 1966). 콜먼(Coleman, 1966)은 이에 대해 가정의 사회경제적 지위(부모의 교육 수준, 부의 직업, 가족 수입 등)가 학생의 학업성취에 미치는 영향은 절대적이며, 이에 비해 학교의 물리적 환경, 교사의 질 등 학교 요인은 그 영향력이 상대적으로 미미하다고 보았다. 사회경제적 지위가 낮은 가정의 자녀들은 학교 중도탈락 가능성도 상대적으로 높았다(Borowsky & Thorpe, 1994). 국내 연구에서도 이와 비슷한 결과를 보고한 연구들이 상당수 있다(김경근, 2005; 김현진, 2007; 곽수란, 2003).

그러나 가정의 사회경제적 지위와 자녀의 학업성취 사이의 관련성을 가정에서 자녀가 경험하는 분위기 혹은 문화의 차이 때문인 것으로 설명하기도 한다. 낮은 사회경제적 지위를 가진 가정의 자녀들은 학습이 왜 필요한 것인지를 충분히 이해하지 못할 수 있다는 것이다(Meece, 1997). 즉, 물질적 자원 자체가 학업성취에 영향을 준다기보다 이것이 가정의 정서적·사회적 분위기에 영향을 주어 궁극적으로 학업성취에 영향을 준다는 것이다. 이를 반영하듯 가정의 사회경제적 지위와 자녀의 학업의 관련성에 대한 연구 중에는 그 두 가지가 별로 상관이 없음을 보고한 것도 있다(손진희, 김안국, 2006). 이런 연구 결과는 부모의 사회경제적 지위 자체가 자녀의 학업에 영향을 주는 것이 아니라 부모의 교육적 관심과 기대, 부모와 자녀의 관계, 교육에 대한 개입 방식 등의 '부모관여'가 학업에 대한 사회경제적 지위의 영향을 매개하거나 사회경제적 지위와는 별도로 영향을 줄 수 있다는 주장을 뒷받침하는 것으로 볼 수 있다(김수혜, 김경근, 황여정, 2010; 김일혁, 2005; Fehrmann, Keith, & Reimers, 1987).

2) 부모의 관여

일반적으로 부모와 자녀의 관계는 성격 형성을 포함하여 인지적 발달과 사회적 발달의 근간이 된다. 학업의 영역에 있어서도 부모의 가치관, 신념, 양육 태도, 의사소통 방식 등은 자녀의 학습동기 및 학업성취에 영향을 줄 수밖에 없다. 학습과 관련하여 부모가 자녀의 학력을 향상시키기 위해 행하는 모든 개입을 '부모관여(parent involvement)'라 한다. 부모관여는 구체적으로 가정 안에서는 자녀에 대한 부모의 기대, 자녀와의 대화(의사소통), 학습도움 행동 등이 있고, 가정 밖에서는 교사와의 대화, 학교 활동 참여 등이 있다(Baker & Stevenson, 1986; Eccles & Harold, 1993; Milne, Myers, Rosenthal, & Ginsberg, 1986). 이 중에서도 자녀에 대한 부모의 기대, 의사소통 방식 등은 특히 많은 관심을 받아 왔다.

학업성취에 있어 부모의 기대는 매우 필요한 요소이다. 자녀들은 부모의 기대가 높을수록, 부모로부터 성취에 대한 압력을 경험할수록 학업에 대한 동기나 성취를 위한 행동이 높아진다(김종백, 김준엽, 2009; 박영신, 김의철, 1999). 그러나 부모의 기대를 포함한 부모관여가 자녀의 학업성취에 항상 긍정적인 영향을 주는 것만은 아니라는 연구 결과도 상당수 존재한다.

우선 부모관여의 적절한 수준은 자녀의 학년 혹은 연령에 따라 차이가 있다. 멀러(Muller, 1993)는 부모가 학교생활에 대해 자녀와 대화를 많이 하는 것이 자녀의 학업성취에 긍정적으로 작용하는 것은 사실이지만, 고등학생이 되었을 때는 더 이상 영향을 주지 않는다고 보고하였다. 뷰이(Bui, 2007)도 이와 비슷하게, 8학년에서 10학년까지는 부모관여가 자녀의 학업성취에 긍정적인 영향을 주지만 그 이후에는 오히려 그 영향력이 감소한다고 하였다. 안도희, 김지아, 황숙영(2005)은 가정의 심리적 환경 요인을 친밀성, 지지, 감독, 의사소통, 갈등, 승인 등으로 구분하고, 초등학생의 경우에는 '친밀성' 요인이, 중고등학생의 경우에는 '감독' 요인이 학업성취를 설명해 준다고 보았다. 즉, 초등학생은 부모와 친밀성을 경험하는 정도가 학업성취를 위해 중요하지만, 중고생은 적절한 감독을 해 주는 것이 학업성취의 향상에 도움이 된다고 본 것이다.

한편, 부모관여는 자녀의 학업성취 수준에 따라서도 그 효과가 다르다는 연구도 있다. 신종호, 진성조, 김연제(2010)는 우리나라의 150개 학교 6,908명의 학생들을 대상으로 이들의 학업 관련 변인들을 조사한 한국교육개발원의 한국교육종단 연구 자료를 가지고 부모의 관여 행동이 자녀의 학업성취 수준에 따라 그 효과가 다르게 나타난다는 것을 제시하였다. 즉, 상위 집단은 부모의 학업지원이 자기결정성 동기에 긍정적 영향을 미치지만 성취기대와 일상통제를 높게할 경우 오히려 자녀의 자기결정성 동기에 부정적인 영향을 주는 것으로 나타났다. 그러나 하위 집단의 부모의 학업지원, 성취기대, 일상통제 모두가 자녀의 자기결정성에 상대적으로 긍정적인 영향을 주었다. 즉, 학업성취 수준이 높은 학생들의 경우 부모가 자신들을 통제한다고 느낄수록 학업동기에 부정적인 영향을 받지만, 학업성취 수준이 낮은 학생들의 경우에는 부모의 성취기대나 통제가학업을 해 나가도록 하는 데 긍정적인 영향을 준다는 것이다.

이와 같은 연구 결과들은 학업성취의 향상을 위해 필요한 것은 부모관여 자체라기보다는 적절한 수준과 형태의 부모관여라는 점을 시사한다. 즉, 자녀의연령, 학년 변화 그리고 현재의 학업성취 수준 등에 따라 적절한 부모관여의 수준과 형태는 달라진다고 볼 수 있다. 특히 아동기에서 청소년기로 이어지는 발달 과정에서는 부모관여도 그에 맞게 조정되지 않으면 오히려 자녀와의 관계를악화시켜 궁극적으로 학업성취에 부정적인 영향을 줄 수 있다. 청소년기는 자아정체감 형성이라는 과제를 이루는 시기이므로 청소년들은 부모와의 의존적인 관계에서 벗어나 자율성을 더욱 추구하게 되기 때문이다. 결국 부모의 관여는 필요한 것이지만 적절한 수준 혹은 바람직한 형태의 관여가 무엇인가는 자녀의 발달 정도와 필요에 따라 달라져야 하는 것이다(Baumrind, 1996). 대학 입시가 중시되는 우리나라의 교육 풍토에서 이는 더욱 어려울 수 있다. 학년이 올라갈수록 입시가 더욱 가까워지기 때문에 부모들은 학업에 대한 관여 행동을 이전보다 오히려 강화하게 되고 청소년기에 접어든 자녀와 갈등을 빚게 될 가능성은더욱 증가할 수 있다.

적절한 형태와 수준의 부모관여가 무엇인지 알기 위해서는 부모와 자녀의 지속적이고도 활발한 상호작용이 반드시 필요하다. 미스(Meece, 1997)는 부모가의사소통을 할 때 자녀의 자율성을 존중하고, 지시적으로 하기보다 제안하는형태로 부모가 원하는 것을 전달하고, 자녀의 감정과 욕구를 잘 알아주며, 여러대안들을 제시하면서 선택할 여지를 주는 것이 자녀의 학업동기를 높일 수 있는 방법이라고 보았다. 또한 부모가 일방적인 의사소통을 하는 가정보다 양방적 의사소통을 하는 가정, 통제 중심적인 의사소통보다는 긍정적이고 촉진적인 의사소통을 하는 가정의 자녀가 학업성취 정도가 더 높은 것으로 나타났다(주윤응, 2000; 최경순, 정현희, 1998). 결과적으로 학업에 긍정적인 영향을 미치는 부모와 자녀 관계가 형성되기 위해서는 부모가 민주적이고 수용적이며 일관성 있는 태도를 보일 필요가 있다(김민정, 2004; 황혜자, 최윤화, 2003). 따라서 학습상담에서는 부모가 자녀의 발달시기, 학업성취 수준을 포함하여 각 개인 및 가정의 상황에 적절한 수준과 형태로 학업에 대한 부모관여가 이루어지도록 하는 것이 필요하다. 또한 이를 조율해 갈 수 있도록 부모와 자녀의 의사소통 과정에도 개입할 필요가 있다.

2. 학교환경

학교의 환경은 크게 물리적 환경과 사회적 환경으로 구분할 수 있다. 이 중 물리적 환경은 학교 건물의 크기, 형태, 구조, 교실의 배치, 내부시설, 가구 및 교구의 배치 등을 의미한다. 이와 같은 물리적 환경도 학습에 영향을 주는 것이 사실이지만 이보다 더 중요한 것은 사회적 환경이라고 볼 수 있다. 학교의 사회적 환경은 학교 구성원들 간의 서로에 대한 기대, 상호작용 방식 등에 의해 형성된다고 볼 수 있다. 이 중에서도 학생에게 가장 직접적으로 영향을 주는 것은 교사와의 관계 그리고 또래와의 관계라고 볼 수 있다.

1) 교사와의 관계

학습과 관련하여 교사가 미치는 영향은 매우 중요하다. 교사는 교과지식의 전달자로서의 역할만 하는 것이 아니라 학생과의 관계 형성을 통해 학생의 정서적·인지적 영역에 전인격적으로 영향을 줄 수 있기 때문이다. 따라서 학생이 교사와의 관계를 어떻게 지각하고 있는가, 교사와의 관계에서 어떤 것을 경험하고 있는가 하는 것은 학습상담의 중요한 주제가 될 수 있다.

교사와 학생의 관계가 학생의 학습 태도, 동기 그리고 학업성취에 영향을 미친다는 것은 이미 많은 연구들을 통해 입증되었다(윤채봉, 2000; Birch & Ladd, 1997; Skinner & Belmont, 1993). 교사와 학생의 관계가 긍정적이고 친밀할수록 학생의 인성은 물론 학업성취도 긍정적인 영향을 받는 반면, 교사와 학생 관계가 부정적이면 학습에서도 부정적 결과, 즉 낮은 학업성취와 학습부진(박성익, 1984), 학교생활 부적응(Birch & Ladd, 1997) 등을 초래할 수 있다.

특히 학생에 대한 교사의 기대는 학생의 학습에 영향을 미치는 가장 중요한 변인 중 하나로 꼽힌다. 이를 잘 설명해 주는 개념이 피그말리온 효과(Pygmalion effect)이다(Rosenthal & Jacobson, 1968). 로젠탈과 제이콥슨(Rosenthal & Jacobson, 1968)은 학생들에 대해 긍정적인 기대를 갖고 있는 교사는 학생이 노력하면 충분히 높은 성취를 할 수 있을 것이라는 자기충족적 예언을 하게 되고, 학생도 그 예언을 현실화시키기 위해 노력을 하게 되기 때문에 실제로 학생의 성취 수준도 높아진다는 것을 입증하였다. 김병성(1983)은 교사가 높은 기대를 가지고 있을 때 실제 행동에도 차이를 보인다고 보고하였다. 즉, 높은 기대를 가지고 있는 학생에 대해서는 더 적극적으로 칭찬하고 격려하며, 더 자주 질문할 뿐 아니라 질문하고 응답을 기다리는 시간을 더 길게 갖고, 질문의 수준을 점차 높여 학업성취에 도움을 줄 수 있는 행동을 더 자주 한다는 것이다.

그러나 교사와 학생 사이의 관계 형성에 대한 책임이 반드시 교사에게만 있는 것은 아니다. 브로피와 굿(Brophy & Good, 1974)은 교사가 긍정적인 기대를 가지고 학생을 대했을 때 학생이 성취 지향적이고 순응적인 반응을 보이면 교사의 기대는 더욱 높아지지만, 반대로 교사의 기대와 다른 형태의 반응을 학생이 보이면 교사의 기대는 낮아진다고 보았다. 즉, 교사와 학생의 긍정적인 관계 형성을 위해서는 학생에 대한 교사의 반응 못지않게 교사에 대한 학생의 반응도 매우 중요하다는 것이다. 그리고 교사에 대한 학생의 태도는 부모와의 관계에서 영향을 받는다. 즉, 어린 시절의 성장 과정에서 부모와 안정된 애착 관계를 형성한 학생이라면 교사와의 관계에 있어서도 비교적 안정적인 상태를 유지할 가능성이 높을 것이다(Pianta, 1999).

　그렇다면 가정에서의 영향이 학교에서의 경험을 통해 변화될 수 있을까? 이에 대해 많은 연구들은 긍정적인 결과를 보여 주고 있다. 즉, 어릴 때 가정에서 형성된 어른과의 관계가 교사와의 관계에 영향을 주지만, 교사와의 관계는 또 다른 기회가 될 수도 있다(Pianta & Steinberg, 1992). 학교에서 교사와의 관계를 통해 학생이 어른에 대해 긍정적이고 신뢰할 수 있는 대상으로 생각하게 되면, 학습에 대한 동기가 향상될 뿐 아니라 문제 행동 혹은 학교 중도탈락의 가능성도 낮아진다는 것이다(Pianta, Steinberg, & Rollins, 1995; Roeser, Eccles, & Sameroff, 2000). 따라서 상담자는 내담자가 부모와의 관계가 어떤 형태로 교사와의 관계에 영향을 미치는지 살펴보고, 교사와의 긍정적인 관계 형성을 위해 학생의 변화 가능성을 모색해 볼 필요가 있다. 나아가 교사와 연계하거나 상담을 할 수 있는 기회가 있다면 교사가 학생을 보다 깊이 이해할 수 있도록 정보를 제공하고 어른에 대해 긍정적인 상을 형성하는 데 있어 어떤 방안이 필요한지 함께 모색하여 내담자가 긍정적인 학교환경을 경험하도록 지원할 필요가 있다.

　교사가 학생에게 미치는 영향력이 학교급이 올라갈수록 감소한다는 연구 결과도 있다(박영신 외, 2000; 지은림, 김성숙, 2004). 즉, 초등학교에서는 교사의 영향력이 비교적 크지만, 중학교와 고등학교로 올라갈수록 상대적으로 그 영향력은 감소한다는 것이다. 오코너(O'Connor, 2010)는 초등학교 5학년 이후부터는 교사와 학생 간 관계의 질이 떨어진다는 연구 결과를 보고한 바 있다. 그러나 이와 달리 고등학생을 대상으로 한 연구 중에는 교사의 영향력이 큰 것으로 보고하는 연구(최동렬, 2004)도 있어 아직 이 부분에 대한 결론을 내리기 어려운 상황이다.

　교사의 학생에 대한 영향력, 특히 학업성취와 관련된 영향력은 직접적인 형태가 아니라 매개 변인을 통한 간접적인 형태라는 연구 결과도 있다. 이때 중요한 매개 변인은 자기효능감, 유능감 그리고 자율성 등이 있다. 즉, 교사가 학생의 자율성을 지지하거나, 포용적인 태도를 보일 때 학생의 자기효능감이나 유능감이 상승하며, 이를 통해 학업성취에도 긍정적인 영향을 미친다는 것이다(문은

식, 강승호, 2008; Ryan & Deci, 2000; Ryan & Grolnick, 1986). 라이언과 데시(Ryan & Deci, 2002)는 학습의 동기에는 여러 가지 형태가 존재한다고 하면서, 교사가 학생의 자율성을 허용하는 지지적인 교실 환경이 형성되면 학생은 자기 자신을 긍정적으로 지각하게 되고 학습에 대한 동기가 증가하여 수업에 대한 참여가 높아지고 이는 결국 긍정적인 학업성취로 이어진다고 보았다.

교사와 학생의 관계, 학생에 대한 교사의 기대가 학업성취에 영향을 준다는 점에 대해서는 대부분의 교사들도 동의를 할 것이다. 그러나 일반적으로 교사는 교수설계 혹은 교수 방법을 통해 학생에게 자신의 기대가 전달된다고 생각하지만, 학생들은 오히려 교사와의 상호작용 방식 자체를 통해 교사의 기대를 인식하는 경향이 있었다(Davis, 2006). 학생의 관점에서 보면 교사와 학생의 관계는 학습에 있어 부차적인 요소가 아니라 오히려 가장 핵심적인 요인이라고 볼 수 있는 것이다. 교수(teaching)에 대한 최근의 연구에는 교사와 학생 간의 유대감과 신뢰감 등을 기반으로 한 관계의 질, 상호작용 방식 등이 포함되는 경우가 많아지고 있다(김민성, 2009; Noddings, 2001). 학습을 매개로 한 교사와 학생의 상호작용을 교사는 '교수(teaching)'의 관점에서 살펴보게 되지만, 학생의 입장에서 보면 '수업참여'가 되는가 되지 않는가에 따라 실제로 학습이 이루어질 수도 있고 이루어지지 않을 수도 있는 것이다.

수업참여는 학생의 수업에 대한 집중과 몰입 정도를 나타낸 것으로, 스키너, 퍼러, 마천드, 카인더먼(Skinner, Furrer, Marchand, & Kinderman, 2008)은 〈표 3-1〉과 같이 이를 행동적 차원과 정서적 차원이라는 두 축으로 설명하였다.

스키너 등(2008)은 교사와의 상호작용을 통해 지지를 받는다고 느끼는 학생은 보다 적극적으로 수업에 참여하며, 수업에 참여하도록 하는 원동력은 교사와의 긍정적인 상호작용을 통해 유발된 즐거움과 흥미와 같은 긍정적인 정서라고 하였다. 특히 정서적 참여를 보인 학생은 점차 행동적 참여가 증가하고 행동적 이탈은 감소하여, 학습 활동에 대해 학년이 올라갈수록 보다 재미있어하는 것으로 나타났다. 긍정적인 교사와의 관계는 학생이 수업에서 긍정적 정서를 경험하는 주된 공급원이라는 것이다.

ooo **표 3-1** 학생의 수업참여

구분	참여	이탈
행동	행동적 참여 - 수업 착수 - 노력, 전력을 다함 - 시도, 지속함 - 열심 - 주의, 집중함 - 흡수, 통합, 몰두 - 개입, 관여	행동적 이탈 - 소극적 · 수동적 - 포기함 - 철회 - 주의를 기울이지 않음 - 산만함 - 정신적으로 풀림(해이함) - 준비가 안 됨, 선뜻 하려 하지 않음
정서	정서적 참여 - 열정 - 흥미 - 즐거움 - 만족감 - 자긍심 - 활력 - 열의, 묘미를 느낌	정서적 이탈 - 지루함 - 무관심 - 좌절/분노 - 슬픔 - 근심/불안 - 수치심 - 자기비난

출처: Skinner, Furrer, Marchand, & Kinderman(2008).

로젠샤인과 스티븐스(Rosenshine & Stevens, 1986)는 교사가 학생과의 상호작용에서 〈표 3-2〉와 같은 네 가지 형태의 피드백을 사용할 때 학습과 관련하여 보다 긍정적인 관계가 형성될 수 있다고 보았다.

첫째, 수행 피드백은 학생의 과제 수행과 관련하여 판단하거나 평가하는 것 이전에 구체적인 정보를 제공하는 것이다. 칭찬을 하더라도 막연한 형태보다는 이와 같이 학생이 수행한 정보를 담고 있는 피드백이 더욱 효과적이라고 보는 것이다. 둘째, 동기 피드백은 학생에 대한 긍정적인 기대를 전달하는 피드백이다. 셋째, 귀인 피드백은 학생의 수행 결과를 다른 속성으로 귀인하는 것인데, 같은 결과라 하더라도 귀인을 어떻게 하는가에 따라 학습과 관련된 학생의 태도가 긍정으로 변화할 수 있다. 바람직한 형태의 귀인에 대해서는 2장을 참고하기 바란다. 넷째, 전략 피드백은 학생이 학습 전략을 구체적으로 제시하여 줌으로

ooo **표 3-2** 교사의 피드백 유형

유형	정의	예시
수행 피드백	과제를 얼마나 정확하게 했는지 그리고 제대로 하기 위해서는 어떻게 수정해야 하는지에 대한 피드백	"맞았어." "첫 번째 부분은 잘했는데, 그다음까지 계속 써야 한단다."
동기 피드백	잘하고 있는지에 대한 정보를 제공하고, 다른 학습자와의 비교나 설득이 포함된 피드백	"네가 잘 해낼 줄 알았단다."
귀인 피드백	학생의 수행 결과를 하나 또는 그 이상의 다른 속성으로 귀인하는 피드백	"열심히 하더니 좋은 성적을 얻었구나."
전략 피드백	학생이 사용한 전략이 효과적이었는지에 대해 피드백을 제공하고, 아울러 과제를 하기 위해 어떤 전략을 사용해야 할지를 알려 주는 피드백	"이런 순서로 한 것은 아주 잘한 거야."

써 학습에 있어서의 자기주도성을 높일 수 있는 피드백이다.

뿐만 아니라 교사가 학급 혹은 수업에서 제시하는 목표는 학생의 목표 지향성에 영향을 주어 결국 학습에 태도와 학업성취에도 영향을 미친다는 연구도 상당수 있다(Ames, 1992; Karabenick, 2004). 여기서 학생의 목표 지향성은 숙달 목표 지향성과 수행 목표 지향성으로 크게 나눌 수 있고, 이는 다시 접근초점과 회피초점으로 구분할 수 있다(Elliot & McGregor, 2001). 구체적인 내용은 〈표 3-3〉에 정리된 바와 같다.

에임스(Ames, 1992)는 교사가 강조하는 학습 목표의 유형을 학생들이 어떻게 지각하는가에 따라 학습자의 학습참여 및 태도가 달라진다고 보았고, 캐러비닉 (Karabenick, 2004)도 교사가 학급에서 수행 목표를 강조한다고 보는가 혹은 숙달 목표를 강조하는 것으로 보는가에 따라 학생들은 학습과 관련된 행동에서 차이를 보인다고 하였다. 예를 들어 교사가 내용 자체의 이해를 강조하는 숙달 목표를 지향한다고 학생이 지각하면, 모르는 문제가 있을 때 적극적으로 문제에

ooo **표 3-3 목표 지향성: 접근초점 대 회피초점**

구분	접근초점	회피초점
숙달 목표 지향성	과제를 숙달하고 배우고 이해하는 데 초점을 둔다. 자기 향상, 진보, 과제에 대한 심층적 이해 등을 기준으로 한다(학습 목표, 과제 목표, 과제 관련 목표).	오해를 피하는 데 초점이 있고, 과제를 숙달하려고는 하지 않는다. 잘못되지만 않으면 된다는 기준을 사용한다(예: 완벽주의자).
수행 목표 지향성	우월해지는 것(다른 사람과 비교하여 가장 똑똑해지는 것, 가장 우위에 서는 것)에 목표가 있다. 최상의 학점을 얻는 것, 일등을 하는 것 등과 같은 기준을 사용한다.	열등함을 피하려는 데 초점이 있지, 다른 사람과 비교하여 열등하게 보이는 것을 피하려는 것은 아니다. 학급에서 가장 나쁜 점수나 등수 등을 피하려고 한다.

대한 설명을 요청하는 행동을 하게 된다. 그러나 교사가 수행 목표(즉, 학생을 더욱 우월하게 만드는 것)를 지향한다고 지각한 학생은 단지 정답을 알아내는 것에만 관심을 기울이는 경향이 있다는 것이다. 국내에서도 교사가 수행 목표 지향적이라는 것을 학생들이 지각할 때, 특히 수행 목표 지향성-회피접근을 한다고 지각할 때 학생들도 수행 목표 지향성을 갖게 된다는 것을 보여 준 연구들이 상당수 존재한다(김진욱, 장성수, 이지연, 2006; 전경문, 박현주, 노태희, 2005).

앞에서 살펴본 것처럼, 교사는 학생에게 가장 중요한 학교환경의 하나라고 볼 수 있다. 학습상담의 장면에서는 이와 같이 교사와의 관계가 학습에 미치는 영향을 이해하고, 바람직한 형태의 관계 형성을 위해 학생, 부모, 교사의 협조가 잘 이루어질 수 있도록 개입할 필요가 있다.

2) 또래 관계

또래 관계는 아동기에서 청소년기로 가면서 그 중요성이 더욱 커진다. 아동기에 또래가 주로 외현적인 것(노는 것, 장난감, 먹을 것 등)을 나누는 대상이었다면, 연령이 증가하면서 또래는 성격이나 태도 등 내면적인 것을 나누는 대상이 되어 간다. 특히 청소년 시기는 자아정체감 형성(Erikson, 1963)이라는 발달 과제를 달성해야 하는 시기로, 심리적으로는 불안정감과 소외감을 경험하게 되는데, 이때 또래 집단은 소속감과 안정감을 제공해 주는 역할을 한다(Newman, 2000). 학업과 관련해서도 학교에서 교사와 친밀한 관계를 형성하는 것 못지않게 또래와 긍정적 관계를 형성하는 것이 매우 중요하다. 또래 관계가 제대로 형성되지 못했을 때 학교에서 중도탈락할 확률이 높아지고, 비행청소년이 될 가능성도 높아질 수 있다.

또래 관계가 학습에 늘 긍정적인 영향만을 주는 것은 아니며, 오히려 부정적인 영향을 준다는 연구들도 있다(박영신, 김의철, 2010; 윤미선, 이영옥, 2005; 진복수, 1996). 인터넷 중독에 빠지도록 하거나 일탈 행동을 부추겨 오히려 학업성취를 방해하기도 한다는 것이다. 이와 같은 상반된 연구 결과는 또래 집단이 서로를 모델링하여 궁극적으로 유사한 가치관과 행동 패턴 등을 가지게 된다는 이론을 통해 통합적으로 설명될 수 있다(Bandura, 1997).

밴듀라(Bandura, 1997)는 사회인지 이론에서 모델링이 학습에 미치는 영향에 대해 언급하였다. 모델링이란 한 명 또는 그 이상의 모델을 관찰함으로써 행동적·인지적·정서적 변화를 가져오는 것을 의미한다.

- 모델링은 특정한 행동을 억제시키거나 이전에 억제되었던 행동을 다시 하도록 할 수 있다.
- 모델링은 모델과 비슷한 행동을 증가시킨다.
- 모델링은 새로운 행동을 가르친다.

모델링을 가져오는 대상의 특징 중 '지각된 유사성(perceived similarity)'은 또래 관계가 미치는 영향을 설명해 줄 수 있는 중요한 요인이라 볼 수 있다. 지각된 유사성이란 자신이 모델과 유사하다고 느낄수록 모델의 행동을 따라 할 가능성이 높아지는 것을 의미한다. 친밀한 또래 관계를 형성하게 되면 시간이 지날수록 서로 비슷해져 갈 가능성이 높다. 따라서 학습과 관련된 태도 혹은 학습 방법이나 기술 등에 있어서도 자신과 유사한 특징을 가지고 있는 것으로 지각되는 또래 집단은 학습에 대해 긍정적 혹은 부정적 영향을 끼칠 가능성도 매우 높아지는 것이다. 이는 결국 또래 집단이 학습에 대해 어떤 태도를 가지고 있는가에 따라 학업성취에 긍정적인 영향을 미칠 수도 있고 부정적인 영향을 미칠 수도 있다는 것을 의미한다. 흔히 나쁜 친구들과 어울리게 되는 것을 부모들이 경계하는 것도 그런 점에서 타당한 면이 있다고 볼 수 있다. 그러나 또래 집단으로 형성되는 과정은 이미 서로 비슷한 태도나 가치관을 가진 개인들이 서로를 선택하는 것이므로, 소속된 개인도 책임을 함께 지고 있는 것이라 볼 수 있다.

최근 들어 이와 같은 또래의 영향력을 교수 방법에 적극 활용하는 경향이 증가하고 있다(Webb & Palinscar, 1996). 즉, 교사가 4~5명으로 구성된 소집단들로 학급을 나누고 각 집단에 공동 목표를 부과하고 활동을 구조화함으로써 학습이 또래들 간의 상호작용을 통해 일어나도록 하는 것이다. 이와 같은 방법은 교사가 학습을 부과했을 때보다 학습에 대한 내재적 동기가 높아지고 보다 쉽게 학습 태도나 방법을 모델링을 통해 배울 수 있다는 장점이 있다. 그러나 적절한 지적 자극을 교사가 주지 못했을 경우에는 단지 답만 찾는 피상적인 활동에 그칠 수도 있고, 소집단별 활동이 성공적인 경험으로 이어지지 않았을 경우 또래 관계에서 갈등이 일어날 가능성 등의 단점도 있다.

또래 관계는 학습과 관련하여 긍정적인 영향을 줄 수도 있고, 부정적인 영향을 줄 수도 있지만 한 가지 분명한 것은 영향력이 매우 큰 환경적 변인이라는 것이다. 그러므로 학습상담에서는 또래 관계에 대한 내담자의 생각, 기준 그리고 또래 관계에 대한 긍정적인 경험 혹은 부정적인 경험 등을 상담 과정에서 고려할 필요가 있다.

3. 제도적 환경

콜먼(Coleman, 1966)이 가정환경의 차이에서 비롯된 학업성취의 격차를 학교생활을 통해 극복할 수 없다는 연구 결과를 제시한 이후 이와 비슷한 결과를 제시한 연구들이 상당수 발표되었다. 이런 연구들은 가정의 사회경제적 지위가 학업에 영향을 주어 결국 사회적인 불평등이 학교를 통해 해소되지 않고 반복된다는 것을 시사하고 있다. 그러나 역설적이게도 이런 연구 결과가 오히려 가정 환경의 영향을 학교 교육을 통해 극복할 수 있도록 적극 지원할 수 있는 사회제도적 지원 프로그램의 시행을 촉진하는 작용을 하기도 하였다.

우리나라도 2005년 기초학력 책임제 시행, 2009년 학력 향상 중점학교지원사업의 추진, 2010년 국가 수준학업성취도 평가를 통한 학력 향상 지원 사업 등 가정환경에서 비롯된 학습 문제의 결손을 최대한 조기에 극복하도록 하기 위한 제도적 환경을 마련하기 위한 노력을 하고 있다. 특히 저소득층·맞벌이 가정의 자녀들의 학업 및 교육적 지원을 위해 '초등돌봄교실' '온종일 돌봄교실' 등을 운영하고 있다.

기초학력보장정책의 완성도를 높이기 위해서 기초학력 미달자의 수가 일정 수준 이상인 경우, 학교에 대한 집중 컨설팅, 학교장 공모제 도입 등을 통해 학교 변화를 시도하고 있으며 향상도 공시대상 학교를 현재 고등학교에서 중학교까지 확대 실시하고 우수한 학교에 대해서는 선도 모델로 육성할 계획으로 있다. 또한 각 시·도 교육청별로 학습부진 예방시스템의 구축과 운영을 준비 혹은 시행하고 있는 상황이다.

그러나 이런 정책들이 실제로 그 효과를 드러내기 위해서는 꾸준한 시행과 지속적인 지원이 필요할 것이다. 이를 통해 학습과 관련된 문제의 원인에 따라 구체적인 개입 방안이 모색되고, 개입 방안에 대한 지속적인 효과 검증 작업이 시행되어야 할 것이다. 즉, 한 번의 진단과 개입이 아닌 지속적인 진단과 지속적인 개입 모델을 정착시켜 가야 할 것이다(National Joint Commitee on Learning Disabilities, 1988). 또한 학습 문제와 관련하여 학교 내에서 협조체제를 구축할 뿐 아니라 지역사회 관련 기관들의 체계적인 연계를 통해 전문적인 지원이 이루어지도록 할 필요가 있다.

제2부

학습 문제의
진단과 평가

제4장
학습 문제의 분류

| 백미숙 |

1. 학습 문제 이해의 필요성

학습은 학습자의 인지, 정서, 심리가 통합된 결과이다. 따라서 학습 결과로 볼 때는 학습 문제가 단순한 것 같지만, 그 원인은 다양하다. 예를 들어, 낮은 성취를 보이거나 학습에서 어려움을 경험하는 학습자의 공통된 원인으로 '낮은 이해력'을 언급한다. 이해력이 높다면 성취 수준이 좋을 것이라고 생각한다. 이때 낮은 이해력은 무엇을 의미하는 것일까? 또한 낮은 이해력을 향상시키기 위해서는 어떻게 개입해야 할까? 이 문제를 접근하기 위해서는 낮은 이해력이 나타나는 여러 가지 원인을 고려해야 한다.

첫째는 어휘력이 낮은 경우이다. 학업환경에서의 주된 활동은 새로운 교과 내용의 습득이다. 이것은 언어적 설명으로 이루어지기 때문에 교과 수준에 맞는 적절한 어휘가 수반되지 않으면 내용을 파악하기 어렵다. 때론 우리말과 글이기 때문에 듣는 순간에는 알 것 같지만, 실제로는 내용에 대해 전혀 파악이 되지 않는 경우도 많다. 교과 내용을 습득하는 과정에서 어휘의 수준은 절대적인 영향을 미친다.

둘째는 문장 또는 단락 연결에 어려움을 겪는 경우이다. 교과 내용을 파악하기 위한 출발점은 문장이다. 문장이 문단으로, 문단이 특정 주제의 내용을 이룬다. 이러한 과정에서 단문의 문장은 파악하지만, 여러 개의 문장을 동시에 연결하는 것에 어려움을 느낄 때 내용 파악이 어렵다. 또는 문단 단위는 파악되지만, 문단 간에 연결이 되지 않아 내용 파악에 어려움을 느낄 수 있다.

셋째는 새로운 것에 대한 수용폭이 낮은 경우이다. 평소의 학업성취 수준에 비해 새로운 내용을 받아들이는 수용폭이 낮다. 새로운 단원이나 내용을 설명할 때 유사한 성취 수준의 다른 학습자에 비해 반복적으로 여러 번 설명을 해야 하기 때문에 가르치는 입장에서는 '왜 이렇게 알아듣는 속도가 느릴까?' 하는 의구심을 갖게 한다. 그러나 새로운 내용이 어느 정도 익숙해지면 문제 응용 등의

> (전략) 9세기 전반에는 웅주(공주) 도독 김헌창이 반란을 일으켰고, 청해진을 지키던 장보고도 중앙 정부에 반기를 들었다. 이 모두가 중앙에서 벌어진 왕위다툼과 관련하여 일어난 것이다.
>
> (중등 국사-교육인적자원부)

위 내용은 3개의 문장으로 구성된 것이다. 첫 번째 문장은 김헌창이 반란을 일으킨 내용이고, 두 번째 문장은 장보고가 중앙 정부에 반기를 든 내용이다. 세 번째 문장은 이 모두(김헌창과 장보고의 반란)가 왕위다툼이라는 내용이다. 일반적으로 내용을 읽음과 동시에 3개의 문장이 순식간에 연결되어 김헌창과 장보고의 난은 왕위다툼과 관련해서 일어난 것이라는 내용을 파악한다.

반면, 문장 연결에 어려움을 경험하는 경우, 각각의 문장에 대해서는 내용을 파악한다. 그러나 3개의 문장이 서로 연결되지 않기 때문에 김헌창과 장보고의 반란의 공통점이 왕위다툼과 관련된 내용이라는 것을 파악하는 데 어려움을 느낀다. 결국 한 문장 단위로 질문할 때는 내용을 파악하는 것 같지만, 문단 단위로 질문을 하면 내용을 파악하지 못한다.

문단들을 연결하지 못하는 경우도 이와 유사하다. 문단 단위로 질문을 하면 내용을 파악하지만, 전체 내용 단위로 질문을 하면 내용을 파악하지 못한다.

수준은 상대적으로 높게 나타나기도 한다.

넷째는 추론 및 원인-결과 인식력이 낮은 경우이다. 내용 자체에서 원인-결과가 제시되는 경우도 있지만, 학년의 수준이 올라갈수록 제시된 내용을 기반으로 원인이나 결과를 추론해야 한다. 제시된 문장의 내용을 알고 있더라도 궁극적으로 추론을 통해 이러한 내용을 유추하지 못하면 이해력이 낮은 것으로 평가한다.

그 외에 단기기억 능력이 낮은 경우에도 내용의 앞, 뒤, 또는 특정 부분에 대해 부분적으로 기억하는 경향이 있기 때문에 내용의 전체 맥락에서 파악하는 것이 어렵다. 또한 낮은 단기기억의 영향으로 설명을 들어도 쉽게 잊기 때문에 매번 새로운 내용으로 인식되기도 한다.

낮은 이해력의 문제는 앞에서 제시한 것처럼 그 원인이 다양하고, 그에 따라 구체적으로 개입해야 할 방향이 다르다. 따라서 문제의 적절한 개입을 위해서는 원인에 대한 파악이 중요하다. 앞의 예에서는 '낮은 이해력'의 원인이 주로 학습 능력과 관련된 것이지만, 심리적 · 정서적 또는 환경적 문제가 그 원인이 될 수도 있다. 결국 학습 문제의 적절한 개입을 위해서는 학습 문제의 유형에 대한 파악이 우선적으로 전제되어야 한다. 학습자에게 실질적 · 실제적인 도움을 줄 수 있는 최적의 개입을 위해서는 학습 문제에 대한 결과 지향적 관점보다는 그 원인에 대한 이해가 우선되어야 한다.

2. 학습 호소 문제와 원인

학습과 관련된 주요 호소 문제는 크게 '공부를 못한다.'와 '공부를 하지 않는다.'로 분류할 수 있다. 공부를 하지 않는 것은 심리 · 정서의 차원이다. 공부를 못하는 것은 인지적 차원으로 학습 능력과 관련이 있으며 이것은 학습 내용과 개인적 능력의 적합성의 문제이다. 특정 시점에서는 못하는 문제와 하지 않는 문제의 구분이 명확하더라도 학업이 지속되고, 학업결손이 누적될수록 점차적으로 순환적 관계가 된다. 때론 문제 자체의 원인을 명확하게 구분하기 어려울 때도 있다.

학습 능력과 관련한 주된 호소는 투입된 노력과 결과인 성취 수준의 불일치이다. 즉, 공부한 만큼 결과가 만족스럽지 못한 것이다. 공부를 하지만 기대만큼 성적이 나오지 않는 경우와 성적이 제자리이거나 점점 떨어지는 경우가 대표적이다. 초등 과정에서의 학업성취 수준에 비해 상위 과정으로 갈수록 성적저하 현상이 나타나는 경우도 있다. 하위권 학습자 중에는 학업에 대한 의지나 동기는 있지만, 막상 공부를 하려면 어떻게 해야 할지 몰라 막막함을 느끼는 경우도 있다. 또는 특정 교과의 학업에 어려움을 경험하는 경우도 있다. 이처럼 학습 내용과 개인적 능력의 불일치로 나타나는 학습 문제의 원인을 살펴보면 다음과 같다.

첫째는 인지 전략의 문제이다. 이것은 그 원인에 따라 학습 계획의 문제, 학습 전략의 문제, 학습 태도의 문제로 구분할 수 있다. 학습 계획의 문제는 학습 과정에서의 계획이나 순서의 비효율성과 관련이 있다. 학습 과정에서 내용을 유지시키는 파지율을 증대시키기 위해서는 일정한 주기 단위의 반복적 학습이 중요하다. 이를 위해 교과 학습 시 일정한 계획에 의해 학습을 해야만 한다. 시험 준비 과정에서 특정 교과의 순서를 정해 집중적·순차적으로 공부하는 경우가 있다. 예를 들어 사회과목을 며칠 동안 집중적으로 한 후 과학, 국어, 도덕 등을 공부한다. 공부할 때는 해당 내용을 암기하는 등 나름대로 열심히 했다고 생각하지만 그 이후의 과목을 공부하고 다시 사회과목을 공부할 때는 많은 시간이 지났기 때문에 내용에 대한 파지가 제대로 되지 않는다. 결국 처음 공부할 때와 같은 상태가 된다. 때론 시험에 임박해서 이전에 공부했던 것을 제대로 점검하지 못하는 경우도 있다. 분명 공부는 했으나, 제대로 내용의 유지가 되지 않아서 학습 능력을 발휘하지 못한다.

학습 전략의 문제가 있을 경우 학습 내용에 대한 기본적인 파악은 하지만, 내용을 조직화·체계화하는 능력을 잘 발휘하지 못하기 때문에 내용의 비교, 분류, 응용에 어려움을 경험하거나 핵심 내용을 정확하게 파악하지 못한다. 또한 내용에서 중요한 것을 정확하게 구분하는 능력이 상대적으로 낮기 때문에 효과적으로 노트 정리를 하지 못한다. 이런 경우 평가의 난이도에 따라 성취 수준의 기복이 나타날 수 있다. 외부에서 조직화·체계화된 정보를 제공하면 학습 능력이 잘 발휘되지만, 스스로 이러한 학습 전략을 사용하는 데 어려움이 있기 때문에 주도적 학습 능력이 요구되는 중학교, 고등학교의 상위 과정으로 갈수록 학업 과정에서 어려움을 겪는다.

학습 태도의 문제는 비효율적인 학습 태도에서 비롯된다. 암기 위주의 태도, 문제풀이 위주의 태도, 내용을 지나치게 세부적 또는 개괄적으로 파악하기 때문에 전체 내용을 제대로 파악하지 못하는 경우 등이 그 예이다. 또한 수업시간에 집중하지 않고 다른 행동을 하면서 나중에 혼자 공부하려는 태도도 있다. 이러한 학습 태도는 기본 개념이나 특정 사건, 상황에 대한 단편적인 내용 위주로 평가하는 경우에는 문제가 되지 않을 수 있다. 그러나 전체적인 맥락 차원에서 내용을 파악하고 원인-결과 등의 추론 능력이 요구되는 상위 과정으로 갈수록 학습 과정에서 어려움을 경험한다.

둘째는 교과 계열의 문제이다. 이것은 원인에 따라 교과과정의 문제, 선수학습의 결핍, 교과과정 미이수의 문제로 구분할 수 있다. 교과과정의 문제는 학습자와 교과 내용의 불일치, 학습자와 학습량의 불일치를 의미한다. 학습자와 교과 내용의 불일치는 지나친 선행학습으로 인해 유발된다. 교육 현장에서 특정 교과에 대해 초등학생이 중학 과정을, 중학생이 고등 과정을 선행학습하는 경우가 흔하다. 그러나 상위 과정의 선행학습이 해당 학년의 교과 수용 수준을 결정하지는 않는다. 즉, 중학생이 고등학교 내용을 공부한다고 해당 학년 내용을 충분히 파악할 수 있는 것은 아니다. 평상시 상위 과정의 선행학습으로 인해 오히려 해당 학년 내용을 제대로 학습하지 못하는 경우가 많고 이로 인해 학습 문제가 나타난다.

또한 학습자와 학습량의 불일치는 특정 교과의 지나친 학습량의 증가로 인해 전체적인 학습에서 어려움을 경험한다. 이것은 주로 사교육과 관련이 있다. 예를 들어 영단어에 초점을 둔 사교육에서는 하루에 영단어 100개 이상을 암기하는 과제를 준다. 또한 특정 교과 위주의 학원을 다니는 경우 시험 한 달 전부터 주말에는 특강과 자습을 요구하고 많은 과제를 준다. 이러한 과제를 수행하기 위해서는 다른 과목을 공부할 겨를이 없다. 특정 과목에서는 좋은 성취를 얻을 수 있더라도 전체적인 교과 성취에서 불균형적인 학습 문제가 나타난다.

선수학습의 결핍은 기초학습 능력의 부족, 이전 과정에서의 과목별 선수학습의 결손이나 배경지식의 부족으로 인해 해당 학년의 교과 학습에 어려움을 경험한다. 주로 하위권 학습자에게 많이 나타나고, 중위권 학습자 중에는 초등학교나 중학교 과정에서 시험 대비 위주의 학습을 하고 해당 학년에서 요구되는 독서의 수준이 현저하게 낮은 경우에 이 문제로 인해 학습에서 어려움이 나타난다.

교육과정 미이수는 유학 등으로 인해 국내의 학업 과정에서 결손이 생기는 경우를 의미한다. 학령기 중에 영어 몰입교육을 위해 영어권으로 유학을 가거나, 여러 가지 사정으로 초등 과정의 일부를 외국에서 보내는 경우도 많다. 그러나 국내 초등 과정에서의 결손은 국어교육의 결손으로 직결된다. 국어교육은 학습에서 내용을 읽고 이해하는 능력에 직접적인 영향을 미치기 때문에 이 능력의 결손은 영어를 제외한 여타 과목에서 어려움을 경험하는 기형적인 상황을 초래할 수 있다. 이 문제는 국내의 학업 과정을 이수한 후에 나타나는 선수학습의 결손과는 다른 차원의 문제이다.

셋째는 학습 능력의 문제이다. 이것은 특정 영역에서의 낮은 학습 능력의 문제와 전반적으로 낮은 지능의 문제로 구분할 수 있다. 특정 교과나 동일 교과라도 내용에서 요구되는 학습 능력이 다르기 때문에 학습 문제가 나타난다. 예를 들어 사회과목은 잘하지만, 연산이나 수의 개념이 현저히 낮아 수학과목에서 어려움을 겪을 수 있다. 또는 수학에서도 연산이나 방정식은 잘하지만, 공간지각 능력이 낮기 때문에 도형 부분에서 학습의 어려움을 경험할 수 있다. 사실적 또는 추론적 이해 능력, 순차적 정보처리 능력, 사건이나 상황에 대한 조망 능력 등 다양한 영역에서 요구되는 특정한 학습 능력이 낮기 때문에 전반적인 교과나 특정 교과에서 학습 문제가 나타난다.

지능은 학업성취에서 가장 비중 있게 다루어지는 요인이다. 지능이 학업성취의 모든 것을 결정하는 것은 아니지만, 그 영향을 완전히 무시해서도 안 된다.

일반적으로 IQ라 불리는 지능은 표준화된 지능검사를 통해 측정 가능하고, 기대되는 학업성취에 대한 정보도 제공한다. 임상적으로 지능의 상위 수준은 학습 잠재력과, 하위 수준은 학습 여부의 기초선과 관련이 있다. 낮은 지능의 학생은 학습 능력이 평균 수준에 미치지 못하기 때문에 교과 내용 수용 과정에서 어려움을 경험하고 대부분의 교과에서 낮은 성취를 보이게 된다.

심리·정서 차원의 문제와 관련한 주된 호소는 학업에 대한 회의나 거부적인 태도, 특정한 것에 대한 몰입 행동(인터넷, 게임, 휴대폰, 이성교제 등)으로 학업에 관심을 기울이지 않는 태도, 지나친 산만성, 부적정서로 인해 학업에 집중하는 못하는 태도, 학습에 대한 무기력한 태도, 학업성취에 대한 목표는 있지만 이를 수행하려는 의지가 없는 태도, 학습에 대한 냉소적 태도, 낮은 학습의욕이나 동기, 시험불안, 학교 부적응 등이 있다. 이러한 호소 문제는 일정기간 동안의 학습환경에서 나타난 결과이기 때문에 그 자체에 초점을 두기보다는 이러한 학습 태도를 유발하는 원인에 대한 탐색이 선행되어야 한다. 심리·정서와 관련한 학습 문제의 원인을 살펴보면 다음과 같다.

첫째는 가정 내 요인으로 부모, 형제, 가족 내 정서와 관련이 있다. 이것은 부모가 자녀의 학습에 대한 가치나 태도가 주로 반영된다. 부모가 학업을 성공 지향의 잣대나 개인의 능력을 평가하는 수단, 부모 자신의 성공적인 삶에 대한 평가 기준으로 인식할수록 학습자에게 심리적·정서적 문제를 유발할 가능성이 높다. 가장 대표적인 것이 학습자의 능력을 고려하지 않은 부모의 높은 기대나 성취압력이다. 이로 인해 학습자의 생활을 지나치게 관여하고 통제한다. 부모의 권위에 순종하는 시기의 학습자는 과도한 학습량이나 학습시간에 대해 거부적인 태도를 갖더라도 순응적으로 반응하지만, 청소년기에 이르면 학습에 대한 회의나 거부감으로 학업을 하지 않거나 게임을 하는 등 특정 몰입 행동이 나타난다. 부모의 높은 기대로 인한 적절한 보상의 결핍, 타인과의 비교, 자녀에 대한 민감성이나 완벽성, 양육 태도가 학습자의 심리적·정서적 문제를 유발한다. 형제간에 학업성취에서 차이가 나타나는 경우 부모가 의도적으로 형제간 비교를 하지 않더라도 학습자는 상대적인 열등감을 경험하고 이것이 심리적·정서적 문제를 유발한다.

또한 가족 전체의 정서나 특성이 학습자의 학습 태도에 영향을 미친다.

둘째는 학교 요인으로 주로 교사와 또래 관계의 문제이다. 교사와의 관계에서 부정적인 평가나 판단, 냉담 등이 형성되면 학교 부적응이나 학습에서 냉소적 태도를 형성하기도 한다. 또한 또래에서의 따돌림, 친구 사귀기의 어려움, 지나치게 친구에게 몰입하기 등의 다양한 문제로 인해 학습에서 어려움이 발생할 수 있다.

셋째는 개인 내 요인으로 성격, 적성과 흥미의 불일치, 학습에 대한 역기능적 사고, 정신건강과 관련이 있다. 개인 내 요인으로 인한 학습 문제는 학업성취 수준과 일치하지 않는 경우도 있다. 학업성취 수준이 낮은 경우에는 개인 내 요인으로 인한 학습 문제가 표면화되지만, 학업성취가 높은 경우에는 이 문제가 간과되어 청소년 후기나 성인기의 진로선택 과정에서 진로 정체감 미형성이나 진로 미결정 등의 진로 문제로 나타나기도 한다.

성격과 관련해서는 학업에 대한 부담감이나 결과에 대한 귀인, 성적에 대한 집착, 경쟁의식, 자기통제, 완벽성, 꾸물거림 등이 있다. 학업의 부담감은 외적 요인에 의한 경우도 있지만 강박적 성향으로 인해 내적으로 부담감을 유발하고 이로 인해 어려움을 경험할 수 있다. 예를 들어, 시험불안은 가정 내 요인으로 인해 유발되기도 하지만, 성적에 대한 집착이나 경쟁, 완벽하게 해야 한다는 특성 등의 개인 내 요인으로 나타날 수도 있다.

교과와 학습자의 적성이나 흥미의 불일치도 심리적·정서적 차원에서 학업에 대한 회의, 거부감, 낮은 동기 등의 학습 문제를 유발한다. 학습에 대한 역기능적 사고는 학습자가 학습에 대한 인지왜곡을 의미한다. 학습자가 학업 과정에서 누적된 결손이나 실패로 인해 무력감을 형성하고 학습 자체를 폄하하는 태도를 갖고 거부하기도 한다. 학업 과정이나 성취에 대해 과대평가 또는 과소평가 등의 사고를 갖거나 '상위권이 아니면 아예 공부를 하지 않는 것이 낫다.' 등의 극단적 사고로 학습을 거부하기도 한다. 특정 교과에 국한된 특별한 신념으로 여타 과목의 학습을 거부하는 경우도 있다. '할 수 있다.'는 자신에 대한 신념만 있고 학습 행동의 불일치가 나타나기도 한다.

정신건강은 학습자의 불안, 우울, 분노감 등의 부적정서와 관련이 있다. 부적정서가 특정한 사건이나 상황에 의한 경우에는 그 원인에 따라 가정 내 또는 학교 요인으로 개입할 수 있다. 그러나 사건이나 상황을 해석하는 과정에서 학습자의 인지왜곡이나 민감성으로 인해 부적정서가 활성화된다면 이것은 정신건강과 관련된 것이다.

심리 · 정서 차원의 문제는 단일 원인으로 나타나기도 하지만 여러 원인이 중복되어 나타나기도 한다. 또한 인지적 차원의 문제와 중복되기도 한다. 일정 시점에서는 여러 문제가 혼재되어 명확히 구분하기 어려운 경우도 있다. 그러나 앞에서도 언급했듯이 학습 문제를 개입하기 위해서는 원인에 대한 파악이 우선되어야 한다. 여러 문제가 혼재된 경우에도 원인론적 관점에서 다양한 요인을 고려해서 면밀하게 살펴본다면 주요 촉발 원인을 파악할 수 있다.

3. 학습 문제의 분류

학습 문제는 학습부진아 등의 특정 학습자에 국한되지 않는다. 성적 고하에 상관없이 대부분의 학습자나 부모는 학습 문제를 호소하고 이것을 해결하기를 원한다. 그러나 학습 문제와 관련한 상담이 어려운 것 중의 하나가 학습 문제에 대한 합의된 진단 체계가 없기 때문이다(황매향, 2009). 이러한 관점에서 문제 유형에 대한 분류체계의 필요성이 요구된다. 일반적으로 내담자들의 문제를 분류하기 위한 대표적인 문제 유형 분류체계인 DSM 체계, ICD 체계는 다양한 문제를 진단할 수 있다는 점에서 이점은 있지만 정신병리적인 측면을 강조하고 있다. 또한 우리나라의 학업환경의 특성은 외국과는 다르기 때문에 외국의 이론이나 모형으로 개입하는 데 한계가 있다.

국내에서는 특정 학습자를 대상으로 하거나 학습의 특정 영역(학습 전략, 학습 동기, 학습장애 등)에 대한 개별적 연구, 학업성취 관련 변인 등의 연구가 이루어졌다. 대다수 학습자의 학습 문제를 분류하기 위한 연구는 1994년에 청소년대화의광장(현 한국청소년상담원)에서 실시한 청소년 문제 유형 분류체계 개발 연구(김창대, 이정윤, 이영선, 남상인, 1994)가 출발점이라고 할 수 있다. 이 연구에서는 청소년 문제 유형을 분류하기 위해 호소 문제, 문제환경, 관계 유형, 발달과업 등의 네 가지 축을 설정하였다. 그리고 첫 번째 축인 호소 문제의 공부 및 성격 영역에서 〈표 4-1〉과 같이 분류하였다.

ooo **표 4-1 학업의 호소 문제 유형**

학업의 호소 문제 유형
• 시험불안 – 시험에 따른 불안, 압박, 스트레스 등을 경험 • 공부 자체에 대한 회의와 의문 – 공부의 필요성에 대한 근본적인 의문과 회의를 갖고 있음 • 집중력 부족 – 집중력의 부족으로 인해 공부나 성적에 부정적인 영향을 미침 • 성적 저하 및 저조로 인한 걱정과 스트레스 – 성적이 떨어지거나 오르지 않아서 걱정 또는 스트레스 등을 경험 • 공부 방법 문제 – 효과적인 공부 방법을 모르거나, 비효율적인 공부 방법으로 인해 공부나 성적에 부정적인 영향을 미침 • 공부에 대한 반감 – 공부에 대한 반감과 반발심을 갖고 있음 • 노력은 했는데 성적이 오르지 않음 – 나름대로 공부를 했지만, 뚜렷한 원인을 알지 못한 채 결과가 좋지 않음 • 능력 부족 – 지능이나 기억력 등 실제 능력이 낮거나 부족하여 공부나 성적에 영향을 미침 • 공부 습관 미형성 – 체계적인 공부 습관이 형성되지 않음 • 공부에 대한 동기 부족 – 공부에 대한 반감, 반발심 등의 부정적인 감정은 없지만, 단지 공부하려는 마음이 형성되지 않음 • 성적에 대한 집착 – 점수나 등수에 얽매여 그로 인한 지나친 경쟁심 또는 스트레스를 경험함 • 성적으로 인한 관계에서의 문제 – 공부 또는 성적으로 인해 친구, 부모, 교사와의 관계에서 문제를 경험함

출처: 김창대 외(1994).

이후 한국청소년상담원에서는 청소년 문제를 잘 조망할 수 있는 실용적인 문제 유형 분류체계 도구의 개발이 지속적으로 이루어졌다. 기존 연구에서 첫 번째 축인 호소 문제가 설문조사와 면접조사를 바탕으로 구성된 것과 달리, 2000년에는 상담 현장에서 확보된 자료를 바탕으로 호소 문제를 유형화하여 분류체계를 개발했다(김진숙, 강진구, 2000). 청소년 호소 문제는 가족, 비행, 학업/학교 부적응, 진로, 성, 대인관계, 성격, 정신건강, 생활 습관/태도, 기타 상담, 단순 정보제공 등의 하위 영역으로 분류되었다. 이 중에서 학업/학교 부적응 영역은 학업 태도나 학업 수행, 학교 적응과 관련된 제반 문제로서 학습 문제와 관련된 것이다. 세부 영역의 분류는 〈표 4-2〉와 같다.

ㅇㅇㅇ **표 4-2** 학업/학교 부적응

학업/학교 부적응

- 학업 태도/학습 흥미
  - 성적부진으로 인한 고민, 비효과적인 학습 태도나 방법, 학습정보 부족, 낮은 학습동기나 학습에 대한 노력 부족 등으로 인해 학교생활, 학업에 영향을 주는 경우
    예) 중학교에 올라와서 시험을 보았는데, 성적이 많이 떨어져서 고민이다.
      책상 앞에 오래 앉아 있는데도 성적이 오르지 않아 답답하다.
      공부에 대해 전혀 흥미가 없고 아예 노력도 하지 않는다.
- 주의산만/집중력 문제
  - 주의가 산만하고 집중력이 부족해서 학업에 어려움이 있는 경우(*주의력결핍 과잉행동장애 포함)
    예) 교실에서 너무 산만하고 학습 분위기를 흐려서 모든 선생님에게 지적받는다.
      공부할 때 집중이 안 되고 책상에 오래 앉아 있지 못한다.
      책을 보고 있으면 자꾸 딴생각만 난다.
- 시험불안/학업 스트레스
  - 시험에 대한 과도한 불안, 학업성취에 대한 과중한 압박감을 경험하거나 스트레스를 겪는 경우
    예) 성적은 상위권이나 극심한 시험불안으로 어려움을 느낀다.
      성적 이야기가 나오면 압박감을 느끼고 너무 답답하다.
      시험기간이 되면 집중이 안 되고 불안해진다.
- 학습 능력 부족
  - 읽기, 쓰기, 산수 능력 등 기초학력이나 선수학습의 부족으로 인해 학습에 어려움이 있는 경우(*정신지체는 제외하나 학습장애는 포함)
    예) 중학교 때 공부를 제대로 하지 않아서 고등학교에서 수업을 따라갈 수 없다.

- 무단결석/등교거부
  - 무단조퇴나 결석, 또는 간헐적이거나 지속적인 등교거부 행위
    예) 학교에 가기 싫어서 일주일에 서너 번 결속한다.
        친구들과 노는 것을 좋아해서 학교를 자주 빠진다.
        잦은 무단조퇴로 선생님께 여러 번 경고를 받았다.
- 학교 중도포기
  - 자퇴나 휴학과 같은 학교생활 중단에 따른 갈등이나 적응 문제
    예) 아이가 학교를 그만두고 검정고시를 보겠다고 한다.
        자퇴 후 아무것도 하지 않고 집에서 빈둥거린다.
        학교를 그만두고 다른 일을 하고 싶으나 부모님이 허락하지 않는다.
- 복학 후 적응 문제
  - 자퇴 혹은 휴학 후 복학에 따른 제반 학교 적응 문제
    예) 자퇴 후 6개월 정도 쉬다가 복학했는데 수업시간에 앉아 있기가 너무 힘들다.
        복학을 앞두고 있는데 복학 이후 학교생활이나 친구관계를 잘 할 수 있을지 걱정이
        된다.
- 규율 위반
  - 두발, 복장, 등교시간 등 여러 가지 학교 내 규율 준수와 관련된 갈등을 보이는 경우
    예) 아이가 교복을 바르게 입지 않는다고 선생님께 지적을 여러 번 받았다.
        두발규칙을 어겨서 학교에서 머리를 잘렸다.
        옷, 머리 모양 등을 튀게 하여 학교에서 많은 지적을 받았다.
- 학교풍토/교육제도에 대한 불만
  - 학교풍토 또는 우리나라 교육제도에 대한 불만족이나 비판적 태도
    예) 입시만을 강조하는 우리나라 교육제도가 너무 싫다.
        우열반을 만들어 아이들을 갈라 놓는 학교제도에 화가 난다.
        엄격하게 학생들을 통제하는 학교가 싫어서 이민 가고 싶다.
- 해외/귀국 청소년 적응
  - 해외체류 후 귀국한 청소년의 적응이나 해외 거주 청소년의 현지 적응에 관련된 문제
    예) 귀국 이후 친구들과 어울리지 못하고 정체성 혼란을 겪는다.
        해외에서 3년 거주하고 귀국했으나 성적이 좋지 않아 자퇴했다.
        외국에 유학 갔다가 비자 문제로 다시 돌아왔는데 한국 학교에 적응하지 못하고 있다.
- 기타
  - 기타 학업/학교 부적응과 관련한 상담 내용

출처: 김진숙, 강진구(2000).

홍경자 등(2002)은 학습 문제를 대분류, 중분류, 소분류로 구분하였다. 대분류는 인지적 문제, 정의적 문제, 관계의 문제로 구분하였다. 인지적 문제는 지적

능력 부족의 문제와 학습 전략의 문제로, 정의적 문제는 학습동기의 문제와 공
부 태도의 문제 그리고 학습 관련 스트레스와 시험불안으로, 관계의 문제는 관
계 관련 문제로 각각 중분류하였다. 각 중분류에 해당하는 소분류는 〈표 4-3〉
과 같다.

ㅇㅇㅇ **표 4-3** 학습 문제 분류표

대분류	중분류	소분류
인지적 문제	지적 능력 부족의 문제	• 능력 부족 • 기타
	학습 전략의 문제	• 집중력 부족 • 공부 방법 문제 • 노력은 했는데 성적이 오르지 않음 • 기타
정의적 문제	학습동기의 문제	• 공부 자체에 대한 회의와 의문
	공부 태도의 문제	• 공부에 대한 반감 • 공부 습관 미형성 • 기타
	학습 관련 스트레스와 시험불안	• 시험불안 • 성적 저하 및 저조로 인한 걱정과 스트레스 • 성적에 대한 집착 • 기타
관계의 문제	관계 관련 문제	• 성적으로 인한 관계 문제 • 관계 문제로 인한 학업 문제 • 기타

황매향(2009)은 호소 문제와 학습부진 요인을 통합한 2차원적 학업 문제 유형
분류를 제안했다. 이를 위해 학습 호소 문제는 기존의 연구를 바탕으로 다음과
같이 분류했다.

① 시험불안
② 공부 자체에 대한 회의와 의문

③ 집중력 부족

④ 성적 저하 및 저조로 인한 걱정과 스트레스

⑤ 공부 방법 문제

⑥ 공부에 대한 반감

⑦ 노력은 했는데 성적이 안 오름

⑧ 능력 부족

⑨ 공부 습관 미형성

⑩ 공부에 대한 동기 부족

⑪ 성적에 대한 집착

⑫ 성적으로 인한 관계에서의 문제

⑬ 낮은 학습효능감

⑭ 다른 활동과의 갈등

⑮ 신체적·물리적 환경

학습부진 요인에 대해서는 개인 내 변인과 환경 변인, 변화 가능한 요인과 비교적 변화시키기 어려운 변인을 2개의 축으로 설정하여 개인 내 변인과 환경 변인을 각각 변화 가능한 변인과 변화 불가능한 변인으로 분류했다.

ㅇㅇㅇ **표 4-4** 학습부진 요인 분류의 예

개인 내 변인	변화 가능한 변인	기초학습기능, 선수학습, 학습동기, 학습 전략, 성격, 공부에 대한 태도, 부모에 대한 지각, 불안, 우울, 비합리적 신념, 자아개념, 공부시간
	변화 불가능한 변인	지능, 적성, 기질, 인지 양식
환경 변인	변화 가능한 변인	부모와의 관계, 부모의 양육 태도, 성취압력, 또래관계, 교사와의 관계, 형제와의 경쟁
	변화 불가능한 변인	부모의 지위 변인, 가족 구조의 변화, 학교풍토, 교육과정, 교사의 교수법, 학습 과제, 학교시설, 시험 형식, 경쟁구조, 사교육

출처: 황매향(2009).

ㅇㅇㅇ **표 4-5 2차원적 학업 문제 분류 유형**

시험불안	인지적 요인	비합리적 신념
	정서적 요인	불안
공부에 대한 회의	인지적 요인	비합리적 신념
	정서적 요인	우울
집중력	인지적 요인	인지양식
	행동적 요인	학습 전략
걱정과 스트레스	인지적 요인	공부에 대한 태도 · 동기, 부모의 기대에 대한 지각, 비합리적 신념
	정서적 요인	우울, 불안
공부 방법	인지적 요인	인지양식
	행동적 요인	학습 전략, 공부시간
공부에 대한 반감	인지적 요인	공부에 대한 태도 · 동기, 비합리적 신념
노력해도 성적 안 오름	능력 요인	지능, 기초학습, 선수학습, 적성
	행동적 요인	학습 전략
능력 부족	능력 요인	지능, 기초학습, 선수학습
	행동적 요인	학습 전략
공부 습관 미형성	행동적 요인	학습 전략, 공부시간
동기 부족	인지적 요인	공부에 대한 태도 · 동기
성적에 대한 집착	인지적 요인	비합리적 신념
	정서적 요인	불안, 스트레스
	환경적 요인	심리적 환경
대인관계	환경적 요인	심리적 환경
낮은 학습효능감	인지적 요인	공부에 대한 태도 · 동기, 부모의 기대에 대한 지각
다른 활동과의 갈등	인지적 요인	공부에 대한 태도 · 동기
	행동적 요인	공부시간
	환경적 요인	물리적 환경, 심리적 환경
신체적 · 물리적 환경	환경적 요인	물리적 환경

출처: 황매향(2009).

환경 변인 중 변화 불가능한 변인은 상담 개입 전략에 포함시키기 어렵기 때문에 제외하고, 그 외의 변인은 통합적 상담 이론의 문제 파악의 단계에 맞춰 다섯 가지 범주로 분류하였다. 제시된 학습부진의 요인은 다음과 같다(황매향, 2009).

① 능력 요인: 지능, 기초학습기능, 선수학습, 적성, 인지양식
② 인지 요인: 공부에 대한 태도·동기, 부모의 기대에 대한 지각, 공부와 관련된 비합리적 신념
③ 정서적 요인: 우울(학습된 무기력), 불안, 성취압력으로 인한 스트레스
④ 행동적 요인: 학습 전략, 공부시간
⑤ 환경적 요인: 물리적 환경, 심리적 환경(부모/또래/교사와의 관계, 형제 경쟁)

호소 문제와 학습부진의 요인을 각각 축으로 하여 이를 교차시켜 학업 문제를 파악하는 2차원 분류를 제안했다. 호소 문제의 원인은 한 가지 또는 여러 가지로 분류된다. 이것은 호소 문제에 대해 단일 요인이나 여러 요인이 반영될 수 있기 때문에 문제 영역을 정하고 그 원인이 될 수 있는 것을 점검해야 한다. 예를 들어 시험불안을 호소하는 내담자의 경우 정서적 요인의 불안 또는 인지적 요인의 비합리적 신념 중 하나가 시험불안을 유발하는 원인이 될 수도 있고, 동시에 두 가지 요인이 원인이 될 수도 있다.

4. 사례로 보는 학습 문제

1) 비효과적인 학습 방법

중학교 3학년인 신애는 공부를 할 때마다 무조건 외우려고 한다. 교과서를 읽으면서 중요하다고 생각되는 것은 연습장에 여러 번 써 가면서 암기를 한다. 열

심히 공부를 한다고 하지만, 성적이 향상되지 않고 점점 떨어지고 있다. 시험을 볼 때는 열심히 암기한 내용이 아리송하고 혼동이 잘 된다.

학습의 초기 단계에서 의미, 목적 없이 무조건적으로 외우는 주입식 암기는 정보를 활용하는 문제해결에 도움이 되지 않는다. 또한 보다 깊이 있는 사고의 능력을 향상시키기 위한 측면에서도 도움이 되지 않는 것이 바로 사건·사실 등의 단순 암기이다. 학습에 도움이 되는 효율적인 암기를 위해서는 공부할 내용의 전체적·세부적인 파악이 전제되어야 한다. 즉, 이러한 파악이 전제되지 않으면 암기를 위한 암기학습이 된다. 전체적인 맥락 차원에서의 보다 깊이 있는 내용 파악을 전제로 한 암기는 내용 정리 차원에서 도움이 되지만, 그러지 않은 경우에는 내용을 암기하며 공부를 한 것 같아도 실제로는 내용 파악에 도움이 되지 못하는 비효율성으로 나타난다. 전형적인 암기학습에서는 학습 당시에는 암기를 했다고 하지만, 책장을 넘기는 순간 암기한 내용이 생각나지 않는 경우도 있다. 또한 해당 내용을 볼 때마다 늘 새로운 내용으로 인식되어 암기하는 행위 자체를 반복하기도 한다. 암기와 관련해서 지나치게 암기하려는 태도가 문제이다. 또한 시연 전략을 제대로 활용하지 못해 적절하게 암기를 하지 못하는 경우도 있다.

2) 노력에 비해 성적이 오르지 않음

중학교 2학년인 은주는 사교육으로 영어·수학 과외를 한다. 방과 후에는 거의 대부분 아파트 단지 내의 독서실에서 12시까지 공부하는 편이다. 1학년 중간고사에서 은주의 어머니는 시험 결과에 많은 기대를 했지만, 중간 수준의 성적에 적잖게 실망했다. 이후의 시험에서도 비슷한 결과가 나오자, 집중하지 않는 은주의 태도를 탓하며, 독서실 대신 집에서 공부하도록 했다. 공부하는 도중에 제대로 하고 있는지 감시 차원에서 불시에 들어가도 언제나 공부하는 모습에는 변함이 없었다. 특별히 산만한 것도 아니고 나름대로 열심히 공부하지만 성적이 그만큼 나오지 않아 은주와 어머니는 답답하다.

노력에 비해 성적이 오르지 않을 때는 우선적으로 공부 방법에 대한 점검이 필요하다. 비효과적인 공부 방법의 대표적인 유형으로 내용 이해 능력이 낮은 경우가 있다. 즉, 내용에 대한 파악 능력이 낮기 때문에 학습 과정에서 반복적으로 내용을 읽고 문제를 풀어도 내용 파악을 제대로 못 하는 것이다. 그 외에 지나치게 공부시간에 몰두하는 경우 역시 비효율적일 수 있다. 즉, 공부를 해야 한다는 통제감으로 인해 자리를 지키는 무늬만 '공부하는 모습'이 될 수 있다. 노력한 만큼 성적이 나오지 않을 때는 그 원인을 구체적으로 탐색하면 집중력, 공부 문제 또는 정서적 문제 등과 관련이 있는 경우가 많다.

3) 낮은 학습동기

중학교 1학년인 성민의 성적은 중상위권 수준이다. 그러나 성민의 어머니는 공부를 하라고 재촉을 해야만 겨우 공부하는 성민의 태도가 답답하기만 하다. 공부를 해야 하는 동기가 부족하기 때문에 스스로 공부를 하지 않는다고 생각한다.

동기와 관련한 문제는 학업에 대한 주변의 지나친 요구나 압력과 관련이 있는 경우가 많다. 학습자가 학업동기를 형성하기 이전에 부모는 보다 이른 시기부터 학업에 대한 간섭과 관여를 한다. 학습자가 학업에 대한 필요성, 목표, 동기 등을 형성하기 이전에 외부의 압력에 의한 학업을 하는 경우에는 점차 부모와의 갈등, 학업에 대한 회의 및 반감 등이 나타나면서 점차 학업에 대한 흥미를 상실하기 시작한다. 특히 부모에게 대항할 수 있는 심리적 힘이 약한 초등학교 과정에서는 부모의 간섭, 채근만으로 학습이 가능하다. 그러나 이러한 심리적 압박은 점차 자아가 형성되고, 자기주장이 가능해지는 시점에서 학습동기의 문제로 나타나는 경우가 많다.

4) 주의산만/집중력 부족

초등학교 5학년 재영의 어머니는 학기 초마다 재영의 학습 태도 때문에 담임 선생님의 전화를 받는다. 수업시간에 집중하지 못하고, 딴짓을 하거나 지나치게 꾸물거려 정해진 시간 내에 과제를 하지 못하는 등 지적을 많이 받는다. 저학년일 때는 '차츰 나아지겠지.'라는 기대를 했지만, 점점 문제 행동으로 인식되고 있다.

학교 현장에서는 과거에 비해 산만한 학습자가 점차 증가하고 있다. 이러한 특성과 관련해 아동·청소년의 문제 행동으로 가장 대표적인 것이 주의력결핍 과잉행동장애(attention deficit/hyperactivity disorder: ADHD)이다. 원인으로 유전적·발달적·신경화학적·사회심리적 요인 등이 다양하게 제기되고 있지만 이를 학습환경과 관련지어 생각해 볼 필요가 있다. 수업에 잘 참여하려고 하지만, 수업시간이 지루하거나 수업 내용을 파악하기 어려운 경우에는 집중하기 어렵다. 수업이 끝나고 해야 할 여러 가지 일이 머릿속으로 떠오르거나, 딴생각 또는 딴짓을 한다. 이렇게 집중하지 못하는 태도는 지루하고 무료한 시간을 보낼 수 있도록 도와주는 방어수단이 된다. 수업시간이 재미있고, 귀를 쫑긋거릴 만큼 흥미로운 것도 아니다. 방과 후에는 자신의 의지와 상관없이 편성된 계획에 따라 사교육을 해야만 한다. 어린 학습자는 하기 싫은 것을 관철시킬 수 있는 힘이 없기 때문에 어쩔 수 없이 순응해야 한다. 통제하기 어려운 상황에서 방어수단으로서 '집중하지 않기' 또는 '산만함'이 나타난다. 이것을 '조작된 산만함' 또는 '의도된 산만함'이라고 한다. 따라서 치료를 요하는 ADHD와 구분하기 위해서는 먼저 학습환경을 점검할 필요가 있다. 지나치게 학습요구나 많거나 강압적인 경우에는 이러한 환경을 우선적으로 조정해야 한다.

5) 시험불안

고등학교 1학년인 지호는 시험불안 때문에 공부한 만큼 결과가 나오지 않는 다. 시험 볼 때 가슴이 쿵쾅거리고, 시험지를 받으면 한동안 글씨에 눈에 들어오 지 않아서 한참을 들여다보아야 할 정도이다. 복통이 심해 시험을 제대로 보지 못하고 시험 중간에 화장실에 다녀온 적도 있다. 지호의 부모님이나 선생님은 시험불안 때문에 자신의 실력을 발휘하지 못하는 지호를 볼 때마다 안타까움을 느낀다.

대부분 시험 상황에서 정서적 · 인지적 차원에서의 불안이나 긴장을 경험하고, 실수도 할 수 있다. 그러나 이러한 실수가 일정한 패턴으로 나타나고, 시험 상황을 통제하기 어렵다면 시험불안으로 볼 수 있다. 시험불안은 주로 기대 목표와 실제 수행 간의 차이로 나타난다. 이때 기대 목표에 영향을 미치는 원인은 환경적으로는 부모의 기대나 성취압력이 있고, 개인내적으로는 학습자의 완벽성이나 성적에 대한 집착 및 경쟁 등이 있다.

6) 낮은 학습 능력

중학교 2학년인 상혁은 초등학교 때부터 학원, 공부방을 다녔다. 그러나 사교육 선생님은 상혁에게 다른 아이들에 비해 몇 배 이상의 설명을 해야 할 뿐만 아니라, 다음 날이면 전날 공부했던 내용이 생소한 것으로 느껴져 다시 처음부터 설명을 해야 한다. 상혁의 어머니는 몇 달 지나지 않아 사교육 선생님이 '너무 힘들다.'는 표현을 하면 눈치를 보다가 다른 곳으로 옮긴다. 이렇게 근처의 공부방을 전전하다가 중학교 때부터는 적어도 고등학교는 가야 할 것 같아 주요과목 (국어, 영어, 수학, 사회, 과학)은 개인 과외를 하고 있지만 성적은 30~40점대이다. 물론 초등학교 과정에서도 성적은 하위권이었다.

지적 능력으로 인한 학습 문제는 지적 능력의 결손 수준에 따라 전반적인 영역의 문제와 특정 영역의 문제로 구분할 수 있다. 전반적인 영역의 문제는 주로 학업의 전 영역에 걸쳐 나타나는 것으로, 주로 낮은 지능의 학습자가 이에 해당한다. 지능과 학업성취 수준의 관계에 대한 논의의 여지는 많지만, 일반적으로 지능검사를 기준으로 할 때 낮은 지능이란 IQ 70~90 사이를 의미한다. 일상생활에서는 별 문제가 없는 것처럼 보이지만, 학업과 관련한 전반적인 능력이 부족하기 때문에 학업 수용폭이 낮다. 동일한 내용에 대해서도 보통 범주의 다른 학습자에 비해 몇 배 이상의 설명이 필요하고, 또한 수용되는 폭이 절대적으로 낮기 때문에 가르치는 입장에서는 포기를 하는 경우가 많다. 학습 문제를 위해 다양한 시도를 하지만 괄목할 만한 성과가 나타나는 경우는 드물다. 환경적 도움으로 초등학교까지는 중간 수준을 유지하더라도 중학교 이상의 과정에서는 중다 차원의 사고 발휘에 어려움을 느끼기 때문에 결국 학습 자체를 포기하는 경우가 많다. '늦되는 아이'라는 평가를 하기도 하고 산만한 행동적 특성이 나타나는 경우가 많다.

7) 공부 습관 미형성

고등학교 1학년인 성재는 초등학교 4학년 이후로 공부를 해 본 기억이 거의 없다. 부모님들 역시 공부에 대해 그다지 욕심을 갖고 채근하는 편이 아니기 때문에 하고 싶으면 하고, 하기 싫으면 하지 않는다. 중학교 때까지는 마음만 먹으면 공부할 수 있다는 생각을 가졌기 때문에 공부에서 여유로움도 있었다. 그러나 고등학교 진학 과정에서 낮은 내신 성적으로 인해 겨우 턱걸이 입학을 하면서 공부를 하려고 해도 마음처럼 제대로 되지 않는다.

공부를 잘하고 싶은 마음이 있어도, 충분히 학습할 수 있는 학습자원이 있어도 공부 습관이 제대로 형성되지 않으면 내재된 자원 자체도 활성화하기 어렵다. 특히 공부 습관이 형성되지 않은 중·고등학생이 점차 학업을 포기하는 이유 중의 하나가 '열심히 공부를 해야겠다는 결심'을 해도 책상에 앉아 있는 행동 그 자체가 힘들기 때문이다. 충분히 결심을 하면 할 수 있지만, 책상에 앉아 있는 행동이 익숙하지 않기 때문에 그러한 결심을 지속시키는 것 자체가 여간 곤혹스럽지 않다. 때론 외부의 간섭, 관여 등에 의해 공부 습관이 제대로 형성되지 않더라도 학업을 어느 정도 유지할 수 있다. 그러나 주도적인 학습 태도가 요구되는 시기에서는 이러한 태도가 학습 문제로 등장한다. 결국 초등학교보다는 중학교 이상의 과정에서 공부 습관이 학업에 영향을 미친다. 공부는 일정 시간 동안 지속해야 하는 활동이기 때문에 공부하는 행위 자체가 습관이 되어야 한다.

8) 관계의 문제

초등학교 6학년인 연주는 집에 가는 것이 너무 싫어서 학원이 끝나면 여기저기 배회한다. 6학년이 되면서 점차 수학이 어려워 시험 점수가 점점 떨어지자 어머니의 잔소리가 점점 심해졌다. 어머니와의 대화를 슬슬 피하고, 공부하라는 소리만 들어도 짜증이 난다.

청소년 자녀와 부모의 갈등·대립의 이면에는 청소년기라는 특정 시점에서의 상황적 요인도 있지만, 그 이면에는 학습의 영향력도 적지 않다. 초등학교 시기까지는 성적에 대한 긴장감이 상대적으로 낮다. 초등학교에서의 평가는 변별보다는 교과과정에 대한 이해의 측면이 강하고, 결과 또한 서술식으로 평가되기 때문에 학습 요구는 주로 개인 내 차원에서 이루어진다. 그러나 중학교 이상의 과정에서는 석차 중심의 상대적 비율로 평가되기 때문에 시험 자체에서 변별을 요구한다. 또한 결과의 구체적인 정보 제공으로 인해 타인과의 비교가 중요해진다. 결국 초등학교에서의 학업적 요구는 개인 내 차원, 중학교 이상에서는 개인 간 차원이 된다. 이러한 과정에서 학습의 중요성은 강조되고 경쟁력의 수단으로 인식되기 때문에 학업으로 인한 갈등이 점차 나타나기 시작한다. 학업으로 인한 부모-자녀 간의 갈등은 학업에 대한 지나친 간섭 및 관여, 생활의 통제로 이어지기 때문에 또 다른 갈등을 유발하게 되고, 학생은 점차 학업에 대한 흥미와 반감으로 인해 공부를 하지 않는 태도를 갖게 된다.

제5장
학습상담에서 심리검사의 이해와 활용

| 송재홍 |

1. 심리검사의 기초

심리검사는 학습 문제를 평가하고 진단하는 데 객관적이고 신뢰 있는 정보를 제공한다. 그러나 상담자는 먼저 학습상담에서 심리검사가 가지는 의미를 바르게 이해하고 활용하는 것이 중요하다.

1) 심리검사의 의미

상담 장면에서는 검사, 측정 그리고 평가라는 용어가 흔히 사용되고 있으며 때로 그 의미가 혼용되고 있다. 그러나 이러한 용어의 의미와 용법을 구분하는 일은 심리검사의 의미를 이해하는 데 도움이 된다. 평가(assessment)는 학생 학습에 관한 정보를 얻기 위해 사용되는 일체의 절차와 학습의 진전 상태에 관한 가치판단의 형성을 포함하는 보편적인 용어이다. 린과 그론룬드(Linn & Gronlund, 1995: 6)에 의하면, 평가는 학생 수행에 관한 정보를 얻기 위해 사용되는 모종의 다양한 절차를 의미하는 것으로, 전통적인 지필검사는 물론 확장된 반응(가령, 논술), 그리고 실제 검사에 대한 수행(가령, 실험실 실험)을 포함한다.

검사(test)는 평가의 특수한 형태로, 일련의 질문을 통일된 양식으로 제시하여 행동의 표본을 측정하는 도구 또는 체계적 절차를 말한다. 대개의 경우 검사는 모든 학생들에 대해 적당히 비교할 수 있는 조건하에서 고정된 시간에 시행되는 일련의 질문으로 구성되어 있다. 능력, 성격, 태도와 같이 인간의 비가시적인 특성을 간접적으로 측정하기 위해 사용되는 것으로 가장 대표적인 것이 심리검사이다. 심리검사는 규준이나 목표에 비추어 행동을 평가하기 위해서 표집된 행동을 신뢰성 있고 타당하게 측정하는 체계적인 절차를 의미한다.

측정(measurement)은 어떤 개인이 특수한 성질을 어느 정도나 지니고 있는지에 대해서 하나의 수량적 기술을 얻는 과정을 말한다. 그것은 정답을 세거나 논술의 특수한 부분에 점수를 주는 것과 같이 일정한 규칙에 따라서 검사나 다른 형태의 평가 결과에 수치를 부여하는 일이다. 요컨대, 측정은 '어떤 행동이나 성격, 사물, 사건 등에 대해 양적으로 서술하는 것'을 뜻한다. 측정이란 말은 학생에 대한 양적 기술에 한정된다. 말하자면, 측정의 결과는 항상 숫자로 표시된다(가령, "두산이는 수학시험에서 40문제 중 35문제의 정답을 맞혔다."). 그것은 질적 기술(가령, "두산이의 작품은 훌륭하다.")을 포함하지 않으며 얻어진 결과에 대한 가치판단을 내포하지도 않는다. 반면에 평가는 학생에 대한 양적 기술(측정)과 질적 기술(비측정)을 모두 포함하며, 항상 결과가 바람직한가에 대한 가치판단을 포함한다. 평가는 측정에 기초하거나 그렇지 않을 수도 있으며, 따라서 그것은 단순한 양적 기술을 능가한다.

이렇게 보면, 평가는 측정이나 검사보다 훨씬 더 포괄적이고 총괄적인 개념이라고 할 수 있다. 말하자면, 검사는 측정도구의 대표적인 유형이고, 측정은 평가를 위한 정보수집의 한 측면이며, 평가는 이 모두를 포괄하는 가장 상위의 개념이라고 할 수 있다(부재율, 2003: 21). 평가에서는 '개인이 얼마나 잘 수행하는가?'라는 일반적인 질문에 답하고, 검사에서는 '개인이 타인이나 아니면 어떤 분야의 수행 과제에 비해서 얼마나 잘 수행하는가?'라는 좀 더 구체적인 물음에 답한다. 반면에 측정에서는 '개인이 얼마나 많이 지니고 있는가?'라는 양적인 질문에 대답한다(Linn & Gronlund, 1995: 6). 측정은 대상을 수량화하는 과정이 필수적이고 이를 위해 수를 사용하게 된다. 따라서 측정은 평가를 위한 양적 증거를 수집하는 활동에 해당한다. 측정의 과정에서 가장 중요한 것은 어떤 대상의 특성을 가능한 한 정확한 숫자로 나타내어 상황의 변화에 관계없이 일관되게 유지되도록 하는 것이다. 이를 위해서 측정 대상에 대해 정확하고 일관된 양적 표현을 산출해 낼 수 있는 측정도구를 개발하고 그 결과를 체계적으로 분석할 필요가 있다.

2) 심리검사의 목적

상담 장면에서 심리검사는 상담자와 내담자 모두에게 도움이 되는 많은 정보를 제공한다. 상담자는 때로 심리검사를 통해 내담자의 문제를 평가하고 진단하며 개입 전략을 수립하는 등 사례개념화를 위한 정보를 수집할 수 있다. 또한 내담자는 심리검사 결과를 통해 자기 자신을 좀 더 객관적으로 이해하고 학습이나 진로 문제와 관련해서 합리적인 결정을 내리는 데 유익한 도움을 얻기도 한다. 상담 장면에서 활용되는 심리검사의 목적은 매우 다양하지만, 다음과 같이 몇 가지로 요약하여 정리할 수 있다(박성수, 1992).

첫째, 검사의 목적은 예측에 있다. 개인이나 집단이 여러 가지 결정을 할 때 능력, 성취, 기타 변인을 근거로 미래에 어떻게 행동하게 될 것인가를 예측 내지는 예언할 필요가 있다. 여러 가지 검사를 통하여 획득된 수량화된 자료에 근거하여 이루어지는 예언이나 예측은 단순한 짐작이나 바람에 근거하여 판단하는 것보다 훨씬 더 신뢰성 있고 타당하다.

둘째, 검사의 목적은 선발에 있다. 학교나 회사 또는 공공기관에서 어떤 사람을 선발하여야 할 경우, 검사는 개인 간의 차이를 수량적으로 제시할 수 있다.

셋째, 검사의 목적은 분류 또는 배치(placement)에 있다. 때로 검사는 아동·학생·성인들을 어떤 집단으로 분류하거나 또는 배치하기 위한 목적으로 사용된다. 말하자면, 정신적 질환의 진단, 학교 또는 교육과정의 선택, 직업 적성의 판단 등을 위하여 광범위하게 활용될 수 있다.

넷째, 검사의 또 다른 목적은 측정과 평가에 있다. 프로그램, 교수 방법, 실험 처치의 효과, 학습과 발달의 정도 등을 평가하는 데 검사가 활용되고 있다. 이러한 평가는 인간 행동을 이해하는 것 그 자체에 의미를 부여하는 것이라고 할 수 있다. 개인과 집단의 심리적 특성을 정확하게 이해하는 것은 학습상담에서 무엇보다 중요하다.

3) 양호한 검사도구의 특징

어떤 검사 점수도 개인 또는 집단의 능력이나 진보를 완벽하게 나타내지는 못한다. 그러나 좋은 검사는 신뢰도와 타당도를 갖추어야 한다(황정규, 1993; Slavin, 2013). 심리검사는 어느 정도 신뢰할 수 있고 타당해야 하며, 모든 수검자에게 공평하게 적용되어야 한다.

(1) 타당도

타당도(validity)는 검사가 측정하려고 의도하는 것을 제대로 측정하고 있는가를 말한다. 그것은 검사가 '무엇'을 재고 있느냐의 문제인 동시에 검사의 측정 결과가 원래 측정하려는 목표와 얼마나 높은 관련성이 있느냐의 문제다. 학습상담에서 타당도는 '특정 검사 결과를 통해 특정 학업 영역에서 한 개인의 높은 수행이나 동기를 추론할 때 이것이 얼마나 정확한가?'라는 것을 의미한다(Moss, Girard, & Haniford, 2006; Popham, 2008). 타당도를 평가하기 위하여 사용되는 근거의 유형은 평가의 목적에 따라 다르다. 예를 들면, 어떤 학생집단의 현재 성취 수준이 어느 정도인지를 기술하는 데 목적이 있다면, 일차적 관심은 그 서술을 정확하게 하는 데 있을 것이다. 반면에 어떤 학생이 학습에서 어려움을 겪고 있는지 결정하는 데 도움을 얻기 위해 어떤 검사가 채택된다면, 일차적 관심은 이 검사가 장래 학업 수행을 얼마나 잘 예측하는가에 있을 것이다. 이와 같이 타당도는 그 검사가 의도한 목적과 부합하는지를 다루는 것이다. 검사 사용자에게 관심을 끄는 타당도의 근거는 내용 타당도, 준거 관련 타당도, 구인 타당도 등이 있다(Popham, 2008). 내용 타당도(content evidence)는 사용자가 측정하고자 하는 것을 검사가 평가해 주느냐 하는 것이다. 준거 관련 타당도(criterion-related evidence)는 채택된 검사 점수와 다른 준거 점수 간의 상관을 구하여 판단한다. 구인 타당도(construct evidence)는 한 검사가 조작적으로 정의된 심리적 특성의 구인을 얼마나 제대로 측정하고 있는가를 나타내며 이론 타당도라고도 한다.

(2) 신뢰도

신뢰도(reliability)는 특정 검사가 결과를 얼마나 안정적으로 일관성 있게 나타내고 있는가를 말한다. 그것은 검사가 '어떻게' 재고 있느냐의 문제인 동시에 측정하려는 것을 얼마나 정확하게 오차 없이 측정하였느냐의 문제다. 다시 말하면, 하나의 검사를 가지고 몇 번을 반복해서 재든 같은 결과가 나오는 정도를 말하는 것이다. 어떤 의미에서 신뢰도는 일정한 시간이 지나도 검사 결과가 안정성을 유지하는 정도를 나타낸다. 이론적으로 한 학생이 동일한 검사를 두 번 보면 두 점수가 같아야 한다. 동일한 검사를 두 번 받아서 비슷한 점수를 받는다면 이 검사의 결과는 믿을 수 있다. 다른 의미에서 신뢰도는 한 검사를 구성하고 있는 문항들이 일관성 있게 동일한 특성을 재고 있는 정도를 나타낸다. 수검자의 추측, 동기, 불안은 물론 검사 문항의 모호성과 불일치성은 검사 점수에 영향을 미치며 동일한 검사를 다르게 실시하는 결과를 초래할 수 있으며, 검사의 길이 역시 신뢰도에 상당한 영향을 미친다(Slavin, 2013).

2. 학습상담을 위한 심리검사

앞 절에서 언급했듯이, 학습 문제를 평가하고 진단하기 위해서는 다양한 종류의 표준화 심리검사가 사용된다. 이에는 지능검사와 교육성취도검사 같은 역량검사는 물론 학습전략검사, 학습태도검사, 학습환경진단검사 등이 포함된다.

1) 지능검사

지능검사는 학습자의 인지적 능력을 진단하고 평가하기 위해서 사용되는 가장 대표적인 심리검사이다. 개인의 지적 능력은 학업성취에 가장 직접적으로 영향을 미치는 인지적 요인이며, 학습장애와 같은 학습 부진의 문제를 진단하고 평가할 때는 학생의 지능을 우선적으로 고려하게 된다. 학습 상담 장면에서 사용되는 대표적인 지능검사로는 웩슬러아동지능검사(WISC-IV)와 카우프만지능검사(KABC-II)가 있다.

(1) 웩슬러아동지능검사

웩슬러아동지능검사(Wecshler Intelligence Scale for Children: WISC)는 원래 Wechsler(1949, 1974, 1991, 2003)가 만 5세에서 16세 미만의 아동을 대상으로 아동의 인지적 능력을 평가하기 위해 개발한 개인용 임상 도구이다. 우리나라에서는 이창우와 서봉연(1974)이 처음으로 한국판으로 표준화하였으며, 이어 한국교육개발원(1990)에서 한국 아동들에게 알맞게 표준화하여 KEDI-WISC를 개발하였고, 현재에는 WISC-III를 바탕으로 한국판으로 표준화한 K-WISC-III(곽금주, 박혜원, 김청택, 2001)와 WISC-IV를 번안하여 한국판으로 표준화한 K-WISC-IV(곽금주, 오상우, 김청택, 2011), K-WISC-V(곽금주, 장승민, 2019)가 개발되어 사용되고 있다.

K-WISC-III는 만 6세부터 만 16세 11개월까지 아동을 대상으로 수검자의 일반적인 지적 능력을 비롯하여 언어이해, 지각조직, 주의집중 및 처리속도 등 지적 수행과정에 대한 다양한 정보를 제공하는 검사로서 크게 언어성 검사영역과 동작성 검사영역으로 나누어져 있다. 언어성 검사영역에는 상식(기본지식), 공통성, 산수, 어휘, 이해, 숫자 등 6개 소검사가 포함되어 있으며, 동작성 검사영역에는 빠진곳찾기, 기호쓰기, 차례맞추기, 토막짜기, 모양맞추기, 동형찾기, 미

로 등 7개 소검사가 포함되어 있다. 검사의 결과는 전체 IQ뿐만 아니라 언어성 IQ와 동작성 IQ 그리고 지표 점수와 하위검사의 점수분포를 함께 제시하는데, 이들 점수를 분석하면 수검자의 지적인 성취 수준과 정신 상태를 파악하여 학습 상담의 목표와 전략을 수립할 수 있다.

K-WISC-IV는 K-WISC-III의 개정판으로, 전반적인 지적 능력은 물론 특정 인지영역에서의 지적 기능을 나타내는 15개의 소검사로 구성되어 있으며, 각 소검사는 언어성 검사와 동작성 검사로 구분되는 대신 언어이해, 지각추론, 작업기억, 처리속도 등 네 개의 지표로 구분된다. 소검사의 구성을 보면 K-WISC-III와 비교할 때 차례맞추기, 모양맞추기, 미로 등 3개 소검사가 빠진 대신 공통그림찾기, 순차연결, 행렬추리, 선택, 그리고 단어추리의 5개 소검사가 새로 추가되었으며, 기존의 소검사도 많은 문항이 새롭게 대체되거나 추가되었다. 검사의 결과는 전체 IQ와 네 개의 지표점수(언어이해지표, 지각추론지표, 작업기억지표, 처리속도지표) 그리고 소검사점수를 점수분포와 함께 제시하는데, 언어성 IQ와 동작성 IQ는 제시하지 않는 대신에 지표 수준 및 소검사 수준의 차이 비교, 소검사 점수의 강점 및 약점 결정하기 등 많은 정보를 추가로 제공한다. 이 검사는 전반적인 인지적 기능에 대한 포괄적인 평가를 하거나 지적 영역의 영재, 정신지체, 그리고 인지적 감정과 약점을 확인하기 위한 평가의 일부분으로 사용이 가능하도록 되어 있으며, 검사 결과는 임상 및 교육 장면에서 치료 계획이나 배치 결정을 내릴 때 지침으로 사용되거나 신경심리학적 평가 및 연구 목적에 대한 귀중한 임상적 정보로 제공될 수 있다(곽금주, 오상우, 청택, 2011).

K-WISC-V는 K-WISC-IV의 개정판으로 전반적인 지적 능력 및 특정 인지 영역의 지적기능을 나타내는 소검사 및 지표점수를 제공한다. 또한 추가적인 인상적 활용을 위한 여러 점수를 제공하는데 K-WISC-V의 소검사의 약자와 측정 내용을 제시하면 〈표 5-1〉과 같다.

ㅇㅇㅇ **표 5-1** K-WISC-Ⅴ의 소검사와 설명

소검사	약자	설명
토막짜기	BD	제한시간 내에 흰색과 빨간색으로 이루어진 토막을 사용하여 제시된 모양이나 그림과 똑같은 모양을 만든다.
공통성	SI	아동이 공통적인 사물이나 개념을 나타내는 두 개의 단어를 듣고, 두 단어가 어떻게 유사한지를 말한다.
행렬추리	MR	아동은 불완전한 행렬을 보고, 다섯 개의 반응 선택지에서 제시된 행렬의 빠진 부분을 찾아낸다.
숫자	DS	이 소검사는 숫자 바로 따라하기와 숫자 거꾸로 따라하기로 구성되어 있다. 숫자 바로 따라하기에서는 검사자가 큰 소리로 읽어 준 것과 같은 순서로 아동이 따라한다. 숫자 거꾸로 따라하기에서는 검사자가 읽어 준 것과 반대 방향으로 아동이 따라한다.
기호쓰기	CD	아동은 간단한 기하학적 모양이나 숫자에 대응하는 기호를 그린다. 기호표를 이용하여, 아동은 해당하는 모양이나 빈칸 안에 각각의 기호를 주어진 시간 안에 그린다.
어휘	VC	이 소검사는 그림문항과 말하기 문항으로 구성되어 있다. 그림 문항에서는, 아동은 소책자에 있는 그림들의 이름을 말한다. 말하기 문항에서는, 아동은 검사자가 크게 읽어 주는 단어의 정의를 말한다.
무게비교	FW	제한시간 내에 양쪽 무게가 달라 균형이 맞지 않는 저울 그림을 보고 균형을 유지할 수 있는 보기를 찾는다.
퍼즐	VP	완성된 퍼즐을 보고 제한시간 내에 퍼즐을 구성할 수 있는 3개의 조각을 선택한다.
그림기억	PS	제한시간 내에 1개 이상의 그림이 있는 자극페이지를 본 후, 반응페이지에 있는 보기에서 해당 그림을 순서대로 찾는다.
동형찾기	SS	아동은 반응 부분을 훑어보고, 반응 부분의 모양 중 표적 모양과 일치하는 것이 있는지를 제한 시간 내에 표시한다.
상식	IN	아동이 일반적 지식에 관한 광범위한 주제를 다루는 질문에 대답을 한다.
공통 그림찾기	PCn	아동에게 두 줄 또는 세 줄로 이루어진 그림들을 제시하면, 아동은 공통된 특성으로 묶일 수 있는 그림을 각 줄에서 한 가지씩 고른다.

순차연결	LN	아동에게 연속되는 숫자와 글자를 읽어주고, 숫자가 많아지는 순서와 한글의 가나다 순서대로 암기하도록 한다.
선택	CA	아동이 무선으로 배열된 그림과 일렬로 배열된 그림을 훑어본다. 그리고 제한 시간 안에 표적 그림들에 표시한다.
이해	CO	아동은 일반적인 원칙과 사회적 상황에 대한 이해에 기초하여 질문에 대답한다.
산수	AR	아동이 구두로 주어지는 일련의 산수 문제를 제한 시간 내에 암산으로 푼다.
빠진곳찾기	PCm	아동이 그림을 보고 제한 시간 내에 빠져 있는 중요한 부분을 가리키거나 말한다.
단어추리	WR	아동이 일련의 단서에서 공통된 개념을 찾아내어 단어로 말한다.

출처: 곽금주(2019).

(2) KABC-II

KABC-II(Kaufman Assessment Battery for Children, Second Edition)는 K-ABC(Kaufman & Kaufman, 1983)를 확대하여 만 3~18세에 해당하는 아동과 청소년의 정보처리와 인지능력을 측정하기 위해 개발된 개인지능검사이다. 우리나라에서는 문수백과 변창진(1997)이 K-ABC를 한국판으로 표준화하였으며, 최근에는 개정판인 KABC-II(문수백, 2014)가 개발되어 사용되고 있다. 이 검사는 순차처리, 동시처리, 계획력, 학습력, 지식을 평가하는 18개의 하위검사로 구성되어 있으며, 아동의 인지발달 수준에 근거하여 연령별로 10개 내외의 하위검사를 실시한다. 검사 결과는 각 하위검사의 원점수, 환산점수, 백분위, 연령점수와 순차처리, 동시처리, 계획력, 학습력, 지식 등 5개 하위척도의 척도지표(표준점수, 신뢰구간, 백분위), 그리고 비언어성 지표가 제시된다. KABC-II의 하위검사 구성 및 실시 대상 연령은 〈표 5-2〉와 같다.

○○○ **표 5-2** KABC-II의 하위검사 구성

하위검사	하위척도					실시 대상 연령		
	순차처리	동시처리	계획력	학습력	지식	핵심	보충	비언어성
1. 이름기억				✓		3~18		
2. 관계유추		✓				3~6		3~6
3. 얼굴기억		✓				3~4	5	3~5
4. 이야기 완성		(✓)	✓			7~18	(6)	6~18
5. 수회생	✓					4~18	3	
6. 그림통합		✓					3~18	
7. 빠른 길찾기		✓				6~18		
8. 이름기억-지연				✓			5~18	
9. 표현어휘					✓	3~6	7~18	
10. 언어지식					✓	7~18	3~6	
11. 암호해독				✓		4~18		
12. 삼각형		✓				3~12	13~18	3~18
13. 블록세기		✓				13~18	5~12	7~18
14. 단어배열	✓					3~18		
15. 형태추리		(✓)	✓			(5~6) 7~18		5~18
16. 손동작	✓						4~18	3~18
17. 암호해독-지연				✓			5~18	
18. 수수께끼					✓	3~18		

출처: 문수백(2014).

2) 교육성취도검사

교육성취도검사는 지능검사와 함께 학습자의 인지적 능력을 평가하는 것

으로, 주로 기초적인 학습능력이나 학습 가능성을 진단하고 평가하기 위한 것이다. 대표적인 검사로는 기초학습기능검사와 기초학습기능 수행평가체제, KISE-기초학력검사 등이 있다.

(1) 기초학습기능검사

기초학습기능검사(KEDI-Individual Basic Learning Skills Test)는 한국교육개발원에서 유치원 및 초등학교 수준의 정상아동 및 장애아동을 대상으로 학업에 기초가 되는 능력을 평가하는 데 사용하기 위한 목적으로 표준화한 개인검사용 기초학습진단검사이다(박경숙, 윤점룡,박효정, 2001). 이 검사는 정보처리, 셈하기, 읽기 I, 읽기 II, 쓰기의 5개 소검사로 구성되어 있다. 정보처리 검사는 학습에 기초가 되는 세 가지 기능, 즉 관찰 능력, 조작 능력, 관계 능력을 측정한다. 셈하기 검사는 셈하기의 기초 개념과 실생활에 필요한 기초적인 수학적 지식과 개념을 측정한다. 또한 읽기 I(문자와 낱말 재인)검사는 사물, 숫자, 기호 및 문자를 변별하는 능력과 낱자 및 낱말을 읽어내는 능력을 측정하고, 읽기 II(독해력)검사는 문장을 읽고 그 의미를 파악하는 능력을 측정한다. 끝으로 쓰기(철자 재인)검사는 사물, 숫자, 기호 및 문자를 변별하는 능력과 낱자와 낱말의 정확한 철자를 알아내는 능력을 측정한다. 검사 결과는 연령규준과 학년규준을 함께 제시하고 있다. 따라서 이 검사는 아동의 학습 수준을 측정하여 동일 연령 또는 동일 학년의 다른 학생들과 비교할 때 어느 정도 차이가 있는지를 알아보거나, 아동을 학습능력에 따라 분류 또는 배치할 때, 특정 학습부진 아동에게 적합한 개별화 교수안을 계획하고 그 효과성을 확인할 때, 그리고 특정 학생의 학습 진전도를 평가할 때 유용하게 활용될 수 있다.

(2) 기초학습기능 수행평가체제

기초학습기능 수행평가체제(Basic Academic Skills Assessment: BASA)는 초등학교 1~3학년 아동을 대상으로 실제 학생들이 배우는 기초학습기능에 근거하여 학생의 수행 정도를 평가하기 위해 개발된 것이다(김동일, 2000b, 2006, 2008). 처음에 이 검사는 읽기, 쓰기, 수학 등 세 개의 개별검사로 개발되었으며, 나중에 영유아 및 아동을 대상으로 초기 문해 검사와 기초 수학 검사가 추가로 개발되었다(김동일, 2010a, 2010b). 각 검사는 교육과정중심측정의 절차를 기반으로 하여 제작된 것으로 학생이 실제 학습하는 자료 자체를 평가도구로 사용함으로써 학생의 수행을 보다 정확하게 측정할 수 있다. BASA의 기본체제는 기초평가와 형성평가로 구분되는데, 읽기검사의 경우 기초평가용으로 제작된 읽기검사를 3회 실시하여 학생의 기초선을 확인하고, 이후 형성평가를 통해 그 학생의 지속적인 향상을 점검할 수 있다. 쓰기검사의 경우 학생이 주어진 시간 내에 얼마나 많은 글자를 얼마나 정확하게 쓰는가를 측정하는데, 기초평가를 통해 쓰기 수행 수준을 확인한 후 형성평가에서는 다양한 이야기 서두를 활용하여 지속적으로 대상 아동의 쓰기 발달을 모니터링할 수 있다. 또한 수학검사의 경우 Ⅰ·Ⅱ·Ⅲ 수준의 학년단계 검사와 통합단계 검사로 구성되어 교육과정에 따른 아동의 수준 파악이 용이하다. BASA는 학생의 수행 수준에 대해 교사나 학부모와 효과적인 의사소통이 필요할 때, 일정 기간 동안 학생의 수행 진전 상황을 평가할 때, 그리고 특수교육 대상자나 학습부진아를 위한 교육방법을 계획하고 그 효과성을 확인할 때 유용하다. 검사의 결과는 규준과 비교함으로써 학생의 상대적 학년위치를 파악하거나, 학생 자신의 이전 점수와 비교함으로써 진전도를 파악하는 데 중요한 정보를 제공한다.

(3) KISE-기초학력검사

KISE-기초학력검사(KISE-Basic Academic Achievement Test: KISE-BAAT)는 국립특수교육원에서 전국의 유치원 및 초등학교 중학교에 재학 중인 만 5~14세 아동과 청소년을 대상으로 기초학력을 평가하여 학력 부진이나 학습 곤란을 나타내는 아동을 선별하고 학습 부진의 영역과 수준을 진단하기 위하여 표준화된 개인용 종합심리검사이다(박경숙, 김계옥, 송영진, 정동영, 정인숙, 2011). KISE-BAAT는 KISE-BAAT(읽기), KISE-BAAT(쓰기), KISE-BAAT(수학)으로 구성되어 읽기, 쓰기, 수학의 기초학력을 측정하며, 각 영역의 검사는 2종의 동형검사

(가형, 나형)로 구성되어 있다. 또한 KISE-BAAT는 수행결과와 더불어 수행과정도 평가할 수 있고, 각 교과의 선수기능에 해당하는 주의집중력, 기억력, 지각-협응 능력을 측정하는 문항을 포함하고 있다. 검사 결과는 학력지수와 학년규준을 산출하여 학습집단 배치를 지원하고 있다.

KISE-BAAT의 구성 모형은 〈표 5-3〉과 같다.

ooo **표 5-3** KISE-BAAT 하위검사의 구성 및 평가 내용

하위검사	평가 영역		평가 내용
읽기 기초학력	선수기능		도형, 낱자, 낱말 변별
	음독능력		낱자, 낱말(2~3음절), 문장 읽기
	독 해 능 력	낱말이해	반대말, 비슷한 말, 유추, 존대어, 낱말의 상하관계 유추, 수량 단위
		문장완성	그림 보고 문장 완성하기, 문장 완성하기
		어휘선택	시제 일치, 호응관계, 접속사, 의미를 파악하고 적절한 어휘 선택
		어휘배열	문장을 구성하여 배열하기
		짧은 글	문장을 읽고 요점 파악, 사실과 의견 구분하기, 비유나 상징적 표현 이해하기, 글의 주제 찾기, 속담 이해하기, 글 읽고 결과 유추 또는 비판하기
쓰기 기초학력	선수기능		사물, 숫자, 기호, 문자 변별하기, 줄긋기, 도형그리기, 글자 쓰기, 이름 쓰기
	표기기능		낱자, 낱말 쓰기, 맞춤법에 맞추어 쓰기, 받아쓰기, 띄어쓰기, 문장 부호의 사용
	어휘 구사력		낱말을 이용하여 짧은 글짓기, 연상되는 낱말 쓰기, 문장 속 알맞은 낱말 쓰기
	문장 구사력		낱말 순서대로 배열하기, 그림 보고 문장 만들기, 의문문, 명령문, 감탄문 쓰기
	글 구성력		그림 나열하여 이야기 만들기, 글 내용을 듣고 요약하기, 그림 보고 글쓰기
수학 기초학력	수		범자연수(~10, ~100, ~1000, 1000 이상), 분수와 소수, 비와 백분율
	도형		공간감각 / 모양 및 속성, 평면도형과 입체도형, 좌표와 변환
	연산		덧셈, 뺄셈, 곱셈, 나눗셈, 암산(듣고 암산하기, 자연수, 분수, 소수)
	측정		측정(길이/각도, 넓이, 무게, 부피/들이), 시간과 화폐, 어림(수세기, 측정, 계산)
	확률과 통계		표와 차트, 그래프, 경우의 수 / 확률
	문제해결		간단한 문제해결, 문제의 이해 및 전략, 복잡한 문제해결

출처: 박경숙 외(2011).

3) 학습전략검사

최근 인지심리학의 영향으로 학습전략을 다루는 인지적 접근이 학습 문제에 대한 주된 개입방법으로 자리 잡게 되면서 학습자의 학습전략 활용 수준을 측정하기 위한 각종 심리검사가 개발되어 사용되고 있다. 국내에서 표준화된 학습전략검사로는 학습방법진단검사, ALSA 청소년 학습전략검사, LST 학습기술진단검사, MLST 학습전략검사 등을 들 수 있다.

(1) 학습방법진단검사

이 검사는 박병관과 최기혜(1997)가 학습부진의 원인을 진단하기 위해 제작한 것으로, 초등학교용, 중학교용, 고등학교용 검사가 별도로 개발되어 있다. 이 검사는 학습방법진단 척도, 감성지수 척도, 학습환경지수 척도 등 3개의 하위척도로 되어 있다. 학습효율을 반영하는 학습방법진단 척도는 집중력, 학습전략, 학습습관, 학습능력, 학습자아개념 등 5개의 하위요인을 측정하고, 계획성, 개방성, 외향성 등 3개의 하위요인으로 구성된 감성지수 척도는 학습효율에 영향을 미치는 개별 능력, 자신감, 성격 등 개인적 · 정서적 요소를 반영한다. 그리고 학습환경지수 척도는 가족 내 환경이나 학교 적응, 대인관계 등 학습과 연관된 환경적 요소를 반영한다. 검사의 결과는 주의력, 언어력, 수리력 등 특수학습장애와 연관된 특정 인지기능상의 문제를 파악하고 조기 발견함으로써 향후 치료와 학교생활 적응에 필요한 실질적인 도움을 줄 수 있을 뿐만 아니라, 학생의 성격 특성에 관한 피드백을 교사나 학부모에게 전달함으로써 학생 개개인에게 맞는 학습환경을 조성하는 데 효과적인 정보를 제공할 수 있다.

(2) ALSA 청소년 학습전략검사

이 검사는 김동일(2000a)이 초등학교 고학년부터 중 · 고등학생을 대상으로 학습전략을 분석하고 프로그램 활용을 통한 학습전략을 증진에 기여할 목적으로 개발한 것이다. 이 검사는 학습동기, 자기효능감, 학습기술(인지 및 상위인지 전략), 자원관리기술(학습시간 및 환경관리 전략) 등 자기조절학습의 하위 능력을 측정한다. 이 검사는 학습동기와 학습전략을 동시에 탐색함으로써 학업성취의 정서적 측면과 교수적 측면을 모두 고려하며, 검사의 결과는 '알자(ALSA)와 함께 하는 공부방법 바로 알기'와 연계하여 청소년의 학습동기를 높이고 적합한 학습능력 탐색의 기회를 제공한다.

(3) 학습기술진단검사

학습기술진단검사(Learning Skill Test: LST)는 변영계와 김석우(2002)가 제작한 것으로 초등학교 고학년부터 중·고등학생을 대상으로 학습자가 스스로 학습목표를 정하고 학업성취를 이루어가는 과정을 계획하고 설계하는 데 관련된 일련의 기법을 평가한다. 이 검사는 자기관리, 수업참여, 과제해결, 읽기, 쓰기, 시험치기, 정보처리 등 학습기술을 측정하여 적절한 학습기술 향상 방안을 제시할 목적으로 사용된다. 이 검사는 특히 교육, 치료, 연구 등을 위해 학습기술을 측정하고자 할 때, 학습부진아 등 특별한 교육이 필요한 학습자를 조기에 발견하고자 할 때, 그리고 시간 경과 후 수행의 변화와 어떤 처치의 효과를 측정하고자 할 때 활용할 수 있다. 검사의 결과는 학습기술개선 프로그램과 연계하여 학생 개개인의 학습기술 수준을 향상시킬 수 있는 방안을 마련하고 그 방안에 따른 세부적인 계획과 지침을 마련하여 실질적인 도움을 주는 데 유용한 정보를 제공한다.

(4) MLST 학습전략검사

이 검사는 박동혁(2000)이 중·고등학생을 대상으로 학습자의 학습 과정에서 자기조절학습 능력의 근간을 이루는 습관적·행동적 및 전략적인 효율성을 측정하기 위해 개발한 것으로, 최근에는 개정판인 MLST-II(박동혁, 2010)가 개발되어 사용되고 있다. 이 검사는 성격특성, 정서특성, 동기특성, 행동특성의 네 가지 특성차원과 신뢰성 지표, 부가 정보 등으로 구성되어 있다. 성격특성 차원은 효능감, 결과 기대, 성실성의 3개 하위척도를 포함하고, 동기특성 차원은 학습동기, 경쟁동기, 회피동기의 3개 하위척도를 포함하며, 정서특성 차원은 우울, 짜증, 불안 등 정서적 어려움이나 고통의 정도를 측정하는 3개 하위척도를 포함한다. 그리고 행동특성 차원은 시간관리, 수업듣기, 노트필기, 공부환경, 집중전략, 읽기전략, 기억전략, 시험전략 등 8개의 하위척도를 포함한다. 검사의 결과는 하위척도별 백분위와 T점수로 제시되고, 성격특성, 정서특성, 행동특성에 대해서는 종합점수의 백분위와 T점수가 함께 제시된다. 이러한 결과를 토대로 학습 상황에서 개인의 강점과 약점에 대한 정보가 학습전략의 유형에 대한 설명과 함께 제공된다. 이 검사는 또한 신뢰성 지표(반응일관성, 연속동일반응, 사회적 바람직성, 무응답)와 부가 정보(성적, 학습시간, 성적 만족도, 심리적 불편감)를 제시하여 검사 결과를 해석하기 전에 참고하도록 하고 있으며, 전반적인 자기주도학습지수(LQ)를 제시하여 학습자가 스스로 학습 과정을 주도하고 조절하며 학습의 효율을 높이기 위해 전략적으로 학습하는 정도와 관련된 상세 정보를 제공한다. 따라서 이 검사는 학습전략을 세분화시켜 접근할 뿐만 아니라 각 특성차원과 전체적인 학습전략의 장점과 단점을 제시하기 때문에 학습의 문제점을 보완ㆍ수정하고 개입하는 데 매우 유용하다. 또한 학업성취에 중요한 영향을 미치는 심리적 특성과 동기 수준에 대한 정보가 함께 제공되기 때문에 보다 포괄적인 관점에서 학업성취의 문제를 이해할 수 있으며, 학습 효율성 감소의 원인 탐색, 문제 개입에 대한 기준과 방향 제시, 학습습관의 형성과정에 대한 측정도구, 그리고 적응 및 심리적 건강 등 임상적 문제의 가능성에 대한 선별자료로도 사용될 수 있다.

4) 학습태도검사

학습태도검사는 부분적으로 학습전략검사와 중복되기도 하지만 학습흥미나 학습동기 또는 학습습관에 좀 더 초점을 두는 경향이 있다. 학습태도와 관련해서 국내에서 표준화된 검사로는 학습흥미검사, 학업동기검사, 학습습관검사 등이 있다.

(1) 학습흥미검사

이 검사는 조봉환과 임경희(2003)가 초등학교 4~6학년을 대상으로 초등학교 교육과정에 포함된 학습활동에 대한 흥미와 학교생활 장면에서 아동들이 가지고 있는 학습에 대한 흥미를 구체적으로 알아보기 위해 개발한 것이다. 이 검사는 학습유형별 흥미척도, 교과별 흥미척도, 타당도척도 등 3개의 하위척도로 되어 있다. 학습유형별 흥미척도는 사고지향적 흥미, 탐구지향적 흥미, 감성지향적 흥미, 창의지향적 흥미, 사회지향적 흥미 등 5개의 하위요인을 포함하며, 교과별 흥미척도는 언어, 수학, 사회, 과학, 체육, 음악, 미술, 실과 등 8개 하위요인을 포함한다. 그리고 타당도척도는 바람직성 흥미와 검사수행 신뢰도를 포함한다. 검사의 결과는 학습유형별과 교과별로 전체 초등학교 4~6학년 집단 내 흥미의 상대적 위치와 개인 내 흥미의 차이에 대한 정보를 제공함으로써 학생 개개인의 흥미를 발견하고 교사와 학부모가 아동을 이해하는 데 유용한 자료로 활용될 수 있다.

(2) 표준화학습흥미검사

이 검사는 이상로와 변창진(1990)이 중·고등학교 학생을 대상으로 중·고등학교 교육과정에 포함된 학습활동에 대한 흥미를 구체적으로 알아보기 위해 개발한 것이다. 이 검사는 국어, 수학, 외국어를 비롯하여 사회, 실과, 과학, 예능 분야의 여러 과목 가운데 흥미와 관심이 많은 과목과 적은 과목을 객관적으로 파악하여 학습자가 보다 능률적으로 공부할 수 있도록 필요한 도움을 주기 위해 마련되었다.

(3) 학업동기검사

학업동기검사(Academic Motivation Test: AMT)는 김아영(2003)이 초등학교부터 대학교까지의 학생을 대상으로 학습자를 이해하고 학습수행을 예측하며 실패에 대한 건설적인 반응 여부를 파악할 목적으로 개발한 것이다. 이 검사는 학업적 자기효능감 척도와 학업적 실패내성 척도로 구성되어 있다. 학업적 자기효능감 척도는 학습자가 자신의 수행능력에 대해 보이는 기대나 신념을 평가하기 위한 것으로 자심감, 자기조절 효능감, 과제수준 선호 등 3개 하위척도로 포함하며, 학업적 실패내성 척도는 자신의 실패경험에 대해 건설적으로 반응하느냐 비건설적으로 반응하느냐를 나타내는 것으로 감정, 행동, 과제난이도 선호 등 3개의 하위척도를 포함한다. 검사의 결과는 학생들의 동기적 특성을 구체적으로 이해하고 동기적 측면에 대한 세분화된 정보를 제공하며, 학생 개개인의 자신에 대한 이해, 교사와 학부모의 학생에 대한 이해, 그리고 교육 및 심리연구자들의 학습자 특성에 대한 이해 자료로 활용이 가능하다. 학업동기검사의 하위척도와 그 측정 내용은 〈표 5-4〉와 같다.

∘∘∘ 표 5-4 학업동기검사의 하위척도 및 그 측정 내용

하위척도		약자	측정 내용
학업적 자기 효능감 (ASET)	자신감	SEC	개인이 자신의 전반적인 학문적 수행능력 및 학습능력에 대해 보이는 신념 정도 평가
	자기조절 효능감	SER	개인이 자기관찰, 자기판단, 자기반응과 같은 자기조절적 기제를 잘 수행할 수 있는지에 대한 효능 기대 평가
	과제수준 선호도	SET	개인이 도전적이고 구체적인 목표를 선택하려 하는지, 자신의 기술 수준을 뛰어 넘는 상황은 피하려고 하는지 등 행동 상황 선택 평가
학업적 실패 내성 (AFTT)	감정	FTF	개인이 실패경험 후 보이는 감정 반응의 긍정 또는 부정 정도 평가
	행동	FTB	개인이 실패 경험 후 이를 만회하기 위한 계획 수립 또는 방안 강구 정도와 실패 경험 후 이를 극복하기 위해 구체적·현실적 방법으로 행동을 보이는 정도를 평가
	과제난이도 선호	FTT	개인이 학습과제 난이도에 대해 보이는 인지·정서·행동적 측면을 평가

출처: 김아영(2003). pp. 8-11.

(4) 학업동기 및 학습전략검사

학업동기 및 학습전략검사(Learning-Motivation and Strategy Test: L-MoST)는 김효창(2011)이 초등학교 3학년부터 고등학교까지의 학생을 대상으로 학습수행 향상을 위해 요구되는 다양한 학습동기 및 학습전략에서 학생 개개인의 장점과 단점을 파악하기 위해 개발한 것이다. 이 검사는 학업동기, 학습전략, 학업스트 레스 등 학업문제를 유발하는 세 가지 요인을 동시에 측정할 수 있는 통합된 검 사도구로서 학교 장면에서 학생 개개인에 대한 유용한 정보를 제공해 줄 수 있 다. 이 검사는 학업동기척도, 학습전략척도, 정서척도와 타당도척도로 구성되 어 있다. 학업동기척도는 학습동기와 학습효능감의 2개 하위요인을 포함하며, 학습전략척도는 수업참여기술, 노트정리기술, 읽기/이해하기기술, 쓰기기술, 시험치기기술, 자원관리기술(시간관리 및 공부환경 조성), 과제해결기술, 정보처 리기술(시연, 정교화와 조직화) 등 8개 하위요인을 포함한다. 그리고 정서척도는 시험불안과 주의집중 어려움의 2개 하위요인을 포함한다. 검사의 결과는 학교, 상담, 병원, 사회복지기관 등 다양한 장면에서 아동 및 청소년을 대상으로 사용 할 수 있으며, 또한 그들이 학습문제로 인해 겪게 되는 학업동기, 학습전략, 학 업스트레스 등의 문제에 대한 연구 목적으로도 사용이 가능하다.

(5) 학습습관검사

학습습관검사는 학생들에게 자신들의 학습습관이 다른 학생들에 비해 상대 적으로 얼마나 적절한지를 확인하고 부적절한 습관을 개선하기 위한 전략을 논의하는 데 유용한 정보를 제공한다는 점에서 대단히 유용하다. 미국에서 사 용되는 대표적인 학습습관 및 태도검사로는 공부습관 및 태도 질문지(Brown & Holtzman, 1984)와 공부태도 및 방법 질문지(Michael, Michael, & Zimmerman, 1980, 1988), 그리고 학습 및 공부 전략검사(Weinstein & Palmer, 2002; Weinstein, Palmer, & Acee, 2016) 등이 있다.

공부습관 및 태도 질문지(The Survey of Study Habits and Attitude: SSHA)는 고등학생과 대학생을 대상으로 지연 회피, 학업 방법, 교사 인정, 교육적 수용 등 4개의 하위검사로 되어 있으며 총 100문항으로 구성되어 있다(Brown & Holtzman, 1984). 공부태도 및 방법 질문지(The Study Attitude and Methods Survey: SAMS)는 중·고등학생과 대학생을 대상으로 학생들의 동기, 공부습관, 학교에 대한 태도 등을 측정하기 위한 것으로, 학업흥미, 학업욕구, 공부방법, 공부불안, 공부기술, 권위로부터의 소외 등 6개의 하위척도를 포함하며 총 90문항으로 구성되어 있다(Michael, Michael, & Zimmerman, 1988).

학습 및 공부 전략검사(Learning and Study Strategies Inventory: LASSI)는 중등학교용과 대학교용의 두 가지 형태로 되어 있으며, 각 검사는 기술, 의지, 자기조절 등 전략적 학습의 세 가지 구성요소를 측정하기 위해 6문항씩으로 구성된 10개의 소검사로 되어 있다(Weinstein, Palmer, & Acee, 2016). 정보처리, 주제선택, 시험전략은 기술 요소를 측정하고, 불안, 태도, 동기는 의지 요소를 측정하며, 나머지 집중력, 자기점검, 시간관리, 자원활용은 자기조절 요소를 측정한다. 각 소검사는 자기보고식 검사의 형태를 취하는데, 검사 결과는 학생들에게 자신의 공부태도를 점검하고 보다 효과적인 공부전략을 구사하여 자신의 학업성취도를 향상시키는 데 유용한 정보를 제공할 수 있다.

우리나라에서는 김기석(1991)이 개발한 중·고등학용 학습습관검사가 있다. 이 검사는 학업성적에 크게 영향을 미치는 요인인 학습에 대한 동기, 태도, 습관, 기술, 환경을 측정하여 학습에 지장을 초래하는 학습동기, 습관, 기술, 환경을 지닌 학생을 발견하고 교사에게 학습에 어려움을 겪는 학생을 이해하고 그들의 학습태도와 습관 및 환경을 개선하여 학습 잠재력을 최대한 발현시키는 데 필요한 정보를 제공하기 위한 것이다. 이 검사는 동기 요인(M: 학습에 대한 의욕, 동기, 태도, 목적의식), 기술 요인(T: 학습에 관한 기술과 방법), 기타 요인(M과 T를 제외한 능력요인, 환경요인, 성격요인 등)의 세 하위척도로 되어 있으며, 총점을 함께 제시한다.

5) 학습환경진단검사

학습환경진단검사는 가정 또는 학교에서 학생의 학업성취를 촉진하거나 저해하는 환경적 요인을 진단하기 위한 것으로, 가정환경진단검사와 학교환경진단검사로 나누어 볼 수 있다.

(1) 가정환경진단검사

가정환경진단검사로는 정원식(1969)이 개발한 가정환경진단검사가 있으나, 보다 최근에는 원래 Caldwell과 Bradley(1978)가 개발한 환경 측정을 위한 가정 관찰(Home Observation for Measurement of the Environment: HOME)을 장영애(1986)와 조용태(1995)가 각각 일반 아동과 정신지체 아동의 가정을 대상으로 우리나라 실정에 맞게 타당화한 것이 주로 사용된다. 조용태(1995)가 표준화한 가정환경진단검사는 환경의 조직 및 안정성, 발달을 위한 자극, 언어적 환경, 욕구를 만족시키는 정도 및 허용성, 독립성의 육성, 정서적 분위기, 경험의 다양성, 환경의 물리적 측면, 놀이자료 등 9개의 하위변인으로 구성되어 있으며, 문항 수는 유아용이 88문항이고 아동용이 90문항이다.

(2) 교육환경검사

교육환경검사로는 이성진 등(1980)이 개발한 초등학교 학습환경검사가 있다. 이 검사는 우리나라 초등학교 아동들의 특성과 그들이 가정 및 학교에서 접하고 있는 학습환경을 알아보기 위해 개발된 것으로, 실시 대상에 따라 아동용, 부모용, 교사용, 교장용 등 네 가지 형태가 있다. 아동 특성으로는 성장배경, 자아개념, 욕구, 교육포부수준, 과외시간활용 등을 평가하고, 가정환경에는 부모의 연령, 학력 및 직업, 가정의 월평균 수입, 월평균 아동 교육비 및 가정 내 장서 수, 아동과 부모의 상호작용 등이 포함되며, 그리고 학교환경으로는 학교생활, 수업태도, 교사에 대한 지각 및 교과에 대한 흥미 등을 조사한다. 또한 교사용 검사와 교장용 검사에서는 교사와 교장의 특성, 교직에 대한 생각, 교사의 수업활동,

교사의 교과목 선호도, 교사의 아동관과 교사관 등을 평가한다.

6) 기타 심리검사

때로는 특수학습장애의 영역을 평가하고 진단하기 위해 학습장애평가척도 (K-LDES)를 사용하거나 학업수행과 관련된 다양한 행동문제를 평가하기 위해 아동 · 청소년 행동평가척도(K-CBCL)를 사용할 수도 있다. 또한 학습 부진의 특수한 원인을 평가하기 위해 주의집중력검사, 충동성검사, 시험불안검사, 진로탐색검사, 부모-자녀 관계검사와 같은 심리검사를 사용하기도 한다.

(1) 한국판 학습장애평가척도

한국판 학습장애평가척도(K-LDES)는 미국에서 가장 보편적으로 받아들여지는 '미 공법 제94조 142항'의 학습장애에 대한 정의를 토대로 개발된 학습장애평가척도(Learning Disability Evaluation Scale: LDES)를 우리나라 언어와 교육 실정에 맞게 번안하여 표준화한 것이다(신민섭, 조수철, 홍강의, 2007). 이 검사는 일차적인 관찰 기회를 가진 전문가들이 객관적인 정보를 보고할 수 있는 도구를 제공하기 위한 것으로, 실생활에서 아동을 매일 접하는 교사나 부모가 평가하도록 되어 있어 아동의 학습 문제를 조기에 발견하여 조속한 치료적 도움을 받도록 하는 데 유용하게 사용될 수 있다. 이 검사는 학습 문제를 주의력, 생각하기, 말하기, 읽기, 쓰기, 철자법, 수학적 계산 등 7개 영역으로 범주화하여 학습장애 학생의 가장 공통된 특징을 기술하고 있다. 검사의 결과는 7개의 하위척도와 이를 합산하여 산출한 학습지수(Learning Quotient: LQ)를 함께 제시한다. 이 검사는 학습 문제를 가진 아동의 특성을 정상 아동의 특성과 비교하거나 광범위한 평가 프로그램에 대한 의사결정을 내리는 데 유용한 정보를 제공하며, 또한 향상이 필요한 구체적인 학업 영역과 행동 특징들을 명시함으로써 프로그램 계획을 위한 기초 자료를 제공한다.

(2) 아동·청소년 행동평가척도

아동·청소년 행동평가척도(K-CBCL)는 아헨바흐와 에델브록(Achenbach & Edelbrock, 1983)이 아동의 정서행동문제를 점검하기 위해 개발한 아동행동체크 리스트(Child Behavior Checklist: CBCL)를 오경자와 그의 동료들(오경자, 이혜련, 1990; 오경자, 이혜련, 홍강의, 하은혜, 1996)이 우리나라 실정에 맞게 번안하여 표준화한 것이다. K-CBCL은 최초에는 4~17세 아동·청소년을 대상으로 부모가 자녀의 사회적 적응 및 학업수행 그리고 정서·행동 문제를 평정하도록 개발되었으나, 최근에는 CBCL 6~18(아동·청소년 행동평가척도 부모용), YSR(청소년 행동평가척도 자기보고용), TRF(아동·청소년 행동평가척도 교사용)의 세 가지 유형으로 재표준화되었다(오경자, 김영아, 2010). CBCL 6~18과 TRF는 만 6~18세의 초·중·고 학생을 대상으로 하며, YSR은 만 13~18세의 중·고등학생을 대상으로 한다.

각 검사는 크게 문제행동 척도와 적응 척도로 되어 있으며, 문제행동 척도는 다시 문제행동증후군 척도와 DSM 진단 척도, 그리고 문제행동 특수 척도로 나누어 제시된다(오경자, 김영아, 2010). 문제행동증후군 척도는 불안/우울, 위축/우울, 신체증상, 규칙위반, 공격행동, 사회적 미성숙, 사고문제, 주의집중문제의 8개 증후군 소척도와 기타문제, 그리고 이들의 합으로 구성되는 내재화 총점, 외현화 총점 및 문제행동 총점의 3개 상위척도로 구성되며, DSM 진단 척도는 정서문제, 불안문제, 신체화문제, ADHD, 반항행동문제, 품행문제 등 6개의 DSM 진단 척도가 제공된다. 문제행동 특수 척도는 강박증상, 외상후스트레스문제, 인지속도부진의 3개 하위척도를 포함한다.

또한 적응 척도는 사회성과 학업수행의 2개 하위척도와 적응척도 총점으로 구성되어 있으며, YSR에서는 긍정자원 척도가 추가로 포함되어 있다. 사회성 척도는 친구나 또래와 어울리는 정도, 부모와의 관계 등 사회성을 평가하는 문항들로 구성되며, 학업수행 척도는 교과목 수행 정도, 학업수행상의 문제 여부 등을 평가하는 문항들로 구성된다. YSR에만 해당되는 긍정자원 척도는 사회적으로 바람직하고 적절한 행동과 같은 긍정적인 측면을 기술하는 문항들이 포함되어 있다.

검사의 결과는 먼저 문제행동증후군 3개 상위척도, 9개 하위척도, 그리고 6개 DSM 진단 척도에 대해서 각각 원점수, 백분위, T점수가 점수 그래프와 함께 제시되며, 이어서 문제행동증후군 하위척도와 DSM 진단 척도의 해당 문항, 그리고 문제행동 특수 척도 프로파일과 적응 척도 프로파일이 제공된다. 문제행동 특수 척도와 적응 척도는 각 하위척도의 원점수, 백분위, T점수가 점수 그래프와 함께 제시된다. K-CBCL은 아동·청소년기에 나타나는 문제행동을 평가하고 진단함에 있어서 유용하게 사용될 수 있다. 우선 아동·청소년의 행동을 부모와 교사 그리고 청소년 자신이 평가할 수 있어 다차원적인 평가 정보를 수집할 수 있고, 검사 결과는 임상 현장에서 심리장애의 진단도구로 사용되거나 상담 장면에서 초기 면담의 보조 도구로 사용될 수 있다.

(3) 주의집중력검사

주의집중력은 학업성취와 밀접히 연관되어 있는 심리적 특성으로, 주의집중력이 부족하거나 지나칠 경우 학습 부진의 원인이 될 수 있다. 주의집중력검사는 학생의 주의력과 집중력을 평가하여 개선 방안을 강구하는 데 유용한 정보를 제공할 수 있다. 주의집중력을 측정하기 위한 대표적인 검사로는 한국집중력센터에서 개발한 주의집중능력검사, 아이큐빅에서 개발한 주의력장애진단검사, 중앙적성연구소에서 출간한 FAIR 주의집중력검사 등이 있다. 주의집중능력검사(한국집중력센터, 2010)는 초등학교 1학년부터 고등학교 2학년까지의 학생을 대상으로 학생들의 학습 전 과정에 영향을 미치는 주의집중능력을 시각주의력, 청각주의력, 학습집중력, 지속적 집중력, 정보처리속도 등 5개의 하위척도로 세분화하여 종합적으로 평가한다. 주의력장애진단검사(아이큐빅, 2015)는 5세부터 15세의 아동·청소년을 대상으로 단순 과제에 대한 주의력을 평가하기 위한 것으로, 시각주의력과 청각주의력으로 구분하며 시각 자극과 청각 자극 각각에 대한 부주의, 충동성, 반응속도, 반응 일관성 정도를 평가한다. FAIR 주의집중력검사(오현숙, 2002)는 개인의 주의 행동을 연구하는 진단학적 심리검사로, 전통적인 주의력검사(예: 줄긋기 검사)에서 발생하는 오류를 개선하고 고도의 검사 공정성을 확보하기 위해 새롭게 개발된 것이다. 이 검사는 8세 이상의 초중고 학생과 성인을 대상으로 하며, 각각 320개의 복합도형으로 구성된 두 개의 하위 검사로 구성되어 있다. 수검자는 각 검사에서 3분 동안 세 개의 점을 가진 동그라미와 두 개의 점을 가진 네모를 찾아서 선으로 연결해야 한다. 검사 결과는 표시(M), 능력(P), 품질(Q), 지속성(C)의 네 가지 수치에 대한 연령대별 백분위 점수와 9간 표준점수(stanine)를 프로파일 형식으로 제시한다. 표시 수치(M)는 작업 지시의 이해도를 나타내며, 능력 수치(P)와 품질 수치(Q)는 각각 선택적 주의(추측 답변을 포함하여 검사 시간 동안 집중하여 작업한 검사항목의 양)와 주의 통제(전체 응답 중에서 정확한 판단의 비례치)를 나타내며, 그리고 지속성 수치(C)는 지속적 주의, 곧 지속적으로 유지된 집중력의 크기를 나타낸다.

(4) 진로탐색검사

장래 진로에 대한 불확실성의 증가는 자칫 학습흥미를 상실하거나 학습의욕을 저하시킴으로써 학습 부진을 초래하는 주된 원인이 될 수 있다. 진로탐색검사는 학생의 직업적 흥미나 성격 등 진로선택에 필요한 유용한 정보를 제공함으로써 학습의욕을 회복하도록 도움을 제공할 수 있다. 대표적인 진로탐색검사로는 한국가이던스에서 발행한 홀랜드 진로탐색검사와 한국심리검사연구소에서 발행한 STRONG 진로탐색검사를 들 수 있다. 홀랜드 진로탐색검사(안창규, 1996, 1997; 이종승, 2001a, 2001b, 2009)는 중 · 고등학생을 대상으로 직업성격유형을 평가하기 위한 것으로, 직업성격유형을 실제형, 탐구형, 예술형, 사회형, 기업형, 관습형 등 여섯 가지 유형으로 구분하고 직업유형의 사전탐색, 활동흥미, 성격, 유능감, 가치, 직업흥미, 능력 평정 등을 통해서 직업성격 유형을 측정한다. STRONG 진로탐색검사(김정택, 김명숙, 심혜숙, 박병관, 윤선아, 2000)는 중 · 고등학생을 대상으로 진로성숙도와 흥미 유형을 평가하기 위한 것으로, 기본흥미척도와 개인특성척도로 되어 있다. 기본흥미척도는 현장형, 탐구형, 예술형, 사회형, 진취형, 사무형으로 구분되며, 개인특성척도는 업무유형, 학습

유형, 리더십유형, 모험심유형으로 구분된다. 진로탐색검사의 결과는 학습자의 성격유형을 파악함으로써 학습흥미 영역을 파악하는 데 유용하게 사용될 수 있다.

3. 학습문제의 평가 및 진단 절차

학생의 학습문제에 대한 평가 및 진단을 위해서는 보다 세련된 절차가 요구된다. 특히 아동의 지적 수행과 관련된 심리 상태를 이해하거나 진단할 때에는 더욱 세심한 관찰과 평가가 요구된다. 일반적으로 교사나 상담자가 학습자의 지적 수행과 연관된 심리적 문제를 평가할 때에는 ① 부모에게서 얻은 배경 정보, ② 교사의 관찰, ③ 학생이 내놓은 결과물 관찰, ④ 학령 초기의 학업상태, ⑤ 관련 신경발달기능 평가, ⑥ 성취도검사, ⑦ 지능검사 그리고 ⑧ 직접 질문의 결과 등을 종합적으로 검토해야 한다. 이러한 평가의 절차는 학생의 호소문제와 그것의 내력에 대한 평가, 교육성취도 및 학습태도에 대한 평가 그리고 심리적 기능발달의 평가와 진단 등 세 단계를 거친다.

1) 호소문제와 내력 탐색

학습자에게서 지적 수행의 문제가 발견되면, 일단 그가 불편을 호소하는 문제에 귀를 기울이고 그러한 문제의 내력을 체계적으로 탐색해야 한다. 면접 전에 정보 수집을 위한 간단한 질문지를 작성하도록 하면 면접 시간을 단축하고 상담의 효율을 높일 수 있다. 질문지에는 주요 호소문제와 변화에 대한 기대, 신체적 질병이나 의학적 조치 여부, 학업성취 및 학업태도의 변화 추이, 부모의 바람과 지원, 형제자매의 학업상태, 학교와 교사에 대한 태도, 교우관계, 환경 및 문화적 맥락 등을 포함시킬 수 있다. 학생의 호소문제와 그 내력을 탐색할 때 유념해야 할 점은 다음과 같다.

첫째, 가정 및 학교생활과 관련해서 평소와는 다르게 행동하는 이상 전조를 살핀다. 가령, 수다를 떨던 학생이 말이 없어지거나 얌전하던 학생이 갑자기 짜증을 부릴 수도 있다.

둘째, 학생이 불편을 호소하는 심리적 문제에 관심을 기울이고 그 내력을 탐색한다. 그에게 불편을 느끼게 한 구체적 사건이 무엇인지를 찾아내고 그 사건과 연합된 느낌과 생각을 명료화한다. 그 학생에게는 어떤 낙인이 씌워져 있는가?

이 단계에서 간단한 평가도구를 이용하면 학생과 친밀감을 형성하고 그의 생각과 느낌을 찾아내는 데 도움이 될 수 있다. 일반적으로 많이 사용되는 평가도구는 그림검사(가령, HTP 또는 KFD)와 문장완성검사(SCT)이다. '집-나무-사람(House-Tree-Person: HTP)' 검사나 '동적 가족화(Kinetic Family Drawing: KFD)' 검사와 같은 그림검사는 개인의 무의적인 성격 구조 또는 가족에 대한 아동의 지각이나 태도(가령, 부모-자녀의 갈등)를 이해하는 데 중요한 정보를 제공한다. 또한 문장완성검사(Sentence Completion Test: SCT)는 가족, 사회, 학교, 자기의 네 차원으로 구성되어 있는데, 가족이나 또래에 대한 지각, 또래와의 상호작용 및 일반적 대인관계, 학교에 대한 지각과 욕구지향, 그리고 개인적인 평가, 미래지향 및 일반적인 정신건강 등을 파악하는 데 중요한 단서를 제공할 수 있다. 〈표 5-5〉은 아동용 문장완성검사의 예이다.

ooo **표 5-5 아동용 문장완성검사의 예**

아동용 문장완성검사
이름: _____ (남·여) 생년월일: ___년__월__일 검사일: ___년__월__일
1. 내가 가장 행복한 때는
2. 내가 좀 더 어렸더라면
3. 나는 친구가
4. 다른 사람들은 나를

5. 우리 엄마는
6. 나는 주로 하는 공상은
7. 나에게 가장 좋았던 일은
8. 내가 제일 걱정하는 것은
9. 대부분의 아이들은
10. 내가 좀 더 나이가 많다면
11. 내가 가장 좋아하는 사람은
12. 내가 가장 싫어하는 사람은
13. 우리 아빠는
14. 내가 가장 무서워하는 것은
15. 내가 가장 좋아하는 놀이는

출처: 곽금주(2002). p. 392.

2) 교육성취도 및 학습태도에 대한 평가와 행동 관찰

(1) 교육성취도에 대한 평가와 행동관찰

학생의 지적 수행에 관련된 문제를 보다 체계적으로 이해하기 위해서는 일차적으로 교육성취도에 관한 자료를 면밀히 검토할 필요가 있다. 교사는 학생이 내놓은 결과물 관찰이나 과거의 학업상태를 참고하여 교육성취도를 평가할 수 있다. 특히 학생이 산출한 쓰기, 수학, 만들기 자료는 유용한 정보원이며 또한 유치원이나 초등학교 저학년의 성취도는 학생의 지적 상태를 파악하는 데 좋은 실마리를 제공한다. 학생이 드러내는 학습문제는 다음의 여섯 개 영역으로 나누어지는데, 이들은 더러 겹치기도 한다(Levine, 2002).

① 기초학습 기능을 완벽하게 습득하지 못한다.
② 기정사실이나 지식을 습득하는 데 어려움이 있다.
③ 과제나 결과물을 완성시키는 데 어려움을 드러낸다.

ooo **표 5-6** 아동의 학습 프로필 예시

아동의 학습 프로필
이름: _____ (남 · 여)   생년월일: _____년 __월 __일 교사: _____ (남 · 여)   검 사 일: _____년 __월 __일

※ 각각의 아래 항목에 대해 지난 1주 동안 위 학생의 수행을 평가하여 적당한 곳에 ○표하시오.

1. 다른 학생들과 비교해서 완성한 산수쓰기 과제의 백분율	~49, 50~69, 70~79, 80~89, 90~
2. 다른 학생들과 비교해서 완성한 언어쓰기 과제의 백분율	~49, 50~69, 70~79, 80~89, 90~
3. 완성한 산수쓰기 과제의 정확도	~59, 60~69, 70~79, 80~89, 90~
4. 완성한 언어쓰기 과제의 정확도	~59, 60~69, 70~79, 80~89, 90~
5. 지난 1주 동안 아동의 학습 과제의 질은 어떻게 유지되었는가?	나빠짐 1 2 3 4 5 좋아짐
6. (전체 수업에서) 아동이 교사의 지시와 학급토론에 얼마나 정확히 따르는가?	아니다 1 2 3 4 5 그렇다
7. (소집단 읽기 수업에서) 아동이 교사의 지시와 학급토론에 얼마나 정확히 따르는가?	아니다 1 2 3 4 5 그렇다
8. (주제 이해하기에서) 이 아동은 새로운 내용을 얼마나 빨리 습득하는가?	느리다 1 2 3 4 5 빠르다
9. 아동의 글쓰기는 어떤가? (글씨는 깨끗한가?)	불량함 1 2 3 4 5 우수함
10. 아동의 읽기는 어떤가? (정확히 읽는가?)	불량함 1 2 3 4 5 우수함
11. 아동의 말하기 능력은 어떤가? (또박또박 말하는가?)	불량함 1 2 3 4 5 우수함
12. 아동은 쓰기 과제를 수행할 때 얼마나 자주 조급하게 하는가?	아니다 1 2 3 4 5 그렇다
13. 학급동료보다 과제 수행에서 얼마나 자주 느리게 진행하는가?	아니다 1 2 3 4 5 그렇다
14. 교사의 지시가 없을 때 얼마나 자주 집중할 수 있는가?	아니다 1 2 3 4 5 그렇다
15. 학업 과제를 정확히 수행하기 위해 교사의 도움을 얼마나 자주 시작하는가?	아니다 1 2 3 4 5 그렇다
16. 교사 지시를 이해하기 전에 쓰기 작업을 얼마나 자주 시작하는가?	아니다 1 2 3 4 5 그렇다
17. 전날 배운 것을 회상하는 데 얼마나 자주 어려움을 겪는가?	아니다 1 2 3 4 5 그렇다
18. 얼마나 자주 뚫어지게 쳐다보는가?	아니다 1 2 3 4 5 그렇다
19. 사회적 상황에서 정서적 반응이 부족한 것으로 보이는가?	아니다 1 2 3 4 5 그렇다

출처: Sattler, J. M. (1992). p. 354.

④ 교과학습에 필요한 개념이나 원리를 이해하지 못한다.

⑤ 주어진 과제에 체계적으로 접근하는 데 어려움이 있다.

⑥ 과제 수행에서 요구되는 양과 속도를 따라가지 못한다.

만일 학생의 지적 수행에서 위의 문제들이 두드러지게 나타나면 교사나 상담자는 학생의 학습 프로필을 보다 상세하게 파악하기 위해서 체크리스트를 활용할 수도 있다. 〈표 5-6〉은 학생의 학습 프로필을 예시한 것이다. 이러한 체크리스트를 활용하면 학생이 지적 수행 과정에서 드러내는 문제점뿐만 아니라 미처 부각되지 않았거나 발견하지 못한 강점을 찾아낼 수도 있다.

(2) 학습태도에 대한 평가와 행동관찰

학생 지적 수행에서 드러내는 교육성취도는 학생의 지적 수행에 연관된 심리적 과정은 물론 학교 및 가정의 생활환경 등 다양한 내적·외적 요인이 관여하고 있다. 따라서 학습문제를 상담할 때에는 학생이 학습에 임하는 태도와 전략 등을 면밀히 관찰하고 학습행동에 관여하는 내적·외적 요인을 파악할 필요가 있다.

학생의 지적 수행 문제는 학습 부진의 발생 시기와 진행 경과에 따라 다양한 원인을 파악할 수 있다. 만일 학생의 학습 부진 현상이 어렸을 때부터 지속적으로 누적된 것이라면 아동의 지적 장애 유무와 심리적 기능의 발달 상태를 면밀히 평가하고 진단해야 할 것이다. 그러나 학생의 학습 부진이 특정한 시기에 비교적 갑작스럽게 발생한 것이라면 우선 학습태도와 관련된 문제를 체계적으로 관찰하고 점검할 필요가 있게 된다. 학생의 학습태도와 관련된 문제는 가정사나 친구관계 또는 공부 환경의 변화로 인한 학업 소홀, 과도한 성취압력이나 불확실한 진로 또는 거듭된 실패로 인한 낮은 자존감이나 시험불안과 같은 동기저하 그리고 과제 수준의 변화에 따른 미숙한 대처 능력 등 학습전략의 부재를 들 수 있다. 이러한 문제들에 대해서는 적절한 체크리스트나 비교적 간단한 심리검사를 활용하면 학습 문제의 심각성과 원인을 파악하거나 개입 전략을 수립하는 데 유용한 정보를 얻을 수 있다. 가령, 가정사나 친구관계 또는 공부 환경의 변화를 알아보기 위해서는 가정 및 학교 상황 질문지(가령, HOME)를 활용할 수 있고, 학습동기 저하의 원인을 파악하기 위해서는 학생의 학습사 질문지를 이용하거나 학업자아개념검사, 시험불안검사, 학업동기검사, 진로탐색검사 등을 활용할 수 있다. 또한 자기조절학습 질문지나 학습전략검사를 활용하면 학생의 공부 방법을 점검하여 적절한 개입 전략을 수립하는 데 필요한 정보를 얻을 수 있다. 〈표 5-7〉은 상담 장면에서 자주 발생하는 학습문제의 가능한 원인을 파악하는 데 유용한 평가도구를 제시한 것이다.

ooo **표 5-7** 상담 장면에서 자주 발생하는 학습문제의 가능한 원인과 요구되는 평가도구

가능한 원인	평가도구
1. 공부 환경의 변화로 인한 학업 소홀	가정 및 학교 상황 질문지
2. 학습 의미 및 동기의 저하	
1) 과도한 성취 압력으로 인한 실패에 대한 두려움	문장완성검사, 기질 및 성격검사
2) 거듭된 실패로 인한 낮은 자존감과 시험불안	학업자아개념검사, 시험불안검사
3) 학습을 위한 노력을 저해하는 비합리적 신념	학업동기검사(효능감, 귀인, 목표 지향성 등)
4) 장래에 대한 불확실성으로 인한 흥미 상실	흥미 및 진로탐색검사
3. 공부 방법 및 대처 요령의 미숙	
1) 학습환경 및 자원 관리의 미숙으로 인한 학업 실패	자기조절학습 질문지
2) 효율적인 학습 및 공부 요령의 미숙으로 인한 학업 실패	학습전략검사

3) 심리적 기능의 발달에 대한 평가와 진단

학생의 호소문제에 대한 내력을 탐색하고 교육성취도 및 학습태도에 관한 자료를 검토하는 일을 통해서 그에게 씌워진 부정적인 평판이나 낙인을 확인하고 미처 부각되지 않은 강점을 찾아내어 학생의 다양성에 대한 이해를 촉진할 수

있다. 그러나 아동이 지적 수행에서 드러내는 약점의 원인을 구체적으로 이해하기 위해서는 그러한 지적 수행에 연관된 심리적 과정을 이해하려는 노력이 뒤따라야 한다. 다양한 영역의 지적 수행에는 한 개인의 내적 심리과정이 연관된 무수한 인지적·정의적 및 신체운동적 요소들이 관여하고 있다. 가령, 한 학생의 작문 결과를 점검해 보면, 그것은 단지 그 학생의 지식 상태와 언어 능력만을 나타내는 것이 아니다. 그 학생의 작문 산출물에는 주의력과 기억력 그리고 사고력은 물론 쓰기 활동에 수반되는 미세한 운동기능이 적절히 조화를 이루어야 한다(Levine, 2003). 따라서 어떤 학생이 이처럼 다양한 심리적 기능의 어느 한 가지 이상에서 문제를 안고 있다면 그의 작문 능력은 매우 제한될 수밖에 없다.

학습 맥락에서 심리적 기능발달에 대한 평가는 표준화심리검사와 몇 가지 신경심리학적 선별검사를 조합한 평가 전략이 제안되고 있다(곽금주, 2002). 이 과정은 대개 1차 심리평가와 2차 심리평가로 구분해 볼 수 있다.

(1) 1차 심리평가

1차 심리평가의 목적은 학업 부진이 어떤 이유에서 발생한 것인지를 규명하고 이를 통해 학생이 어떤 장애에 해당하는지를 감별하는 것이다(송종용, 2000). 이 단계에서는 주로 표준화 지능검사와 교육성취도검사 등 일반적인 심리검사와 부모 면담을 실시하며 추가로 주의력검사나 부모-자녀 관계검사를 실시하기도 한다. 자주 사용되는 지능검사는 WISC-IV, KABC-II, Raven's Progressive Matrics 등이 있고, 교육성취도검사는 학습준비도검사와 기초학습능력검사를 들 수 있다. 이러한 유형의 검사는 보통 학습장애의 여부를 진단하기 위해 활용되는데, [그림 5-1]은 학업성취도에 대한 평가 결정의 경로를 나타낸 것이다.

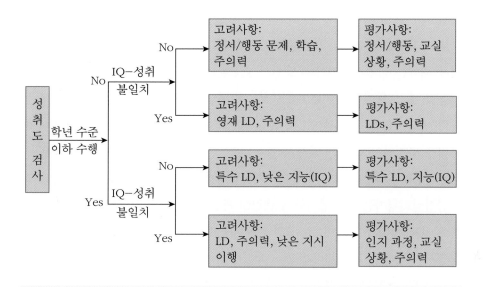

[그림 5-1] 학업성취도에 대한 평가 결정의 경로(Ayward, 1994)

(2) 2차 심리평가

1차 심리평가를 통해서 학습장애로 진단이 내려지면 다음 단계는 학습 부진을 유발하는 원인을 파악하고 치료적으로 어떻게 개입해야 할 것인지를 파악하기 위한 2차 심리평가를 실시하게 된다. 2차 심리평가에 사용되는 검사들은 세부적이고 특징적인 인지능력을 일일이 평가한다. 예를 들면, 읽기 부진을 보이는 아동의 경우 글자 해독에 문제가 있는 것인지 아니면 단어 혹은 문단 이해 수준에서 문제가 있는지를 확인해야 한다. 이러한 평가에서 얻은 정보는 당연히 아동에게 어떤 개입이 요구되는지를 결정하는 데 중요한 단서를 제공한다. 따라서 2차 심리평가에서 사용되는 검사들은 정교하고 세밀할 필요가 있으며, 심리학의 실험과제에서 도입된 것들이 많다. 2차 심리평가에서 빼놓을 수 없는 것이 신경심리평가이다.

신경심리평가(neuropsychological assessment)란 기억력을 비롯하여 다양한 뇌의 기능이 정상적으로 발달하고 있는지를 확인하는 과정이다(송종용, 2000; Crawford, Parker, & McKinlay, 1995). 대부분의 학습 부진은 이러한 인지기능 중에서 한두 가지 기능의 발달이 정상적으로 발달하지 못하는 것에서 기인하는 것으로 생각되고 있으며, 이 때문에 학습 부진의 원인을 알고 개입프로그램을 계획할 때에는 신경심리평가가 당연히 요구된다. 대개 신경심리평가에는 수용언어능력[예: 그림어휘검사(FVT)], 구성능력[예: 시지각발달검사(DTVP)], 심리운동능력[예: 손가락운동검사(FTT)], 촉감각능력[예: 촉각수행검사(TPT)] 등 특수한 능력을 측정하는 다양한 검사가 활용된다. 현재 국내에서 표준화된 아동용 신경심리검사로는 신민섭과 홍강의(1994)가 개발한 LNNB-C가 있다.

　　신경심리평가는 신경병리학에 관련된 학습장애(LD)와 주의력결핍장애(ADD)를 평가하는 데 유용하며, 검사 결과는 아동의 기능과 적응 한계에 대한 이해를 증진시키는 데 도움이 된다(Levine, 2002). 한 개인이 지적 수행의 과정에서 드러내는 문제와 연관된 신경발달기능의 평가 영역을 제시하면 [그림 5-2]와 같다.

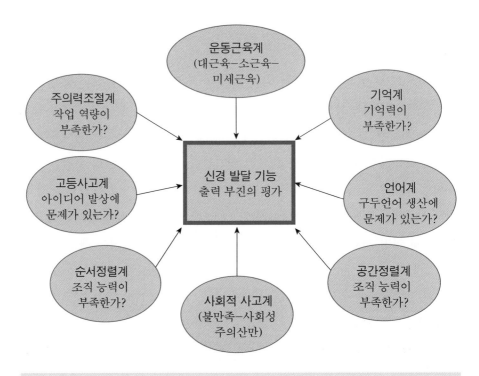

[그림 5-2] 지적 수행 과정에서 나타나는 신경심리학적 문제(Levine, 2002)

아동이 지적 수행의 과정에서 산출 부진을 드러내는 신경발달기능의 문제를 평가하기 위해서는 이들 개념을 작업기억에 담아 두고 [그림 5-2]에서 제시된 여덟 가지 평가 영역의 핵심 기능에 출력 부진의 원인이 될 만한 문제가 없는지를 면밀히 점검하여야 한다.

이와 같이 한 개인의 지적 수행에 연관된 신경발달기능을 평가하는 일은 매우 광범위하고 복잡하다. 더욱이 신경발달기능은 개인의 특성, 감정, 통찰력은 물론 일상적인 삶과 주변 환경의 외부 영향과 끊임없이 상호작용하며 지적 수행의 양과 질을 결정한다. 지적 수행의 과정에서 신경발달기능과 상호작용하는 내적 요인으로는 동기상태(포부와 추진력), 낙관주의, 자발성, 융통성가 적응성, 복원력, 사회성 주의산만과 또래 집단의 압력, 강점 활용, 기분, 요령 또는 전략을 들 수 있다. 또한 신경발달기능은 풍요와 가난, 스트레스 자극, 역할 모델의 유무, 학교 및 가정생활, 공부와 놀이의 균형, 경쟁, 성공 기억, 그리고 운과 기회 같은 수많은 외적 요인과 상호작용하면서 지적 수행의 질과 양을 결정한다.

따라서 지적 수행의 과정에서 어려움을 겪고 있는 아동에게 어떤 도움을 제공하기 위해서는 우선 신경발달기능의 강점과 약점에 대한 정확한 밑그림을 파악하고 지적 산출을 가로막는 특별한 문제점을 찾아내는 일이 중요하다. 이러한 평가를 수행할 때 지침이 되는 몇 가지 핵심 질문을 제시하면 다음과 같다 (Levine, 2003: 294-295).

① 이 학생은 어떤 형태의 수행에서 문제를 안고 있는가? 이는 글쓰기나 숙제와 같은 학습수행은 물론 스포츠나 창작활동과 같은 비학업적인 수행도 포함한다.

② 이 학생이 지니고 있는 수행 문제의 특징을 어떻게 규정할 수 있는가? 가령, 글씨를 알아볼 수 없는가, 글을 쓸 때 구두점이나 구문 규칙을 기억하는 데 문제가 있는가, 속도가 너무 느리거나 급하지 않은가, 프로젝트의 주제를 정하거나 아이디어를 내는데 망설임이 있는가 등등.

③ 신경발달기능 장애가 수행을 저해하고 있다는 구체적인 근거는 무엇인가?

이는 부모의 설명, 작업 표본에 대한 검토, 아이와의 면담, 전문적인 검사, 교사로부터 얻은 정보 등을 토대로 파악해야 한다.

④ 어떤 형태의 신경발달기능 장애가 작동하는지를 측정할 수 있는가? 가령, 주의력조절 문제인가, 기억력 문제인가, 언어기능 장애인가, 시ㆍ공간적 조직능력 혹은 전략 활동의 문제인가, 운동기능 문제인가, 아니면 관념작용 문제인가 등등.

⑤ 위의 ④에서 확인된 신경발달기능 장애와 ①, ②, ③에서 확인하여 기록한 현상들은 서로 어떻게 연결될 수 있는가?

⑥ 이 학생의 강점과 좋아하는 분야는 무엇인가? 가령, 스포츠, 음악연주, 수집하기, 미술이나 공예활동, 동물 기르기, 아이나 노인 돌보기 등처럼 뭔가 대안적인 생산라인을 통해 학생의 자긍심을 살려 줄 수 있다면 학습 부진으로 인한 부적응 행동을 현저하게 줄일 수 있다.

⑦ 학교에서 어떤 종류의 도움이나 지원을 받고 있는가? 또 현재의 교육환경이 학생한테 잘 맞는가? 지적 수행의 과정에서 산출 부진을 겪는 학생들에게는 학교에서 남들 앞에 나설 기회가 많은 높은 지위의 역할을 맡기는 것이 특히 중요하다.

⑧ 학생의 환경이나 주변 생활에 문제를 악화시킬만한 요인은 없는가? 지나치게 풍요하거나 가난함, 스트레스, 부정적인 역할모델, 정신노동의 가치를 강조하는 자극의 결여, 공부와 놀이의 불균형, 지나친 경쟁과 비관 등등.

⑨ 현재 어떤 유형의 부적응적 행동이 존재하는가? 필요하다면 훈련된 언어 전문가나 작업치료사 또는 정신건강 전문가의 도움을 조언할 수도 있다.

⑩ 이 학생은 자신의 수행 문제에 대해서 어떻게 인식하거나 이해하고 있는가? 단순히 자신이 게으르다고 결론을 내리고 있는가, 아니면 자신의 생산성을 저해하는 문제점을 정확히 지적해 낼 수 있는가?

교사나 상담자는 수행에 관한 문제 체크리스트를 활용하면 생산성 부진의 특정한 원천을 보다 체계적으로 이해할 수 있다. 다만 전문적인 평가를 수행하는 진단가는 단지 검사점수만 나열하거나 환원주의적인 꼬리표(ADD 또는 LD 따위)를 붙이는 일에 빠져서는 안 되며, 학생의 특정한 문제점과 강점을 확인하고 교육적 보살핌을 위한 실질적인 제안을 내놓아야 한다.

4. 학습상담에서 심리검사의 활용

상담자가 심리검사를 바르게 사용하려면 일정한 수련과 자격을 갖추어야 한다. 이 절에서는 심리검사의 난점을 설명하고, 상담자가 심리검사를 선택하고 활용할 때 유의해야 할 점을 알아본다.

1) 심리검사의 난점

심리검사는 비가시적인 내적 정신기능 내지 행동 특성을 측정 대상으로 가정하기 때문에 길이, 무게, 질량 등 물리학적 측정과 같은 과학적인 엄밀성과 정확성을 유지하기가 쉽지 않다. 심리검사에서 측정이 어려운 이유를 몇 가지 제시하면 다음과 같다(여광응, 전영길, 정종진, 조인수, 1992).

첫째, 측정 대상이 분명하지 않다. 인간의 태도 가운데 특히 고등정신기능에 속하는 사고력, 응용력, 비판력, 종합력이나 정의적 영역에 속하는 감상력, 창작력, 가치관 등은 파악하기가 어렵고 불명료하여 정확하게 측정하기가 어렵다.

둘째, 측정 방법의 명확하지 않다. 심리적인 문제를 측정하는 것은 신장이나 체중을 측정하는 것처럼 측정 방법의 문제가 간단하지 않다. 즉, 여러 가지 심리적인 특성을 측정하기 위해서는 과연 어떤 측정도구를 사용할 것인지는 정말 문제가 아닐 수 없다.

셋째, 측정이 간접적으로 이루어진다. 건물 높이나 장대 길이를 측정하는 경우와는 달리, 사람이 얼마만큼 사고력을 지니고 있고 어떤 흥미를 가지고 있는 가에 대한 측정은 눈으로 직접 관찰할 수 없으며 단지 그것이 작용하는 여러 가지 흔적을 수집하고 이를 관찰하거나 측정하여 간접적으로 미루어 짐작할 수밖에 없다.

넷째, 수량화에 따른 위험성이 존재한다. 심리적 특성에 대한 측정은 본질적으로 인간 행동의 증거를 수량화하는 방법이다. 그러나 불분명한 대상에 대한 간접적인 측정의 결과에 숫자를 부여하는 일은 그리 간단하거나 쉽지가 않다.

2) 심리검사의 선택 및 활용 지침

상담 장면에서 활용되는 심리검사는 많은 난점을 지니고 있기 때문에 검사를 선택하고 실시하고 해석하여 적용할 때에는 매우 신중을 기해야 한다. 우선 심리검사를 선정할 때에는 타당도와 신뢰도는 물론 검사의 비용, 실시시간, 수검자의 반응, 채점과 해석에 필요한 훈련 정도, 채점과 결과보고의 용이성, 규준 등을 부차적으로 고려해야 하며, 무엇보다도 실시하고자 하는 검사가 수검자에게 얼마나 유용한가를 면밀히 살펴보아야 한다(Gysbers, Heppner, Johnston, 2003). 집단적으로 검사를 실시할 때에는 비용 면에서 경제적이고 채점과 해석이 용이하여 즉각적인 채점이 가능하며 전문적인 해석을 필요로 하지 않는 측정도구를 선택한다. 때로는 수검자가 스스로 채점이 가능한지 그리고 스스로 검사결과를 해석할 수 있는 지침서가 제공되는지의 문제도 고려해야 한다. 다음으로 심리검사의 실시와 활용에 있어서 수검자에게 불이익이 발생하지 않도록 윤리적 문제를 소홀히 다루어서는 안 된다. 상담 및 심리 관련 전문가 집단에서는 심리검사 사용과 개발에 관한 규범을 정하고 반드시 일정한 자격을 갖춘 전문가만이 심리검사를 사용할 수 있도록 제한하고 있다.

(1) 한국상담학회 윤리강령(한국상담학회, 2016)
한국상담학회 윤리강령에 의하면, 상담자는 상담수혜자의 복지를 최우선으로 해야 한다. 특히 심리검사와 관련해서 상담자가 지켜야 할 윤리적 의무의 핵심 내용은 다음과 같다.

- 상담자는 내담자의 환경(사회적, 문화적, 상황적 특성 등)과 개별적 특성을 고려한 후, 내담자를 조력하기 위한 목적에 적합한 심리검사를 선택해야 한다. (제22조 ①)
- 심리검사를 실시할 때에는 자격이 있는 사람이 표준화된 절차에 따라 실시해야 하며, 그 과정을 경시해서는 안 된다. (제22조 ②)
- 상담자는 심리검사를 선정할 때 도구의 타당도, 신뢰도, 실용도, 객관도, 심리측정의 한계를 신중하게 고려한다. (제23조 ①) 상담자는 문화적으로 다양한 집단을 위한 검사 도구를 선정할 경우, 그러한 내담자 집단에게 적절한 심리측정 특성이 결여된 검사 도구를 사용하지 않도록 합당한 노력을 한다. (제23조 ③)
- 상담자는 연령, 피부색, 문화, 장애, 민족, 성, 인종, 언어 선호, 종교, 영성, 성적 지향, 사회경제적 지위가 검사 실시와 해석에 영향을 미친다는 것을 인식하고, 내담자와 관련된 다른 요인들을 고려하여 검사 결과를 해석한다. (제24조 ③)
- 상담자는 내담자 혹은 심리검사를 수령할 기관에 심리검사 결과가 올바로 통지되도록 해야 한다. (제24조 ⑤) 상담자는 내담자 이외에 내담자의 동의를 받은 제3자 또는 대리인에게 결과를 공개한다. 또한 이러한 자료는 자료를 해석할만한 전문성이 있다고 상담자가 인정하는 전문가에게 공개한다. (제24조 ⑥)

(2) 한국심리학회 윤리규정(한국심리학회, 2016)

한국심리학회 윤리규정에 따르면, 심리학자는 검사가 법률에 의해 위임되거나 일상적인 교육적 및 제도적 활동(예: 취업시 검사)으로 실시되는 경우가 아니면 평가 및 진단을 하기 위해서는 내담자로부터 평가 동의를 받아야 하고(제52조),

적절한 감독 하에서 수련 목적으로 사용하는 경우가 아니면 무자격자가 심리평가 기법을 사용하도록 허용해서는 안 된다(제54조). 그 밖에 한국심리학회 윤리규정 제50조에서 명시하고 있는 평가의 사용 관련 윤리의 내용은 다음과 같다.

- 심리학자는 검사도구, 면접, 평가기법을 목적에 맞게 실시하고, 번안하고, 채점하고, 해석하고, 사용하여야 한다.
- 심리학자는 타당도와 신뢰도가 검증된 평가도구를 사용하여야 한다. 그렇지 못한 경우에는 검사 결과 및 해석의 장점과 제한점을 기술한다.
- 심리학자는 평가서 작성 및 이용에 있어서 객관적이고 학문적으로 근거가 있어야 하고 세심하고 양심적이어야 한다.

또한 한국심리학회 윤리규정 제53조와 제57조에서 명시하고 있는 평가 결과의 해석 관련 윤리의 내용은 다음과 같다.

- 평가 결과를 해석할 때, 심리학자는 해석의 정확성을 감소시킬 수 있는 다양한 검사 요인, 예를 들어 수검자의 검사받는 능력과 검사에 영향을 미칠 수 있는 상황이나 개인적·언어적·문화적 차이 등을 고려해야 한다.
- 평가 결과의 해석은 내담자/환자에게 내용적으로 이해 가능해야 한다. 검사의 채점 및 해석과 관련하여, 심리학자는 검사를 받은 개인이나 검사집단의 대표자에게 결과를 설명해 주어야 하며, 그렇지 않은 경우에는 사전에 수검자에게 그 사실을 고지해야 한다.

검사를 개발할 때와는 달리, 개발된 검사를 사용할 때에는 많은 융통성과 전문적인 판단력이 요구된다. 검사를 특정한 목적으로 사용하는 것의 적절성은 평가과정의 전체 맥락을 고려할 때 제대로 판단될 수 있다.

제3부

학습상담의
실제

제6장
학습동기의 관리와 향상

| 이재규 |

1. 학습동기의 개념과 이론

1) 학습동기의 개념

학습동기는 학습이라는 개념과 동기라는 개념의 합성어이다. 따라서 학습동기를 정확하게 이해하기 위해서는 학습이라는 개념과 동기라는 개념을 먼저 정확하게 정의해야 할 것이다.

(1) 동기

먼저, 동기의 개념을 살펴보자. 동기는 표출된 행동을 설명하기 위해서 구성한 개념이다(한덕웅, 2004). 즉, 사람이 공부, 춤, 노래, 친화적 행동 등과 같은 어떤 행동을 하건 그 행동을 결과로 보았을 때, 그 행동을 일으킨 어떤 요인을 가정할 수 있는데, 바로 이러한 요인을 동기라고 한다.

여기서 그 특정한 행동을 일으킨다는 말은 하나의 의미를 가지지 않고, 다양한 의미를 가진다. 첫째, 가능한 여러 가지 행동 중에서 특정한 행동을 선택하고 지향하게 한다는 의미를 가진다. 즉, 주어진 시간에 가능한 행동으로는 잠자기, 게임하기, 공부하기 등 다양한 행동이 있는데, 왜 특정한 행동(즉, 공부하기)을 선택하고 지향하는가? 특정한 행동인 공부하기를 선택하고 지향하게 하는 요소는 무엇인가? 둘째, 특정한 행동을 유지 혹은 강화하는 것을 의미한다. 즉, 공부하기를 선택했을 때도 공부하기는 지루함, 좌절을 일으키는 요소, 방해하는 요소가 발생한다고 해도 지속되는데, 무엇이 공부하기라는 특정한 행동을 계속하게 만드는가와 관련되어 있다. 셋째, 특정한 행동의 강도와 정도를 유지 혹은 약화 혹은 강화시킨다는 것을 의미한다. 즉, 공부하기를 선택하였을 때도 시간의 경과에 따라 다양한 요인들이 학습행동의 강도 및 정도를 유지하거나 약화시키거나 강화시킬 수 있다. 필자가 이 책을 집필하는 동안 갑자기 공부를 하는 아들이 생각났다. 그래서 이 책의 내용이 좀 더 충실해지도록 하고자 하는 마음이 강화되었는데, 이것이 한 예이다.

(2) 학습

학습은 어떤 활동인가? 학습이라는 개념은 이 말을 쓰는 사람에 따라서 각기 다른 의미를 가진다. 첫째, 어떤 이(들)는 학습이라는 개념을 개인이 생존과 번영을 위해서 필요한 무엇인가를 배우고 익히는 활동을 가리키기 위해서 사용한다. 둘째, 어떤 이(들)는 학습이라는 개념을 학교라는 제도에서 강조하는 내용을 배우고 익히는 활동을 가리키기 위해서 사용한다. 셋째, 그런가 하면 어떤 이는 학습이라는 개념을 좀 더 좁은 범위의 활동을 가리키기 위해서 사용한다. 그들은 학습이라는 개념을 제도교육의 평가 체제에서 더 높은 점수를 받기 위해서 하는 활동으로 간주하고 있다.

(3) 학습동기

'동기'는 특정한 활동을 선택하고 방해 요소에도 불구하고 그 활동을 지속하게 하고 그 활동의 강도와 정도를 변화시키는 어떤 원인을 지칭하는 개념이다.

'학습'은 적어도 세 가지 행위 중 하나를 가리키는데, 첫째, 개인이 생존과 번영을 위해서 필요한 무엇인가를 배우고 익히는 행동을, 둘째, 제도교육에서 강조하는 내용을 배우고 익히는 행동을, 셋째, 제도교육의 평가 체제에서 더 높은 점수를 받기 위해서 하는 활동을 가리킨다. 따라서 '동기'라는 개념과 '학습'이라는 개념을 함께 고려할 때, 학습동기는 학습이라고 불리는 세 가지 행위 중에 하나를 선택하고, 그것을 방해하는 요소에도 불구하고 선택한 행위를 지속하게 하거나 학습행동의 강도와 정도를 변화시키는 어떤 원인을 지칭하는 개념이라고 할 수 있다.

2) 학습동기 인과론의 3차원

인과론은 세 가지 차원으로 구성되어 있다. 첫째, 소재론 차원이다. 이는 학습행동을 일으키는 학습동기가 무엇인가와 관련된 것이다. 둘째, 방향론 차원이다. 이는 학습행동과 학습동기가 일방향적(직선적)으로만 영향을 끼치는가, 아니면 양방향적(순환적)으로 영향을 끼치는가와 관련된 것이다. 셋째, 설명량 차원이다. 이는 하나의 학습동기가 학습행동의 변화에 어느 정도 기여할 수 있는가와 관련된 것이다. 이 세 가지 차원은 학습동기와 학습행동의 관계를 이해하고 조절하고 변화시키는 데 모두 매우 중요한 것이다.

(1) 학습동기의 소재론

학습동기(학습 활동에 대한 접근 및 회피의 선택, 유지, 변화)의 원인을 설명하기 위해서 그동안 다양한 접근이 시도되었다. 이런 다양한 접근들은 크게 세 가지로 분류될 수 있다. 첫째는 개인 지향적 원인론이다. 개인 지향적 원인론에서는 학습동기의 원인을 학습자의 심리적 속성에서 찾으려고 했다. 이런 접근에서 관심을 가지는 개념으로는 인지적 평형화, 학업 효능감, 자기결정성 등이 있다. 둘째는 환경 지향적 원인론이다. 환경 지향적 원인론은 학습동기의 원인을 학습자의 환경에서 찾으려고 했다. 학습동기의 원인을 학습자의 환경에서 찾으려고 시도했던 대표적인 이론은 행동주의적 접근이 있다. 셋째는 체제 이론적 접근 또는 생태학적 접근이다. 체제 이론적 접근 혹은 생태학적 접근에서는 학습동기가 체제 혹은 생태학적 맥락 안에 있는 제 요소의 복잡하고 미묘한 관계에 의해서 영향을 받으며, 이런 제 요소의 복잡하고 미묘한 관계에 의해서 순간순간 변화할 수 있다고 보았다.

(2) 개인 지향적 원인론

개인 지향적 원인론에서는 학습동기를 기본적인 학습자 개인의 심리적 속성에 의해서 설명할 수 있다고 보았다. 이때 학습자 개인의 심리적 속성 중에 어떤 것은 선천적인 것이며, 어떤 것들은 후천적인 것이다. 학습동기를 학습자 개인의 심리적 속성으로 볼 때, 주목을 받는 몇 가지 개념을 소개하면 다음과 같다.

① 인지적 평형화 경향

이는 피아제(Piaget)가 개념화한 것이다. 피아제는 인간이 인간을 둘러싼 환경에 적응하기 위해서 환경과 환경에 대한 개인의 도식(schema)을 지속적으로 비교하여 둘 사이의 불일치를 해결하는 선천적 경향성을 가지고 있다고 하였으며, 이를 평형화(equilibration) 경향(좀 더 정확하게 말하면 인지적 평형화 경향)이라고 하였다. 학습이 개인과 그 개인을 둘러싼 환경을 이해하고, 개인이 생존과 번영을 위해서 환경을 적절히 조절하는 방법 혹은 환경과 조화하는 방법을 배우고 익히는 과정이라고 할 때, 평형화는 가장 기본적인 학습동기라고 할 수 있다. 일상어인 지적 호기심은 인지적 평형화 경향과 같은 개념이다.

학습동기의 원인으로서 인지적 평형화 경향은 선천적인 경향인데, 인지적 평형화 경향은 이를 존중하는 환경에서는 유지된다. 하지만, 과도한 스트레스 등은 인지적 평형화 경향의 사용을 방해할 수 있다.

② 학습효능감

학습효능감은 반듀라(Bandura)가 개념화한 자기효능감의 하위요소이다. 자기효능감은 개인이 구체적인 영역에서 자신의 수행 능력에 대해서 믿고 생각하고 느끼는 바를 칭하는 개념이다. 학습효능감은 학습자가 학습 영역에서 자신의 수행 능력에 대해서 믿고 생각하고 느끼는 바를 지칭한다.

학습효능감은 직접적 경험, 간접적 경험(모델의 성공을 관찰), 언어적 설득에 의해서 형성, 유지, 변화할 수 있다(Bandura, 1997). 따라서 학습효능감을 증진시켜 학습동기를 높이기 위해서는 학습 영역에서 성공 경험을 제공하고, 간접적 성공 경험(예: 모델이 학습에서 성공하는 경험에 대한 동영상 시청, 모델이 학습에서 성공하는 독서물 제공), 언어적 설득(예: 학습자가 학습을 잘할 수 없다는 신념을 드러내어 그것이 근거가 없음을 설득하거나 학습자가 학습을 잘할 수 있다는 신념을 가질 수 있도록 교육)을 제공해야 한다. 학습상담 실제에서 학습효능감을 향상시키는 구체적인 방법은 이 장의 뒷부분에 제시하였다.

③ 자기결정성

자기결정성은 개인은 자신이 선택한 행동에 대해서 높은 동기를 가지나 자신이 선택하지 않는 행동에 대해서는 낮은 동기를 가진다는 개념이다. 이는 인본주의 심리학에서 인간의 동기를 설명하는 개념 중 하나이다.

자기결정성 이론에 따르면, 학습자가 학습을 스스로 하겠다고 결정하는 경우에 높은 학습동기를 가질 수 있다. 반면, 학습자가 강요나 압력에 의해서 학습을 하게 되는 경우에 낮은 동기를 가질 수 있다.

자기결정성 이론에 근거할 때, 학습동기를 높이기 위해서는 학습자가 학습을 해야 할 필요성을 느끼거나 학습의 의미를 자각하도록 하여 학습하기를 선택하도록 돕는 한편, 학습에 대한 외부의 강제 혹은 압력에 적절하게 대처할 수 있도록 도와야 한다.

④ 귀인 이론

귀인 이론은 결과의 원인을 무엇으로 지각하느냐에 따라서 인간의 동기가 달라진다는 것을 정교화한 이론이다. 귀인 이론에 따르면, 개인은 자신에게 발생한 결과의 원인을 추론하는 경향이 있다. 또한, 결과의 원인을 무엇으로 추론하느냐에 따라서 추후 행동이 달라진다고 하였다.

귀인 이론에서 결과의 원인을 어떻게 유형화하며, 결과의 원인을 무엇으로 보는지에 따라서 동기가 어떻게 달라질 수 있는가 하는 점에 대해서는 이 책의 제2장을 참고하기 바란다.

⑤ 기대가치 이론

기대가치 이론은 인간의 동기는 인간이 '자신의 행동이 미래에 어떤 결과를 가져올 것인가?'를 어떻게 추론하느냐에 따라 영향을 받는다고 간주한다. 즉, 개인의 현재 행동은 그것이 원인이 되어서 미래에 어떤 결과를 가져온다고 가정하고, 개인의 현재 행동이 미래에 발생할 결과가 무엇인가를 추론하고, 그것에 따라서 동기화되기도 하고 동기화되지 않기도 한다는 것이다. 현재 행동이 가져올 미래의 결과를 평가하는 기준은 하나는 기대이며, 다른 하나는 가치이다. 기대는 무엇이 일어날 것인가와 관련된 것이며, 가치는 그것이 개인에게 어떤 의미가 있는지와 관련된 것이다. 기대가치 이론에 대한 보다 구체적인 사항은 이 책의 제2장을 참고하기 바란다.

(3) 환경 지향적 접근

학습동기에 대한 환경 지향적 접근은 학습동기의 형성, 유지, 변화에서 환경이 결정적인 영향을 한다고 주장한다. 이런 주장을 대표하는 이론은 행동주의적 학습 이론이다. 행동주의에서 학습동기를 설명하는 이론은 두 가지가 있다. 하나는 고전적 조건형성 이론이며, 다른 하나는 조작적 조건형성 이론이다. 이들이 학습동기의 형성, 유지, 변화에 대해서 어떻게 설명하고 있는지 살펴보자.

① 고전적 조건형성 이론

고전적 조건형성 이론은 무조건적 자극은 무조건적 반응을 일으키는데, 중립자극이 무조건적인 자극과 연합함으로써 점차 중립자극 역시 무조건적 자극이 일으키는 무조건적 반응을 일으킬 수 있다고 하였다. 다만, 무조건적 자극과 연합된 중립자극이 일으키는 무조건적 반응은 조건적 반응이라고 한다.

고전적 조건형성 이론에서 볼 때, 학습 활동은 중립자극이다. 그런데 학습 활동이 어떤 무조건적 자극과 연합하느냐에 따라서 학습 행동은 긍정적 정서를 일으키기도 하고, 부정적 정서를 일으키기도 한다. 만약 학습 활동이 혐오 반응을 일으키는 강압적 인물, 지나치게 경쟁적인 분위기, 회초리 등과 연합하면 학습 활동은 강압적 인물, 지나치게 경쟁적인 분위기, 회초리 등이 일으키는 두려움, 부담스러움, 공포 등의 반응을 일으킬 수 있으며, 이런 경우에 학습은 회피의 대상이 된다. 반면, 학습 활동이 재미있는 인물, 협동과 공정한 경쟁 분위기, 격려 등과 연합하면, 학습 활동은 재미있는 인물, 협동과 공정한 경쟁 분위기, 격려 등과 마찬가지로 재미, 도전감, 고양감 등을 일으킬 수 있으며, 이런 경우에 학습은 추구의 대상이 된다.

고전적 조건형성 이론에서 학습 행동이 부정적 정서와 연합되어 있는 경우에 이를 변화시키기 위해서는 소멸의 방법, 재학습의 방법을 적용한다. 즉, 학습 행동과 연합된 부정적–혐오적–무조건적 자극을 일정 기간 차단함으로써 학습 행동이 더 이상 부정적–혐오적 반응과 결합되지 않도록 한다. 더 적극적인 방법으로는 학습 행동을 학생들에게 긍정적 정서를 일으킬 수 있는 무조건적 자극과 연합시키는 것이 있다.

② 조작적 조건형성 이론

조작적 조건형성 이론에서는 반응에 후속되는 자극(강화물 혹은 처벌물)에 의해서 학습동기의 형성, 유지, 변화를 설명하고 있다. 이 이론에 따르면, 학습동기는 학습이라는 행동에 후속되는 자극이 어떠하냐에 따라서 향상 혹은 감소, 유지, 변화가 가능하다. 학습 행동에 후속되어 격려, 지지와 같은 사회적 보상, 선물과 금전과 같은 상징적 보상, 휴식 등과 같은 생리적 보상이 주어지는 경우에 학습동기는 향상된다. 반면, 학습 행동에 후속되어 부담을 일으키는 더 높은 기대, 더 많은 과제, 친구들의 질투와 시기 등을 일어나면 학습동기는 감소된다.

한편, 학습으로부터의 일탈 행동도 후속되는 자극에 의해서 증가하기도 하고 감소하기도 한다. 부담을 느끼던 학습을 포기하면 부담이 제거되어 학습을 포기하는 행동이 강화된다. 반면, 학습을 포기하는 행동이 자유의 박탈 등을 일으키면 학습포기 행동은 감소한다.

조작적 조건형성 이론에서는 학습동기를 향상시키기 위해서 적절한 자극(강화물, 처벌물)을 선택하고 강화계획을 조작하는 방법을 사용한다.

(4) 체제 이론적 접근 혹은 생태학적 접근

체체 이론적 접근 혹은 생태학적 접근은 개인 지향적 원인론과 환경 지향적 원인론을 통합하고 발전시킨 원인론이다. 체제 이론적 접근 혹은 생태학적 접근은 특정 순간에 특정 행동이 체제 혹은 생태학적 맥락 안에 있는 제 요소의 복잡하고 미묘한 관계에 의해서 영향을 받는다고 본다. 그리고 이런 맥락에서 한 개인의 학습동기 역시 체제 혹은 생태학적 맥락 안에 있는 제 요소의 복잡하고 미묘한 관계에 의해서 향상되기도 하고 감소하기도 한다고 본다. 즉, 학습동기는 고정되어 있는 것이 아니라 체제 혹은 생태학적 맥락 안에 있는 제 요소가 그때그때 어떻게 관계를 맺느냐에 따라서 수시로 변화될 수 있다고 본다.

이런 관점에 따라서 체체 이론적 접근 혹은 생태학적 접근에서는 학습동기를 향상시키기 위해서 학습자를 둘러싼 체제 혹은 생태적 맥락을 정확하게 파악하여 체제의 제 요소의 관계가 학습동기를 고양하도록 재배열해야 한다고 주장한다.

학습동기에 대한 체제적 접근 혹은 생태학적 접근에 기반하여 학습자의 학습동기를 이해하고 변화시킨 두 가지 사례를 제시하면 다음과 같다.

• 사례 1

초등학교 3학년 학생이 학습지를 반복해서 하지 않았다. 원인을 알아보기 위해서 학습지의 문제를 풀어 보라고 지시하였는데, 내용을 이해하지 못하는 부분이 많았다. 학습지의 문제가 학생이 처리하기에는 너무 어려웠던 것이다. 부모가 학습지를 함께 풀면서 막히는 부분에 대해서 설명을 해 주었다. 학생은 학습지의 문제를 풀 수 있게 되자 학습지 학습에 더 흥미를 가지게 되었다. 학습지 문제 풀기에 대한 부모의 조력을 3개월 동안 받은 후에 학생은 혼자서도 학습지의 문제를 풀 수 있게 되었다.

• 사례 2

학습시간에 비해 성적이 저조한 중학교 2학년 학생의 사례이다. 학생은 아침 6~8시까지 EBS 영어를 시청하고, 아침 9시부터 오후 4시까지는 학교에서 공부하고, 오후 5시부터 7시까지 수학학원, 9시부터 11시까지 국어학원을 다니는 등 하루 종일 공부를 하는 학생이었다. 그럼에도 불구하고 반 성적이 20/40 정도였다. 학생의 부모가 의뢰하여 상담을 하게 되었다. 낮은 성취도의 문제를 알아보기 위해서 지능검사, 신체적 건강 정도, 학습 행동 등을 조사하였다. K-WEIS 지능지수는 115로 평균 이상이었으며, 신체적으로 건강상의 문제는 없었다. 그런데 아침 6시부터 밤 11시까지 쉼 없이 계속되는 학습으로 인하여 그 어떤 시간에도 집중하지 못함을 발견하였다. 부모에게 학습시간이 많지만 집중적으로 학습하는 시간은 부족하다는 사실을 설명하고, 집중적으로 학습하는 시간을 늘리기 위해서는 쉬는 시간을 마련하고, 노력하고 있는 자체에 대해서 인정을 해 주고, 작은 성취에도 격려를 할 필요가 있음을 제안하였다. 부모는 이를 수용하여 아침 영어 공부시간을 줄이고 잠을 더 잘 수 있도록 했으며, 방과 후에 오후 4시부터 6시까지 자유시간을 허용하였고, 학원은 저녁 8시부터 11시까지로 줄여 주었다. 또한, 그간 학생의 입장을 고려하지 않고 너무 몰아붙인 것에 대해 사과하였으며, 학생이 노력했던 것 자체를 인정해 주었다. 학생은 학습에 대한 집중력이 증가하였고, 성적도 소폭 상승하였다.

(2) 학습동기와 학습행동 혹은 다른 변인들 사이의 방향론[1]

① 일방향적 관계와 양방향적 관계

방향론은 원인과 결과가 영향을 미치는 방향이 일방향론(직선적)인지, 양방향론(순환적)인지와 관련된 개념이다. 일방향적 관계는 원인과 결과에 대해 하나의 방향만 상정하며, 양방향적 관계는 원인과 결과가 서로에 대해 원인이 되기도 하고 결과가 되기도 한다는 관점이다.

그러면, 직선적 관계와 순환적 관계 중에서 어떤 관계가 더 타당한가? 이 문제에 대해 다음의 주장들을 가지고 생각해 보자.

NO	수의 주장	희의 주장	지우의 주장	채의 주장
1	공부에 흥미가 있어야 공부를 한다.	공부를 하다 보면 공부에 흥미가 생긴다.	공부에 흥미가 있어야 공부를 하고, 공부를 하면, 공부에 흥미가 생긴다.	흥미와 공부의 관계는 사람의 성격에 따라 다르다.
2	수업시간에 은이가 졸기만 해서 선생님은 은이에게 눈길을 주지 않는다.	수업시간에 선생님이 은이에게 눈길을 주지 않아서 은이가 수업시간에 졸기만 한다.	은이는 수업시간에 졸기만 해서 선생님이 은이에게 눈길도 주지 않고, 선생님이 은이에게 눈길을 주지 않아서 은이가 수업시간에 졸기만 한다.	은이와 선생님의 관계는 둘의 성격에 따라 다르다.

출처: 이재규(2019).

수의 주장, 희의 주장, 지우의 주장, 채의 주장 중에서 어떤 주장이 가장 타당한가? 어떤 상담자는 수의 주장이 타당하다고 할 것이고, 어떤 상담자는 희의 주장이 타당하다고 할 것이며, 어떤 상담자는 지우의 주장이 타당하다고 할 것이고, 어떤 상담자는 채의 주장이 타당하다고 생각할 것이다. 4명의 주장은 다음의 그림처럼 표현할 수 있다(이재규, 2019).

---

1) 이재규(2019).

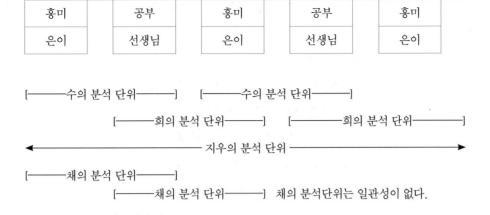

그림에서 볼 수 있듯이, 지우의 주장이 가장 타당하다. 지우의 분석 단위에 따라 원인 요소와 결과 요소의 관계를 분석해 보면, 심리적 속성(흥미)과 행동적 속성(학습행동)은 서로 원인과 결과가 되어 상승적 순환관계를 이루고 있다. 지우와 같은 사고가 원인 요소와 결과 요소의 관계를 순환적 관계로 파악하는 사고이다.

수의 분석 단위에 따라 분석해 보면, 심리적 속성(흥미)은 행동적 속성(학습행동)을 일으키지만 그 역은 성립하지 않는다. 반면, 희의 분석 단위에 따라 분석해 보면, 행동적 속성(학습 행동)은 심리적 속성(흥미)을 야기하나 그 역은 성립하지 않는다. 수와 희는 내용상으로는 서로 다른 주장을 하지만, 분석 단위에 있어서 심리적 속성과 행동적 속성의 반복된 연계가 아니라 한 단위의 연계만 분석했다는 점에서 같다. 수나 희와 같은 분석 단위를 사용하여 원인 요소와 결과 요소의 관계를 파악하는 방식이 바로 직선적 관계라고 한다.

적지 않은 상담자들이 채의 주장이 타당하다고 생각한다. 하지만, 채의 주장은 스스로 혼란에 빠진 주장이다. 채의 주장은 원인 요소와 결과 요소의 관계는 경험적으로 확인해 봐야 알 수 있다는 주장이다. 하지만 채의 주장은 원인 요소와 결과 요소를 경험적으로 확인할 때, 앞의 그림에서처럼, 분석할 때마다 분석 단위를 달리할 때 주장할 수 있다. 이런 면에서 채의 주장은 논리적 일관성이 결여된 주장이라고 할 수 있다. 채의 주장이 분석할 때마다 분석 단위를 달리하고 있음은 앞의 지우의 주장을 서술한 것을 보면 확연하게 드러난다.

② 방향론과 학습상담의 관계

원인과 결과의 방향에 대한 관념이 학습부적응행동의 중단 및 감소, 학습행동의 형성 및 증가와 어떻게 관련되어 있는가? 흔히 학습부적응행동의 중단 및 감소, 학습행동의 형성 및 증가는 학생과 교사, 학생과 부모의 관계에서 이루어진다. 그런데 학생이 학습부적응을 하게 되면, 교사나 부모들은 이에 대해 제재하는 반응을 하고, 학생에게 긍정적인 대우를 하지 않게 된다. 학생이 수업시간에 조는 행동을 하면 대체로 교사는 학생을 무시하는 행동을 하게 되고, 수업에 관심이 없는 학생이니까 내버려 두자는 마음이 생긴다.

이런 현상이 발생하면, 학생은 이렇게 생각한다. '선생님은 나에게 관심도 없고, 내가 공부를 할 것이라는 기대도 하지 않는다. 나는 선생님의 관심 밖에 있는 학생이다. 그러니 공부할 마음도 생기지 않는다.'라고 생각한다. 학생은 선생님이 자신에게 관심이 없는 것이 자신이 공부를 하지 않는 원인이라고 생각한다. 반면, 선생님은 이렇게 생각한다. '저 학생은 공부에 관심이 없어. 그러니 나는 저 학생에 대해 기대를 하지 않는다.' 즉, 선생님은 학생이 공부를 하지 않는 것이 자신이 학생에게 기대하지 않고 무관심한 것의 원인이라고 생각한다.

하지만, 학생의 공부 태만과 교사의 무관심 행동의 관계를 양방향론의 관점에서 보면, 다음의 네 가지 모두 사실이 된다.

> 명제: 학생이 학습에 태만하면, 교사가 학생에게 무관심하게 된다.
> 역: 교사가 학생에게 무관심하면, 학생이 학습에 태만하다.
> 이: 학생이 학습에 동기화되면, 교사는 학생에게 관심을 보인다.
> 대우: 교사가 학생에게 관심을 보이면, 학생은 학습에 동기화된다.

흔히, 학습부적응행동이 악화될 때, 학생과 교사는 명제와 역에 근거하여 서로 상대방을 탓할 수 있다. 즉, 교사는 학생이 학습에 태만하기 때문에 학생에게 관심을 기울이지 않게 된다고 학생 탓을 하게 된다. 그리고 학생은 교사가 자신에게 무관심하기 때문에 자신이 공부할 의욕이 없다고 교사 탓을 하게 된다.

반면, 서로 상대를 탓하고 있는 교사와 학생이 자신과 상대의 관계를 양방향적 관점에서 볼 수 있게 되고, 상황을 개선하려는 의지를 가지게 될 때, 학생은 학생의 입장에서 관계를 개선하기 위해서 노력할 수 있고, 교사는 교사의 입장에서 관계를 개선하기 위해서 노력할 수 있게 된다. 즉, 학생은 자신이 공부하기 위해서 노력하면 선생님은 자신을 격려하실 것이라고 생각하여 상황을 변화시키기 위해서 먼저 노력할 수 있게 된다. 또한, 선생님 역시 자신이 학생을 격려하고 지원하면 학생도 그에 상응하는 노력을 할 것이라고 믿고, 먼저 상황을 개선하기 위해서 노력할 수 있다.

학습상담자들은 학습행동, 학습동기, 학습동기 증진 및 감소 요소 등을 이해할 때, 이와 같이 양방향적 관점에서 볼 수 있어야 한다. 그럴 수 있을 때, 학습동기를 강화하기 위한 다양한 접근과 전략을 창조적으로 구성해 낼 수 있다.

(3) 인과론에서 설명량 차원[2]

① 노력과 기대: 노력하는 자는 결과를 기대한다

사람이 어떤 노력을 할 때, 그는 그에 따른 어떤 결과를 기대한다. 학생들이 공부할 때도 마찬가지이다. 학생들이 1시간 정도 공부를 하면, 그만큼 아는 것이 늘고 성적이 향상되길 기대한다. 그러나, 학습을 할 때, 많은 학생이 자신의 노력이 기대하는 결과를 가져오지 못한다고 느끼고 있다. 이런 느낌은 공부에 대한 실망으로 이어지고, 자신은 공부를 잘 못할 것이라는 감정을 발전시킨다. 왜 이런 일이 발생하는가? 학생들이 학습에 무능해서일까? 아니면 다른 원인이 있는가? 물론, 이런 일이 발생하는 원인에는 학생들에게 학습에 필요한 자원이 너무 없어서인 경우도 있다, 하지만, 설명량의 관점에 비추어 볼 때, 학생들이

---

[2] 이 내용의 대부분은 『문제행동 교정상담』(2019, 이재규)에서 가져왔다. 다만, 내용을 학습동기의 이해 및 학습상담에 맞게 재구성하였다.

자신의 노력과 결과 기대 사이의 관계에 대한 오해에서 비롯되는 경우도 많았다. 지금부터는 이 점에서 대해서 설명해 보려고 한다. 이 점을 설명하기 위해서는 우리 주변에서 흔히 발생하는 일화부터 소개하겠다.

② 자신의 노력을 헛것으로 만든 어머니의 이야기

이 가상적 이야기의 등장인물은 세 사람이다. 준상이, 준상이 어머니, 교육학자 L 씨이다.

준상이는 중학교 1학년 남학생이며, 아주 평범한 학생이다. 준상이는 공부를 포기한 것은 아니지만 그다지 열심히 하지도 않는다. 준상이의 어머니 역시 한국 사회의 평범한 어머니이다. 준상이가 공부를 잘하기를 기대한다. 하지만 그것이 실현되리라고는 믿지 못한다. 그러면서도 준상이가 좀 더 열심히 공부하도록 돕기 위해 이런저런 노력을 하시는 분이다.

준상이 어머니는 어느 날 TV에서 교육학자 L 씨의 자녀 학습지도 특강을 시청하게 되었다. 교육학자 L 씨는 학생들이 공부를 잘하기 위해서는 집중력을 향상시켜야 한다고 주장하였다. 교육학자 L 씨는 부모가 자녀의 집중력을 강화하기 위해 할 수 있는 다양한 방법을 설명하였다. 또한, 집중력을 강화하는 데 도움이 되는 집중력강화기계(약칭해서 A3라고 하겠다)에 대해서도 소개해 주었다.

준상의 어머니는 교육학자 L 씨의 주장이 타당하다고 여겼다. 그래서 준상에게 A3를 사 주었다. A3를 선물받은 준상이는 어머니께 고마운 마음이 들었다. 또한 A3를 사용해 보니 집중이 잘 되는 것 같았다. 준상이는 어머니께 고맙기도 하고, A3를 사용하자 공부가 잘 되는 것 같아서 집중해서 공부를 할 수 있었다. 준상이의 이런 변화는 적어도 10일 정도는 유지되었다. 어머니는 준상이의 그런 모습을 보면서 흐뭇했다. TV시청을 하기를 잘했다고 생각했다. 준상이에게 A3를 진작 사 주었다면 좋았을 것 같기도 했다. 앞으로도 준상이가 꾸준히 열심히 공부해서 성적이 향상될 것을 기대하기까지 하였다. 교육학자 L 씨에게도 고마운 마음이 들었다.

나는 이 이야기를 해피엔딩으로 여기서 끝내고 싶다. 하지만, 현실이 그런가?

이런 사태가 어떻게 전개되는지 더 이야기를 하겠다. 준상이가 A3를 선물받고 15일 정도 경과했다. 준상이는 다시 심드렁해졌다. A3를 사용하면 집중력이 다소 좋아지는 것 같긴 하지만 7일이나 열심히 공부했는데 실력이 느는 것 같지는 않았다. 열심히 해도 실력이 늘 것 같지 않게 느껴지기도 했다. 준상이는 실망을 해서 공부하는 시간이나 태도가 이전 수준으로 되돌아갔다. 준상이의 변화는 어머니의 눈에도 보였다.

준상이 어머니는 준상의 그런 행동을 보자 후회가 되고 낙담이 되고 원망도 되었다. "준상이 녀석!! 정말로 어쩔 수 없는 녀석이다. 다시는 준상이 저 녀석이 공부를 하리라고 기대를 하나 보자." 어머니는 준상이에 대한 실망감을 드러내려고 하지 않았지만 용돈을 줄 때, 밥 먹으라고 할 때 말이 곱게 나가지 않았다. 준상이가 밉고 준상이에게 화가 나기도 했다. 그리고 어머니는 교육학자 L 씨에 대해서도 분노와 배신감을 느끼게 되었다. 'L 씨도 A3 회사로부터 돈 받고 강의했군. 앞으로는 교육학자라는 사람들의 말을 절대로 믿지 않을 것이다.'라고 생각하게 되었다.

이 가상의 이야기는 우리 주변에서 자주 발생하는 현상이다. 주변인으로부터 관심과 사랑을 받으면 잠시 좋아졌다가 일정한 시간이 경과하면 예전으로 되돌아가는 준상이의 행동도 흔한 현상이고, 무엇인가를 위해서 노력했을 때 잠깐 좋아지면 좋아했다가 다시 이전으로 되돌아가면 실망하는 준상이 어머니의 행동도 흔한 현상이다.

③ 일화의 분석

나는 이 주제에 대해서 다섯 가지 질문을 던지고 이에 대해서 답해 보겠다. 첫째, 15일이 경과한 후에 준상이의 행동이 이전처럼 변화하자 준상이의 어머니가 보인 반응은 정상적인가? 둘째, 그 시기에 준상이 어머니가 보인 반응은 타당한가? 셋째, 준상이 어머니가 보인 반응은 준상이와 어머니에게 어떤 영향을 끼쳤을까? 넷째, 준상이 어머니는 다른 반응을 보일 수는 없었는가? 다섯째, 준상이 어머니가 다른 반응을 보일 수 있었다면, 앞의 이야기는 어떻게 달라졌겠는가?

첫째, 15일이 경과한 후에 준상이의 행동이 이전처럼 변화하자 준상이의 어머니가 보인 반응은 정상적인가? 이 질문에 대한 답은 "예"이다. 준상이의 어머니가 보인 반응은 매우 정상적이다. 여기서 정상적이라는 말은 이런 일을 당한 사람들 100명 중 95~99명은 그런 반응을 보일 수 있다는 것이다. 대부분의 사람들은 어떤 기대를 가지고 노력을 했는데, 기대했던 결과가 나오지 않으면, 그런 결과가 발생한 이유를 자세하게 따져 보지 않고, 실망하고 좌절한다. 이런 현상은 매우 보편적이다. 새롭게 마음먹고 공부를 시작한 학생은 자신이 기대하는 만큼이 성적이 나오지 않으면 어느새 공부를 포기한 학생이 되어 있다.

둘째, 그 시기에 준상이 어머니가 보인 반응은 타당한가? 이 질문에 대한 답은 "아니요."이다. 그렇다면, 왜 타당하지 않은가? 준상이 어머니의 반응이 타당하지 않음을 이해하기 위해서는 원인과 결과의 관계에서 두 가지 관념을 이해하고, 두 관념 중에서 어떤 관념이 타당한지를 따져 봐야 한다.

무슨 말인가? 준상이 어머니가 A3를 사 주는 노력을 했을 때(원인을 투입하였을 때) 기대하는 것(나타날 수 있는 결과)이 있었다. 준상이 어머니가 기대했던 바는 무엇이었는가? '준상이가 집중력 있게 열심히 꾸준히 공부하는 것'이 준상이 어머니가 기대했던 바였다. 준상이 어머니는 'A3를 사 주면, 준상이가 집중력 있게 열심히 꾸준히 공부할 것이다.'라고 생각했는데, 준상이는 단지 10여 일 동안만 집중력 있게 공부했을 뿐이다.

그런데, 준상이 어머니가 기대했던 "준상이가 집중력 있게 열심히 꾸준하게 공부하는 것"이 달성되기 위해서는 어떤 조건들이 필요한가? 집중력이 향상되어야 하는 것은 당연하다. 하지만, 그것으로 충분한가? 아니다. 학생이 열심히 꾸준히 공부하기 위해서는 대단히 많은 것들이 충족되어야 한다. 그중 몇 가지만 나열해 보자. 어느 정도의 집중력, 체력, 적당히 어려우면서도 적당히 쉬운 교재, 적당한 정도의 휴식, 공부하다가 잘 이해가 되지 않을 때 알려 주는 교사, 공부하는데 이해가 되지 않아서 자신에게 실망하고 있을 때 격려해 주는 부모

등등이 충족되어야 한다. 그래야만 학생은 비로소 집중해서 열심히 꾸준히 공부할 수 있게 된다. 준상이 어머니가 자신이 기대한 결과가 일어나도록 하는 모든 것을 투입했는가? 아니다. 다만, 준상이의 집중력을 증가시키기 위해 A3를 구입해 주었을 뿐이다. 이것을 요약해서 정리하여 제시하면 다음과 같다.

노력과 결과 기대에 대한 준상이 어머니의 생각
A3를 사 주면, 준상은 집중해서 열심히 꾸준히 공부할 것이다.
즉, 원인과 결과의 관계는 1:1일 것이다.

노력과 결과에 대한 실제적 관계
준상이가 집중해서 열심히 꾸준히 공부하기 위해서는 집중력의 증진으로 충분하지 않다. 부모의 격려, 준상이에게 알맞은 교재, 준상이를 배려하는 평가제도 등이 함께 제공될 때, 준상이는 집중해서 열심히 꾸준히 공부할 수 있다. 즉, 원인과 결과의 관계는 다(多):1이다.
이를 다른 말로 표현하면, 하나의 원인이 투입되었을 때, 결과는 그만큼만 변화된다. 즉, 원인과 결과의 관계는 1:1/다(多)이다.

A3와 '집중해서 열심히 꾸준히 공부하기'는 '1:1'의 관계가 아니라 다(多):1[혹은 1 대 1/다(多)]의 관계에 있는데, '1:1'의 관계로 생각하였기 때문에 준상이 어머니는 준상이가 15일 정도 지난 후에 공부를 열심히 하지 않게 되자 실망을 했던 것이다. 기대하는 결과를 가져오기 위해 필요한 모든 것을 하지 않고 단지 하나를 하고 그 결과를 위해서 필요한 모든 것을 했다고 착각하고 이렇게 실망하는 것은 학생들이 공부할 때나 학생들의 공부를 지원해 주는 교사 혹은 학부모들이 자주 하는 실수이다.

셋째, 준상이 어머니의 사고체계는 어머니의 행동, 준상이 그리고 어머니 자신에게 어떤 영향을 끼쳤을까? 우리가 하나의 원인과 기대하는 결과의 관계를 '1:1'로 잘못 생각하면, 바람직한 결과를 일으키기 위해 자신들이 했던 노력들이 나름대로 긍정적인 결과를 일으켰음에도 불구하고 그것을 제대로 볼 수 없게 된다. 준상이 어머니도 준상이를 돕기 위해 A3를 사 주었을 때 준상이가 7일 정도 열심히 하는 정도의 변화가 일어났음에도, 15일 후부터 예전처럼 행동하자 어머니가 했던 노력이 긍정적으로 작용한 것의 결과를 보지 못하고, 자신의 노력은 하등 유익하지 않았다고 평가하는 오류를 범했다.

원인과 결과의 관계를 '1:1'로 잘못 생각하는 것은 단순한 실수인가, 심각한 실수인가? 이것은 심각한 실수이다. 준상이 어머니의 예를 통해 이 문제를 더 생각해 보자. A3를 선물 받고 15일이 경과한 후에 준상이의 학습행동은 이전과 거의 같은 수준으로 되돌아갔다. 그때 준상이 어머니는 실망을 했다. 준상이 어머니가 준상이에게 용돈을 줄 때 어떻게 했을까? 십중팔구는 용돈을 좋게 주지 않는다. "공부도 안 하는 녀석이 용돈은……. 야! A3 그게 얼마인 줄 알아? 엄마도 하고 싶은 게 많은데……. 너 언제 철들래?" 이런 잔소리를 들을 때 준상이는 어떤 느낌일까? 당연히 억울할 것이다. 왜냐하면, 준상이도 어머니가 A3을 사 주어서 고마움을 느꼈고, 그런 고마움 덕분에 7일 정도는 더 열심히 공부했기 때문이다. 그럼에도 불구하고, 어머니는 준상이가 자신의 마음을 전혀 알아주지 않았다고 비난했다. 어머니가 사태를 잘못 인식하는 것은 자신의 노력만 헛수고로 만드는 것이 아니라, 준상이의 노력마저 헛된 것으로 만들 수 있다.

학생과 학부모를 함께 상담하는 장면에서 이런 장면을 자주 경험하였다. 즉, 학생은 부모가 자신에게 무엇인가를 기대하는 것에 대해서 고마움보다는 부담감을 더 자주 느낀다. 그런 부담감을 느끼는 이유를 탐색해 보면, 10명 중 8명에서 9명이 준상이가 했던 경험과 유사한 경험이 반복되었다고 말한다. 노력과 그 결과의 관계를 '다(多) 대 1 혹은 1 대 1/다(多)'가 아니라 '1 대 1'로 생각하는 것은 이처럼 심각한 부작용을 일으키는 실수인 것이다.

이것은 학생과 학부모 사이에서만 일어나는 현상일까? 아니다. 학생의 학습동기와 학습동기에 영향을 끼치는 요인 사이에서도 흔히 일어나는 일이다. 학생이 공부를 할 때는 그에 따른 결과를 기대한다. 학생이 공부한 만큼은 효과가 있다. 하지만, 학생이 기대하는 만큼의 효과는 일어나지 않는다. 그럴 때 학생은 실망을 하고, 그 실망에 따른 고통을 다시 경험하지 않기 위해서 학생은 더 이상 공부를 하지 않게 된다.

넷째, 준상이 어머니는 다른 반응을 보일 수는 없었는가? 아니다. 만약, 준상이 어머니가 원인과 결과의 관계가 1:1이 아니라 다(多):1[혹은 1 대 1/다(多)]임을 정확하게 이해했다면, 준상이 어머니는 다른 반응을 보일 수 있었다. 준상이 어머니는 자신의 노력이 어떤 보상을 받았는지를 정확하게 인식할 수 있다. 준상이에게 A3를 사 주었더니, 준상이는 그것을 사용해서 7일은 열심히 했다. 준상이 어머니는 자신의 노력에 대해서 스스로를 인정할 수 있다. 또한, 준상이가 함께 노력해 준 것에 대해서 감사를 표현할 수 있다. "준상아! A3를 선물 받고 7일 동안 열심히 하더구나. 고맙다."

더불어 준상이 어머니는 자신이 기대하는 결과를 일으키기 위해서 무엇을 더 해야 하는지를 체계적으로 생각할 수 있게 된다. '내가 바라는 것은 준상이가 집중력 있게 열심히 꾸준히 공부하는 것이다. 준상이가 집중력은 다소 향상된 것 같다. 그런데, 아직 학습시간은 충분하지 않다. 학습시간을 늘리려면 어떻게 해야 할까? 준상이가 아직은 꾸준히 하지는 않는다. 꾸준히 하게 하기 위해서는 준상이가 적절한 성취감을 경험해야 하는데, 성취감을 경험하도록 하기 위해서는 어떻게 도와주어야 하나?' 준상이 어머니가 이렇게 생각할 수 있다면, 준상이 어머니는 스스로 방법을 찾을 수 있을 것이다. 스스로 방법을 찾지 못하면, 책을 읽을 수도 있고, 전문가에게 자문을 받아서 방법을 찾을 수도 있을 것이다. 찾은 방법을 적용하면, 준상이 어머니는 그만큼의 성공을 하게 될 것이다.

만약 자신의 노력과 결과의 관계를 정확하게 '다(多) 대 1 혹은 1 대 1/다(多)'로 인식할 수만 있다면, 학생도 준상이 어머니처럼 자신의 학습행동에서 좌절하기보다는 체계적으로 분석하고, 적절하게 노력할 수 있게 될 것이다.

다섯째, 준상이 어머니가 다른 반응을 보일 수 있었다면, 앞의 이야기는 어떻게 달라졌겠는가? 만약 준상이 어머니가 앞에서 제시한 것처럼 하였다면, 결국 앞의 이야기는 해피엔딩(happy ending)이 되었을 것이다. 즉, 준상이는 나날이 더 집중하여, 더 열심히, 더 꾸준히 공부를 할 것이고, 준상이의 성적은 꾸준히 상승할 것이다. 그리고 준상이 어머니는 자신이 얼마나 지혜로운 어머니인지를 자각하고 어머니로서 행복감을 느낄 것이다. 어디 어머니 역할뿐이겠는가? 준상이 어머니가 노력과 결과의 관계를 정확하게 인식할 수 있다면, 어머니는 자신이 하는 모든 노력에 이를 적용할 수 있을 것이고, 다양한 영역에서 적절한 성취를 이룩할 수 있을 것이다. 상담자 역시 같은 상황에서 유사하게 행동할 수 있다면, 해피엔딩 사례를 많이 축적할 수 있을 것이다.

④ 학습상담에서 설명량 개념이 시사하는 것

앞에서 노력과 노력의 결과의 관계에 대한 관념은 적어도 두 가지가 있다고 하였다. 하나는 '1 대 1'이란 관념이고, 다른 하나는 '다(多) 대 1 혹은 1 대 1/다(多)'라는 관념이다. 그리고 이처럼 하나의 원인이 결과의 발생을 어느 정도 예측(혹은 설명)할 수 있는가를 기술하는 통계학적 개념이 '설명량'이다.

왜 학습상담에서 설명량의 개념에 대해서 음미하고 그것을 잘 이해하고 있어야 하는가? 결론부터 말하자면, 학생이 학습행동을 즐길 수 있고, 지치지 않고 꾸준히 할 수 있기 위해서이다. 학생이 설명량의 개념을 정확하게 이해하고, 설명량의 개념에 근거하여 학습행동의 결과를 해석할 수 있다면, 학생은 자신이 노력하는 것만큼 자신의 학습성취도가 변화했음을 알아차릴 수 있게 되고, 그에 따라서 자부심을 느낄 수 있고, 학습의 과정을 즐기게 된다.

앞의 준상이 어머니의 노력과 준상이의 행동 변화 과정을 이에 비추어 설명해 보자. 앞에서 언급하였듯이, 준상이 어머니가 A3를 사 주자, 준상이는 7일 정도는 나름대로 노력을 했다. 즉, 준상이 어머니의 노력은 부분적으로나마 준상이 어머니가 기대했던 바를 달성하게 하는 데 효과가 있었다는 것이다. 그런데, 15일 후에 준상이의 학습행동이 이전의 수준으로 되돌아오자, 준상이 어머니는 자신의 노력이 아무런 효과가 없었다고 생각하게 되었다. 단지 생각만 한 것이 아니라 준상이에게 실망감을 표현했다. 어머니가 자신에게 실망하고 다시는 자신을 믿지 않겠다는 말을 들었을 때, 준상이는 어머니에게 미안해하는 한편, 자신의 노력을 알아주지 못하는 어머니에게 대해서 섭섭한 마음이 들었을 것이다.

만약 이때 준상이 어머니가 원인과 결과의 관계가 '1 대 1'이 아니라 '多 대 1' 혹은 '1 대 1/다(多)'라는 점을 분명하게 이해했다면, 준상이 어머니는 자신의 노력이 준상이의 학습행동을 7일 정도 변화시켰다는 것을 분명하게 보았을 것이고, 자신의 노력에 부응하여 준상이가 함께 노력해 준 점에 대해서 고마움을 표현하였을 것이다.

2. 학습동기의 변화를 위한 진단과 평가: 체제 이론적 접근을 중심으로

학습동기를 긍정적으로 변화시키기 위해서는 무엇보다도 학습동기를 정확하게 진단하고 평가해야 한다. 그리고 학습동기를 진단하고 평가하기 위해서는 학습동기에 대한 이론적 틀이 필요하다.

앞에서 서술하였듯이, 학습동기에 대한 최근의 논의는 체제 이론적 접근 혹은 생태학적 접근으로 수렴되고 있다. 따라서 이 책에서는 학습동기의 진단과 평가를 위한 모형으로 체제 이론적 접근 혹은 생태학적 접근을 채택하고, 이에 근거하여 학습동기의 진단과 평가를 위한 모형을 제시한 후에, 관련된 질문을 제시하고자 한다.

[그림 6-1]의 모형에 따라서 학습동기를 진단하고 평가하기 위한 질문들은 다음과 같다.

1. 어떤 유형의 학업성취도에 대한 동기를 진단하고 평가하고자 하는가?

    1.1. 양적으로 평가되는 학업성취도에 대한 동기를 진단하고자 하는가?

    1.2. 질적으로 평가되는 학업성취도에 대한 동기를 진단하고자 하는가?

2. 목표로 하는 학업성취도에 대한 동기는 어떠한가?

    2.1. 인지적 평형화 경향은 어느 수준에서 유지되고 있는가? 인지적 평형

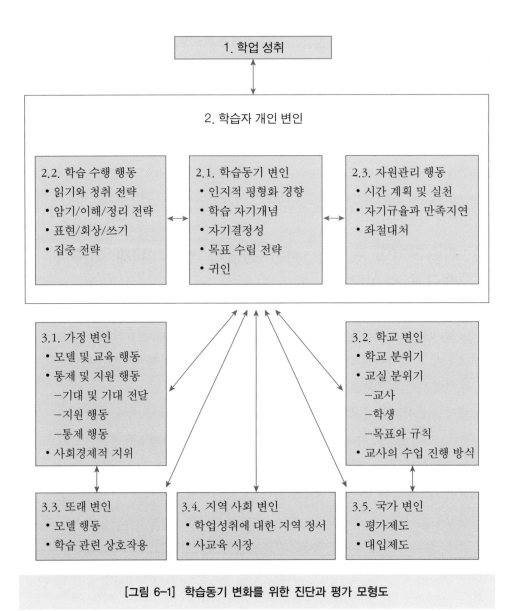

[그림 6-1] 학습동기 변화를 위한 진단과 평가 모형도

화 경향은 목표로 하는 학업성취도에 대한 동기를 증가시키는가, 감
소시키는가?

2.2. 목표로 하는 학업성취도와 관련된 학습자의 학습 자기개념은 어떠한
가? 그리고 그러한 학습 자기개념의 형성 및 유지에 작용한 사건은 무

엇이 있는가?

2.3. 목표로 하는 학업성취도와 관련하여 학습자가 그와 같은 학습을 하기로 결정하였는가, 아니면 강압이나 압력에 의해서 이루어졌는가?

2.4. 목표로 하는 학업성취도와 관련하여 학습자의 목표수립 전략은 생산적인가, 방어적인가?

2.5. 목표로 하는 학업성취도의 현재 결과에 대해서 학습자는 어떻게 귀인하고 있는가?

3. 학습자의 학습 수행 행동 및 자원관리 행동은 학습동기와 어떤 관계가 있는가?

3.1. 학습자의 학습 수행 행동은 학습동기를 증가시키는가, 감소시키는가?

3.2. 학습자의 자원관리 행동은 학습동기를 증가시키는가, 감소시키는가?

4. 학습자의 여러 변인은 학습동기와 어떤 관계가 있는가?

4.1. 학습자의 가정 변인은 학습동기를 향상시키는가 혹은 감소시키는가?

4.2. 학습자의 학교 변인은 학습동기를 향상시키는가 혹은 감소시키는가?

4.3. 학습자의 또래 변인은 학습동기를 향상시키는가 혹은 감소시키는가?

4.4. 학습자의 지역 사회 변인은 학습동기를 향상시키는가 혹은 감소시키는가?

4.5. 학습자의 국가 변인은 학습동기를 향상시키는가 혹은 감소시키는가?

5. 학습동기를 향상시키기 위해서는 학습자의 체제적 요소를 어떻게 재배열해야 하는가?

3. 학습동기 향상을 위한 학습 목표 관리 · 조정 방안

1) 학습 목표와 학습동기의 관계

학습 목표와 학습동기의 관계는 다양한 이론에서 논의되었다. 목표의 적정성이 학습동기에 미친 영향에 대한 논의가 있었다. 이 논의에서는 적정하게 설정된 학습 목표는 학습동기를 증가시키지만, 과도하게 혹은 과소하게 설정된 학습 목표는 학습동기를 오히려 감소시킬 수 있다고 하였다. 또한, 동기에 대한 자기 결정성 이론에서는 학습 목표를 스스로 결정하였을 때 학습 목표는 학습동기를 증가시키나 학습 목표가 타인에 의해서 설정되었을 때는 학습동기를 오히려 감소시킬 수 있다고 하였다.

학습상담을 할 때, 학습동기를 향상시키기 위해서는 학습 목표를 적정하게 설정하도록 돕는 한편, 학습 목표를 스스로 설정하도록 안내할 필요가 있다. 이 절에서는 학습상담의 실제에서 학습 목표를 설정함에 있어서 학습 목표를 적정하게 설정함과 동시에 그것을 학습자가 스스로 결정하도록 안내하는 과정을 사례를 통해서 제시하고자 한다.

2) 학습동기 향상을 위한 학습 목표 관리 조정 사례

- 사례: "부모님의 과도한 기대에 맞추는 학습 목표는 나를 무기력하게 했어요. 하지만 내가 할 수 있는 목표를 세우니 공부를 할 수 있었어요."[3]

- 내담자의 기본 사항
중학교 2학년 남학생. 학급에서 53명 중 25등 정도의 성적을 유지하고 있음.

---

3) 본 사례는 필자가 공동 저술한 『학교상담의 이론과 실제』(구광현 외(2005), 서울: 학지사)에 수록했던 사례를 학습동기와 학습 목표 관리라는 관점에서 재정리한 것이다.

- 내담자의 호소 문제 및 문제의 배경
- 호소 문제: 중학교 2학년생으로 시험기간 중에 공부를 해야겠다는 마음에
  도 불구하고 주의집중이 되지 않는다.
- 문제의 배경: 학생은 현재 반에서 25등 정도 하는데 학생의 어머니는 5등
  정도를 하기를 바란다. 학생은 부모의 이런 기대를 객관적으로 평가하고,
  그것을 충족시킬 수 있는 현실적인 계획을 세우기보다는 부모의 기대를 충
  족시켜야만 바람직한 학생이 될 것이라고 생각하고 있다. 그런데 이런 목
  표가 현실적이지 못하기 때문에 학생은 계획과는 별도로 실제적으로는 학
  습에 거의 집중하지 못하고 있었다.

- 상담 목표와 전략
- 학습 목표의 구체화와 객관적 평가: 학생이 설정하고 있는 학습 목표를 구
  체적으로 탐색하고, 그것이 시간, 능력, 투자할 수 있는 에너지의 측면에서
  실현 가능하여 학습에 몰입하도록 돕는 목표인지, 아니면, 학습에 대한 몰
  입을 방해하는 목표인지를 객관적으로 평가하도록 안내한다.
- 학습 목표 설정 과정에서 자기결정성의 중요성 인식: 자신의 학습성취 목표
  를 설정함에 있어서 타인이 강요하는 목표와 자신이 설정하는 목표의 영향
  을 비교하여 자신이 학습 목표를 설정하는 것이 실제로 학습동기를 향상시
  킬 수 있음을 체험하도록 하였다.

- 상담 과정
다음은 25분가량 진행한 전화상담 사례의 전문을 기록한 것이다.

내담자(학생): 선생님 저는 공부를 열심히 하려고 하는데 잘 안 되고, 공부하려고
　　　　　　하면 다른 생각들이 많이 나요.
상담자: 저런 속상하겠네. 어느 정도 해야 만족할 수 있겠어?
내담자: …….

상담자: 네가 "공부를 열심히 했구나."라고 말할 수 있으려면 네가 어느 정도 공부를 했을 때야?

내담자: 다른 생각 하지 않고 공부만 했을 때죠.

상담자: 딴생각 없이 공부해야 만족할 수 있지. 그럼 얼마 동안을 그렇게 하면, 스스로 공부를 열심히 했구나 싶겠어?

내담자: 글쎄요. 하루에 5시간?

상담자: 언제 5시간이야?

내담자: 학교 갔다 와서요.

상담자: 학교에서는 몇 시에 끝나지?

내담자: 한 3시쯤…….

상담자: 집에 오면?

내담자: 4시쯤…….

상담자: 그러면 학교에 갔다 와서 보통 뭘 해?

내담자: 집에 오면 씻고, 이것저것을 하면 5시…….

상담자: 이것저것이라면 뭐지?

내담자: 공부를 해야겠다는 생각은 있는데, 특별한 것 없고 그냥 시간을 보내요.

상담자: 그렇구나. 그리고 나서?

내담자: 6시부터 밥을 먹으면서 TV 좀 보고, 그러면 7시나 8시 되죠.

상담자: 그리고 나서는?

내담자: 8시부터 공부를 해야 되는데 10시 정도 되면 졸립고, 공부가 잘 되면 12시나 1시까지도 하는데요.

상담자: 그래. 그러면, 학교 갔다 와서 하는 일이, 빈둥거리기 1시간, 밥 먹고 TV 보는 시간 2시간, 공부하는 시간이 2~5시간이구나.

내담자: 예.

상담자: 열심히 하네. 그런데 네 생활 중에서 빈둥거리거나 밥 먹고 TV 보는 시간을 줄일 수 있겠어?

내담자: 줄여야지요.

상담자: 줄일 수 있겠어?

내담자: 네, 줄여야지요.

상담자: 글쎄, 하루 종일 학교에서 시달리다가 집에 와서 바로 공부할 수 있을까? 또 밥 먹고 TV를 좀 봐야 되지 않나? 바로 공부할 수 있을까?

내담자: 맞아요. 그런데 줄여야 할 것 같아요.

상담자: 글쎄, 네가 중요하지 않게 생각하지만 필요한 일들이 있는데 그게 바로 쉬고 빈둥거리는 시간이지. 그걸 줄일 수 있을까?

내담자: 맞아요. 줄이려고 했는데, 잘 줄여지지 않아요.

상담자: 그래. 그러니 차라리 빈둥거리는 시간은 그냥 빈둥거리는 시간으로 정해 두고 정말 공부하는 시간에만 집중해서 하는 것이 좋을 것 같은데, 어떻게 생각하니?

내담자: 맞는 말씀인데요. 그러면 안 되잖아요.

상담자: 뭐가 안 돼?

내담자: 그러면 공부를 잘할 수 없잖아요.

상담자: 그래도 별수 있나?

내담자: …….

상담자: 무슨 생각을 해?

내담자: 선생님 말씀이 맞는 것 같아요. 그러나 빈둥거리는 건 나쁘잖아요.

상담자: 왜?

내담자: 나쁘니까요.

상담자: 그래도 공부에 방해된다면 자는 것도 나쁜 거네?

내담자: 그거야 필요한 시간이잖아요.

상담자: 그래. 방해가 되더라도 필요한 시간이지?

내담자: 예.

상담자: 어차피 빈둥거릴 거면 그 시간은 빈둥거리는 시간이라고 못박아 두는 것이 좋지 않을까?

내담자: 어차피 빈둥거리고 그런 시간도 필요한 것 같아요.

상담자: 그렇지. 그러면 빈둥거리는 시간을 괜히 줄이겠다고 하지 말고 공부할 수 있는 시간만 공부를 하도록 하자. 사나이처럼 대범하게. 그런데 아까 몇 시부터 공부를 한다고 했더라?

내담자: 앞으로는 …… 마음속으로 8시부터 공부하는 시간이…….

상담자: 근데 너 아까 8시에 공부를 하려고 하면 졸리고 딴생각도 많이 난다고 그랬던 것 같은데…….

내담자: 예, 이것저것 딴생각들이 많이 나요.

상담자: 주로 어떤 생각?

내담자: 이것저것이요.

상담자: 그래도 자주 드는 생각이 있어?

내담자: 예. 안 될 것 같아요.

상담자: 뭐가?

내담자: 안 될 것 같아요. 공부가요.

상담자: 뭐가 안 될 것 같은데?

내담자: 공부요. 아무리 해도 저는 공부를 잘 못할 것 같아요.

상담자: 그래 네가 공부를 잘한다고 볼 수 있는 것은 몇 등 정도야?

내담자: 그래도 반에서 5등 안에는 들어야죠.

상담자: 그렇구나. 지금 반에서는 몇 등?

내담자: 반에서 25등 정도 해요.

상담자: 몇 명 중에서?

내담자: 53명이요.

상담자: 그래. 언제까지 5등 안에 들고 싶은데?

내담자: 다음 달 시험이요. (시험 준비기간이 한 달도 채 남지 않았던 시기였다.)

상담자: 너 대단한 계획을 세웠구나. 과연 가능할까?

내담자: 아니요.

상담자: 그렇지? 그럼 어떻게 할래?

내담자: 모르겠어요.

상담자: 생각하기 귀찮아?

내담자: 예.

상담자: 힘들구나.

내담자: 예.

상담자: 공부 포기하고 싶어?

내담자: 예…… 아니요. 그런데 안 될 것 같아요.

상담자: 그래. 지금 25등 정도 하는데 다음 달까지 5등 안에 들려고 하면 불가능 할 것 같다. 불가능하니까 포기할래?

내담자: 포기하고 싶은 생각도 드는데 포기가 안 돼요. '포기하지 않으려고 해도, 노력해도 안 될 것이다.' 그런 생각이 들어요.

상담자: 무슨 좋은 방법이 없을까?

내담자: 모르겠어요.

상담자: 나한테 물어볼래?

내담자: 예?

상담자: 나한테 물어보라고.

내담자: 어떻게 했으면 좋겠어요?

상담자: 나 같으면 '다음 달 목표를 20등 정도로 올리겠다.' 그렇게 목표를 조정할 것 같은데.

내담자: 그러면 되는데요. 20등 하면 엄마가 또 잔소리할 것 같아요. 형이 지금 5 등인데 엄마가 성적표 볼 때마다 형과 비교하거든요.

상담자: 아하! 그렇구나. 그러니까 20등 해 봤자 인정받지 못한다?

내담자: 예.

상담자: 엄마는 인정을 안 하다고 하더라도, 만약에 네가 이번에 열심히 공부해서 다음 달에 20등으로 성적을 올리면 어떨 것 같아?

내담자: 기쁠 것 같아요.

상담자: 그렇지. 20등 정도 하면, 올랐으니까 기쁠 것 같지?

내담자: 그런데 엄마는 또 야단을 치니…….

상담자: 엄마가 야단을 치더라도 20등으로 성적을 올리면 너한테는 어떨 것 같아?

내담자: 엄마가 야단을 치더라도 20등으로 올라가면 좋을 것 같아요.

상담자: 그렇지. 들어 봐. 너희 반에 공부 잘하는 아이 중에 한 달쯤 결석한 녀석이 있었니?

내담자: 아니요.

상담자: 선생님은 중학교 2학년 때 교통사고를 당했거든, 그래서 한 달간 학교도 못 가고 공부도 못 했는데, 퇴원 후에 시험을 보니까 수학을 85점 정도 맞았거든. 그때 우리 반 한 녀석이 나한테 와서 이렇게 물어보더라고. "너는 한 달 동안이나 결석을 했는데, 어떻게 수학을 85점씩이나 받았어? 나는 이번 달에 열심히 했는데도 겨우 70점인데." 그때 왜 그랬을까?

내담자: 모르겠어요.

상담자: 그래도 생각해 볼래?

내담자: 선생님은 원래 공부를 잘하지 않았어요?

상담자: 그래 맞아. 선생님은 원래 공부를 잘했거든. 즉, 이전까지 열심히 공부를 했지. 그러니까 아는 게 많았잖아. 한 달 정도 공부를 안 해도 85점 정도 맞을 수 있었지. 마찬가지야, 공부라는 것은 한 달 정도 열심히 한다고 해서 금방 성적이 올라가는 게 아니니까, 성적을 올리려고 하더라도 조금씩 올릴 수밖에 없거든.

내담자: 선생님 말이 맞는 것 같아요. 저도 열심히 하면 많이는 안 올라가더라도 조금은 올라갔던 것 같아요.

상담자: 그래. 이제 열심히 공부할 수 있겠구나. '나는 못 한다, 나는 할 수 없다.' 그렇게 생각 안 하고.

내담자: 예, 열심히 할 수 있을 것 같아요.

상담자: 그래 따라서 해 봐. "나는 현재 25등이다. 다음 달에 5등으로 올라갈 수는 없지만 20등으로는 올라갈 수도 있다. 열심히 한다면."

내담자: 나는 현재 25등이다. 다음 달에 5등으로 올라갈 수는 없지만 20등으로는
　　　　올라갈 수도 있다. 열심히 한다면.

상담자: 그래. 더 하고 싶은 말 있어?

내담자: 아니요. 됐어요.

상담자: 그래. 그럼 열심히 공부하고 또 하다가 보면 잘 안 될 수도 있으니 그때
　　　　또 전화해.

내담자: 예, 선생님. 고맙습니다.

• 상담 결과

학생이 중간고사를 마치고 전화를 해 왔다. 학생은 상담의 결과로 시험 준비
나머지 시간 동안 이전보다 더욱더 집중할 수 있었고, 시험을 좀 더 잘 볼 수 있
었다고 보고해 주었다.

• 상담 과정과 결과에 대한 평가

앞의 내담자는 학습에 대한 과도한 부담감으로 인하여 실천할 수 없는, 그리
고 실천의 결과에 대해서 부정적으로 평가할 수밖에 없는 계획을 세우고, 계획
대로 실천하지 못하게 되자 자신을 비난하는 과정을 반복하였다. 이런 실천 불
가능한 목표와 계획, 그것에 따른 부정적인 자기평가는 학생으로 하여금 주어진
시간에 학습에 몰입하기보다는 자기비난을 하도록 만들고 있었다. 이에 대해서
상담자는 계획의 의도와 결과를 분리해서 평가하도록 안내하는 한편, 자신의 계
획에 대해서 부모의 관점이 아니라 자신의 관점으로 평가하게 함으로써 학습에
집중하도록 안내하였다. 그리고 이것이 학생의 학습 행동을 긍정적으로 변화시
키는 데 일조하였던 것으로 보인다.

4. 학습 자기개념의 재구성을 통한 학습동기의 향상

학습 자기개념은 학습상황에서의 목표의 수립, 목표추구 행동 그리고 좌절 대처 행동과 같은 학습 과정 행동과 학습 결과에 영향을 끼칠 수 있다(이재규, 2013b). 따라서 학습동기의 향상을 위해서는 학습자의 학습 자기개념을 향상시키는 것이 무엇보다 중요하다. 본 절에서는 학습 자기개념을 향상시키기 위한 과정과 절차를 실례를 통해서 제시하겠다.

학습 자기개념의 재구성 방법은 아들러(Adler)의 초기기억의 활용, 재결단 치료(Goulding & Goulding, 1993), 해결중심치료, 고정역할 훈련[켈리(Kelly)] 등을 통합하여 만들어졌다. 다음에 제시된 과정은 필자가 다수 학생들의 학습 자기개념을 회복시키고 향상시키기 위해서 적용한 과정을 통합하여 만들어진 것이다.

1) 학습 자기개념의 점검과 작업 영역의 선정

〈표 6-1〉의 목록을 활용하여 학생으로 하여금 자신의 학습 자기개념을 점검해 보도록 한다.

학생이 점검표에 체크한 것을 살펴본다. 이때 학생이 바라는 상태와 현재의 상태가 일치하는 것부터 확인하여 격려하고 칭찬한다. 어떻게 해서 그렇게 자신이 바라는 상태에 도달할 수 있는지에 대해서 잠깐 이야기를 나눈다. 학생들을 지도할 때는 항상 잘하는 점, 긍정적인 점을 알아주고 칭찬해 주는 것이 좋다. 그래야 학생은 자신에 대해서 자긍심을 가지고 자신을 더욱더 긍정적인 사람으로 변화시키고 싶은 동기를 회복한다.

자신을 격려하고 칭찬하여 학생이 자신에 대해서 긍정적으로 경험하고 있음을 확인한 후에 바라는 상태와 현재 상태가 차이가 많이 나는 항목 중에서 우선 변화시키고 싶은 영역을 선택하도록 한다.

ooo **표 6-1** 학습 자기개념 점검 목록

다음 문항을 읽어 보고 자신이 원하는 상태에 ○표시를 하고, 현재 자신에게 가장 가깝다고 느끼는 상태에 ∨ 표시를 해 보시기 바랍니다.

①	②	③	④
전혀 아니다.	아니다.	그런 편이다.	매우 그렇다.

문항	응답			
1. 나는 국어 공부를 잘할 수 있다.	①	②	③	④
2. 나는 수학 공부를 잘할 수 있다.	①	②	③	④
3. 나는 외국어 공부를 잘할 수 있다.	①	②	③	④
4. 나는 과학 공부를 잘할 수 있다.	①	②	③	④
5. 나는 사회 공부를 잘할 수 있다.	①	②	③	④
6. 나는 미술 공부를 잘할 수 있다.	①	②	③	④
7. 나는 음악 공부를 잘할 수 있다.	①	②	③	④
8. 나는 수업시간에 집중할 수 있다.	①	②	③	④
9. 나는 혼자서 공부할 때 집중할 수 있다.	①	②	③	④
10. 나는 이해되는 않는 내용을 공부할 때 교수, 선배, 또래에게 물어볼 수 있다.	①	②	③	④
11. 나는 수업시간에 발표를 잘한다.	①	②	③	④
12. 나는 공부를 열심히 하는 사람이다.	①	②	③	④
13. 나는 공부할 때 집중을 잘한다.	①	②	③	④
14. 나는 시간관리를 잘하는 사람이다.	①	②	③	④
15. 나는 시험 준비할 때 집중해서 잘할 수 있다.	①	②	③	④
16. 나는 시험 점수가 떨어졌을 때도 낙담하기보다는 더욱 더 분발한다.	①	②	③	④
17. 나는 재미있는 TV를 보고 싶더라도 해야 할 공부가 있으면 공부를 먼저 할 수 있다.	①	②	③	④
18. 나는 공부 계획을 세운 후에 그것을 꾸준히 지킨다.	①	②	③	④
19. 나는 공부할 때 지루한 기분이 들면 그것을 빨리 알아차린 후에 마음을 변화시켜 열심히 공부할 수 있다.	①	②	③	④
20. 나는 현재보다 미래에 공부를 더욱더 잘할 수 있다.	①	②	③	④

2) 관련된 최초 기억 회상 진술

선택된 부정적 자기개념의 최초 기억을 회상하여 진술한다. 예컨대, 스스로 수학을 못한다고 생각하여 수학에 대한 학습동기가 낮은 경우에, 수학을 못한다고 생각하는 계기가 된 최초의 사건이 무엇인지를 묻고, 그 사건에 대해서 생각나는 모든 것을 기억하고 진술하게 한다.

상담자: 수학을 못한다고 생각하고 있는데, 그렇게 생각하게 만든 최초의 사건을 말할 수 있니?

학생: 초등학교 3학년 때인데, 선생님이 분수 문제를 나와서 풀라고 하셨어요. 막상 나가니까 전혀 생각이 나지 않아서 우물쭈물하고 있었죠. 선생님이 혼내시고 들어가라고 하셨어요. "공부 좀 열심히 해라. 그렇게 쉬운 문제도 풀지 못하면 어떻게 하냐?" 그리고 다른 친구를 지목해서 풀라고 하셨는데, 그 친구가 잘 풀었어요. 선생님도 칭찬하시고, 반 친구들도 "와, 대단한데, 정말 잘한다."고 환호성을 쳤어요.

3) 최초 경험의 분석

최초의 경험을 자기개념의 구체화에서 중요한 세 측면, 즉 개인의 행동, 주변인의 피드백 그리고 주변의 피드백에 따라 형성된 자기개념으로 구분한다.

상담자: 넌 수학 문제를 풀지 못했구나. (학생의 행동)

학생: 네, 평소에는 그 정도 문제는 풀었는데, 그때는 풀지 못했어요.

상담자: 선생님이 "공부 좀 열심히 해라. 그렇게 쉬운 문제도 풀지 못하면 어떻게 하냐?"고 혼내시고, 그리고 다른 친구를 지목해서 풀라고 하셨고, 그 친구가 잘 풀었고, 선생님도 그 친구에게 잘했다고 칭찬하시고, 반 친구들도 "와, 대단한데, 정말 잘한다."고 환호성을 쳤다고 했지? (주변인의 피

드백)

학생: 네, 그때부터 친구들은 수학을 잘하는데, 저는 수학을 못한다고 생각했죠. 그렇게 생각하니까 수학 공부를 안 하게 되고, 결국 수학 공부에서 완전히 손을 놓았죠.

상담자: 아하! 그때 '나는 수학을 못하는구나.'라고 생각하게 되었네? (학생의 자기개념 확인) 어린 시절에는 다른 사람이 말하는 대로 믿게 되는 경우가 있더라.

4) 대안 피드백 브레인스토밍

학습 자기개념 형성 초기에는 개인의 행동에 대한 주변인의 피드백이 중요한 영향을 미친다. 따라서 자기개념의 변화를 위해서는 대안 피드백을 생성해 보는 것이 중요하다. 이때 상담자는 학생이 최선의 피드백과 최악의 피드백을 생각해 보도록 돕는다.

상담자: 그럴 수 있을 것 같다. 선생님이라도 그런 상황이 되면 그렇게 생각할 수 있을 것 같네.

학생: 그렇지요.

상담자: 만약 그때 선생님이 널 도와주었다면 어떻게 되었을까?

학생: 그야 모르죠. 생각도 안 해 봤거든요.

상담자: 그때 선생님이 널 어떻게 대해 주었다면 좋았을까?

학생: 글쎄요. 잘 생각이 안 나요!

상담자: 페스탈로치 선생님에 대해서 들어봤니? (예.) 페스탈로치 선생님이 만약 그 당시 네 담임선생님이라면 어떻게 했을까? (최선의 대안 피드백 형성을 위한 질문)

학생: 글쎄요. 그것까지는 모르겠는데요.

상담자: 내가 좀 도와줄게. 내가 추측해 볼 때, 이렇게 하셨을 것 같다. 다정한 눈

빛으로 널 쳐다보시면서 네가 다가와 어깨에 손을 얹으실 것 같다. 그런 후에 이렇게 말씀하셨을 것 같다. "평소에 너라면 이 문제를 풀 수 있을 것 같은데, 오늘은 많이 당황한 것 같구나. 잠깐 동안 네 자리에 가서 진정을 해라. 그동안 내가 다른 친구에게 풀어 보라고 할 테니 잘 지켜보길 바란다. 아마 지켜보면 너도 어느 정도 풀 수는 있을 거다." 그리고 다른 한 친구를 불러서 문제를 풀게 할 거야. 그 친구가 문제를 풀면, 다시 너에게 풀어 보라고 권유하셨을 것 같다. 그리고 네가 막힐 때마다 조금씩 도와주셨을 것 같다. (최선의 대안 피드백)

학생: 만약 선생님이 그때 그렇게 해 주셨더라면 수학을 이렇게까지는 포기하지 않았을 것 같아요.

상담자: 이번에는 최악의 피드백에 대해서 생각해 보자. 그러니까 그때 선생님보다 더 널 힘들게 했을 법한 피드백을 생각해 보자. 그때 선생님이 최악으로 못된 선생님이라면 너에게 어떻게 피드백을 했을까?

학생: 음, 아주 못된 선생님이라면요. "넌 생긴 것도 못생겼는데 수학 문제도 못 푸느냐? 그렇게 공부 안 하고 딴짓만 하면 넌 거지새끼가 된다. 네 앞날이 뻔하다." (최악의 대안 피드백)

상담자: 못된 선생님이 어떻게 말씀하실지를 아주 잘 생각해 냈네. 그런데 네가 말한 것처럼 하시는 선생님도 계시긴 계신 것 같더라.

5) 대안 피드백에 따른 학습 자기개념 추론

대안 피드백을 받았을 경우에 형성될 수 있는 학습 자기개념을 추론해 본다. 이를 통해서 현재 형성된 학습 자기개념이 유일한 학습 자기개념이 아니라 우연히 형성된 학습 자기개념임을 인식하게 한다. 이런 인식은 새로운 학습 자기개념이 형성될 수 있음을 인식하게 한다.

학생: 만약 페스탈로치 선생님과 같은 선생님이 저에게 그렇게 해 주셨더라면 수

학을 이렇게까지는 포기하지 않았을 것 같아요.

상담자: 그렇지. 네 자신에 대해서 '수학 공부를 할 때 누군가가 날 도와주면 나도 어려운 수학을 공부해 나갈 수 있을 것 같다.'고 생각을 했고(대안 피드백에 따른 학습 자기개념의 추론), 수학 공부를 포기하지 않고 계속했을 것 같지. 한번 따라 해 볼래? "나도 어려울 때 도움을 받으면 수학을 포기하지 않을 것이고, 그랬다면 지금 수학을 더 잘하는 사람이 되어 있을 것이다."

학생: 나도 어려울 때 도움을 받으면 수학을 포기하지 않을 것이고, 그랬다면 지금 수학을 더 잘하는 사람이 되어 있을 것이다. 아마도 그랬을 것 같아요. 그랬다면, 지금 수학 때문에 이렇게 고생하지는 않았을 것 같아요.

상담자: 만약 최악의 선생님을 만났더라면 너는 너의 수학 실력에 대해서 어떻게 생각하게 되었을까?

학생: 아마도 지금보다 훨씬 더 자신이 없었겠지요. 아마도 수학만 보면 머리가 아프고 정말 싫어하게 되었을 것 같아요.

6) 새로운 학습 자기개념 선택

대안적 피드백을 통해서 형성된 자기개념과 기존의 자기개념을 비교하여 새로운 자기개념을 선택하도록 돕는다.

상담자: 그때의 선생님이 원망스럽지만 원망만 하고 있는 것은 네게 별 도움이 되지 않을 것 같구나.

학생: 그건 그렇지요.

상담자: 너 자신에 대해서 어떤 마음으로 살래? (새로운 학습 자기개념을 선택하라고 촉구하는 질문)

학생: …….

상담자: 지금은 너 자신에 대해서 '난 수학 공부를 해도 안 된다. 안 되는 것 가지

고 헛고생하지 말고 차라리 포기를 하자.'고 생각하고 있는 것 같거든. 하
지만, 그때 네 선생님이 페스탈로치 같은 분이었다면 지금쯤 네 자신에
대해서 '나는 수학 할 때 어려움을 많이 느꼈다. 하지만 선생님이 도와주
셨고, 선생님께 고마워서 수학을 포기하지 않았다. 그래서 수학 천재는
아니지만 나도 노력한 만큼은 수학을 잘할 수 있다.'라고 생각을 할 수 있
었을 것 같거든. (새로운 학습 자기개념의 형성 촉진)

학생: 글쎄요. 잘 모르겠어요.

상담자: 그렇지 너무 오랫동안 수학과 담을 쌓고 살았으니 엄두가 나지 않을 것
같다.

학생: 힘들겠지만 '나도 하면 할 수 있다.'고 생각하는 것이 저에게 도움이 되는
것 같아요. 수학 공부를 포기하면 원하는 대학에 들어가는 것이 쉽지 않거
든요. 제가 원하는 공부, 제가 원하는 직장에서 일하면서 살고 싶어요.

상담자: 휴, 그 대답이 안 나오면 어떻게 널 도와줄까 고민이 많았는데, 네가 힘
들지만 지금 여기서 노력하겠다는 말을 들으니까 내가 안심이 되는구
나. 하지만 네가 말했듯이 잘하려는 마음을 계속해서 품고 사는 것이 쉽
지 않고, 힘들단다. 그래도 나중에 어떻게 되든 지금은 여전히 노력해 보
고 싶니?

학생: 네, 꼭 그러고 싶어요.

7) 새로운 학습 자기개념에 어울리는 행동 시나리오 작성

학생으로 하여금 선택한 학습 자기개념에 어울리는 행동 시나리오를 작성해
보도록 한다. 행동 시나리오는 구체적인 장면에서 어떤 정서, 사고, 행동을 하게
될지를 구체적으로 서술한 것을 말한다.

상담자: '나도 수학 공부를 하면 할 수 있을 것이다.'라고 생각하게 되었는데, 그
런 마음을 가진 사람이라면, 수학 공부를 할 때 어떻게 할 것 같은지 생각

해 보자. 인생은 연극이고, 우리는 각자 자기 인생의 주인공이라는 말이 있지? 수학 공부를 잘하는 주인공이 수학 공부시간에 따라야 하는 시나리오를 함께 만들어 볼까?

학생: 갑자기 생각하려니까 너무 막막해요.

상담자: 그럼 내가 좀 도와줄게. 어떤 장면에서 수학 공부를 하는 시나리오를 작성해 보고 싶니?

학생: 방과 후에 집에서 혼자서 수학 공부할 때에 대해…….

상담자: 좋아. 일단 책상 위에 수학책이 있겠네. 그리고 주인공이 수학책을 펼치겠지? 수학 공부를 잘하는 사람은 수학책이 앞에 있을 때 어떻게 앉을까? 무엇인가에 대해 자신이 있을 때 네가 어떻게 앉는지 생각해 볼까?

학생: 그럴 때는 허리가 곧게 펴지고 마음이 편안해요. 약간 흥분되기도 하고요.

상담자: 좋아. 다음 장면을 한번 그려 볼까?

학생: 수학책을 읽고, 노트에 문제를 풀어 볼 것 같아요. 문제가 잘 안 풀리면 가슴이 답답해지고 나는 왜 이렇게 멍청한가를 생각하겠지요!

상담자: 잠깐만! 문제가 잘 안 풀리면 가슴이 답답해지고 나는 왜 이렇게 멍청한가라고 생각한다고? 수학을 잘한다고, 수학을 잘할 수 있다고 생각하는 사람이?

학생: 수학을 잘하는 사람에게는 잘 안 풀리는 문제가 없겠지요. 그러니까 그런 생각을 할 리가 없지요.

상담자: 잠깐만! 수학을 잘하는 사람에게도 새로운 주제를 배울 때 잘 이해되지 않고 안 풀리는 문제가 있을 것 같은데?

학생: 그렇겠네요.

상담자: 그럴 때 어떻게 할까?

학생: 잘 모르겠어요.

상담자: 잘하는 과목이 국어라고 했잖아. 국어 공부 할 때 잘 이해가 안 되는 내용이 나오면 어떻게 하지?

학생: 그때는 다시 읽어 보지요. 2~3번 정도…….

상담자: 그것을 수학 공부에 적용해 보면?

학생: 아하! 그러면 되겠네요. 이해되지 않으면 2~3번 정도 더 읽어 보고 풀어 보면…….

상담자: 곤란한 질문을 할게. 어느 때는 2~3번 읽어 보고 풀어 봐도 잘 안 되는 부분도 있을 것 같은데, 그때는 어떻게 할까?

학생: 답답하겠지요. 될 때까지 해 보다가 안 되면…….

상담자: 잘 이해 안 되는 것을 될 때까지 하는 것이 현명할까?

학생: 그러면 어떻게 해야 할까요?

상담자: 생각해 봐.

학생: 아하! 성찬이가 수학을 잘하는데 성찬이에게 물어보면 될 것 같아요. 선생님께도 여쭤 보고요.

상담자: 참! 방과 후에 수학 공부를 몇 분 정도 할 예정이니?

학생: 그래도 90분 정도는 해야 할 것 같아요.

상담자: 그러면 방과 후에 집에 도착했을 때 90분 정도 수학 공부를 할 때 어떻게 할 것인지, 수학을 잘하는 사람이 되어 수학 공부를 할 때 어떻게 할 것인지를 전체적으로 요약해서 말해 보겠니?

학생: 집에 4시경에 도착하면 잠깐 씻고 공부방으로 들어가요. 책상을 간단하게 정리하고 수학책을 펴죠. '나는 수학을 잘할 수 있는 사람이다.'라고 나 자신에게 암시를 해요. 한 문제씩 노트에 풀어 봐요. 모르는 문제가 나오면 살짝 짜증이 올라와요. 그럴 때는 '좋아, 설명을 2~3번 읽고 문제를 2~3번 정도 풀어 본다. 그래도 모르겠으면 그 문제에 ∨ 표시를 해 두고 성찬이나 선생님에게 물어보겠다.'고 다짐을 해요. 그리고 다음 문제로 넘어가서 공부를 하죠.

상담자: 그 말을 하는 동안 너의 말소리에서 확신 같은 것이 느껴졌는데, 그걸 느꼈니?

학생: 네, 저도 이번에는 될 것 같은 확신이 들었어요.

8) 실험 행동 계약

내담자가 새로운 학습 자기개념에 근거하여 작성한 시나리오에 따라서 실험을 하도록 격려한다. 실험 행동 계약은 켈리의 고정역할 훈련에서 차용한 것이다. 실험 행동 계약은 내담자로 하여금 비교적 부담이 적은 상태에서 자신의 새로운 시나리오에 따른 생활을 해 볼 수 있도록 도와줄 수 있다.

> 상담자: 다음 상담시간까지 이와 같은 방식으로 수학 공부를 몇 회 정도나 해 볼 계획이니?
> 학생: 일주일 동안이니까 3번 정도는 할 수 있어요.
> 상담자: 그래, 좋아. 3회 정도 방금 결심한 바와 같이 해 보도록 하자. 하고 나서 스스로 잘했다고 생각하는 면과 부족한 점을 개선하는 방법도 메모해서 다음 상담시간에 만나기로 하자. 부족하게 느끼는 점에 대해서는 다음 상담시간에 또 해결책을 찾아보도록 하자.

9) 실행과 실행 조력

내담자는 계약에 따라서 행동해 보고, 상담자는 실행 과정에 대해서 전화나 문자메시지 등을 통해 격려와 지지의 말을 해 준다.

10) 평가와 순환

상담자는 내담자의 실행 과정과 결과에 대해서 듣고 노력한 점을 칭찬하고, 실험을 하면서 느낀 점, 실험을 하면서 자신에 대한 생각의 변화 등을 점검해 주고, 긍정적 행동 변화와 자기개념의 변화를 지지해 준다. 또한, 실험 과정에서 경험한 문제를 해결하는 방안에 대해 다시 한번 상담해 준다.

5. 시험 결과와 좌절대처를 통한 학습동기의 향상

1) 시험과 학습동기의 관계

시험 준비와 시험 결과는 학습동기를 증가시키기도 하고, 감소시키기도 할 수 있는 중요한 사건이다. 시험 준비를 효과적으로 수행하여 시험 결과가 긍정적인 경우에는 학습동기는 유지된다. 그렇지만 시험 준비를 제대로 하지 못해 시험 결과가 좋지 못한 경우에는 대다수의 학생들의 학습동기가 낮아질 수 있다.

이 절에서는 시험 결과를 활용하여 학습동기를 향상시키는 독서상담 자료를 제시하고자 한다. 이 자료는 개인상담에서도 적용 가능하며 소규모 · 대규모 집단상담에서도 사용이 가능하다. 대규모 집단상담에서 이 사례를 활용하는 방안은 이재규(2013a)를 참고하기 바란다.

2) 프로그램의 핵심 요소

- 사례: "중학교 3학년 때부터 비로소 공부를 시작했다."

다음 사례는 재기가 중학교 3학년 때 중간고사 후에 중간고사 준비 과정을 반성한 다음 마음을 다잡고 공부했던 사례입니다.

먼저, 편안한 마음으로 사례를 읽으세요.

그런 후에 사례분석 질문(☜)을 읽고 왼쪽 칸의 해당되는 부분에 밑줄을 긋고, 자기탐색 질문(☞)을 읽고 자신의 의견을 써 보세요.

사례	사례분석 질문(☜)과 자기탐색 질문(☞)
중학교 2학년 때까지 나는 공부와는 거리가 멀었다. 하지만 중학교 3학년 1학기 중간고사를 본 후에 선생님의 도움을 받아 공부를 시작했다. 그리고 늦게 시작하였지만 최선을 다해서 현재 4년제 대학을 다니고 있다. 중학교 3학년 1학기 중간고사 결과를 받았다. 예상대로였다. 국어 58, 영어 40, 수학 52, 과학 60, 사회 68. 늘 받는 점수였기 때문에 아무 생각도 없었다.	☜ 1. 재기의 시험 결과는 어떠했나요? ☞ 1. 나의 이번 시험 결과는 어떠했습니까?

아니 아무 생각도 하지 않으려고 했다는 말이 맞을 것 같다. 아무 생각도 하지 않으려고 했지만 내 미래가 암울하게 느껴지는 것을 어쩔 수 없었다. 그냥 우울하고 암담했다. 가고 싶은 고등학교에 갈 수 있을까? 나는 가고 싶은 고등학교에 못 가고 동생은 가고 싶은 고등학교를 가면 어떻게 될까? 그런 생각도 들었다. 하지만 아무 생각도 하고 싶지 않아서 그날은 그냥 지나갔다.

　다음 날 5교시는 담임선생님 재량시간이었다. 선생님께서는 오늘은 이번 시험 결과에 대해서 함께 생각해 보자고 하셨다. 순간 짜증이 났다. '이따위 것을 왜 해? 성질나게.' 난 홧김에 선생님께 "선생님, 그냥 자습이나 하죠?"라고 말했다. 그 말을 뱉고 나자 갑자기 후회가 되었다. '괜한 소리 했다가 한 대 맞겠구나!'

　선생님은 혼내시지는 않고 날 물끄러미 쳐다보셨다. 순간 선생님의 눈빛은 참 묘했다. 무엇이라고 할까? 한편으로는 날 꾸짖으시는 것 같았고, 다른 한편으로는 날 안타깝게 느끼시는 것 같았고, 한편으로는 '지금이라도 늦지 않았다. 용기를 가지고 다시 시작해 보는 것이 어떻겠니?'라고 응원을 하시는 것 같았다.

　한참 날 물끄러미 쳐다보시던 선생님은 선생님의 형님에 대해서 말씀해 주셨다. "우리 형님은 고등학교까지 공부를 지독하게 하지 않았습니다. 나는 그런 형님을 은근히 무시하곤 했죠. 형님께서는 고등학교를 마치고 1년 동안을 그야말로 백수로 지내면서 부모님께 혼도 많이 나셨죠. 어느 날 직업훈련원을 가시겠다고 하더라고요. 직업훈련원에 들어가신 후에 사람이 싹 달라지더라고요. 하루에 3시간씩만 자고 정말이지 지독하게 공부를 하시더군요. 당시 고3이었던 나도 그렇게 하지 못했는데. 그런 형님을 보면서 무엇 때문에 그렇게 열심히 할 수 있을까 궁금했어요. 그래서 몰래 형님 일기장을 훔쳐봤어요. 첫 장에 이런 말이 쓰여 있었어요. '후회한 때는 늦은 때가 아니다.' 그 문장을 읽는데 눈물이 났습니다. 형님의 고뇌를 읽을 수 있었죠. 그날부터 형님을 존경하게 되었습니다. 그 후 형님은 2년 동안 직업훈련을 받으시고 현재 이름을 대면 누구라도 알 수 있는 대기업에서 일하고 계시죠. 가끔 무슨 일을 하기가 겁날 때마다 형님의 일기장에서 훔쳐봤던 그 문장이 생각나서 힘을 얻곤 합니다."

　말씀을 마치신 선생님께서는 "오늘 계획했던 것을 해도 되겠지?"라고 우리에게 물으셨다. 나도 모르게 "네"라고 혼자 큰 소리로 대답했다.

　선생님은 말씀하셨다.

　"오늘 우리 반에서 함께 생각해 보려고 하는 것은 각자 시험 준비를 어떻게 하였는지, 시험 준비를 했던 것이 성적에 어떻게 반영되었는지 등에 대한 것입니다. 이 과정에 진지하게 참여한다면 다음 시험 준비하는 데 크게 도움이 될 것이라고 생각해요. 이번에 우리 반에서 성적이 많이 향상된 친구들이 있는데, 현수, 종현, 기현, 지성이에요. 먼저 네 사람은 시험 공부를 어떻게 했는지 친구들에게 말해 줬으면 좋겠어요."

　네 사람이 나와서 시험 준비를 어떻게 했는지 이야기를 해 주었다. 하지만 엉겁결에 나와서 이야기를 하게 되어 그랬는지 네 사람 모두 그냥 열심히 했다고만 말했다.

☞ 2. 재기는 시험 결과를 알고 어떤 느낌이 들었나요?

☞ 2. 내 시험 결과를 보고 나는 무슨 느낌이 들었나요?

☞ 3. 재기는 시험 결과를 생각해 보자는 선생님의 제언을 듣고 어떤 느낌이 들었나요?

☞ 4. 선생님 형님의 이야기를 듣고 어떤 느낌이 들었나요?

☞ 5. 시험 결과와 시험 준비 과정에 대해서 검토해야 하는 이유는?

그런 다음에 선생님은 우리들에게 시험 준비 과정을 체크할 수 있는 용지를 나누어 주었다.

다음에 더 잘하기 위해서 이번 시험 공부 과정을 반성해 봅시다.

때로는 우리 자신에게 실망할 때가 있어요. 충분히 노력하지 않아서, 노력한 만큼 좋은 결과를 얻지 못해서, 하지만 실망하기보다는 왜 그렇게 되었는지 생각해 보고 다음에 더 잘하려고 노력하는 사람만이 먼 미래에 성공할 수 있답니다.

※ 자기 점수를 짝에게 보여 주고 싶지 않거나 자기가 공부했던 것을 짝에게 비밀로 하고 싶으면 손바닥으로 가리고 써도 됩니다.

다음 표를 채워 넣어 보세요.

과목	국어	수학	영어	과학	사회
기대점수					
맞은 점수					

*내 점수는 ? 기대만큼 맞았다.( )

기대했던 것보다 더 맞았다.( )

기대했던 것보다 못 맞았다.( )

이번에 시험 공부를 어떻게 했는지 써 보세요.

1. 시험 보기 며칠 전부터 시험 공부를 했습니까?

2. 시험 공부 계획을 세웠습니까?

3. 계획한 대로 지켰습니까?

4. 공부 라이벌보다 더 했습니까?

5. 시험 공부 할 때 책을 어떻게 읽었나요?
   1) 급한 마음에 책장 넘기기에 급해서 암기를 제대로 못 했다.
   2) 너무 꼼꼼하게 읽느라고 중요한 것을 놓쳤다.
   3) 너무 꼼꼼하게 읽느라고 시험 공부를 다 하지 못했다.
   4) 미리 시험에 나올 것을 생각해 보고 답을 찾으면서 읽었다.

6. 시험 공부 할 때 모르는 것이 나오면 어떻게 했나요?
   1) 그냥 대충 넘어갔다.
   2) 짜증이 나서 공부를 못 했다.
   3) 혼자서 알아내려고 노력해서 알게 되었다.

☞ 6. 다음의 표에 나의 점수를 기재하고 시험 준비를 어떻게 했는지 써 보세요.

다음에 더 잘하기 위해서 이번 시험 공부 과정을 반성해 봅시다.

때로는 우리 자신에게 실망할 때가 있어요. 충분히 노력하지 않아서, 노력한 만큼 좋은 결과를 얻지 못해서, 하지만 실망하기보다는 왜 그렇게 되었는지 생각해 보고 다음에 더 잘하려고 노력하는 사람만이 먼 미래에 성공할 수 있답니다.

※ 자기 점수를 짝에게 보여 주고 싶지 않거나 자기가 공부했던 것을 짝에게 비밀로 하고 싶으면 손바닥으로 가리고 써도 됩니다.

다음 표를 채워 넣어 보세요.

과목	국어	수학	영어	과학	사회
기대 점수					
맞은 점수					

*내 점수는 ?
기대만큼 맞았다. ( )
기대했던 것보다 더 맞았다. ( )
기대했던 것보다 못 맞았다. ( )

이번에 시험 공부를 어떻게 했는지 써 보세요.

1. 시험 보기 며칠 전부터 시험 공부를 했습니까?

2. 시험 공부 계획을 세웠습니까?

3. 계획한 대로 지켰습니까?

4. 공부 라이벌보다 더 했습니까?

5. 시험 공부 할 때 책을 어떻게 읽었나요?
   1) 급한 마음에 책장 넘기기에 급해서 암기를 제대로 못 했다.
   2) 너무 꼼꼼하게 읽느라고 중요한 것을 놓쳤다.
   3) 너무 꼼꼼하게 읽느라고 시험 공부를 다 하지 못했다.
   4) 미리 시험에 나올 것을 생각해 보고 답을 찾으면서 읽었다.

4) 혼자서 알아내려고 했지만 알지 못했고, 그것 때문에 다른 과목 공부도 못 했다.

7. 시험 공부 하다가 지루하거나 힘들면 어떻게 했나요?
1) TV를 보거나 전자오락을 했다. 그러다가 시간을 너무 많이 허비했다.
2) 열심히 하면 좋은 점수를 받을 수 있을 거라고 생각하면서 열심히 공부했다.
3) 아무것도 안 하고 그냥 멍하게 보냈다.

8. 시험 공부를 하다가 TV를 보거나 전자오락을 하고 싶으면 어떻게 했나요?
1) TV를 보거나 전자오락을 했다.
2) 시험 끝나는 날 실컷 하겠다고 생각하고 시험 공부를 열심히 했다.
3) 이러지도 못하고 저러지도 못하고 시간만 보냈다.

6. 시험 공부 할 때 모르는 것이 나오면 어떻게 했나요?
1) 그냥 대충 넘어갔다.
2) 짜증이 나서 공부를 못 했다.
3) 혼자서 알아내려고 노력해서 알게 되었다.
4) 혼자서 알아내려고 했지만 알지 못했고, 그것 때문에 다른 과목 공부도 못 했다.

7. 시험 공부 하다가 지루하거나 힘들면 어떻게 했나요?
1) TV를 보거나 전자오락을 했다. 그러다가 시간을 너무 많이 허비했다.
2) 열심히 하면 좋은 점수를 받을 수 있을 거라고 생각하면서 열심히 공부했다.
3) 아무것도 안 하고 그냥 멍하게 보냈다.

8. 시험 공부를 하다가 TV를 보거나 전자오락을 하고 싶으면 어떻게 했나요?
1) TV를 보거나 전자오락을 했다.
2) 시험 끝나는 날 실컷 하겠다고 생각하고 시험 공부를 열심히 했다.
3) 이러지도 못하고 저러지도 못하고 시간만 보냈다.

나는 종이에 표시를 해 보면서 그동안 내가 왜 그렇게 시험을 못 봤는지 많은 것을 알 수 있었다. 시험 공부를 할 때 나는 충분한 시간 동안 공부를 하지 않고 주로 벼락치기로 공부를 하는 경우가 많았고, 그나마 시험 공부를 하다가 모르는 것이 있을 때 짜증이 나서 책을 덮어 버리는 경우가 많았다. 또한, 지루해지면 TV을 보거나 인터넷 서핑을 하면서 시간을 허비하는 경우가 많았다. 한마디로 말하면 공부를 포기하지는 않았지만 진득하게 앉아서 공부를 제대로 하지 않았다는 것을 분명하게 깨달았다.

우리가 종이에 다 표시를 하고 나자, 선생님은 말씀하셨다. "지금까지 적은 것에 대해 앞뒤 네 사람과 이야기를 나누어 보세요. 만약 자신의 점수가 창피해서 이야기하고 싶지 않으면 짝에게 '미안해. 창피해서 내 이야기는 못하겠어.'라고 말해도 됩니다."

선생님의 말씀을 듣고 나는 고민이 되었다. 이번에 너무 시험을 못 봐서 친구들에게 내 점수나 내가 어떻게 공부했는지에 대해서 말하고 싶지 않았다. 하지만 내 주변에 앉아 있던 친구들의 성적이 궁금하였고 그 친구들이 어떻게 공부했는지 궁금하기도 했다. 친구들도 마찬가지인 것 같았다. 나도 친구들도 서로 눈치만 봤다. 그러고 있는데, 그중에 한 친구가 "아, 우리 그냥 보여 주고 이야기해 보자."라고 말을 했다. 그래서 나도 용기를 내어 "그러자."고 하면서 점수도 보여 주고, 어떻게 공부했는지에 대해서 이야기했다.

다행스럽게도 내 주변 친구들도 한 사람을 빼고는 나와 성적이 비슷하였다. 우리들은 서로 이야기하면서 많은 반성을 하였다. 특히, 시험 공부를 하다가 모르는 것에 부딪히면 차분하게 생각하는 대신에 막 짜증을 냈고, 짜증을 내다가 책을 덮어 버리곤 했다는 점을 정확하게 인식할 수 있었다. 또한, 공부를 하다가 조금만 힘들면 TV를 보거나 인터넷 서핑을 하거나 전자오락을 하곤 했다는 점을 분명하게 깨달을 수 있었다. 나와 내 친구들은 우리들이 기본적으로 공

☞ 7. 표시를 하면서 재기가 느낀 것은?
☞ 7. 표시하면서 내가 느낀 것은?

♠ 앞에서 쓴 내용에 관해 앞뒤 네 사람과 이야기를 나누어 보고 싶으면 나누어 보세요.

☞ 8. 친구들과 이야기하면서 재기가 깨달은 것은?
☞ 8. 나와 내 친구들이 이야기하면서 깨달은 것은?

부시간이 너무 적다는 점에 대해서 동의를 했다. 또한, 기초가 부족하여 공부할 엄두가 나지 않다는 고민을 함께 나누었다. 기초를 다지기 위한 방법에 관해 우리끼리 의논을 해 봤지만 뾰족한 방법을 찾을 수 없어 선생님께 질문을 하기로 하였다.

우리끼리 토론을 한 후에 선생님은 토론하면서 질문하고 싶은 바가 있으면 질문을 하라고 하셨다. 우리 모둠을 비롯해서 여러 모둠에서 다양한 질문이 나왔다.

"기초가 부족해서 공부할 엄두가 나지 않는데 어떻게 하면 좋겠습니까?"

"공부하다가 모르는 부분이 나오면 짜증부터 나고 그러다가 공부를 포기하는 경우가 많습니다. 그럴 때 어떻게 하면 좋겠습니까?"

선생님은 하나하나에 대해서 우리와 함께 문제를 풀어 보자고 하셨다.

먼저, 기초가 부족해서 공부할 엄두가 나지 않는 문제부터 이야기하였다. 선생님은 동일한 고민을 가지고 있는 친구들이 몇 명이나 되는지 손을 들어 보라고 하셨는데, 우리 반 40명 중에서 15명 정도가 손을 들었다. 선생님은 다음과 같은 방법을 제시하셨다. 기초가 부족한 과목은 한꺼번에 잘하려면 힘들 수 있으니까 우선 주요과목인 국어, 영어, 수학, 사회, 과학 중 모둠에서 4과목을 선택하라고 하였다. 그런 후에 각 모둠에서 4과목 중에 각자가 가장 잘할 수 있는 과목을 한 과목씩 정하게 하였다. 그리고 맡은 과목에 대해서 예습도 하고, 수업시간에 더욱더 집중해서 듣고, 모르는 것이 있으면 담당 과목 선생님이나 반에서 그 과목을 잘하는 학생에게 물어봐서 종례시간에 서로 가르쳐 주자고 제안을 하셨다.

공부하다가 모르는 것이 나왔을 때 짜증나서 책을 덮어 버리고 포기하는 문제도 함께 의논해 주셨다. 선생님은 우리들에게 공부하다가 모르는 것이 나왔을 때 짜증이 나고 책을 덮어 버리는 과정에 관해 시범을 보여 줄 수 있느냐고 요청하였다. 그래서 내가 나가서 그 과정을 그대로 보여 주었다. 친구들이 공감이 되는지 내가 연기를 할 때 박장대소를 하였다. 선생님도 함께 웃으신 후에 그 과정에서 내가 어떤 생각들을 하는지 물으셨다. 먼저, 모르는 것을 보게 되면 무슨 생각이 드는지 물으셨다. 나는 그럴 때면 '나는 공부를 해 봤자 잘할 수 없지 않을까?' 하는 생각이 든다고 말했다.

선생님은 '모르는 것이 나오면 일단 심호흡을 세 번 하고, 이 부분에 대해서 10분만 생각해 보자. 10분 정도 이러저런 생각을 하여 최대한으로 이해해 보려고 하자. 그래도 이해가 되지 않으면 내일 친구나 선생님께 물어보자.'라고 스스로 암시를 주면서 공부를 해 보라고 하였다.

그날 이후부터 우리 반 친구들은 각 모둠에서 한 과목씩 맡았고, 나는 과학 분야를 맡게 되었다. 과학 과목은 내가 책임을 지고 있다는 생각을 하니까 집에서 비는 시간이 되면 과학 과목에 대해서 예습을 하게 되었다. 그리고 그런 과목시간에는 더욱더 집중해서 듣게 되었다. 또한, 종례시간에 과학 과목에 대해서 중요한 것을 짤막하게 설명하면서 막연하게 알고 있는 것을 더욱더 잘 알게

☞ 9. 기초가 부족한 문제를 극복하는 것에 대한 선생님의 제안은?

☞ 9. 기초가 부족한 문제를 극복하기 위해서 무엇을 어떻게 할 생각입니까?

☞ 10. 기초가 부족한 문제를 극복하기 위해서 재기와 친구들은 어떤 노력을 했습니까?

☞ 10. 기초가 부족한 문제를 극복하기 위해서 당신이 노력하고 싶은 부분은?

☞ 11. 기초가 부족한 문제를 극복하기 위해 재기가 기울인 노력의 결과는 어떠했습니까?

되었다. 다른 친구들도 마찬가지였다. 맡은 과목에 대해서 예습하고, 수업시간에 집중해서 듣고 종료시간에 자신이 맡은 과목에 대해서 설명해 주면서 신나 했다. 물론 나도 우리 모둠원들도 가끔 자기가 맡은 과목에 대해 예습을 제대로 못 하고 수업시간에 집중하지 않아서 종료시간에 제대로 설명을 못 할 때도 있었다. 그럴 때면 서로 책망을 하기도 하고 격려도 해 주면서 다음에는 제대로 하겠다는 약속을 받아 냈다. 그렇게 5월 중순 이후, 6월, 7월 중순까지 2개월 정도 공부를 했는데 과학과목에 대해 흥미와 실력이 늘었고, 다른 과목에 대해 중요한 부분은 모둠 친구들을 통해서 복습을 해서 기초가 단단해지고 있다는 느낌을 가질 수 있었다. 그리고 7월달 기말고사를 준비할 때 처음으로 정말이지 열심히 시험 공부를 할 수 있었고, 성적도 많이 올랐다. 그리고 2학기 중간고사와 기말고사에서도 꾸준히 성적이 올랐으며, 고등학교 때도 친한 친구 5명이 함께 한 과목씩 책임을 지고 열심히 공부해서 종료 후에 잠깐씩 서로 가르치고 배우는 시간을 가졌다. 덕분에 2학기 초까지는 엄두도 내지 못했던 ○○대학교 사범대학 물리교육과에 입학하였고 앞으로 2년 후에는 임용고시를 봐서 교단에 설 부푼 꿈을 안고 살아가고 있다.

☞ 11. 기초가 부족한 문제를 극복하는 것에 대한 나의 노력의 결과는 어떠할 것 같습니까?

6. 학습동기 향상을 위한 생태학적 접근의 실례

이 절에서는 학습동기의 향상을 위해서 생태학적 접근을 시도한 상담 사례를 제시하겠다. 그런 후에 학습동기의 향상을 위해서 생태학적 접근을 적용하는 절차에 대해서 설명하겠다.

1) 적용 사례

• 사례 1: 똑똑한 초롱이의 이야기

우리 학생 초롱이(초등학교 3학년 남학생)는 정말로 어찌할 수 없는 말썽꾸러기였다. 선생님인 내가 한창 설명을 하고 있는데 책상을 두드려 수업 분위기를 엉망으로 만들곤 하였다. 또한 조용한 자습 시간에 느닷없이 짝꿍을 건드려 눈물을 흘리게 하곤 하였다. 문제를 풀라고 하면, 공부하는 짝에게 말을 시키거나 장난을 쳐 짝꿍까지 꾸중을 듣게 만드는 경우가 많았다.

그럴 때마다 조용히 타이르면 알아듣는 듯 잠깐 동안 주의한다. 하지만 긴장을 풀 만하면 어느새 장난을 쳐 수업 분위기를 흐려 놓기 일쑤였다. 할 일을 하지 않고 있는 것 같아 조사하면 이미 완성해 놓고 있다. 자기 것을 해 놓고 다른 아이들이 공부를 못 하도록 방해하였다.

그래도 교사의 양심을 가지고, 다각적으로 노력을 하였다. 바람직한 행동을 할 때마다 상표나 모둠별 협동스티커를 주기도 하고, 칭찬거리를 찾아 칭찬카드를 주기도 하였다. 그러면 잠시 집중도가 높아지는 듯하다. 하지만 꾸준하지 못했다. 시간이 지나면 어느새 장난을 치고 제멋대로 행동하였다. 점차 초롱이를 신뢰할 수 없게 되었다. 머리는 똑똑하지만 주의가 산만하고 뭔가 정서상의 문제가 있는 녀석처럼 보였다. 똑똑한 초롱이에게 본의 아니게 인상이 찌푸려지는 때가 많다. 그래도 참고 인내를 하는 내 노력을 아는지 짝꿍에게 장난을 치지 않으려고 노력을 하기도 하였다. 하지만 그런 행동이 줄어들면서 만화책, 놀잇감을 가지고 와서 학습 분위기를 흐려 놓기 일쑤였다.

그러던 중에 □□□ 교수로부터 '스트레스 없는 스트레스' 강의를 듣게 되었다. 스트레스 없는 스트레스라는 눈으로 초롱이의 행동을 보니, 초롱이의 행동이 분명하게 이해가 되었다. 그랬다. 초롱이는 총명한 데다가 가정이나 학원에서 이미 예습, 복습이 철저하게 이루어졌기 때문에 교실에서 학습처리가 빠를 수밖에 없었고 이미 이해한 수업내용을 반복해서 들으려고 하다 보니, 남은 수업시간이 지루하기만 했던 것이다. 그래서 지루한 남은 시간 동안 친구에게 장난을 걸기도 하고, 그것이 여의치 못하게 되자 만화책과 놀잇간을 가지고 와서 놀고, 그것으로 다른 친구들에게 호기심거리를 제공했던 것 같다.

그동안 나는 초롱이에 대해 총명하고 공부는 잘하지만 정서적으로 안정이 안되었고, 고집이 세며, 바른 행동이 습관화되지 않았다고 생각하였다. 그래서 초롱이에게 "하지 마. 하지 마."라는 말을 자주 해 왔던 것 같다. 그동안 초롱이의 행동이 스트레스 없는 스트레스라는 생각을 하니, 미안하기도 하고, 끔찍하기도 하였다. 자칫 잘못했으면, 총명하고 에너지 넘치는 아이를 고집불통, 이기적인 아이, 선생님에 대한 존경심이 없는 아이라고 낙인찍어 문제아이로 고착시켰을 것 같기도 하였다.

적당한 도전거리가 없을 때 학생의 주의가 산만해지는 면을 고려하여 초롱이에게 심화 학습지를 제공하기도 하고, 학습 활동을 위한 준비물 관리 책임을 맡게 하였더니, 초롱이의 눈빛이 달라졌다. 쉬는 시간이 되면 다음 시간 준비물을 미리 물어보아 준비하고, 하교시간이면 참고 서적을 가져와 학습시간에 보여 주자고 제안을 하기도 한다. 물론 책상을 손으로 쳐서 소리를 내는 일도 없어졌고, 장난감을 가져와도 공부시간에는 절제를 하는 것 같다. 말썽꾸러기 초롱이는 훌륭한 보조교사가 되었고, 다른 학생에게 모범을 보이는 학생이 되었다.

원인을 바로 보는 교사의 시각이 아동들에게 미치는 결과가 엄청나다는 것을 느끼는 계기가 되었으며 오랜 지병을 단번의 수술로 완쾌한 기분 같기도 하다. (**초등학교 3학년 ○○반 담임, △△△ 선생님)

• 사례 2: 상위권에 속한 고등학교 2학년 여학생이 근래 들어 수업에 집중을 하지 못하고 있으며 갑자기 성적이 떨어졌다

문제의 원인을 탐색하기 위해서 학습과 관련한 어려움, 개인적 고민, 가정에서의 고민 등을 종합적으로 탐색하였다. 탐색 결과, 최근 학생의 아버지가 바람을 피우다가 발각되어 아버지와 어머니 사이에 갈등이 심해졌고, 부모가 이혼하겠다는 말을 들었다고 하였다. 학생은 아버지와 어머니 모두와 애착관계를 형성하고 있어서, 부모가 이혼하지 않기를 바라고 있지만, 자신이 부모에게 어떤 말을 어떻게 해야 할지 알 수 없고, 자신이 무슨 말을 한다고 하더라도 부모의 마음이 변화하지 않을 것 같다는 염려 때문에 학습에 집중을 하지 못하고 있음이 밝혀졌다.

상담자는 최근 벌어진 사건으로 인하여 학생의 정서적 안정 기반이 흔들렸음을 공감해 주었다. 동시에 이러한 정서적 안정 기반을 회복하고 싶은 학생의 마음을 읽어 주었다. 상담자는 학생이 어떻게 하면 정서적 안정감을 회복할 수 있는지에 대해서 함께 의논을 하였는데, 학생은 부모가 이혼을 하지 않았으면 좋겠지만, 만약 이혼을 한다고 하더라도 자신이 마음의 준비를 한 후에 이혼을 하

고, 이혼을 하더라도 아버지와 어머니를 모두 만날 수 있으면 지금보다는 더 정서적으로 안정되고, 학습에 집중할 수 있을 것이라고 하였다.

상담자는 학생의 기대를 학부모들에게 전달하였고, 학생과 학부모의 상호작용을 중재하였으며, 중재 결과로 학부모는 학생의 정서적 안정감이 혼들렸음을 인정해 주었고, 만약 부모가 이혼을 한다고 하더라도 학생의 요구를 수용하겠다고 약속을 하였다.

상담의 결과로 학생은 정서적 안정감을 회복하였으며, 다시 학습에 집중하는 모습을 보였다.

2) 적용 절차

학습동기 향상을 위한 생태학적 접근의 적용하는 절차는 다음과 같다.

- 1단계: 현재의 학습동기 수준을 평가한다.
- 2단계: 학습동기와 연관된 개인적 변인에서 변화가 있었는지를 확인하기 위해서 개인적 변인에 대한 정보를 수집한다.
- 3단계: 학습동기와 연관된 환경적 변인에서 변화가 있었는지를 확인하기 위해서 환경적 변인에 대한 정보를 수집한다.
- 4단계: 학습동기를 중심으로 개인적 변인과 환경적 변인이 어떤 관련성이 있는지를 추정하기 위해서 학습동기와 개인적 변인, 환경적 변인 사이의 관계를 화살표로 표현한다.
- 5단계: 도모하는 학습동기의 변화를 위해서 생태학적 맥락 내의 요소 중에서 변화가 가능한 요소를 확인하기 위해서 학습자와 학습자의 환경 변인의 인사와 자문을 한다.
- 6단계: 변화 가능한 요소를 변화시키기 위해서 계약을 한다.
- 7단계: 계약을 시행한 후에 학습동기의 변화를 평가한다.
- 8단계: 평가에 기반하여 다시 1단계에서 7단계를 반복한다.

제7장
주의집중 능력의 향상

| 이명경 |

1. 주의집중의 개념

주의집중 능력은 인지 및 학습의 전 과정에 영향을 미치는 중요한 능력이다. 학습상담 장면에서 많은 학습자들이 주의집중의 어려움을 호소하지만, 구체적으로 탐색해 보면 그 내용과 원인은 매우 다양하다. 이는 주의집중 능력이 매우 포괄적인 개념이며 다차원적 요소를 포함하고 있기 때문이다.

주의집중 능력은 크게 주의력(attention)과 집중력(concentration)으로 세분화할 수 있다. 주의력과 집중력은 각기 독립적으로 기능하지만, 공통적인 요소를 내포하고 있고 서로 영향을 주고받는다(이명경, 김아름, 2011).

주의력은 초점적 주의력, 선택적 반응 능력 등과 유사한 개념으로, 정보 처리의 초반 단계에서 요구되는 능력이다. 인간은 시각, 청각, 미각, 후각, 촉각 등의 감각 기관을 통해 환경 내의 무수히 많은 정보를 시시각각으로 접하게 되는데, 인지 한계로 인해 이 모든 정보를 다 저장할 수 없다. 그래서 동시에 접하는 무수히 많은 정보 중 특정 정보만을 선택하여 초점을 맞추는 능력, 즉 주의력이 요구된다.

주의력은 생물학적 반응 경향성으로 인해 정보가 강하거나 새로운 경우 쉽게 발휘된다. 천둥소리나 자동차 경음기 소리에 하던 활동을 멈추고 주의를 기울이는 것은 그것이 강한 자극이기 때문이다. 이런 강한 자극은 대부분은 생존에 위협이 될 수 있는 상황에 대한 일종의 경고이기 때문에 인간은 의식적 노력 없이도 본능적으로 주의를 기울이게 된다. 새로운 사람이나 물건에 관심을 기울이고 낯선 곳에서 각성 상태가 높아지는 것 역시 인간이 환경에 적응하기 위한 필수 반응이기 때문이다(Cohen et al., 2006).

주의력은 또한 환경과의 상호작용을 통해 학습되는 특성도 있다. 우리가 초인종 소리나 전화벨 소리에 특히 더 주의를 기울이는 것은 그 소리가 다른 소리에 비해 더 중요한 정보라는 것을 학습하였기 때문이다(Zomeren & Brouwer, 1994). 선생님의 얼굴 표정보다는 목소리에 주의의 초점을 맞추는 것도 누적된 경험을 통해 학습된 행동이다. 경험이 누적될수록 반응을 해야 하는 중요한 정보와 무시해야 하는 방해 정보를 구분할 수 있게 되고, 더 오랫동안 주의의 초점을 맞출 수 있게 된다.

정보 처리의 관점에서 보면 주의력은 감각등록기와 단기기억 사이에서 가장 크게 요구된다(Reed, 2006). 감각등록기에 머문 무수히 많은 정보 중 주의의 대상이 된 특정 정보만 단기기억에 저장되고 선택받지 못한 대부분의 정보는 망각된다. 어떤 정보에 어느 정도의 주의를 기울일 것인가는 개인의 선택에 달려 있다. 특히 학습 장면에서는 어떤 정보를 선택하여 단기기억에 저장할 것인가는 매우 중요하다. 만일 학습자가 수업 장면에서 선생님의 목소리와 교재에 주의를 기울이는 대신 교실 밖에서 들리는 소음이나 선생님의 옷차림에 주의를 기울인다면, 제대로 된 선택을 했다고 볼 수 없을 것이다.

주의집중 문제를 호소하는 학습자 중에는 이렇게 제대로 된 선택을 통해 중요한 정보에 반응하고 방해 자극을 무시하는 능력을 갖추고 있지 못하는 학습자들이 있는데, 이는 나이가 어리거나 학습환경이 비구조화되어 있는 경우 더욱 그러하다. 어린 학습자의 경우 중요한 정보와 그렇지 않은 정보를 변별하는 능력이 부족하거나 바람직한 학습 태도를 아직 형성하지 못하였기 때문에 선택적인 반응 능력 자체가 부족할 수 있다. 또한 어린 학습자들은 나이 든 학습자에 비해 상대적으로 낯선 자극과 환경을 만날 기회가 많기 때문에 새롭고 강한 것에 생물학적으로 이끌려 주의가 산만해지기 쉽다. 이런 경우 학습자의 발달 단계를 고려하여 요구되는 학습 태도를 가르치고 습관화되도록 도와주거나, 다양한 경험을 통해 새로운 것에 대한 관심과 호기심을 충족시켜 주는 것이 바람직하다.

한편, 연령과 상관없이 노출된 환경이 지나치게 비구조화되어 있어 주의력 문제를 나타내는 경우도 많다. 소음이 많은 곳에서 학습을 해야 하거나, 불필요한 물건이 책상 위에 있거나, 핸드폰 문자를 수시로 확인하며 공부하거나, 공부방에 다른 사람이 수시로 드나드는 등 주의를 분산시킬 만한 요소가 환경 내에 많이 존재할 경우 주의력이 떨어지는 것은 너무나 당연하다. 하지만 대부분의 학습자들은 주의의 초점을 판단하지 못거나(중요한 정보가 무엇인지 모르거나) 환경이 너무 산만해서가 아닌 그 밖의 다른 이유로 주의집중을 하지 못한다. 초점을 맞추어 선택적으로 반응하는 능력이 부족한 학습자보다는 선택한 정보에 계속적으로 주의를 기울여 문제를 해결하는 능력, 즉 집중력이 부족한 학습자가 더 많다.

집중력은 주의의 초점이 되어 선택된 단기기억 정보가 장기기억되도록 하는 과정에서 요구되는 능력이다(Reed, 2006). 단기기억이 장기기억으로 바뀌기 위해서는 작업기억의 용량이 커야 하며, 작업기억과 장기기억 간의 상호작용이 활발해야 한다. 작업기억은 단기기억된 정보와 관련된 배경지식이 장기기억되어 있을 때 활성화되기 쉽다. 예를 들어, 태양계의 행성에 대한 수업 장면에서 독서나 체험 활동을 통해 이미 태양계 행성의 이름과 특징을 학습한 경험이 있는 학습자는 그렇지 않은 학습자에 비해 더 많은 정보를 받아들이고 저장할 수 있는데, 이것은 장기기억되어 있는 배경 정보가 새로운 정보와 쉽게 연결되어 더 많은 정보를 장기기억화할 수 있기 때문이다.

또한 작업기억은 다양한 기억 전략과 학습 전략을 활용할 때 활성화되기 쉽다. 태양계 행성 이름의 앞 글자를 순서대로 따서 '수금지화천해'로 암기하고 태양까지의 거리가 지구보다 가까운 행성과 먼 행성을 구분하여 특징을 비교하는 등의 기억 전략과 학습 전략을 활용하면 더 많은 단기기억 정보가 장기기억으로 전환될 수 있는 것이다.

이와 같이 집중력은 장기기억 내에 저장되어 있는 배경지식, 기억 및 학습 전략의 사용 등 학습자의 인지 능력의 영향을 받는다. 학자에 따라 이러한 능력을 분할 주의력(Zomeren & Brouwer, 1994), 주의 용량 및 집중력(Cohen et al., 2006), 학습집중력(이명경, 김아름, 2011) 등으로 다르게 명명하고 있기는 하지만 공통적으로는 인지 능력이 집중력에 영향을 미침을 주장하고 있다. 때문에 인지 능력이 높은 학습자는 집중을 더 잘 할 수 있고, 집중을 잘 하기 때문에 더 많은 정보를 저장하여 인지 능력이 높아지는 선순환 과정을 겪는 반면, 인지 능력이 낮은 학습자는 배경지식 부족과 기억 및 학습 전략 활용 부족으로 인해 집중을 잘 하지 못해 장기 저장되는 정보가 적고 결과적으로 인지 능력 발달이 지체되는 악순환 과정을 겪게 되는 것이다.

또한 집중력은 지루함, 피곤함, 좌절감, 불안감 등을 극복하고 과제에 지속하는 힘을 필요로 한다. 이러한 힘은 지속적 집중력 혹은 지속적 주의력으로 불리는데, 자신의 정서를 조절할 수 있는 능력의 영향을 받는다. 지속적 집중력은 개개인마다의 반응 속도와 반응 정확도 등의 영향을 받는데, 특히 자극이 제한되

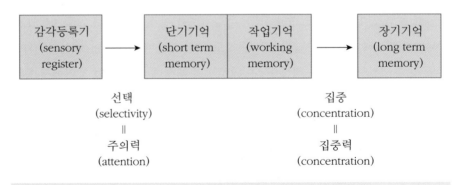

[그림 7-1] 정보 처리 과정에 따른 주의집중 능력의 구분

어 있는 장면, 자극이 단조로운 장면, 과제 완수까지 오랜 시간이 걸리는 장면, 도전적 과제를 수행하는 장면 등에서 더 많이 요구된다(Cohen et al., 2006). 만일 이러한 장면에서 지루함과 피곤함을 이기지 못하거나(과제가 너무 단조롭거나 쉬운 장면에서) 좌절감이나 불안감을 관리하지 못하면(과제가 너무 어렵거나 오랜 시간 노력해야 하는 장면에서) 아무리 높은 인지 능력이 있어도 계속해서 과제에 집중하는 것은 불가능해진다.

2. 주의집중 문제의 원인

주의집중 문제의 원인은 크게 생물학적 원인과 환경적 원인으로 구분된다. 생물학적 원인 중 유전은 이전 세대가 가지고 있는 산만하고 충동적인 성향이 다음 세대로 이어져 기질이나 경향성 등의 형태로 나타나는 것을 말한다(Biederman & Faraone, 2002; Thapar, 2003). 이들은 어릴 때부터 또래에 비해 높은 에너지 수준과 많은 활동량을 보고하며, 호기심과 자극 추구 성향이 강한 특성이 있다. 부모의 산만한 특성이 유전되어 주의집중 능력이 낮은 학습자의 경우 부모로부터 주의집중 능력 발휘에 도움이 되는 행동이나 전략을 배울 기회가 적기 때문에 더욱 산만해지기 쉽다. 하지만 높은 에너지와 호기심 등이 긍정적으로 발휘될 경우 연령의 증가와 함께 성숙과 학습을 통해 주의집중 능력을 점점 더 잘 조절하게 되는 양상도 보인다.

환경적 원인은 부모와의 상호작용 과정에서 양산된다. 발달 단계에 적절한 수준의 교육적·문화적 자극이 제공되지 못하였거나 가족 환경 내에 불안과 스트레스 요인이 지나치게 많은 경우 주의집중 능력은 저하되기 쉽다(김은숙, 2001; Backer & McCloskey, 2002). 특히 부모의 관심 부족이나 방임으로 교육적·문화적 자극을 적절히 받지 못한 경우 인지 능력이 낮거나 불균형하게 발달하여 학습 능력이 저하되기 쉽다. 이러한 경우 집단 학습 장면에서 이해력 부족으로 인한 주의집중 문제를 나타내기 쉽다.

반대로 부모가 너무 많은 교육적·문화적 자극을 한꺼번에 제공하는 경우에도 주의집중 문제는 나타날 수 있다. 과도한 조기교육과 지나친 선행학습은 학습자로 하여금 낮은 학습효능감을 형성하게 하고 수동적인 태도로 학습에 임하게 하기 때문에 학습에 대한 흥미와 동기를 떨어뜨리게 된다. 이러한 학습자는 비록 높은 학습 능력을 가지고 있더라도 자기통제력이 부족하여 지루하고 힘든 학습 과제에 주의집중하지 못하고 쉽게 산만해진다.

환경으로부터 가중되는 심리적 불안과 스트레스도 주의집중 능력 발달을 저해한다. 주의집중을 잘 하기 위해서는 자신이 적응할 수 있는 정도의 불안과 스트레스에 노출되어야 하며 이를 관리할 수 있어야 하는데, 가정이나 학교 등에서 교류하는 사람들과의 상호작용 속에서 좌절과 실패 경험으로 인해 심리적으로 위축되어 있는 학습자는 높은 불안과 스트레스를 경험하게 되고 이로 인해 사회적 상황에서의 적응력이 저하되어 더 높은 불안과 스트레스를 경험하는 악순환을 겪기 쉽다.

주의집중 문제의 원인은 대개의 경우 복합적이며 생물학적 원인과 환경적 원인 간의 상호작용에서 기인하는 경우가 많다(김동일, 이명경, 2006). 예를 들어, 생물학적으로 산만하고 충동적이며 예민한 기질로 태어났는데, 부모가 이를 민감하게 감지하고 적절히 반응해 주기보다는, 통제적이거나 거부적으로 반응할 경우 생애 초기부터 부모-자녀 관계가 안정적으로 형성되지 못하게 되는 것이다. 이렇게 생애 초기부터 애착 문제를 경험하게 되는 경우 그 시기에 활발히 성장해야 하는 뇌 일부의 발달이 지체되는 결과를 낳을 수도 있다.

3. 주의집중 능력 발달에 영향을 미치는 요소

1) 인지 영역

주의집중 능력은 정보 처리의 전 과정에 영향을 미치는 능력이며, 주의집중 능력에 의해 정보 처리의 효율이 달라질 수 있다. 정보 처리 능력이 높은 개인은 외부의 다양한 정보 중 중요한 정보를 빠르게 판단하여 주의의 초점을 잘 맞출 수 있고, 작업기억의 용량이 크기 때문에 많은 양의 정보를 장기기억할 수 있다. 반면 정보 처리 능력이 낮은 개인은 중요한 정보와 중요하지 않은 정보를 구분하지 못하여 환경에 따라 쉽게 주의가 분산되고, 작업기억의 용량이 제한되기 때문에 장기기억할 수 있는 정보도 적을 수밖에 없다.

지능은 대표적으로 정보 처리 능력에 영향을 미친다. 때문에 지능이 높은 학습자는 그렇지 않은 학습자에 비해 높은 주의집중 능력을 발휘할 수 있다. 하지만 높은 지능이 무조건적으로 높은 주의집중 능력을 보장하지는 않는다. 다인수 학급의 경우 높은 지능의 학습자들이 오히려 쉽게 산만해지기도 한다. 평균 수준의 학생들에게 맞추어진 수업 내용이 너무 쉽게 느껴지거나 동기부여가 적절히 되지 않은 상태에서 수동적으로 수업을 듣는 상황에서는 높은 지능을 가진 학습자라 하더라도 수업에 집중하지 못하기 때문이다.

학습상담자가 더욱 세심히 살펴보아야 할 집단은 지능이 낮은 학습자들이다. 이들은 정보 처리 속도 및 효율이 떨어지기 때문에 주어진 과제를 시간 내에 마무리하지 못하고, 학교 수업과 같은 그룹 학습 상황에서 교사의 설명과 교과 내용을 이해하지 못하기 때문에 쉽게 딴생각에 빠지거나 멍하니 앉아 있기 쉽다. 흔히 이러한 학생들을 주의력결핍 과잉행동장애(ADHD) 부주의 우세형으로 진단되기 쉬운데, 낮은 지능으로 인해 교과 내용을 이해하지 못해서 나타나는 주의집중의 문제는 ADHD로 진단되기보다는 학습부진아로 진단되는 것이 적절하다. 그리고 이들의 학습 능력을 높이기 위한 체계적인 프로그램을 운영해야 한다.

언어 발달 수준 역시 정보 처리 능력에 많은 영향을 미친다. 특히 말이나 글을 바탕으로 정보를 전달하는 학교와 같은 학습 장면에서는 많은 어휘를 정확하게 구사하고 이해할 수 있는 학습자가 더 많은 정보를 처리할 수 있다. 때문에 어릴 때부터 적절한 수준의 문화적·교육적 자극을 받으며 많은 양의 독서를 한 학습자일수록 높은 주의집중 능력을 발휘할 수 있다.

또한 언어 발달 수준이 높은 학습자는 내재적 언어를 통한 자기통제 능력이 뛰어나다. 내재적 언어는 다른 말로 속말, 혼잣말 등으로 불릴 수 있는데, 내재적 언어를 통해 내적 사고 과정이 조절되어 정보를 효율적으로 처리할 수 있게 된다(Luria, 1961). 주의집중 능력이 높은 학습자는 과제를 수행하는 동안 과제와 관련된 내재적 언어(예를 들어 '선생님께서 설명하시는 사암은 모래 사, 바위 암이겠지? 그러니까 사암은 모래로 된 바위란 뜻일 거야.' '수업이 조금 지루해지네⋯⋯. 조금 더 집중하려고 노력하자.')를 활발히 사용하여 적극적으로 학습을 하는 반면, 주의집중 능력이 낮은 학습자는 내재적 언어를 사용하지 않고 멍하니 있거나 과제와 관련이 없는 내재적 언어(예를 들어, '사암이 뭐야? 사과 먹고 싶다.' '내 지우개 어디 갔지? 연후가 지난번에 빌려 갔었는데⋯⋯. 어디 갔지? 그때 못 받았나⋯⋯?')를 사용하며 딴생각에 빠지는 것이다.

주의집중 능력은 주어진 과제에 대한 호기심과 흥미의 영향을 많이 받기 때문에 누적된 학습 경험의 양과 질 역시 주의집중 능력 발달에 영향을 미친다. 발달 단계에 적절한 정도와 수준으로 교육적 · 문화적 자극을 충분히 받은 학습자는 새로운 내용을 학습하는 장면에서 장기기억 내에 존재하는, 즉 이미 알고 있는 정보와 새로운 정보를 연결지어 깊이 있게 학습할 수 있게 된다. 또한 배경지식과 정보가 많은 학습자는 새로운 자극뿐만 아니라 익숙한 자극을 접하는 장면에서도 새로운 발견과 통찰을 이끌 수 있기 때문에 정보 처리의 효율이 높아지고 결과적으로 더 높은 주의집중 능력을 발휘할 수 있게 된다. 반면 누적된 학습 경험이 연령이나 학년 수준에 못 미치거나, 무리한 선행학습으로 학습 자체에 대한 호기심과 흥미가 저하되어 있는 경우에는 낮은 정보 처리 효율뿐만 아니라 학습에 대한 무관심과 무기력으로 인한 주의집중 문제를 나타내기 쉽다.

2) 정서 영역

주의집중 능력은 자신의 정서를 관리하는 힘, 즉 자기통제력의 영향도 받는다. 주의집중 능력은 새롭고 신기해서 호기심을 자극하는 과제를 수행하는 상황뿐만 아니라 반복되거나 어려운 과제를 수행할 때도 발휘되어야 한다. 또 즉각적인 보상이 주어지지 않는 과제를 수행하면서도 미래의 긍정적 결과를 기대하면서 현재의 욕구를 조절할 수 있어야 한다. 특히 지루하고 힘든 과제를 하는 장면에서는 자신의 정서를 조절하고 동기를 유지할 수 있는 힘이 뒷받침되어야 높은 주의집중 능력을 발휘할 수 있다. 이를 위해서는 자신의 욕구를 현실적 상황에 맞게 조절하는 자기통제력이 필요하다(Barkley, 2006).

자기통제력은 정서적 안정감, 자존감, 의미 있는 타인에 대한 신뢰감 등에 의해 발달한다. 정서적 안정감은 불안이나 우울과 같은 심리적 문제를 가지고 있지 않고 스트레스 수준이 자신이 통제 가능한 적절한 수준일 때 나타난다. 반면 필요 이상의 높은 긴장이나 불안을 느낄 경우 높은 각성 상태로 인해 생각이나 행동의 초점을 유지하기 힘들어진다. 무력감이나 무망감 등을 자주 느끼며 침체되어 있는 경우에도 낮은 활력 수준으로 인해 과제가 요구하는 만큼의 주의집중 능력을 발휘할 수 없다. 자신이 견딜 수 없는 범위의 스트레스가 지속적으로 주어질 때도 자기통제력이 낮아져 주의집중을 하기 어려워진다.

정서적 안정감과 함께 자신의 능력에 대한 긍정적인 믿음도 자기통제력에 영향을 미친다. 학령기 아동 및 청소년은 쉽고 재미있는 자극보다는 어렵고 단조로운 자극에 더 많이 집중해야 하는데, 자신의 능력에 대한 믿음, 즉 자존감이 있는 경우 어렵고 지루한 과제일지라도 중도에 포기하지 않고 완수할 수 있다. 자존감이 높은 아동 및 청소년은 자신의 능력보다 다소 어려운 과제를 접할 때도 도전적이고 성취 지향적인 태도를 보이기 때문에 과제에 대한 높은 집착력과 인내력을 나타낸다. 자신의 능력에 대한 믿음이 있고 실패를 하더라도 자존감이 손상되거나 무시나 비난 등 부정적인 결과가 초래되지 않을 것이라는 믿음이 있기 때문에 과제에 몰두할 수 있는 것이다.

반면 자신의 능력에 대한 믿음이 없거나 적고 실패 시의 결과에 대한 예측이 불가능한 경우 개인은 한 가지 과제에 몰두하기보다는 산만하게 행동하고 어렵거나 지루한 과제를 접할 경우 쉽게 포기하는 모습을 보인다. 과제를 선택할 때도 지나치게 쉽거나 어려운 것을 선택해서 비난을 피하려는 경향성을 갖는다.

하지만 이러한 선택은 성공 경험으로 이어질 가능성이 낮기 때문에 계속해서 자존감을 회복하지 못하고 자기통제력이 낮아지는 악순환을 겪기 쉽다.

주변의 의미 있는 타자, 즉 부모나 교사에 대한 신뢰 역시 자기통제력에 영향을 미친다. 자기통제력은 자신의 행동으로 결과를 변화시킬 수 있다고 믿을 때 더 잘 발휘되기 때문에, 만일 자신의 행동에 대한 부모나 교사와 같은 의미 있는 타인의 반응이 예측 가능하고, 그러한 예측이 자신의 기대와 부합할 때 발달될 수 있다. 예를 들어, 읽고 있는 책에 대한 흥미가 떨어지는 시점에 책을 계속 읽을 것인가 혹은 책을 그만 읽고 게임을 할 것인가는 개인이 선택할 수 있는 행동이다. 이때 책을 끝까지 읽었을 때 부모나 교사로부터 강력한 보상을 받을 수 있을 거라 확신할 경우, 혹은 책을 끝까지 읽지 않거나 게임을 하면 부모나 교사로부터 처벌을 받게 될 것이 분명한 경우에는 지루한 책이라 할지라도 끝까지 읽기 위한 자기통제력이 발휘될 수 있는 것이다. 반면, 의미 있는 타인의 반응이 일관성이 없어 예측하기 힘들거나 자신이 어떠한 선택을 하더라도 부정적인 결과만 예상되는 경우에는 자신의 행동을 조절하려는 노력을 덜 기울이기 때문에 주의집중 능력 역시 낮아질 수밖에 없다.

3) 행동 영역

주의집중 능력은 생활습관과 학습습관의 영향을 많이 받으며 생활환경에 따라서도 달리 발달한다. 주의집중 능력이 낮은 학습자는 대부분 규칙적이고 조직적으로 생활하기보다는 무계획적으로 생활하는 경향이 있다. 생활공간이 무질서하기 때문에 분류와 정리가 체계화되지 못하고, 무질서하게 배치되어 있는 사물들로 인해 쉽게 주의가 분산된다.

이러한 특징은 부모의 산만하고 무질서한 행동 패턴으로 인해 만들어진 경우가 많다. 부주의한 부모가 만들어 놓은 물리적·심리적 환경에 어릴 때부터 지속적으로 노출된 결과, 주의력 발달에 필요한 습관을 형성하지 못한 것이다. 혹은 부모가 일관성 있고 안정적인 양육 태도를 갖지 못하여 미래에 대한 예측과 기대에 근거해 자신의 행동을 조절하는 법을 익히지 못한 결과일 수도 있다. 그러므로 주의력 발달을 위해서는 생활 및 학습 공간, 습관 등을 체계화, 구조화, 조직화하여야 한다. 부모가 먼저 시간과 공간을 체계적으로 활용하는 모습을 보여 주고 공부방과 사물함 등을 체계적으로 정리하는 방법을 모델링하여야 하는 것이다.

주의집중 능력 발달을 위해서는 수면, 식사 등 일상적으로 반복되는 중요한 일들을 규칙적으로, 균형 있게 하는 것도 필요하다. 충분한 수면과 영양 잡힌 식단으로 생리적 욕구를 충족시키고 체력을 길러야만 오랜 시간 학습을 해야 하는 장면에서도 높은 주의집중 능력을 발휘할 수 있기 때문이다.

또한 시간 계획을 세우고 점검하는 등의 시간관리 전략을 익히도록 하여 주어진 과제의 성격에 맞추어 주의집중 능력을 조절해서 발휘하도록 하는 것도 필요하다. 어떠한 사람도 24시간 내내 높은 주의집중 능력을 발휘할 수는 없기 때문에 높은 주의집중 능력을 요구하는 활동과 그렇지 않은 활동을 구분하여 활동의 성격에 맞추어 주의집중 능력을 배분하는 요령을 익히게 하는 것이 필요한 것이다. 이를 위해서는 생존을 위해 꼭 써야 하는 시간(수면, 식사, 세면 등)과 이미 고정되어 자신이 바꿀 수 없는 시간(학교, 학원 등)을 제외한 나머지 시간 중 높은 주의집중 능력을 발휘해야 하는(혹은 할 수 있는) 시간과 그렇지 않은 시간을 구분하여 시간 계획을 수립하는 과정을 반복적으로 연습시켜 시간관리를 습관화하도록 하는 것이 도움이 된다.

4. 주의집중 향상 전략

주의집중 능력은 다차원적이고 포괄적인 개념이기 때문에 향상 전략 역시 매우 다양하다. 하지만 다양한 전략이 모든 개인에게 다 효과적인 것은 아니다. 때문에 주의집중 문제의 원인을 먼저 밝히고 이와 관련된 전략을 개발하여 적용할 필요가 있다. 주의집중능력검사(이명경, 2011)를 포함한 다양한 심리검사 도구를 활용하여 이들의 인지 및 정서 상태에 대한 객관적 정보를 수집할 수 있다면, 이들을 위한 전략을 수립하는 데도 도움을 받을 수 있을 것이다.

1) 내재적 언어를 통한 자기통제력 향상

자기통제력은 목표를 달성하기 위해 순간의 충동적인 욕구나 행동을 억제할 수 있는 능력을 말한다. 자기통제력은 유혹에 저항하는 능력, 만족을 지연하는 능력, 충동을 억제하는 능력 등을 필요로 한다. 자기통제력은 연령의 증가와 함께 증가하는데, 이는 인지 성숙으로 인해 자신의 사고와 행동을 규제하는 데 필요한 효율적인 전략을 사용할 수 있고, 자신에게 기대되는 바를 내면화할 수 있기 때문이다.

주의집중 능력이 높은 사람은 자기통제력이 높으며, 충동적으로 행동하거나 즉각적으로 만족을 추구하려 하기보다는 상황적 요구를 숙고하며 적절히 행동하는 사려성이 높다. 그리고 이들은 겉으로 드러나지 않는 내재적 언어, 즉 속말을 통해 자신의 사고와 감정을 조절하는 전략을 활용하고 있다. 때문에 자기통제력 발달에 도움이 되는 내재적 언어를 가르칠 경우 과제의 성격에 맞추어 효율적으로 주의집중하는 방법을 습득시킬 수 있다.

자기통제력 향상을 위한 방법 중 하나는 과제를 완수해 나가는 단계마다 사고를 나누어서 각 단계별로 필요한 언어를 내재화하는 과정을 통해 자신의 행동을 조절하도록 하는 것이다. 가장 대표적인 내재적 언어 훈련법인 자기교시 훈련(Kendall & Braswell, 1985; Kendall & Finch, 1976)과 Think Aloud 훈련의 사고 단계는 다음과 같다.

- 자기교시 훈련
  - 문제 정의 단계: 무엇을 해야 하는가? 문제는 무엇인가?
  - 문제에 대한 접근 단계: '모든 가능한 답을 살펴보자.' '내가 지금 하는 것만 생각하자.' '집중하자.'

- 답의 선택 단계: '답을 하나 고르자.'
- 답의 검토 단계: '답을 검토하자.'
- 자기강화 단계: '아, 잘했군.' / '아, 실수했군.' '다음에는 더 천천히 하고 좀 더 집중하여 바른 답을 고르자.'

• Think Aloud 훈련

- 문제 정의: 내가 해결해야 할 문제는 무엇이지? 나는 무엇을 해야 할까?
- 문제 탐색: 나의 계획은 무엇이지? 나는 그것을 어떻게 해결해야 할까?
- 자기점검: 나는 나의 계획을 활용하고 있는가?
- 자기평가: 나는 어떻게 했는가?

한편, 이명경(2007)은 이러한 자기통제를 위한 내재적 언어를 다음의 다섯 단계로 재구성하여 학습 과정에서 주의집중 능력을 높이고자 하였다. 이러한 내재적 언어는 학습 장면에서뿐만 아니라 자신의 주의집중 능력을 점검하고 관리해야 하는 일상 장면에서도 적용 가능하다.

• 1단계(문제 정의) - '무엇을 해야 하지?': 공부를 시작하기 전에 주어진 과제의 종류와 성질을 내담자 스스로 파악하도록 하기 위한 첫 단계이다. 과제에 본격적으로 집중하기 전에 '무엇을 해야 하지?'를 떠올리면서 무엇을, 어느 정도까지 해야 하는지를 가늠하도록 하는 것이다. 이를 통해 충동적으로 문제에 덤벼들거나 누군가의 지시에 수동적으로 반응하는 습관을 줄일 수 있다.

• 2단계(계획 수립) - '어떤 방법으로 할까?': 1단계 이후 주어진 과제를 효율적으로 처리하기 위한 전략을 계획하는 2단계 생각법을 유도한다. 특히 이 단계에서는 내담자의 생각을 독려하여, 나름의 문제해결 방법을 고안할 수 있도록 충분한 시간을 주어야 한다. 그리고 과거 비슷한 활동을 했던 경험을 되살려 성공 및 실패 전략을 분석하고 현재에 적용할 수 있도록 하는 것이 필요하다. 상담자는 문제를 해결하는 데 가장 도움이 되는 전략을 가르쳐

줄 수 있지만, 내담자가 그 방법을 무조건 적용해야 하는 것은 아니다. 내담자는 자신이 생각하기에 더 나은 방법을 선택해서 활용할 수 있고, 실제 경험을 통해 자신에게 더 나은 방법을 찾아 나갈 수 있다. 이때 상담자는 내담자의 방법보다 더 효율적인 방법이 있을 수 있음을 알려 주고, 도움을 요청할 경우 더욱 상세히 방법에 대한 설명을 해 주는 것이 좋다.

- 3단계(중간 점검) – '계획대로 하고 있나?': 공부를 하는 중간중간에 자신의 행동을 모니터링하고, 계획한 대로 효율적인 방법을 적용하여 과제를 수행하고 있는지를 점검하는 단계이다. 1, 2단계는 과제 시작 전에 이루어지지만 3단계는 과제를 수행하는 중간에 이루어지기 때문에 과제 수행 도중 여러 번 자주 질문할 수 있다. 딴생각을 하고 있지는 않은지, 엉뚱한 곳을 공부하는 것은 아닌지, 지금의 방법이 효율적인지, 자세는 바른지 등을 점검하며 더 나은 자기조절을 할 수 있게 한다.

- 4단계(실행 후 점검) – '어떻게 했지?': 공부를 마친 후 실수로 빠뜨리거나 잘못한 부분은 없는지, 가장 핵심적인 부분은 무엇인지, 아직 정확히 이해하지 못했거나 암기가 잘 안 되는 부분은 무엇인지 등을 점검하는 단계이다. 자신이 푼 문제집을 채점하기 전에 다시 한번 실수한 부분이 없는지를 확인한다거나, 공부 마무리 단계에서 전체 내용을 훑어보면서 이해 및 암기 정도를 확인하고 표시하는 습관을 통해 실수를 줄이고 자신의 학습 상태를 모니터링할 수 있도록 도울 수 있다.

- 5단계(칭찬과 격려) – '잘했어. 열심히 노력한 덕분이야.': 공부를 마친 후에는 스스로에게 칭찬과 격려를 하고 마무리하도록 한다. 계획대로 효율적인 방법으로 공부해 낸 자신을 칭찬하는 과정을 통해 성취감과 자신감을 갖도록 하고, 계획만큼 공부가 잘 안 된 경우에도 '다음번엔 어떻게 하면 더 잘할 수 있을까?'를 생각하며 스스로를 격려하도록 하는 것이다. 자기 자신을 인정하고 격려하는 것이 집중력 발달에 큰 도움이 됨을 강조하고 부모 역시 학생에게 많은 칭찬을 하도록 유도한다.

2) 정서 및 동기 조절 능력 향상

지루하거나 어려운 공부를 해야 하는 상황에서 계속해서 주의집중 능력을 지속시키기 위해서는 외부로부터 보상이 주어지지 않더라도 스스로 자기 자신을 북돋우고 동기화하는 것이 필요하다. ADHD의 핵심 문제를 자기통제력 발달 지연으로 규정한 바클리(Barkley, 2006)는 자기통제력 발달에 영향을 미치는 요소 중 하나로 정서 및 동기 조절 능력을 꼽았다. 정서 및 동기 조절 능력은 자신의 행동에 대한 즉각적인 보상이 주어지지 않는, 즉 만족이 지연되는 상황에서 특히 더 요구되며, 객관적이고 타당한 관점을 유지할 수 있어야 발휘되기 쉽다. 공부는 즉각적인 보상이 주어지지 않는 대표적인 활동인 만큼 공부를 하는 동안 지루하고 짜증나는 정서를 조절하고 동기를 떨어뜨리지 않기 위한 노력은 필수적이다.

정서 및 동기 조절을 위해서는 과거를 회상하고 미래를 예견할 수 있는 능력이 필요하다. 자신의 과거 경험 중 꾸준한 노력을 통해 즉각적인 보상보다 더 큰 보상을 나중에 받았던 기억을 떠올려 현재에 적용하고, 현재의 노력이 미래에 어떤 결과로 이어질지를 예견하며 현재의 행동을 조절할 수 있는 것이다.

그런데 주의집중 능력이 낮은 개인 중에는 과거의 성공 경험이 적거나(그래서 자신의 노력에 대한 보상을 경험하지 못했거나) 성공 경험이 있다 하더라도 그것을 의미 있는 경험으로 간주하지 않는 경우가 많다. 예를 들어, 공부하기 싫은 마음을 잘 달래며 억지로라도 공부를 했는데 오히려 성적이 떨어졌다며 자신은 공부를 해도 성적이 오르지 않을 것 같다고 하거나, 자신은 원래 시험 직전에 벼락치기를 해야 성적이 잘 나오는 유형이라 미리 계획을 세우거나 공부를 할 필요가 없다고 믿거나, 성적이 잘 나온 이유가 엄마가 추천한 좋은 학원에서 공부를 했기 때문이라고 믿는 경우 등이 대표적인 사례이다. 이런 경우, 공감적 대화를 통해 내담자의 관점을 존중하는 태도를 보이면서도, 대개의 경우 공부량이 어느 정도 누적되어야 노력이 성적으로 이어지기 때문에 이번에 한 공부가 이번 성적에 반영되지 않았다고 해서 공부를 원래 못하는 사람이라고 믿을 근거는 없다는 것, 만일 이전 시험에서 벼락치기로 좋은 성적을 얻었다면 이번 시험에서도 벼락치기를 하되 미리 공부를 조금 더 해 놓은 상태에서 하면 성적이 더 오를 수 있다는 것, 같은 학원에 다니는 모든 학생들의 성적이 오른 것은 아닌 만큼 성적이 향상된 원인으로 자신의 노력을 꼽을 수 있다는 것 등을 내담자가 깨닫도록 도와야 객관적이고 타당한 관점을 통해 자신의 정서와 동기를 조절할 수 있게 된다.

특히 이 과정에서는 성적이 향상되거나 낮아진 원인을 자신의 노력에서 찾도록 하는 것이 중요하다. 귀인 이론에서도 강조하듯이, 성적과 관련된 일반적인 귀인들(노력, 능력, 운, 난이도, 타인 등) 중 자신이 통제할 수 있고 변화시킬 수 있는 귀인은 노력뿐이다(Weiner, 1984). 능력은 자기 내부에 존재하기는 하지만 안정적인 속성 때문에 단기간에 변화시키기 힘들고, 운, 난이도, 타인 등은 자기 외부에 존재하기 때문에 더욱 통제할 수 없다. 결과적으로 노력 이외의 귀인은 성적이 하락한 상황에서 좌절감이나 무력감을 경험시키고 노력을 회피하게 만들기 쉽다.

때문에 상담자는 능력이나 운, 난이도, 타인 등에게 귀인하는 내담자의 논리 내에 존재하는 모순을 발견하여 이를 다루는 과정에서 귀인 성향을 노력 중심으로 바꿀 필요가 있다. 이때 내담자의 논리에 정면으로 반박하기보다는 내담자의 실제 학습 경험과 결과와 귀인 형성 과정에 대해 공감적이고 수용적으로 경청하면서 노력의 양이나 방법 면에서의 문제는 없었는지를 탐색해야 한다. 구체적으로 어떤 과목을, 어떤 교재로, 어떤 방법으로, 어느 정도 공부했는지를 분석하여 성적이 하락한 원인은 노력이 부족했거나 노력의 방법을 잘못되어서라는 점을 깨닫도록 해야 한다.

또한 미래에 대해서도 구체적으로 꿈꾸고 계획할 수 있게 도와야 미래를 예견하여 현재의 행동을 조절할 수 있게 된다. 이를 위해서는 진로 교육을 통해 성인기에 갖게 될 직업과 삶의 모습을 구체적으로 그려 보고 긍정적으로 기대할 수 있도록 해야 한다. 그리고 목표를 세분화하여 장기 목표, 중기 목표, 단기 목표 등을 설정하고, 작은 단기 목표를 하나씩 이루어 가는 과정을 경험시키는 것이 필요하다.

객관적이고 타당한 관점을 유지하지 못하는 개인 중에는 가정이나 학교 등에서 지나치게 많은 스트레스를 받고 있거나, 매우 오랜 기간 누적된 실패 경험으로 인해 만성적인 무기력을 나타내는 경우도 있다. 이런 경우에는 심리상담을 통해 환경 내 스트레스원을 관리하거나 심리내적 에너지를 회복하도록 도와야 한다.

3) 학습 전략 향상

주의집중 능력이 낮은 학습자 중에는 학습 능력이나 누적된 학습량이 낮은 학습자가 상당수 있다. 이들은 주의집중을 위한 기억의 용량이 동일 연령 혹은 학년에 비해 부족하기 때문에 학습 효율이 떨어지기 쉽다. 그리고 이로 인해 학습 능력과 학습량이 또래보다 더 낮아지는 악순환을 경험하게 된다. 특히 누적된 학습량이 적은 학습자는 새로운 지식과 연결시킬 배경지식이 부족하기 때문에 학교 수업과 같은 학습 장면에서 내용을 이해하지 못하게 된다. 때문에 이들은 수업에 주의집중을 하지 못하고 멍하니 딴생각을 하거나 산만한 행동을 하기 쉽다. 임상 장면에서는 이런 학습자의 상당수가 ADHD로 진단되는 경향이 있는데, 이들은 ADHD이기 때문에 주의집중을 못 하는 것이 아니라 교과 내용을 이해하지 못하기 때문에 주의집중을 못 하는 것이므로 ADHD로 진단하기보다는 결손된 학습 내용을 보충하고 학습 능력을 높이는 노력이 요구된다.

학습 능력 및 누적된 학습량이 부족한 학습자의 경우 어휘력과 독해력을 우선적으로 신장시킬 필요가 있다. 대부분이 말과 글로 구성되어 있는 수업과 교재의 내용을 이해하기 위해서는 학년 평균 이상의 언어적 이해력이 요구되기 때문이다. 부족한 어휘력과 독해력을 높이기 위해서는 현행 교과 내용 중 뜻을 잘 모르는 단어를 표시하도록 한 후 그 뜻을 찾아 정리하는 습관을 들여 주고, 내용 이해에 도움이 되는 그림이나 사진 자료 등을 함께 제시하여 구체적으로 설명하는 것이 필요하다. 이런 학습자일수록 집단으로 이루어지는 학교나 학원 등의 수업에서 제대로 이해하지 못한 채 그냥 흘려보내는 정보가 많으므로 개별 학습을 통해 내용을 다시 한번 정리하고 이해할 수 있게 도와야 한다. 현 학년 혹은 연령에 기대되는 수준보다 낮으면서도 학습자가 흥미를 느끼는 분야의 도서를 선택하여 독서량을 늘리는 것도 어휘력과 독해력을 높여 수업 이해 및 집중도를 높이는 데 기여할 수 있다.

어휘력과 독해력이 낮지 않더라도 특정 교과의 특정 단원에서 특히 낮은 집중력을 보이는 학습자도 있다. 이들은 전반적인 학습 능력이 지체되어 있기보다는 특정 영역에서 요구하는 학습 능력이 부분적으로 지체되어 있는 경우가 많다. 예를 들어 비언어적-시각 정보나 공간적-입체적 정보를 처리하는 능력이 낮은 경우 수학의 도형 단원에서는 이해의 어려움을 호소할 수 있다. 소근육 발달이 지체되어 있거나 시각-운동 협응 능력이 낮은 학습자 중에는 쓰기를 요구하는 교과에 대한 흥미와 자신감을 상실하여 수업에 집중하지 못하는 경우도 있다. 특정 능력 저하로 인해 특정 영역의 학습 장면에서 주의집중 능력이 저하되는 학습자의 경우, 특정 인지 능력을 높이기 위한 노력을 함께 해야 하며, 선택이 가능하다면 그러한 능력을 많이 요구하지 않는 과목이나 학과를 선택할 수 있도록 지도하는 것도 도움이 된다.

학습 능력이 낮은 학습자들은 대개의 경우 효과적인 학습 전략을 사용하지 않는 경향이 있다. 중심 내용 파악법, 요약 및 노트 필기법, 암기법 등과 같은 인지 학습 전략과 목표 설정, 계획 수립, 자기관찰, 결과 평가, 자기강화 등의 초인지 학습 전략 등을 적용하여 학습할 수 있도록 지도한 경우 부족한 학습 능력을 보충할 가능성이 높아진다.

4) 공부 환경의 관리

주의집중 능력이 낮은 개인은 환경 내에 존재하는 다양한 자극 중 더 중요한 자극과 덜 중요한 자극을 변별하지 못하거나 변별하더라도 사소한 자극에 의해 쉽게 주의가 흐트러지는 특성이 나타난다. 때문에 이러한 개인은 환경을 최대한 단순화하고 구조를 체계적으로 할 필요가 있다.

우선적으로는 공부 환경을 점검하여 가능한 한 방해 자극이 없는 조용하고 깨끗한 공간에서 학습을 하도록 해야 한다. 이를 위해서는 공부 시작 전에 책상 위의 불필요한 물건을 치우고 주변 소음을 제거하는 노력을 해야 한다. 또한 공부를 하는 장소에서는 공부 이외의 다른 활동을 하지 않도록 하는 노력이 필요하다.

특히 이들은 환경 자극에 의해 주의집중 능력 차이가 크게 나타나므로, 내담자의 주의집중 능력을 방해하는 요인을 분석하고 환경을 변화시킬 필요가 있다. 방해 요인을 분석할 때는 일반적인 방해 요인과 개인적인 방해 요인을 구분할 필요가 있다. 일반적인 방해 요인은 누구에게나 방해가 되는 환경적 요소이다. 예를 들어, 시끄러운 소음이나 맛있는 음식 냄새 등에는 누구나 주의를 빼앗길 수 있다. 개인적 방해 요인은 일반적인 사람에게는 방해 요인이 안 되지만 본인에게만 방해가 되는 요인이다. 예를 들어, 지나치게 고요한 장면에서는 오히려 집중이 안 되기 때문에 〈표 7-1〉과 같은 일반 방해 요인을 제시하여 분석함과 동시에 타인에게는 별다른 영향을 미치지 않지만 자신에게만 영향을 미치는 방해 요인이 있는지도 생각해 보고 찾아보는 과정을 거치는 것도 도움이 된다.

〈표 7-1〉은 일반적인 사람에게 적용되는 환경 내 방해 요인들을 열거한 것이다. 나머지 빈칸에는 내담자가 생각하는 다른 방해 요인을 적도록 하는 것도 좋다. 이 표를 내담자와 함께 작성하며 방해되는 자극을 0에서 100점 사이의 점수로 매겨 보도록 하면서 상담을 이끌 수 있다. 상담 과정을 통해 내담자로 하여금 자신의 주의집중력에 영향을 미치는 환경을 통찰하고 이를 변화시키려는 동기를 갖게 하기 위해서는 내담자에게 생각하고 분석할 수 있는 시간을 충분히 제공해야 한다. 예를 들어, 내담자가 음악에 70점의 점수를 주었다면 어떤 음악을 주로 듣는지, 특히 방해가 되는 음악의 종류가 무엇인지, 방해가 되는 줄 알면서도 음악을 듣게 되는 이유가 무엇인지 등을 탐색하여, 주의집중력을 높이기 위해 음악을 아예 듣지 않게 하는 것이 아니라, 음악을 관리할 수 있게 해 주어야 한다.

ㅇㅇㅇ **표 7-1** 주의집중에 대한 방해 요인

번호	방해 요인	점수	구체적 내용 혹은 이유
1	TV, 컴퓨터 소리	90	마루에서 동생이 컴퓨터 게임 하는 소리
2	음악	70	방해가 되긴 해도 음악이 없으면 공부가 더 하기 싫어짐
3	소음	45	엄마가 저녁 준비하는 소리
4	정돈되지 않은 방	10	별로 신경 쓰이지 않음
5	정돈되지 않은 책상	60	책상 위 물건들에 손이 자꾸 감
6	냄새	20	된장찌개 같은 음식 냄새
7	온도	70	방이 너무 따뜻해서 졸림
8			
9			
10			
11			
12			
13			
14			
15			

5) 공부 시간의 관리

생활을 단순화하여 정해진 시간에 정해진 활동을 하고, 가장 집중이 잘 되는 시간을 확보하는 습관을 들이는 것도 필요하다. 이를 위해서는 일과 분석을 통해 내담자가 언제, 무엇을 하며 생활하고 있으며, 어떤 활동을 할 때, 어떤 조건하에서, 어떤 시간대에 주의집중을 잘 하는지를 분석하는 것이 도움이 된다.

일과 분석을 위해서는 우선 시간대별로 어디서(장소), 무엇을(활동) 했는지 구체적으로 적도록 해야 한다. 예를 들어, 그냥 '숙제'라고 적지 않고 어떤 과목, 무슨 교재, 몇 쪽의 숙제를 했는지를 적도록 하는 것이다. 그리고 활동별로

ooo **표 7-2** 일과 분석표

시간	장소	활동	집중 점수	느낌
A.M. 6:00~7:00				
7:00~8:00				
8:00~9:00				
9:00~10:00				
10:00~11:00				
11:00~12:00				
12:00~1:00				
P.M. 1:00~2:00				
2:00~3:00				
3:00~4:00				
4:00~5:00				
5:00~6:00				
6:00~7:00				
7:00~8:00				
8:00~9:00				
9:00~10:00				
10:00~11:00				
11:00~12:00				
12:00~1:00				

집중한 정도를 평가하도록 한다. 집중 정도는 집중을 전혀 하지 못한 상태일 경우를 0으로, 완전히 몰입해 집중한 상태일 경우를 100으로 가정하여, 0에서 100 사이의 숫자로 표시하도록 할 수 있다. 마지막으로 각 활동과 집중 정도에 대한 자신의 느낌, 예를 들어 뿌듯함, 자랑하고 싶음, 만족스러움, 후회, 창피함 등을 적도록 한다.

일과 분석을 통해 가장 집중을 잘한 시간대와 가장 집중을 하지 못한 시간대 그리고 그때의 활동 내용을 점검해 보는 것은 중요하다. 스스로 집중을 하지 못한 것이 시간적 특성 때문인지, 아니면 그 시간에 했던 활동 때문인지를 생각해 보고, 보다 적절한 시간대에 적절한 활동을 할 수 있도록 하루 일과를 다시 계획하는 과정으로 전환할 수 있기 때문이다.

그런데 주의집중력이 낮은 내담자일수록 자신의 과거 활동을 회상하고 분석하는 능력이 부족하므로, 보호자의 도움이 필요할 수도 있다. 혹은 일과 분석표를 미리 주어 시간대별 활동 내역을 적어 오도록 할 수도 있다. 이런 내담자일수록 일과 분석을 매 상담 시간 초반에 반복적으로 하도록 상담 시간을 구조화하여 자신의 일과에 대한 분석 능력을 높여 주어야 한다.

6) 생활습관의 관리

낮은 주의집중 능력을 호소하는 사람들 중에는 식습관이나 수면습관 같은 기본적인 생활습관이 제대로 형성되어 있지 않은 사람들이 많다. 이들에게는 식습관과 수면습관이 주의집중 능력 발달에 중요한 영향을 미치는 요소임을 강조하여 올바른 습관을 갖도록 하여야 한다. 학생 스스로 조절하거나 관리하는 것이 어려운 경우에는 학부모 상담이나 지역사회 연계 프로그램 등을 활용하는 것도 바람직하다.

식습관의 경우 세 끼 식사를 정해진 시간에 규칙적으로 하고 끼니마다 고른 영양소를 섭취하는 것과 같은 매우 기본적인 원칙을 따르도록 하면 된다. 여러 가지 이유로 학습자들의 상당수가 아침을 거르거나 편식이나 폭식을 하는 등의 잘못된 식습관을 가지고 있다. 특히 아침을 거르는 것이 지속될 경우 밤사이 잠을 자는 동안 떨어진 체온이 회복되지 못하는 저체온증에 걸리기 쉬운데, 저체온증은 피로감, 면역력 저하 등을 유발하여 학습 효율을 떨어뜨리게 된다. 또 지나친 배고픔이나 배부름 역시 학습의 방해 요인으로 작용하므로 규칙적으로 자주 먹되 소식하는 습관을 들이는 것이 바람직하다.

수면은 한 번에 깊이 충분히 자는 것이 바람직하다. 잠을 충분히 자지 못하면 뇌가 휴식을 취하지 못한다. 그래서 뇌의 활동이 지나치게 둔감하거나 반대로 지나치게 예민해진다. 그 결과 아주 둔한 움직임을 보이거나 산만하게 행동하기 쉽다. 반대로 잠을 충분히 자게 되면 코르티솔과 멜라토닌과 같은 호르몬이 분비되어 몸의 면역 기능을 강화하고 유전자 손상을 막아 준다.

잠은 휴식의 의미만 갖는 것이 아니라 낮 동안 받아들인 다양한 지식과 태도를 되새김질하여 저장하는 시간이기도 하다. 우리는 깨어 있는 동안 오감을 통해 무수히 많은 정보를 받아들이는데, 이것을 정리하는 과정은 잠을 자는 동안 이루어진다. 잠자는 동안에는 낮 시간에 미처 처리하지 못한 지식과 기술 등을 곱씹어 보거나 기존에 알고 있던 것과 연결해 보는 작업을 하여 장기기억에 더 많은 정보를 저장할 수 있다. 반대로 잠을 충분히 자지 못하면 낮 동안 많은 학습을 하였다 하더라도 그것이 오랜 시간 기억되지 못하여 학습 효율을 낮추기 쉽다.

현재 학습자가 충분한 수면을 취하고 있는지 파악하기 위해서는 낮잠을 자거나 조는 시간이 어느 정도 있는지 확인하는 것이 좋다. 잠을 적게 자야 공부를 잘할 수 있다는 그릇된 신념 때문에, 밤잠을 줄이는 대신 수업시간에 졸거나 낮 시간에 몽롱한 상태에서 공부를 하는 어리석음을 범하고 있는 것은 아닌지 확인하고 잘못된 신념을 바꾸어 주는 것이 필요하다.

제8장
인지 및 초인지 전략

| 김현진 |

1. 인지 및 초인지 전략의 개념

1) 인지 및 초인지 전략의 정의

학업 영역에서 학습은 지식, 흥미, 전략적 과정 등의 인지적·정서적 요소들이 복잡하게 상호작용하는 다차원적인 과정이라고 정의해 왔다(Alexander et al., 1997). 그중 학습의 전략적 과정은 이해의 과정에서 발견되는 문제점들을 극복하거나 최상의 학습을 하는 데 장애가 되는 것을 파악하여 조정하는 절차적 지식(procedural knowledge)에 속한다. 이러한 전략적 과정에는 일반적으로 인지 전략과 초인지 전략이 포함되어 있다(Alexander et al., 1997).

최근 들어 인지 및 초인지 전략은 학습 전략(learning strategies)이라는 보다 포괄적인 개념의 하위 요소로 주로 논의되고 활용되고 있다. 여기서 학습 전략은 공부 기법, 공부 전략, 공부 방법 등으로 불리기도 한다. 학습 전략은 그 정의가 다양하고 분류 방식도 다양하다. 하지만 일반적으로 학습 전략은 학습자가 새로운 정보를 선택하고 획득하며 조직해서 저장하는 방식에 영향을 미치는 모든 정보처리 활동(정신적 조작)으로 정의된다(Dansereau, 1988; Weinstein & Mayer, 1986). 또한 학습 전략을 사용하는 과정은 의식적일 수도 있고 무의식적일 수도 있다고 본다. 와인슈타인과 메이어(Weinstein & Mayer, 1986)는 학습 전략에 낮은 수준에서 높은 수준의 정보처리 활동을 모두 포함하고 있으며, 인지적 전략 외에도 학습자의 감정 상태를 관리하기 위한 정의적 전략, 높은 동기 수준을 유지하는 동기화 전략, 학습 상태를 유지하는 전략 등을 포함하고 있다.

맥키치 등(McKeachie et al., 1986)은 학습 전략을 인지 전략(cognitive strategies), 상위인지 전략(또는 초인지 전략, metacognitive strategies), 자원관리 전략(resource management strategies)으로 분류하고 있다. [그림 8-1]과 같이 인지 전략은 정보를 이해하고 부호화하여 장기기억에 저장하고 인출하는 데 사용되는 전략으로 여기에 시연, 정교화, 조직화 전략 등이 포함된다. 상위인지 전략은 전반적인 인지 과정을 인식하고 통제하며 조정하는 전략으로 세부적으로 계획, 점검, 조정 전략을 포함하고 있다. 그리고 자원관리 전략에는 학습 수행을 지속할 수 있도록 하는 학습 지지 전략으로서 시간관리, 공부환경 관리, 노력관리, 타인의 조력 등이 주로 포함된다. 반신환과 백미숙(2009)은 이 분류에서 더 나아가 내용 이해의 측면에서 중심차원과 보조차원으로 다시 분류하였다. 중심차원은 내용 이해에 직접적인 영향을 미치는 과정으로 인지 전략을 포함하며, 보조차원은 중심차원의 학습이 보다 효과적으로 일어날 수 있도록 돕는 학습 과정과 환경의 효율적인 관리 및 집중력, 기억력, 노트 필기, 목표관리, 시간관리, 시험불안관리 등 일부 상위인지 전략과 자원관리 전략을 포함하고 있다.

최근 많이 언급되는 자기조절학습 전략 또한 기본적으로 인지 전략, 상위인지 전략, 자원관리 전략이라는 세 가지 학습 전략을 효과적으로 활용할 수 있는 능력이라고 할 수 있다. 즉, 자기조절학습자의 주요 특징으로 내용을 학습하고 기억하고 이해하는 인지 전략, 자신의 인지를 계획하고 모니터링하며 수정하는 초인지 전략, 학습 과제를 수행하는 과정에서 자신의 시간과 노력을 통제하고 조절하는 행동 조절 전략을 효율적으로 활용하는 능력을 들고 있다(Pintrich

& De Groot, 1990). 자기조절학습 전략은 맥키치 등(McKeachie et al., 1986)과 와인슈타인과 메이어(1986)의 학습 전략의 개념과 유사한 점이 많은 것으로 보인다. 그러나 일부는 학자들은 자기조절학습에서 초인지의 역할을 부각시켜 학습과정을 계획하고 점검하여 조절하는 초인지 전략을 중심에 두고 이 전략의 지휘하에 인지 전략과 행동 및 자원관리 전략을 사용하는 것으로 정의하기도 한다(Zimmerman & Martinez-Pons, 1986).

이 장에서는 인지 및 초인지 전략의 구체적인 세부 전략들을 소개하고자 한다. 먼저 인지 전략은 앞에서 정의했듯이 주어진 과제를 기억하고 이해하며 필요한 곳에 사용하는 실제적 전략들이라고 할 수 있다. 즉, 주어진 정보를 잘 부호화해서 장기기억에 저장하고 필요한 경우에 인출하는 정보처리 과정이 이에 해당된다. 댄서로우(Dansereau, 1988)는 이러한 정보처리 과정을 이해 전략, 파지 전략, 회상 전략, 사용 전략 등으로 구분하고 있다.

대표적인 인지 전략으로 시연 또는 리허설(rehearsal) 전략은 작업기억 속에서 정보가 사라지지 않게 하기 위한 전략으로, 학습할 내용의 중요한 부분에 밑줄

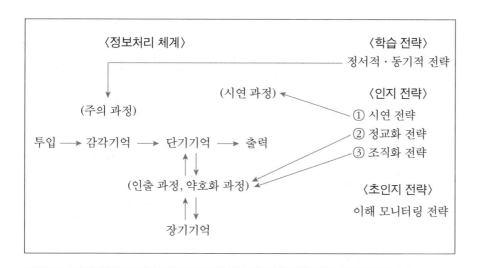

[그림 8-1] 정보처리 체계와 학습 전략

출처: 김동일(2005), p. 39.

을 그어 강조하거나 노트하기, 학습할 항목 암송하기 등이 여기에 포함된다. 이 전략은 정보 중 중요한 내용을 선택하여 집중하고 작업기억 속에서 활성화시키는 것으로 이미 알고 있는 지식과 통합시키는 깊이 있는 학습 과정에 기여하지는 못하는 것으로 보인다.

또 다른 인지 전략으로 정교화(elaboartion) 전략은 새롭게 유입되는 정보를 이전 지식과 관련을 맺도록 하여 장기기억 속에 저장하는 전략이다. 이 전략은 앞의 시연과 달리 들어온 정보를 다양한 방식으로 자신의 이전 지식과 연결시킴으로써 보다 깊이 있는 정보처리가 이루어진다. 정교화의 기법에는 다른 말로 바꾸어 자신의 것으로 만들어 보기, 요약하기, 질문하기, 심상법, 유추(analogies)하기, 사례 제공 등이 포함된다([그림 8-2], [그림 8-3], [그림 8-4] 참고).

조직화(organization) 전략은 학습 내용 요소들 간의 내적 연결 구조를 만들어 논리적으로 구성, 위계화시키는 것으로 복잡한 내용을 보다 쉽게 이해할 수 있도록 돕는 인지 전략이다. 대표적인 조직화의 예로 주요 주제와 아이디어의 개요를 작성하는 것과 [그림 8-5]와 같이 정보를 도식화(지도, 개념지도, 흐름도 등)하는 것 등이 포함된다.

한편 상위인지 또는 초인지 전략은 자신의 학습 과정을 계획하고 모니터링하며 조절하는 과정으로 자기 자신의 인지 과정의 전반을 인식하고 통제할 수 있는 능력을 말한다. 또한 사용된 다양한 인지 전략의 가치, 중요성, 효과 등에 대한 지식을 포함한다는 점에서 상위인지 전략이라고 부르기도 하며 주 전략인 인지 전략을 보조한다는 측면에서 보조 전략(Dansereau, 1988)이라고 불리기도 한다. 결과적으로 학습의 상황에서 학습 목표를 설정하고 어떤 인지 전략을 사용할지를 계획하고 학습의 과정에서 사용된 인지 전략의 효과성을 지속적으로 검토하여 조정하는 과정으로 인지 전략을 효과적으로 사용하도록 돕는 전략이라고 볼 수 있다.

정보처리 이론의 관점에서 초인지는 [그림 8-6]과 같이 네 가지의 중요한 기능을 담당하고 있다. 첫째, 초인지 전략을 효과적으로 사용하는 학습자는 주의 집중의 중요성을 이해할 것이다. 어떻게 하면 보다 효과적으로 핵심 내용에 에

1. 행동주의 이론의 관점에서 본 학습이란?
  ⇒ 우리가 어떤 것을 배워서 '행동'상의 변화가 나타난 것

2. 행동주의 이론의 대표적인 학자들
  2.1. 파블로프의 연구 개요와 발견점
    - 인간이 환경자극에 수동적으로 반응해서 형성하는 행동으로 반응적 행동임
    - 고전적 조건화는 어떤 자극에 유기체가 자동적으로 또는 수동적으로 어떤 반응을 일으키게 만드는 속성 때문에 '반응적 조건화'라고도 부름
          ......
  2.2. 스키너의 연구 개요와 발견점
    - 조작적 조건형성은 다르게 유기체가 원하는 결과를 얻기 위하여 실행하게 되는 자발적이면서 능동적인 행동 반응임
    - 고전적 조건에서는 수동적·자동적 반응이었지만 이 조작적 조건화는 자발적이면서 능동적인 행동임
          ......
3. 행동주의 이론의 대표적인 개념들
  ⇒ 강화: 어떤 행동에 뒤따르는 사건이 그 행동을 다시 야기할 가능성을 높일 때마다 일어나는 반응의 빈도를 증가시키는 것
          ......
          〈하략〉

[그림 8-2] 행동주의 학습 이론에 대한 '요약하기'의 예

우리 몸의 순환기는 우리 몸 전체에 피를 공급하는 양수기 체계와 같다. 정맥과 동맥은 파이프이고 심장은 펌프와 같다.

출처: Eggen & Kauchak (2006), p. 341.

[그림 8-3] '유추'의 예

- 동화: 오리를 '꽉꽉이'로 아는 4세의 어린아이는 비슷하게 생긴 닭이나 비둘기 도 '꽉꽉이'라고 부르게 된다.
- 조절: 비둘기도 '꽉꽉이'로 부르던 아이가 "구구" 하고 소리 내는 새가 회색이면 비둘기로, "꽉꽉" 하고 소리 내는 새가 노란색이면 오리로 구분하게 된다.

[그림 8-4] 피아제의 동화와 조절의 개념을 설명하기 위한 '사례 제공'의 예

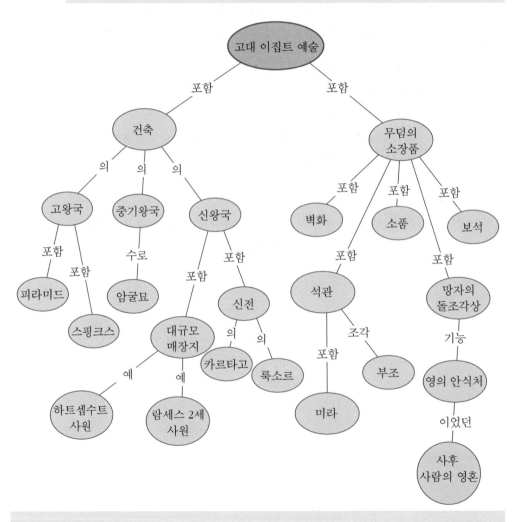

[그림 8-5] 개념지도의 예

출처: Ormrod (2009), p. 325.

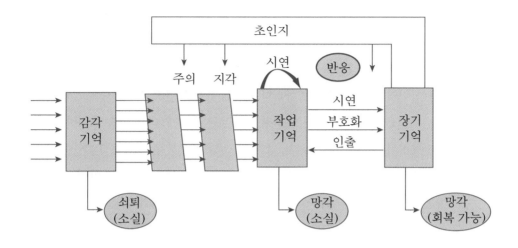

[그림 8-6] 초인지의 기능

출처: Eggen & Kauchak (2006), p. 347.

너지와 시간을 집중할 수 있을지를 파악하여 학습 환경을 조절할 수 있을 것이다. 둘째, 우리의 지각이 잘못될 수 있다는 것을 인식하며 보다 정확한 지각을 사용해 정확한 정보에 도달하고자 노력할 것이다. 셋째, 작업기억에서 어떤 전략을 사용하는 것이 효과적일지를 파악하고 대처할 수 있다. 넷째, 정보를 단독으로 저장하기보다 기존의 지식과 연결시키는 효과적인 부호화 전략을 활용할 것이다.

일반적으로 초인지 전략은 학습 과정에 대한 계획(planning), 점검(monitoring), 조절(regulating)이라는 구성요소를 가지고 있다(Brown, Bransford, Ferrara, & Campione, 1983; Pintrich & De Groot, 1990). 첫째, 계획은 효율적인 학습을 위해 필요한 전략을 계획하고 구성하는 것으로 학습의 목표를 설정하는 활동, 학습 시작 전에 목차와 대강의 내용을 훑어보는 활동, 문제를 풀기 전에 출제자의 의도를 추측하는 활동, 질문을 만들어 보는 활동 등이 이에 해당한다. 즉, 학습의 과정에서 어떤 전략과 정보처리를 사용할 것인지를 생각하는 과정이다. 둘째, 점검 또는 모니터링은 과제를 수행하는 동안 자신의 주의집중과 이해 정도를 지속적으로 확인하는 과정으로 초인지 전략의 핵심이 되는 활동이라고 할 수 있다. 이 점검 전략에는 주의집중 정도를 확인하는 활동, 자신의 이해 정도를 수시로 평가하는 활동, 시험의 상황에서 문제 푸는 속도와 자신의 생각이 어디에 있는지를 점검하는 활동 등이 포함된다. 셋째, 조절은 앞의 점검 활동을 거쳐 현재 자신이 사용하고 있는 전략의 적절성을 검토한 후 자기의 전략을 수정하고 조정하는 전략이다. 여기에는 이해가 되지 않고 넘어간 부분에 대해서 다시 읽는 활동, 어려운 부분에 대해 독서 속도를 줄이는 활동 등이 포함된다. 이렇게 끊임없이 자신의 학습 전략의 효과성을 확인하는 질문들을 던지고 보완해 가는 사람일수록 높은 초인지 전략을 사용하는 학습자라고 할 수 있다.

요약하면 인지 전략은 주어진 학습 내용을 이해하고 기억하는 과정과 관련되며 초인지 전략은 이러한 인지 과정을 계획하고 검토하며 필요에 따라 인지 전략을 수정함으로써 두 전략은 다른 기능을 담당하고 있다고 볼 수 있다.

2) 인지 및 초인지 전략과 학업성취

학습 방법 및 전략은 학습자에게서 발생하는 다양한 학습 문제를 진단하는 과정에서 인지적·정서적 측면과 더불어 살펴보아야 할 중요한 요인으로 간주되고 있다. 특별히 학년 수준이 높아지면 주어진 시간 내에 공부해야 할 내용이 과목과 내용이 많아지고 어려워지기 때문에 학습 방법이나 전략이 학업성취에 미치는 영향이 큰 것으로 예상된다(황매향, 2008). 실제로 선행연구들은 학습 전략의 사용과 학업성취 간에 깊은 관계가 있음을 밝히고 있다. 그 대표적인 연구로 지머만과 마르티네즈-폰즈(Zimmerman & Martinez-Pons, 1988)는 80명의 고등학생들에게 여섯 가지 상황에서 열네 가지의 자기조절학습 전략(자기평가, 조직화, 목표설정, 모니터링, 시연 등)의 사용 정도를 물었다. 그리고 그들의 교사들에게 학생들이 실제로 그런 전략을 사용하는지를 확인했다. 분석 결과 자기조절학습 전략 요인이 학업성취의 80%를 설명하는 것을 발견했다. 즉, 학습 과정에서 인지 및 초인지전략을 많이 사용할수록 학업성취가 높다고 볼 수 있다.

높은 초인지 전략을 사용하는 사람들은 자신의 학습 과정을 스스로 점검하고 언제 문제가 발생할지를 알며 그에 따라 자신의 학습의 과정을 조절하기 때문에 보다 효과적으로 학습할 것으로 기대된다(Brunning, Schraw, & Ronning, 1999; Ford, Smith, Weissbein, Gully, & Salas, 1998). 핀트리치와 드 그루트(Pintrich & De Groot, 1990)는 개인의 자기조절학습 전략의 사용은 그들의 학업 수행과 정적인 상관이 있다는 것을 발견했다. 포케이와 블러멘펠드(Pokay & Blumenfeld, 1990)는 학생들에 의해 보고된 초인지 전략의 사용 수준이 그들의 학기 말 성적과 정적 관계가 있음을 밝혔다. 밀로스(Meloth, 1990) 또한 인지 전략을 알려 주는 수업을 통해 학생들은 인지 과정에 대한 지식이 향상될 뿐만 아니라 실제 학습에서 인지 전략을 보다 많이 사용했으며 내용을 더 잘 이해하는 것으로 나타났다. 볼릿(Volet, 1991)도 초인지 전략을 배운 학생들은 새로운 문제를 해결하는 데 있어서도 전략을 더 많이 활용했으며 수업에서 높은 학업성취를 보인다고 보고했다.

국내에서 학습 전략의 효과성을 다룬 44개의 최근 연구들을 메타분석한 김동일 등(2002)의 연구에 따르면 학습 전략의 훈련은 전반적으로 상당한 학습 효과를 가지며, 특히 상위인지 전략(초인지 전략)의 활용 수준은 학생들의 학업성취와 인지 능력을 포함하는 학습 능력을 높이는 데 도움을 주는 것으로 나타났다. 또한 학령 초기에 해당하는 초등학생들에게 학습 전략을 가르치는 것이 중학교 학생들에 비해 학업성취에 보다 긍정적인 영향을 미치는 것으로 나타났다. 이는 학습 전략 훈련이 저학년 학생들이 바람직한 학습 습관을 형성하는 데 도움을 주어 장기적인 효과를 얻을 수 있음을 시사하고 있다.

2. PQ4R의 훈련

1) PQ4R의 목적

PQ4R은 토머스와 로빈슨(Tomas & Robinson, 1972)에 의해 제안된 방법으로,

학생들이 글을 읽는 동안 그것을 이해하고 있는지를 스스로 점검하여 유의미한 이해를 이끌어 내는 일련의 단계들로 구성된 읽기 학습 전략이다. 이 방법은 요약하기, 정교화 질문하기 등의 인지 및 초인지 전략을 하나의 전략으로 결합시켜 학습자의 읽기 능력을 향상시키는 데 도움을 준다.

2) PQ4R의 단계

- Preview(예습하기): 공부할 내용이 어떻게 구성되어 있는지 전반적으로 살펴보는 단계이다. 구체적인 방법으로 제목을 보고 주제를 예상하고 도입문과 요약문을 통해 각 장이 저자의 집필 목적에 어떻게 맞는지를 확인한 후 저자가 강조하는 요점을 찾아본다. 본격적으로 읽기 전에 소제목들을 살펴보며 전체구성을 이해한다. 더불어 그래프나 지도 등 시각적인 자료와 다른 글자체로 쓰인 부분들을 살핀다.
- Question(질문하기): 내용을 살펴보면서 정교화 질문들을 만든다. 이때 한 번에 한 섹션씩 가능하면 많은 질문을 생성해 낸다. 질문이 좋을수록 내용을 더 잘 이해할 수 있기 때문에 적절한 질문을 만들 수 있도록 신경을 쓴다. 이는 질문에 대한 답을 적극적으로 찾으려고 노력할 때 읽기에 더 집중할 수 있기 때문이다. 또한 읽어 가면서 추가적인 질문을 더할 수 있다.
- Read(읽기): 공부할 내용을 처음부터 끝까지 읽는 것과 동시에 질문하기 단계에서 만든 정교화 질문들에 답을 찾고자 노력한다.
- Reflection(숙고하기): 다 읽고 난 후에 답을 살피고 추가적으로 정교화 질문들을 만들어 보고 그 질문들에 대답해 본다.
- Recite(암송하기): 읽은 것을 요약하고 그전에 읽은 내용들과의 관계도 생각해 본다. 읽으면서 다시 마음을 집중하며 공부한다. 여기서 암송하기는 수동적적으로 배운 것을 단순히 외우는 것이 아니라 읽고 답하면서 이해했던 내용을 머릿속으로 떠올리고 소리 내어 스스로에게 말해 보는 능동적인 암송이다. 한 섹션을 마친 후 멈추고, 질문을 다시 회상한다. 그리고 그

ooo **표 8-1 PQ4R의 활용**

PQ4R	구체적 전략
Preview(예습하기)	• 앞으로 읽을 내용을 한번 살펴본다. • 읽을 분량을 확인한다. • 다루기 쉬운 단원을 확인한다. • 제목, 서론, 굵은 글씨체의 표 제목을 읽는다. • 차트, 그래프, 그림 등 시각적인 자료들도 본다. • 요약된 단락을 읽는다. • 매 단원의 마지막에 있는 질문이나 주제를 읽는다.
Question(질문하기)	• 예습하기를 기반으로 텍스트에 기초하여 해답을 얻고 싶은 질문을 적는다. • 각 장, 각 절의 소제목을 육하원칙에 따라 의문문으로 바꾸어 포함한다. • 굵은 글씨체의 표제를 질문으로 변형한다. • 매 단원 끝에 있는 질문 중 흥미로운 것을 적어 본다.
Read(읽기)	• 주요 아이디어, 보조 자료, 변화의 추이를 읽는다. • 제시된 내용의 특징과 윤곽을 그려 본다. • 책에 표시하면서 이러한 특징들이 의미하는 것을 기록한다. • 읽고 표시하면서 또한 주제, 논지의 전개, 매 단락에서 알아야 할 것을 질문한다.
Reflection(숙고하기)	• 질문에 대한 답을 정리한다. • 읽은 내용들을 머릿속으로 구조화시키고 이전에 알고 있는 내용과 관련지어 본다.
Recite(암송하기)	• 소리 내어 크게 읽고 주제 등을 적는다. • 시선을 다른 곳에 두고 책을 덮은 뒤 주제나 세부적인 내용을 자신의 언어로 표현한다. • 이미 만들었던 질문에 답해 본다. • 정확하게 기록했는지 점검한다. • 빠뜨린 정보는 없는지 찾아본다.
Review(복습하기)	• 주어진 자료를 바로 또는 나중에 다시 훑어본다. • 머릿속으로 전체 내용을 그려 본다. • 주제를 소리 내어 말하거나 자신의 질문에 답해 본다. • 비교하고 대조해 보며 내용을 재조직하고 범주화시킨다. • 이미 알고 있는 것이나 다른 주제들과 관련지어 주제를 연결시킨다.

출처: 연세교육개발센터(2004), pp. 24-25 일부 내용 활용.

질문들에 다시 답할 수 있는지를 확인한다. 만약 바로 답할 수 없다면 다시 돌아가서 확인해 보고 회상해 낼 수 있을 때까지 다음으로 넘어가지 않는다.

- Review(복습하기): 정교화 질문을 할 수 없거나 자신이 만든 질문에 대한 답을 할 수 없는 부분들을 다시 읽어 본다. 중요한 요점을 회상하고 요점들간의 관련성을 정리하는 단계라고 할 수 있다. 앞의 단계를 거치면서 전체 장을 마쳤다면 다시 앞으로 돌아가 모든 질문을 다시 한번 검토한다. 그 질문들 모두에 답하지 못한다면 다시 기억을 되살려 그 답을 생각해 본다.

3. 인지 및 초인지의 활용 전략 프로그램

앞에서 언급했듯 인지 및 초인지 전략은 학업성취에 영향을 미치는 중요한 요소로 간주되어 왔다. 그러므로 교사나 학습 전문가들은 학생들이 학습의 과정에서 이 전략들을 적극 활용할 수 있도록 촉진할 필요가 있다. 김동일(2005)은 1990년 이후 개발·보고된 인지 전략 및 초인지 전략을 포함하는 학습 전략 연구들을 분석한 결과를 보고했다.

첫째, 100개 정도의 인지 및 초인지 전략 관련 연구들에서 주로 사용된 학습 전략의 종류에 따라 구분해 보면 다음과 같다. 인지 전략에 초점을 둔 연구(예: 주천수, 1999)가 있는 반면 초인지 전략에 초점을 둔 연구(예: 류철섭, 2001), 인지와 초인지 전략을 함께 다루는 연구(예: 김경화, 2001), 시간관리와 같은 자원관리 전략 관련 연구(예: 청소년대화의광장, 1995), 이 모든 전략을 통합적으로 다루는 프로그램 연구(예: 박춘식, 2001)로 구분할 수 있었다. 보다 구체적인 인지 전략으로는 시연, 정교화, 조직화 전략 중 '연쇄화 학습 전략'과 같은 정교화 전략이 많이 사용되었다(예: 조경욱, 2000). 반면 시연 전략에 관한 연구는 거의 없었으며, 조직화 전략은 개념도를 활용한 학습 전략 프로그램 연구가 있었다(예: 주천수, 1999). 초인지 전략으로는 계획 전략, 점검 전략, 조절 전략이 고른 분포로 사용되었다.

둘째, 인지 및 초인지 전략 프로그램들이 주로 어떤 영역에서 개발되고 어떤 변인들에 영향을 미치는지 살펴본 결과 크게 일반적인 학습 능력을 향상시키기 위한 전략 훈련 프로그램(예: 이종삼, 1995)과 특정 교과의 학습 능력을 증진시키기 위한 것(예: 이정규, 1998)으로 나눌 수 있었다. 일반적인 학습 능력의 향상을 위한 프로그램들은 학습태도와 학업성취에 초점을 두고 검증되었다. 즉, 인지 및 초인지 전략 훈련이 학업성취를 높이고 긍정적인 학습태도를 형성하는 데 도움을 주는 것으로 나타났다. 한편 정서나 학습동기 등에 이러한 전략 프로그램이 미치는 영향을 살피는 연구는 부족한 상태이다. 특정 교과목을 위한 전략이나 프로그램의 경우는 국어 교과목에서의 학습 전략 개발과 훈련이 많은 부분을 차지했다(예: 정시균, 2000).

셋째, 인지 및 초인지 전략 훈련 프로그램들이 적용되는 대상에 있어서는 크게 일반 학생을 대상으로 하는 경우(예: 김송희, 2001)와 학습부진이나 학습장애를 가진 학생을 대상으로 하는 연구(예: 이화진, 임혜숙, 김선, 송현정, 1999)로 나눌 수 있었다. 프로그램이 주로 학교의 학급단위로 이루어지는 경우가 많기 때문에 일반 학생들을 대상으로 하는 전략 훈련 및 프로그램이 더 많은 것으로 나타났다.

넷째, 인지 및 초인지 전략을 어떤 방식으로 전략 훈련에 적용했는지에 따라 살펴보면 다음과 같다. 학습 전략을 교사가 직접 수업에서 전수하는 직접 교수의 경우(예: 김경화, 2001), 협동학습 모형에서 전략을 활용하는 연구들(예: 이종두, 1997), 인지 및 초인지 전략을 포함하는 학습 전략의 집단상담 프로그램을 개발하고 적용한 경우(예: 이화진, 부재율, 서동엽, 송현정, 1999), 수업 중 사용하는 매체를 통해 인지 및 초인지 전략을 활용하는 연구들(예: 정광조, 1998)로 구분하였다. 분석 결과 수업 모델 중에서도 관련 전략을 수업을 통해 직접 가르치고 적용하는 형태의 연구가 대부분을 차지하는 것으로 나타났다.

마지막으로 인지 및 초인지 전략 훈련 프로그램의 대상을 학교급으로 나누어 보면, 크게 초등학생(예: 박춘식, 2001), 중 · 고등학생(이종두, 1997), 대학생(예: 임영남, 2000)으로 분류할 수 있었다. 대부분의 경우가 초등학생 대상이었으며 그 중에서도 내용의 난이도가 급격히 높아지는 초등학교 3~5학년 대상의 학습 전 략 프로그램 연구가 많은 부분을 차지했다.

인지 및 초인지 전략을 포함하는 학습 전략 프로그램의 예로 김동일 등(2011) 에 의해 개발된 초등학생과 중학생 대상 학습 전략 프로그램의 핵심 내용을 소 개하면 〈표 8-2〉와 같다.

ㅇㅇㅇ **표 8-2** 초등학생 및 중학생 대상 학습 전략 프로그램

	제목	세부 주제	주요 내용
1회기	들어가기	들어가기	• 참가자 소개 • 사전검사 • 프로그램 소개 및 우리의 약속 등
2회기	동기 및 집중력 높이기 전략	동기 향상	• 학습동기 간략검사
		동기 향상	• 귀인 성향 분석 및 노력귀인 학습
		집중력 높이기	• 내외 동기의 개념 이해 및 내적 동기 높이기
3회기	암기 전략	암기 전략 1	• 기억력 수준 검사 • 효과적인 암기 방법 배우기
		암기 전략 2	- 전략 1: 첫 글자로 기억하기 - 전략 2: 문장 만들어 기억하기
		암기 전략 3	- 전략 3: 노래가사 만들어 기억하기
4회기	읽기 전략	읽기 5단계	• 읽기 및 중심 내용 파악 수준 점검하기 • 읽기의 중요성 깨닫기
		훑어보기	• 효과적인 읽기 5단계 알아 가기
		중심 내용 파악하기	• 훑어보기 • 글의 중심 내용 파악하기

5회기	노트 필기 전략	노트 필기 전략	• 노트 필기의 수준 점검하기
			• 노트 필기의 중요성 알아보기
			• 노트 필기의 방법 익히기
			  - 전략 1: 중요 내용 찾기
			  - 전략 2: 요점 정리하기
			  - 전략 3: I 모양 노트하기
			  - 전략 4: 지도 모양 만들기

6회기	자원관리 전략	시간 및 장소 관리 전략	• 시간 및 공부환경 관리 수준 점검 검사 • 시간관리 훈련의 참여 동기 고취 활동 • 하루 생활 분석하기 • 공부 계획 세우기 • 공부 분위기 관리를 위한 실천 목록 작성 활동
7회기	시험치기 전략	시험 전·중·후 시험치기 전략	• 시험치기 능력 검사 • 목표 설정의 중요성과 시험 전략에서 목표 　설정의 중요성 파악 활동 • 시험 계획 세우기 • 시험 상황에서 구체적 전략 배우기
8회기	마무리	마무리/다짐하기	• 진로탐색을 통한 동기화 • 프로그램 내용 회상 및 다짐 • 스스로에게 격려편지 작성

제9장
시간 계획 및 관리 향상

│ 전명남 │

　능동적인 학습에는 시간 계획과 관리가 핵심이다. 이 장에서는 학습 목표를 정하고 이를 실천하기 위해 시간 계획을 하고 관리를 하는 구체적인 방법을 다룬다. 그리고 자신의 일별·주간·장기적 학습시간을 스스로 통제하는 방법이 소개되어 있다. 시간 계획 및 관리의 개념, 시간 계획 및 관리 문제의 유형과 진단에 이어 시간 계획 및 관리 능력 향상의 순서로 진행된다.

　학습 목표를 설정함으로써 단기 목표와 장기 목표를 규명하고 필요한 시간을 확보할 수 있다. 시간 계획 및 관리에 있어서 가장 큰 문제는 공부 미루기와 시간을 낭비하는 것이다. 효율적인 공부를 위해서는 한 학기 캘린더를 활용하고 주간 공부 스케줄을 사용하여 공부 방법을 계획하는 것이 좋다.

　계획한 시간 계획대로 실천하고 관리하기 위해서는 해야 할 것의 목록을 만들고 우선순위를 세워야 한다. 또한 작은 일부터 시작하고, 시간절약법을 사용하며 낭비하고 있는 시간에 대해서는 스스로에게 말하도록 하는 것이 좋다. 시간 계획을 주변 사람들에게 알려 주는 것도 도움이 되며, 계획 시에는 자기 자신에게 보상을 약속하고 계획을 마쳤을 때 줄 수 있도록 한다.

1. 시간 계획 및 관리의 개념

성공적인 학습을 수행해 내는 학생들의 공통점은 시간 계획과 관리를 잘 해 낸다는 점이다. 우수한 학업성취도를 보이는 학생들은 우선순위가 높은 공부부터 하고 중요한 학습 내용에 시간을 많이 보낸다. 일주일 동안 같은 과목을 붙들고 공부만 하는 학생과 주요 학습 내용을 중요도에 따라 배분하고 시간을 조절하여 공부하는 학생 간에는 학업성취 면에서 상당한 차이가 있을 것이다. 주어진 시간을 어떻게 계획하고 관리하느냐에 따라 학생들의 학습 만족도와 학습 성과에서 효율을 높일 수 있다.

일반적으로 학생들은 계속되는 학습 내용과 과제물들로 시간에 쫓겨서 지내게 된다. 학년이 높아질수록 해야 할 학습량은 많아지게 되지만 시간은 제한되어 있다. 일반적으로 학생들에게 시간 계획과 관리에 어려움이 있을 때 다음과 같은 사례들이 나온다.

> "내일은 역사 쪽지시험이 있어. 화요일에는 수학 시험이 있어. 목요일에는 언어 논술보고서를 내야 해. 난 이 모든 것을 할 방법이 없어! 계속되는 공부로 난 생각조차 할 수 없을 정도로 지쳤어. 이걸 하려면 3일 동안 계속 밤을 새워야 돼!"

학습에서의 '시간 계획(time scheduling)'은 학습자가 현재 시간을 어떻게 보내고 있는지를 점검하고 학습 목표를 정하여 학습시간을 마련하는 것을 가리키며, 고정적인 시간 계획에서부터 여가시간의 확보까지 포함된다. 시간 계획은 하나의 단일한 계획표를 만드는 것을 가리키는 것이 아니다. 시기, 상황과 장소 등에 따라 여러 가지 시간 계획이 필요한 것이다. 예를 들면, 한 학기 시간 계획, 학교 내 자습시간 때의 시간 계획, 시험공부 일주일간의 시간 계획 등이다. 쿡(Cook, 1998)에 따르면 본인이 하고 싶은 일을 수행할 수 없도록 방해하는 것을 하루 평균 73번 만나게 된다고 한다. 먹고, 잠자거나, 줄서서 기다리며, 전화로 얘기하고, 메일을 여는 등 통제하기 어려운 실제적 방해물들은 매일 반복되고 있다. 흘러가는 시간을 통제하기 위한 가장 최선의 방법은 시간 계획이다.

학습에서의 '시간관리(time management)'는 자신의 목표가 무엇인지를 아는 것이고, 우선순위를 정할 수 있는 것이며, 미래의 요구와 가능한 변화를 예상하는 것이고, 자기 자신을 시간의 통제 안에 두는 것이다. 또한 학습 계획대로 제때제때 해내는 것이며, 계획을 수행하는 것을 가리킨다.

시간 계획과 관리의 목적은 학습이 효과적으로 이루어지도록 하기 위한 것이며, 충분히 긴 시간 동안 공부를 지속하여 유지하기 위해서이다(김영채, 1990). 일반적으로 학생들은 맹목적이고 비생산적인 활동으로 시간을 낭비해 버리기 쉽기 때문에 시간을 잘 계획하고 관리하는 것이 중요하다. 효과적인 시간 계획을 위해 한 학기 캘린더, 학교의 학기 및 연간 일정표, 가족 활동, 특별히 공부하고 싶은 내용을 가지고 시간 계획을 짤 수 있다(전명남, 2004). 또한 아무리 훌륭한 시간 계획이라고 해도 이에 따른 성실과 노력의 시간관리가 없다면 학업성취는 있을 수 없다.

모든 학습자에게는 일주일에 총 168시간이 주어진다. 대학생의 경우에 일주일 168시간 중에서 적어도 18~20시간(2학점당 2시간의 주간 학습량을 설정한 경우)은 과제와 공부를 해야 하며(전명남, 2007a, b), 추가로 식사시간, 잠자는 시간, 동아리 활동, 사교 활동, 영화 관람 등의 문화생활에 소비하는 시간을 고려하면 남는 시간은 20여 시간밖에 되지 않을 정도로 별로 많지 않다.

따라서 계획성 없이 생활하는 경우 학생들은 많은 과제와 수업, 기타 생활을 병행하기 어려울 수 있다. 그래서 생활을 계획하는 것, 즉 시간 계획을 세우고 관리를 해 나가는 습관은 매우 중요하며, 이것은 성인사회에 진입한 후에도 영향을 미치는 습관이 될 것이다.

시간관리를 위한 자기평가

학습에서의 자신의 행위에 대해 몇 분 동안 반성해 보고, 시간을 사용하는 방법에 대한 몇 가지 문장을 써 보자. 다음의 질문을 가이드라인으로 사용해 보자(Gardner & Jewler, 2003).

- 시간에 대한 나의 개인적인 생각은 무엇인가? 시간이 지나가는 것에 대해 의식적으로 지각하는가? 시간은 내 삶에서 얼마나 중요한가?
- 시간에 대한 나의 생각은 가족, 문화, 삶의 양식, 성, 연령, 다른 요인들에 의해 어떻게 영향을 받아 왔는가?
- 나는 제때에 일을 하는가, 아니면 지연시키는 편인가? 쉽게 집중할 수 있는가, 아니면 쉽게 주의가 산만해지는가?
- 나는 수업이나 모임에 일찍 가는가, 정시에 가는가, 아니면 항상 늦는가? 때로 수업을 빼먹는가, 아니면 약속을 놓치는가?
- 누군가가 내 시간을 낭비할 때 어떻게 느끼는가? 시간을 낭비할 때는 어떠한가?
- 나는 숙제를 빨리 마치는가, 시간에 맞추는가, 아니면 늦는가?
- 사회 활동에 나는 얼마나 많은 시간을 쓰고 있는가? 이러한 시간 사용은 나에게 중요한가?
- 혼자가 되는 데 필요한 시간은? 혼자 생각하는 데 필요한 시간은? 나에게 시간 사용은 얼마나 중요한가?
- 나의 스트레스 수준에 시간 사용이 어떻게 영향을 미치는가? 그리고 시간에 맞추어 일을 마쳐야 하는 것과 관련된 나의 불안은 어떠한가?
- 시간을 관리하는 구체적인 방법은 무엇인가? 나는 어떻게 공부, 개인 시간, 사회적 관계의 균형을 맞추고 있는가?

시간에 대해 고려할 때 자신이 생각하고 있는 것처럼 바쁜지 확인하기 위해서는 학습자 스스로 자신이 실제로 쓰고 있는 시간이 어떠한지를 찾아내는 것이 좋다. 자신이 진정 시간을 관리할 수 있는지를 알기 위해 생활 전반에 대한 점검이 필요하다. 통제할 수 있는 것과 무엇이 이루어져야 하는지를 학습하는 것도 시간관리에 도움이 된다.

또는 자신에게 '속도병(speed sickness)'이 있다면 아드레날린이 높은 상황을 계속 지속시키는 경향이 있을 수 있다. 예를 들면, '나는 스트레스나 압력하에서 일을 더 잘한다.'인 경우에 ○표를 한다면 이러한 성향이 더 강화될 수 있는 것이다. 속도병의 단순한 증세는 신경증, 우울, 피로, 그만두기 어려운 강박적 행동, 일을 그만두었을 때조차도 충분히 쉬지 못하는 무능감(inability) 등이다. 이로 인해 과도한 긴장, 심장병, 약물의존, 마비와 같은 위기를 겪을 수 있다. 시간관리에 있어서 최대의 적(enemy)은 자기 자신인 경우가 많다.

2. 시간 계획 및 관리 문제의 유형과 진단

1) 시간 계획 및 관리에 대한 습관 점검

시간 계획 및 관리는 습관이다. 시간관리에 대한 자신의 습관을 점검하고, 새롭게 시간을 계획하고 관리해 보자. 또한 시간을 낭비하고 있지는 않은지 점검해 볼 필요가 있다. 〈표 9-1〉은 시간 낭비를 초래하는 주요 행동이다. 나에게는 몇 개나 해당되는지를 체크해 보자(전명남, 2007a, b). 체크되는 숫자가 많을수록 시간관리에 어려움을 겪고 있는 것이며 시간관리의 요령이 필요하다.

ooo **표 9-1** 시간 계획 및 관리 습관 점검 내용

시간 계획 및 관리 습관 점검 내용	○ ×
• 같은 과제물을 가지고 질질 끌고 있다.	
• 컴퓨터 게임에 잘 빠져 있다.	
• 인터넷 웹서핑에 빠져 있기 쉽다.	
• 예정에 없거나 중요하지 않은 방문자와의 만남을 질질 끈다.	
• 중요하지 않은 전화 통화를 오래 하고 있다.	
• 불필요한 미팅에 자주 참석한다.	
• 목표 없이 공부하거나 일하는 경우가 많다.	
• 한 번에 너무 많은 일을 하려고 하며, 그 일을 하는 데 필요한 시간을 과소평가 하기 쉽다.	
• 우유부단한 경향이 있다.	
• '아니요'라고 말해야 할 때 '예'라고 대답해 버린다.	
• 잘하고 있거나 익숙한 공부나 일에 지나치게 관여하여 자신을 지치도록 만 든다.	
• 자신이 할 필요가 없다고 생각하는 일을 하고 있다.	
• 어떤 일을 준비하는 데 시간의 대부분을 보낸다.	

2) 지연

학생들의 공부 기술에 관한 막스-빌(Marks-Beale, 1994)의 연구에 따르면 시간 계획대로 하지 못하고 시간을 허비하는 열 가지 이유로 지연(procrastination), 텔레비전 보기, 친구 만나기나 사교 활동, 몽상하기, 어떻게 숙제할 것인가 등에 대해 생각하기, 에너지 결여와 같은 신체적 문제, 잠을 너무 많이 자기, 계획의 부족, 다른 사람을 기다리기, 전화로 수다 떨기가 포함되었다. 이 가운데 '지연' 또는 미루기가 시간을 허비하는 가장 큰 이유였다.

(1) 지연의 이유

왜 학생들이 지연을 하게 되고 해야 할 중요한 공부를 미루게 되는 것인가?

그 원인으로 크게 세 가지가 제안되고 있다(Marks-Beale, 1994). 첫째는 기말시험, 한 학기 최종 과제물과 같은 너무 크거나 압도하는 숙제이다. 둘째는 즐겁지 않은 학습자료 또는 숙제이다. 셋째는 학생이 학습 과제 또는 숙제에 대해 느끼는 공포이다.

(2) 지연을 극복하는 방법

철저한 시간관리의 가장 큰 적은 지연, 즉 '미루는 습관'이다. 이 습관을 극복하느냐가 시간관리의 성패를 좌우한다. 지연하는 습관을 극복하기 위한 다음의 여러 가지 방법이 있다(전명남, 2007a).

- 미루는 행동이 나에게 나쁜 결과를 가져온다는 것을 인식한다.

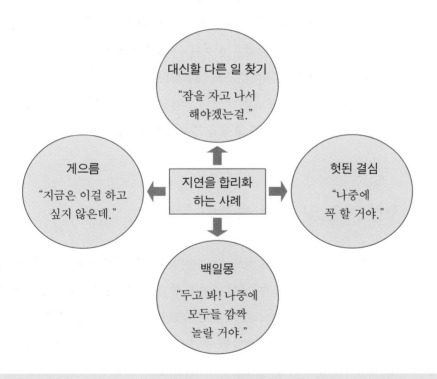

[그림 9-1] 지연의 합리화

- 미루는 행동을 합리화하는 이유를 경계한다. 게으름이나 대신할 다른 일을 찾는다거나 헛된 결심을 하거나 백일몽을 꾸는 것 등이 미루는 행동을 합리화하는 대표적인 사례이다.
- 스스로에게 인색하게 군다. '절대로 원칙의 예외를 두지 않기' 'TV는 30분만 보고 잠자기 전에 단어 10개를 외우기' 등이 있다.
- 과제를 작은 단위로 나누어 미리미리 해결한다. 한꺼번에 전체 일을 다 하려고 들지 않는다. 과제를 분할하여 할 수 있는 선에서 조금씩 해 두면 자기도 모르는 사이에 전체 일이 완결되어 있다.
- '싫어하는' 일을 먼저 한다. 선호하는 일이 싫어하는 일의 보상이 되도록 하는 '프리맥(Premack)의 원리'를 활용하자. 그 예로는 '50분 동안 과제를 완성한 다음에 내가 좋아하는 컴퓨터 게임을 30분 해야지.' '화학 문제를 10문제 푼 다음에 내가 좋아하는 라면 먹으러 가야지.' 등이 있다.
- 지겹고 귀찮은 일을 재미있는 일로 만든다. 어려운 공부를 좋아하는 친구와 함께 정기적으로 만나 즐겁게 공부할 수 있게 계획한다.
- 과제를 완수하면 보상이 주어지도록 계획한다.
- 계획 완수에 대한 강박 관념을 버린다. 지나친 완벽주의는 사고를 경직시키고 불안감을 가중시켜 일의 효율을 떨어지게 한다.

3. 시간 계획 및 관리 능력의 향상

일상에서 하루를 좀 더 알차게 보낼 수 있는 방법에는 여러 가지가 있다. 보다 시간을 알차게 보낼 수 있는 첫 번째이자 가장 중요한 방법은 '시간 계획'을 세우는 것이다. 만약 학습자들이 스스로 어디로 가고 있는지 알고 있으며 거기에 대한 계획이 있다면 시간을 낭비하지 않을 수 있다. 만약 계획을 가지고 있지 않다면 시간을 낭비하고 원하는 것에 도달하는 데 더 오래 걸릴 수 있다.

하루를 좀 더 알차게 보내는 두 번째 방법은 적은 시간을 보다 잘 활용하는 것이다. 어떻게 더 적은 시간 안에 더 많은 공부를 할 수 있는가, 어떻게 더 똑똑하게 공부하는가를 이 책에서 배울 수 있다. 효과적인 공부 전략을 사용하는 것은 시간을 더 알차게 보낼 수 있도록 해 줄 것이다. 이는 또한 한 가지 활동의 성과를 몇 배로 만들어 줄 수 있다. 예를 들어, 만약 학교로 가는 길에 세 가지 심부름을 해야 한다면 한 번에 한 가지씩 하는 대신에 합쳐서 한꺼번에 할 수 있다. 만약 버스나 전철로 통학을 한다면 학교 가는 길에 공부를 할 수 있다. 점심을 먹는 동안에 필기 노트를 한 번 더 볼 수도 있다. 이와 같은 전략은 개인 학습자의 상황에 맞게 적용할 수 있을 것이다.

시간을 알차게 보내는 세 번째 방법은 낭비된 시간을 활용하는 것이다. 통학하거나 점심을 먹는 것과 같은 활동은 시간을 소비하는 활동이지만 잘 활용할 수 있다. 흔히 허비해 버리기 쉬운 시간을 유용한 시간으로 바꾸어 사용하는 방법이다.

1) 시간 계획의 시작

시간 계획은 학습자의 시간 사용을 최적화하기 위해 하루를 시간의 블록으로 나누는 과정이다. 시간 계획에서는 목표 설정을 하고 우선순위를 세우는 것이 가장 중요하다.

(1) 학습 목표 설정

시간 계획과 관리에서 먼저 점검해 보아야 하는 것이 학습 목표(learning objectives)이다. 장기 목표와 단기 목표가 그 예이다. 또한 목표를 달성하기 위해 필요한 행동 리스트를 나열해 보고 일의 우선순위를 결정하여 이에 따라 월별·주별·일별 시간 계획을 작성한다(전명남, 2003, 2004, 2007a, b).

2주 후, 2달 후, 한 학기 후, 1년 후, 졸업 후, 10년 후, 20년 후에 되고 싶은 자신의 모습을 생각하고, 이를 학기별 시간 계획표를 적어 본다. 이러한 자신의 모습을 이루기 위해 어떤 일을 해야 하는지를 적는다. 이를 토대로 시간 계획을 세

ㅇㅇㅇ **표 9-2** 월별 학습 목표와 시간 계획 및 점검표

구분	세부 목표	목표 실천 방법	자기점검
1월			
2월			
3월			
4월			
5월			
6월			
7월			
8월			
9월			
10월			
11월			
12월			

울 수 있다.

학기별 시간 계획표에는 학교의 주요 행사, 학교의 휴일, 수업 계획서에 기록된 시험, 퀴즈, 프로젝트, 과제물 마감일 등과 같은 중요한 날짜를 체크할 수 있도록 한다. 학기별 시간 계획이 완성되었으면, 〈표 9-2〉와 같이 월별 학습 목표와 시간 계획 및 점검표를 만들어 활용한다.

(2) 우선순위 정하기

우선순위 정하기(setting priorities)는 제한된 시간 내에 원하는 일을 해내는 데 있어 결정적인 역할을 하는 방법이다. 일반적으로 학생이라면, 수업에 참여하고 숙제를 하며 자신만의 공부를 하는 것이 가장 우선적인 세 가지가 되어야 한다.

학습자 스스로 무엇이 우선적으로 수행되어야 하는가를 결정하고, 자신의 의사결정 결과를 받아들여야 한다(Gardner & Jewler, 2003). 학생들의 우선순위 결정은 개인의 주의집중 수준에 의해 영향을 받을 수도 있고 다른 이행에 의해 영향을 받을 수도 있다. 제한된 시간을 보다 효과적으로 사용할 수 있도록 우선순위를 고려하여 계획 짜기(scheduling)를 해낸다. 우선순위를 정했다면 '해야 할 것의 항목(to do list)'을 기록하여 사용한다.

(3) 학습 목표의 중요도와 긴급도에 따른 시간 계획과 활용 방향

학습 목표를 정하였으면, 목표에 따른 시간 계획이 필요하다. 그러나 어떤 것을 고정적인 학습시간 계획에 넣고, 어떤 것을 일시적으로 계획표에 넣어야 할지에 대해 결정해야 한다. 주관적인 우선순위 정하기 방법으로 고정학습시간 계획이나 일시적인 계획을 하는 것도 방법이지만, 판단하기 어려울 때는 시간관리 매트릭스를 활용할 수 있다. 시간관리 매트릭스는 학습 목표 또는 내용을 중요도와 긴급도에 따라서 시간관리를 할 수 있도록 정리해 놓은 것이다([그림 9-1] 참조). 시간을 계획할 때 '중요도가 높고 긴급도가 높은 일'만 하게 되면 사람이 지치게 된다. 이러한 사람은 탄력이 없어진 고무줄처럼 되어 버릴 확률이 높다. 또한 중요도는 낮고 긴급도가 높은 일이 가까운 장래나 먼 장래에 영향을 미치는 일은 거의 없다. 한편, 중요도가 낮고 긴급하지 않은 일에 대부분의 사람들이 시간을 보낸다. 시간을 낭비하는 사람들은 주로 잡담을 한다거나 TV를 본다거나 용무 없이 전화기를 들고 통화를 오래 한다거나 컴퓨터 게임을 조절 없이 계속하고 있다거나 하는 등 중요도도 낮고 긴급도도 낮은 일을 하는 데 시간을 써 버린다. 가까운 장래에 되고 싶은 인물이 되기 위해 꾸준히 공부한다거나 체력을 유지하기 위해 규칙적으로 운동하는 등 중요도가 높고 긴급도가 낮은 일을 꾸준히 해내는 것이야말로 성공적인 시간관리를 하는 방법이다(전명남, 2007a, b).

학습 목표를 가지고 시간관리 매트릭스를 활용하게 되면 고정시간 계획(fixed time scheduling)이 가능하다. 시간관리 매트릭스 가운데 중요도가 높고 긴급도

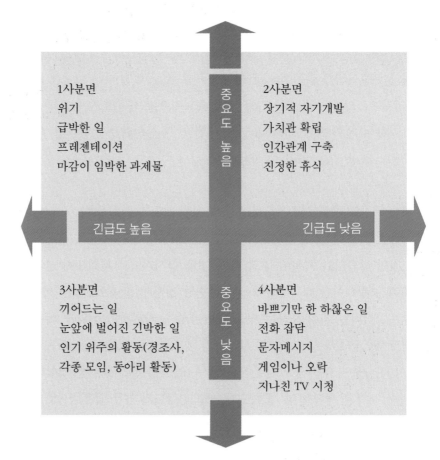

시간관리 매트릭스에서 가장 관심을 기울여야 할 부분은 2사분면이다.

시간을 관리하는 중요한 습관은 어떤 일에 우선순위를 두느냐에 있다. 많은 이들이 '중요하고도 시급한 일'을 가장 먼저 해야 한다고 생각하지만 코비(Covey, S.) 박사는 '중요하지만 시급하지 않은 일'이 더 중요하다고 조언한다.

[그림 9-2] 시간관리 매트릭스

출처: 전명남(2007a, b).

가 낮은 2사분면에 포함되는 일들에 초점을 맞추어 볼 수 있다. 즉, 시간관리 매트릭스에서 중요도가 높고 긴급도가 낮은 학습 목표가 배치된 학습시간 계획이 필요하다. 중요하면서도 시간이 요구되는 학습 목표이므로 오랜 시간에 걸쳐 매일 또는 일정하게 고정된 시간 동안 꾸준히 학습할 시간을 계획해야 한다. 예

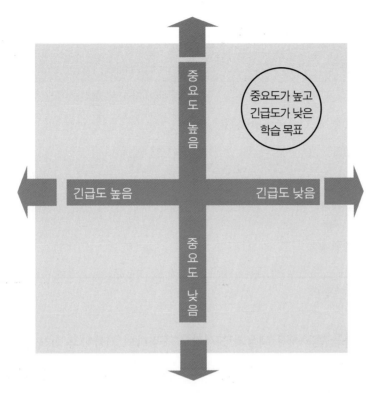

성공적인 학습성과를 위해 중요도가 높고 긴급도가 낮은 학습 목표에 대해 장기간에 걸쳐 고정시간 동안 학습하도록 계획한다.

[그림 9-3] 중요도가 높고 긴급도가 낮은 학습 목표

를 들면, 전공 영역이 이과인 경우 수학과 과학 공부는 중요도가 높으면서도 긴급도가 낮은 학습 목표가 될 것이다. 장차 외교관이 되려고 하는 학생의 경우 관련 외국어 공부는 중요도가 높으면서도 긴급도가 낮은 학습 목표이다. 이 경우에 매일 또는 주간 계획표에서 학습시간을 고정시켜서 일정하게 규칙적으로 공부할 수 있도록 계획한다.

(4) 소요되는 시간의 추정

학생들이 학습하는 데 실제로 필요로 하는 시간은 어떻게 될까? 학습 목표와

ooo **표 9-3** 소요되는 시간의 추정

하루의 활동에서 쓸 것으로 예상되는 시간을 기록한다.	매일 반복되는 활동에서 쓸 것으로 예상되는 시간을 기록한다.
• 수업시간 • 학습시간 • 일하는 시간 • 가족과의 활동 • 자원봉사 • 운동 • 정기적으로 계획된 것 • 클럽, 교회, 기타 • 친구와의 사회 활동 • 심부름 등	• 학교에 가는 데 걸리는 시간 • 학교에서 오는 데 걸리는 시간 • 식사 • 개인적인 일 • 잠

출처: 전명남(2007a, b).

매일 반복되는 활동에서 예상되는 시간을 추정하여 기록하고 실제적인 시간을 점검하여 시간 계획표를 만들거나 수정하는 데 사용한다. 일주일간의 표를 가지고 전체 시간에서 각 항목에 소요되는 시간을 고려하여 계획하고 목표로 하는 일을 하는 데 적합한 시간대와 시간을 확보한다.

2) 시간 계획의 작성

(1) 한 학기 달력을 사용한 시간 계획

일반적으로 학교에서는 한 학기를 단위로 수업이 진행된다. 학생들이 자기주도적인 학습을 하기 위해서 한 학기를 전체로 묶어서 보는 한 학기 달력을 사용한 시간 계획을 사용할 수 있다.

- 단계 1: 한 학기 달력을 준비하여 주별로 '이름'을 붙인다. 예를 들면, 중간 고사 기간, 기말고사 기간 등
- 단계 2: 학교 휴일이나 중요한 학교 행사를 기록한다. 예를 들면, 체험학습

일, 개교기념일 등
- 단계 3: 학교의 계획서에 기록된 정보에 따라 시험이나 퀴즈, 프로젝트, 리포트 마감일 등과 같은 중요한 날짜를 체크한다. 매일 나오는 숙제 같은 것은 이러한 형식에 적지 않는다.
- 단계 4: 학교와 관련된 모든 중요한 날짜를 달력에 포함시켰다면 가족 모임이나 생일파티, 음악콘서트와 같이 이미 알고 있는 중요한 사교 활동에 대해 적는다.

(2) 주별 시간 계획

주별 시간 계획을 중심으로 학습 활동을 계획한다. 주별 시간 계획에서 우선순위(to do lists)를 둘 일을 정한다. 우선순위를 기준으로 '주별 시간 계획 및 점검표'를 작성하여 활용한다.

ooo **표 9-4 주별 시간 계획 및 점검표**

요일	세부 목표	추진 전략	자기점검 및 강화
월			
화			
수			
목			
금			
토			
일			

(3) 일일 시간 계획

주별 시간 계획을 기준으로 '일일 시간 계획 및 점검표'를 만들어 활용한다.

ooo **표 9-5** 일일 시간 계획 및 점검표

	월	체크	화	체크	수	체크	목	체크	금	체크	토	체크	일	체크
7:00														
7:30														
8:00														
8:30														
9:00														
9:30														
10:00														
10:30														
11:00														
11:30														
12:00														
12:30														
1:00														
1:30														
2:00														
2:30														
3:00														
3:30														
4:00														
4:30														
5:00														
5:30														
6:00														
6:30														
7:00														
7:30														
8:00														
8:30														
9:00														
9:30														
10:00														
10:30														
11:00														
11:30														
12:00														
전체 체크														

3) 시작하는 방법

시간 계획이 수립되면 시작하는 방법을 다룰 수 있어야 한다(Cook, 1998). 시간 계획의 성공을 위해 시작하는 방법에는 다음의 여섯 가지 방법이 있다.

- 정신적으로 준비한다.
- 신체적으로 준비한다.
- 마음의 지도를 그린다.
- 어떤 장소에서건 출발한다.
- 어떤 방식으로든 출발한다.
- 일단 비판을 묻어 둔다.

4) 계획한 시간 계획대로 실천하고 관리하는 방법

시간을 다루는 방법 중에 최선은 시간 계획대로 실천하고 관리하는 방법이다. 때로는 계획대로 진행이 되지 않을 수 있어서 시간 계획 시 융통성을 발휘하여 작성하는 것이 좋다. 시간은 화살과 같이 아무것도 하지 않고도 잘 지나고 때로 학습자가 아무것도 하지 않고 보내는 경우도 생기게 된다. 따라서 여기에 고려해야 할 몇 가지 행동들이 있다(Marks-Beale, 1994).

- 작게 시작한다. 만약 학습자에게 숙제가 너무 큰 것이라면 전체를 다 하는 대신에 시간이 날 때마다 조금씩 해서 마치도록 한다. 큰 숙제를 조금씩 나눌 수 있다면 학습자가 숙제하는 것을 지연시키지 않을 수 있다.
- 시간 계획대로 했을 때, 또 하지 않았을 때의 결과를 떠올린다. 만약 즐겁지 않은 일을 하기 싫다면 그것을 지연시키는 대신에 숙제를 끝냈을 때 어떻게 기분 좋게 느낄지를 스스로에게 상기시켜라. 그리고 시작한다. 계획대로 하지 않았을 때 자기 자신이 비참해지거나 후회하게 될 것을 떠올리

는 것도 도움이 된다.

- 낭비하고 있는 시간에 대해 스스로에게 말하라. 만약 숙제가 있는데 하지 않고 있다면 시간을 낭비하고 있는 것이다. 만약 시간이 자기 자신에게 가치 있는 것이라면 왜 시간을 낭비하는가?

- 다른 누군가에게 나의 시간 계획에 대해 말해 준다. 만약 학습 과제나 공부의 마감시간이 정해져 있다면 그것을 깨뜨리기를 원하지 않을 것이다. 만약 학생이 친구를 오후 4시에 만나기로 했다면 그 전에 일단 수학 숙제를 다 풀어 놓고 친구를 만날 수 있도록 조정하라. 친구에게 수학 숙제를 하고 4시에 만나러 가는 것을 알려 주는 것이 좋다.

- 다양성을 보탠다. 만약 어떤 특정 과목을 공부하는 것이 즐겁지 않다면 암기장과 같이 다른 공부 방법을 사용한다. 도움이 되는 경우에 친구와 함께 공부한다. 혹은 더 즐거운 과목과 즐겁지 않은 과목을 섞어서 공부한다.

- 스스로에게 보상을 약속한다. 숙제를 마치면 스스로에게 보상을 준다.

- 저녁시간에 내일의 계획을 준비한다. 옷을 준비하고, 필요한 문구와 책을 챙겨라.

- 아침에 15분 정도 일찍 일어난다. 그 시간에 하루의 계획과 우선순위를 고려하여 조정한다.

- 기억에 의존하지 않는다. 숙제, 약속, 마감일을 달력과 시간 계획에 써 둔다.

- 하루를 위해 실제적 계획을 세운다. 매 순간 계획을 하지 않는다. 약속할 수 있는 시간을 남겨 두고, 공부를 위해 여분의 시간을 둔다.

- 예상치 못할 일에 대해 하루 중 여백을 남겨 둔다. 이는 시간을 허비함 없이 해야 할 것을 할 수 있도록 해 준다. 만약 예기치 않은 일이 일어나지 않으면 혼자 시간을 더 알차게 보낼 수 있을 것이다.

- 한 번에 한 가지씩 한다. 만약 한꺼번에 두 가지 과목을 공부해야 한다면 헷갈릴 수 있다. 지금 그리고 여기에 집중한다.

- 때때로 일들을 옆으로 제쳐 놓는다. 만약 사정이 생기면 토요일에 화학공

부를 하고 일요일에 영어공부를 하는 방식으로 바꿀 수도 있다.

- '아니요'라고 말하는 것을 배워라. 시간이 없거나 기운이 없을 때 사교적 활동이나 초대에 대해 '아니요'라고 말한다.
- 충분히 잠을 잔다. 충분한 수면을 취한 학생은 앞으로 닥칠 어떤 것도 잘 조정할 수 있게 된다.
- 쉬는 법을 배워라. 깊이 숨을 들이마시고, 스트레칭을 하고 긴장과 스트레스를 이완할 수 있는 운동을 한다.

5) 시간절약법

시간절약법을 사용하며 낭비하고 있는 시간에 대해서는 스스로에게 말해 보도록 하는 것이 좋다(전명남, 2007a, b). 우선순위를 정하여 시간을 보내고 동시에 처리할 수 있는 것들을 조직하고 정리하는 습관도 도움이 된다.

- 일의 순서를 정한다. 일상적인 또는 특별한 경우에도 할 일의 순서를 정해 활동해 나간다.
- 중요도가 큰 일을 먼저 한다. 목표의 우선순위에 따라 중요한 일을 먼저 하게 되면 시간 계획에서 핵심적인 학습 과제를 다룰 수 있게 된다.
- 시간이 적게 걸리는 일을 먼저 한다
- 일을 '동시에' 하는 습관을 들인다. '심부름을 나간 김에 은행에 들른다.'
- 일의 결과보다 시작에 초점을 둔다. '이 많은 일을 언제 다 하지?'보다는 '그래! 한번 해 보는 거야!'
- 하루 스케줄은 전날 밤에 세운다. 잠자리에 들기 전에 다음 날 할 일을 계획하는 것이 좋다. 아침에 일어나는 시간을 몇 시로 할지, 시계의 알람을 맞추어 놓는 것부터 내일 일이 시작된다.
- 다이어리를 활용한다. 수첩이나 휴대폰, 컴퓨터의 일정관리 프로그램을 적극 활용한다.

- 색상으로 정리하고 분류해 둔다. 자신과 관련된 일정을 그 성격이나 중요도에 따라 여러 가지 색깔의 종이나 펜을 활용하여 구분하고 실천한다.
- 수첩을 아이디어 박스로 이용한다. 메모지와 필기도구는 항상 손이 닿는 곳에 두어서 떠오르는 생각을 바로 기록, 정리할 수 있도록 한다.
- 인터넷이나 휴대폰 정리도 도움이 된다. 자주 사용하며 쉽게 정보를 얻을 수 있는 사이트와 핵심 사이트를 분류하고 정리하는 것도 도움이 된다.

제10장
학습을 위한 생활관리

| 김종운 |

　흔히 '건강한 육체에 건강한 정신이 깃든다.'고 한다. 정신을 집중하면 신체의 힘이 배가되고 더 큰 능력을 발휘할 수 있다. 신체의 건강이 좋아지면 정신적 능력도 좋아지고 집중력도 향상된다. 이렇게 정신적인 부분과 신체적인 부분은 따로 떼어 놓고 생각할 수 없다.

　요즘 운동이 학습과 기억에 관련된 뇌 기능을 향상시키고, 뇌 질환을 예방하는 방법으로 제시되고 있다. 최근에는 중추신경계 환자의 회복을 촉진시키기 위하여 다양한 치료 방법이 시도되고 있는데, 특히 중추신경계에 대한 운동의 효과를 밝히려는 연구가 폭넓게 진행되고 있다. 또한 기분 좋은 음악을 감상하거나, 맛있는 음식을 맛보는 경험 등의 환경적인 조건들이 뇌의 신경 세포 생성에 효과적인 것으로 보고되고 있다.

　학생들을 지도하거나 상담하다 보면 학생들마다 학습 능력에 있어 개인차가 크다는 것을 발견하게 된다. 어떤 학생들은 학업으로 바쁜 시간을 쪼개 틈틈이 운동을 하거나 명상을 한다. 또한 음악을 듣거나 취미 활동을 즐기기도 하고 심지어 높은 산을 등반하기도 한다. 그러면서도 우수한 성적을 받는다. 반면, 죽

어라 공부만 하는데도 불구하고 그다지 성적이 좋지 못하고 시간만 나면 졸려서 공부하다 책상에 엎드려 자는 학생도 있다.

이러한 차이는 어디서 오는 것일까? 여기서는 학습을 증진시켜 주는 음식, 수면, 운동, 음악에 대해 살펴보고 학생들이 실천할 수 있는 몇 가지 구체적인 전략을 살펴보기로 한다.

1. 학습과 음식

'닭이 먼저인가, 아니면 달걀이 먼저인가?'처럼 학습에 있어서 '신체가 먼저인가, 아니면 정신력이 먼저인가?'라는 의문을 갖게 된다. 정신을 집중하면 신체의 힘이 배가되고 더 큰 능력을 발휘하게 된다. 신체의 건강이 좋아지면 정신적 능력도 좋아지고 집중력도 향상된다.

스포츠에서도 '체력과 정신력 중 무엇이 더 중요한가?'라는 문제가 여전히 논란이 되고 있다. 체력이 정신력보다 중요하다고 하는 사람도 있고 정신력이 체력보다 중요하다고 하는 사람도 있다. 그런데 중요한 것은 정신적인 부분과 신체적인 부분은 따로 떼어 놓고 생각할 수 없다는 것이다. 여기에서는 학습과 음식의 관계에 대해 알아보고 학생들의 학습 능력을 증진시키기 위해 필요한 영양관리에 대해 살펴보기로 한다.

1) 학습자의 식단관리

우리나라의 입시 위주 교육 현실로 인해 청소년기 학생들은 상급 학교 진학을 위한 수험생활에서 많은 스트레스를 받게 된다. 학습자에게 건강은 매우 중요한 부분이며, 신체와 뇌의 대사 과정에서 영양이 충분히 공급되어야 학습 능률이 오른다. 그럼에도 불구하고 우리나라 청소년들은 학원을 전전하느라 제때 식사도 하지 못하고 분식이나 부실한 식단으로 실생활에서 영양관리를 제대로 못하는 경우가 많다.

학습자의 건강관리 중에서 무엇보다 중요한 것은 영양관리이다. 청소년들은 스스로 자신의 건강을 관리할 수 있는 시기이지만 시간과 수면 부족, 시험 압박 속에서 많은 학생이 식욕을 잃거나 불규칙한 식사를 하게 될 가능성이 높다. 정신적 능력은 뇌라는 인체기관에 의해 좌우되는데, 뇌는 영양소로 구성되고 작동하므로 적절한 영양의 공급 없이는 공부를 잘할 것이라고 기대할 수 없을 것이다. 학습자의 식단관리를 위한 지침을 살펴보면 다음과 같다(김동일, 신을진, 이명경, 김형수, 2011).

첫째, 좋은 단백질을 섭취한다. 근육의 주성분은 단백질이다. 뇌의 기억과 저장에 관여하는 주요 물질도 단백질이다. 뇌세포의 35%를 차지하는 단백질 구성물질인 아미노산은 사고, 기억, 언어, 신경전달에서 중요한 기능을 담당하므로 콩, 두부, 생선, 달걀, 살코기 등을 충분히 섭취해야 한다.

둘째, 불포화지방산을 섭취한다. 뇌세포를 구성하는 불포화지방산은 등 푸른 생선, 견과류, 땅콩, 참기름 등으로 섭취하고 성장과 대사, 면역력 유지에 필요한 영양소는 녹황색 채소와 과일을 많이 먹음으로써 얻을 수 있다.

셋째, 정신건강과 밀접한 관계가 있는 칼슘을 섭취한다. 학생들이 즐겨 먹는 인스턴트 식품, 햄, 소시지, 아이스크림, 콜라, 주스 등의 가공 식품에는 대부분 인산염이라는 성분이 많이 들어 있다. 인산염은 체내에서 칼슘과 결합하여 인산칼슘이란 형태로 몸에서 빠져나가거나 칼슘의 흡수 자체를 방해한다. 우리나라 사람들의 칼슘 공급원은 주로 콩류, 곡류, 채소류인데, 이러한 식물성 식품에는 섬유소와 피틴산, 옥살산 등이 포함되어 있어 칼슘의 흡수율을 낮춘다. 칼슘의 가장 좋은 공급원은 우유, 뼈째 먹는 식품, 달걀노른자, 견과류, 푸른 잎 채소 등이다.

넷째, 간식을 통해서 정해진 식사로 섭취되는 영양분 이외에 보충되어야 할 영양분을 섭취한다. 이른 아침부터 저녁 늦게까지 공부하는 학생에게는 소화가 잘 되고 위에 부담이 가지 않으면서 영양이 풍부한 간식과 야식을 공급해 주는 것이 좋다. 그러나 늦은 밤 귀가하여 과다하게 먹으면 위에 부담을 주고 숙면을 방해하여 학습에 방해가 될 수 있기 때문에 무엇보다 과식하지 않고 꼭꼭 씹어 먹는 것이 바람직하다. 간식의 종류로는 소화가 잘 되고 위에 부담이 적은 계절 과일이나 야채, 우유, 요구르트 등이 적당하다. 날씨가 추워지면 쇠고기를 다져 삶아 낸 국물, 수프, 떡, 달지 않은 한과 등을 간식으로 제공할 수 있다.

다섯째, 커피는 가급적 피하는 것이 좋다. 우리의 식생활이 서구화되면서 커피는 가장 많이 마시는 한국인의 기호음료가 되었다. 많은 청소년들이 잠을 쫓고 정신을 맑게 한다는 이유로 커피를 애용하고 있다. 커피에는 약리 작용을 갖는 카페인이라는 특수 성분이 들어 있어 한 번 마시면 계속 마시게 되는 중독현상이 생긴다. 다량의 카페인은 뇌 신경전달물질의 기능을 잠재적으로 방해하여 자극제나 흥분제 역할을 하며 종종 불면증을 일으키기도 하는데 이 때문에 일시적으로 잠이 오지 않아 정신이 맑은 것처럼 느끼게 된다.

커피는 맛을 더하기 위해 크림, 설탕, 시럽 등을 첨가하고 여기에 베이글, 빵, 스낵, 비스킷 등과 함께 먹는 경우가 많아 비만의 원인이 되기도 한다. 카페인은 커피뿐만 아니라 홍차, 코코아, 초콜릿, 콜라 등에도 함유되어 있고 의약품으로 판매되는 각종 피로회복용 드링크제, 이뇨제, 체중조절제 등에도 있으므로 주의가 필요하다.

여섯째, 아침식사를 거르지 않고 꼭 먹는 습관을 기르도록 한다. 요즘에는 밤 늦게까지 공부하다가 늦잠을 자서 아침을 거르는 학생이 많다. 많은 연구들의 결과에 따르면, 아침식사를 했는지 안 했는지에 따라 뇌의 기능이나 학습능률이 크게 달라진다고 한다. 두뇌는 혈당이 공급되어야 활발하게 움직이는데, 이는 아침밥이 뇌에 혈당을 전해 주는 기능을 하기 때문이다. 아침의 경우 전날 오후 7시에 저녁을 먹은 사람이 오전 7시에 아침을 먹는다면 10시간 정도를 공복 상태로 있게 되기 때문에 식사 간격이 다른 식사 간격보다 더 길다. 그러므로 아침 일찍부터 두뇌 활동을 활발히 해야 하는 성장기 학생은 아침밥을 먹었느냐 먹지 않았느냐에 따라 학습 성취도가 달라질 수밖에 없다. 결국 밥심이 곧 학업성취도인 셈이다.

일곱째, 두뇌 기능의 활성화를 위해 비타민을 많이 함유한 식품을 먹는다. 비타민 A, 비타민 C, 비타민 E, 칼슘, 섬유소, 레시틴 등을 먹으면 두뇌 기능이 활성화되고 뇌세포의 노화가 방지되므로 충분히 섭취하도록 한다. 그러나 카페인이 들어 있는 식품은 잠시의 각성 효과는 있으나 장기적인 관점에서는 부작용이 크므로 가급적 섭취를 피하도록 한다.

2) 공부 효율을 높이는 영양소와 비타민

우리 뇌의 총 무게는 약 1.2~1.3kg으로 그 안에는 수백억 개의 신경 세포인 뉴런이 치밀하게 자리잡고 있다. 뉴런은 성장하면서 수많은 수상돌기로 갈라지는데, 이렇게 갈라진 수상돌기는 인접한 뉴런과 접속되어 정보를 주고받는다. 새로운 정보와 자극, 경험은 새로운 뉴런을 만드는 한편, 뉴런에서 다른 뉴런으로 정보를 보내는 축삭돌기와 받아들이는 수상돌기를 만든다(고시환, 2011).

성인이 되면서 이런 수상돌기들의 정보는 정리되고 줄어들면서 감성적으로 안정화된다. 그러나 청소년기 학습자의 뇌는 충동적으로 새로운 것을 받아들이고 받아들인 것을 즉흥적으로 다시 내보내는 경향이 강하기 때문에 청소년들의 행동과 사고는 충동적인 경향이 강하다. 또한 추상적 사고, 분석과 문제해결, 합리적 의사결정 등을 담당하는 전두엽이 가장 늦게 발달하기 때문에 성인들과는 달리 충동적이고 즉흥적인 경향이 있다.

청소년기는 두뇌 활동이 활발한 시기이기 때문에 뇌에서 사용하는 에너지의 양이 성인에 비해 많다. 즉, 성인의 뇌는 신체가 소비하는 전체 에너지의 20%가 넘는 에너지를 사용하는 데 비해 청소년은 훨씬 더 많은 50% 이상을 소모하기도 한다. 따라서 무엇보다 두뇌 건강에 도움이 되는 양질의 영양 섭취가 중요한 시기라고 할 수 있다.

(1) 뇌를 깨우는 탄수화물
뇌의 무게는 체중의 2%에 불과하다. 하지만 뇌는 몸에서 사용되는 전체 에너지의 무려 20%가 넘는 에너지를 사용한다. 특히 아침에 두뇌가 잠에서 깨어나 활동하려면 심장이 온몸으로 혈액을 보낼 때 필요한 에너지의 80배에 해당하는 에너지가 필요하다. 그러므로 뇌는 에너지를 저장해 놓을 수 없기 때문에 제때 적절하고 균형 있게 탄수화물을 섭취해 주어야 한다. 그렇지 않으면 잠이 오고 집중력도 떨어지게 된다.

탄수화물의 주성분인 식품으로는 쌀과 밀, 감자 등이 대표적이며 우유, 콩, 채소, 과일, 견과류에서도 탄수화물을 섭취할 수 있다. 쌀밥은 두뇌 활동에 필수적인 에너지원일 뿐만 아니라 쌀에 들어 있는 포스파티딜콜린(phosphatidyl choline)이라는 성분은 기억력을 향상시켜 준다. 흰쌀밥보다는 현미밥이나 발아 현미밥이 훨씬 좋다. 흰쌀은 정제 과정에서 비타민, 섬유소, 미네랄 등 좋은 영양소가 소실되기 때문에 영양원으로 쓰기에 적절치 않다. 대신 현미를 먹으면 비타민 B군의 섭취가 높아지고 쌀만으로는 부족해지기 쉬운 라이신과 같은 영양소를 보완할 수 있다.

밀가루로 만든 빵이나 국수도 에너지원으로 쓰일 수 있지만 정제 과정을 거친 밀가루는 혈당을 급격히 올렸다가 떨어뜨리고 밀단백인 글루텐(gluten)은 집중력 저하와 산만함, 행동과다 등의 원인으로 작용하기 때문에 청소년기 학습자들은 가급적 피하는 것이 좋다.

흰쌀밥과 밀가루 그리고 흰설탕을 일컬어 흔히 '삼백(三白) 식품'이라고 한다. 삼백 식품은 두뇌 활동을 방해하는 큰 원인으로 작용한다. 정제 과정을 거친 삼백 식품은 보기에는 하얗고 깨끗해서 먹음직스러워 보인다. 하지만 이러한 식품을 섭취하면 소화·흡수가 빨라 혈당이 급격히 올라가고, 이를 낮추기 위해 인슐린이 분비되면서 혈당이 급격히 낮아져 그 결과 집중력이 떨어지거나 수업 중 자꾸 졸게 된다. 흔히 먹기는 잘 먹는데 오히려 늘 피곤하고 힘이 없고 덩치는 크지만 체력이 떨어지는 경우가 이에 해당한다. 따라서 가급적 현미나 통밀가루, 차조, 율무, 콩과 같은 통곡식을 먹고 흰설탕 대신 꿀이나 과일로 단맛을 내도록 하는 것이 좋다. 또한 외식할 때에도 너무 맵거나 짜고 조미료를 많이 사용하는 식당은 가급적 피하고 우리집 지정 식당을 정하여 그곳을 자주 이용하도록 하는 것도 좋다.

(2) 뇌세포를 만드는 지방

뇌를 구성하는 물질 중에서 가장 많은 부분을 차지하는 물질은 신체의 다른 조직과 마찬가지로 물이며, 물을 제외한 부분의 60~70%는 지방으로 이루어져 있다. 결국 뇌는 우리 몸에서 지방의 축적과 비율이 가장 높은 기관이다.

양질의 지방 섭취가 부족하면 우울증과 난독증, 주의력 결핍이나 만성피로, 기억력이 저하될 뿐만 아니라 결핍이 지속되면 알츠하이머병이나 정신분열증까지도 초래할 수 있다. 그러므로 지방의 적절한 섭취는 최상의 두뇌 활동뿐만 아니라 정신건강을 위해서도 필수적이라 하겠다.

지방은 포화지방산과 불포화지방산으로 나뉜다(고시환, 2011). 포화지방산이란 삼겹살의 비계처럼 실온에서 쉽게 고체로 존재하는 기름이다. 성인병을 유발하는 원인으로 많이 알려졌지만 돼지고기나 닭고기 등에서 얻는 고형질의 포화지방은 신진대사와 에너지대사, 피부 보호막 형성 등 중요한 기능을 담당한다.

반면 불포화지방산은 실온에서 액체로 존재하는 기름으로 인체 내에서도 액체 상태로 유지되며 나쁜 콜레스테롤을 감소시키는 역할을 한다. 불포화지방산은 필수지방산과 비필수지방산으로 나눌 수 있는데, 필수지방산은 인체에서 합성되지 않기 때문에 외부에서 반드시 섭취해야 하는 지방산이다. 필수지방산의 섭취가 부족하면 호르몬 합성 부족 등 인체에 많은 문제가 발생한다.

필수지방산에는 오메가-3 지방산과 오메가-6 지방산이 있는데, 오메가-3 지방산은 연어와 정어리, 고등어 같은 생선에 많이 들어 있고 호두와 검푸른 채소에도 소량이지만 함유되어 있다. 오메가-6 지방산은 달맞이꽃 종자유, 참기름, 들기름, 해바라기씨, 옥수수기름 등에 포함되어 있다.

(3) 지구력과 집중력을 높이는 단백질

두뇌 활동이란 눈과 귀를 통해 얻은 정보들을 다양한 신경전달물질을 통해 뇌라는 창고 안에 질서정연하게 정리하는 작용을 말한다. 우리가 섭취한 단백질은 소화기를 통과하면서 아미노산으로 분해되고 분해된 아미노산은 다양한 신경전달물질을 만들어 냄으로써 학습기능을 높이고 지구력과 집중력을 향상시키며 감정 조절을 돕는다.

단백질을 많이 함유하고 있는 식품으로는 육류나 우유 및 유제품, 달걀, 콩, 두부 등이 있다. 동물성 단백질보다 식물성 단백질이 안전하다는 생각으로 과도하게 동물성 단백질을 제한하는 것보다 영양적으로 균형 잡힌 식사를 할 수 있도록 하는 것이 바람직하다.

청소년기 학습자들은 책상에 앉아 공부하는 시간이 많기 때문에 달걀이나 콩 등 소화가 잘 되는 식재료를 사용하는 것이 좋다. 특히 달걀은 소화 · 흡수가 잘 될 뿐만 아니라 기억력에 도움을 주는 포스파티딜콜린(phosphatidylcholine)이나 레시틴(lecithin)이 풍부해서 청소년들에게 좋다. 달걀이 콜레스테롤 함량이 높다고 알려져 있어 달걀로 만든 음식을 꺼리는 어머니들이 간혹 있다. 이것은 잘못 알려진 사실로, 달걀에 있는 콜레스테롤은 좋은 콜레스테롤이고 콜레스테롤을 분해하는 성분도 같이 들어 있기 때문에 너무 걱정하지 않아도 된다. 여기서 주의해야 할 것은 달걀이 완전식품에 가깝다고는 하지만 비타민 C는 포함되어 있지 않기 때문에 신선한 야채와 함께 먹는 것이 좋다는 점이다.

한편 콩은 신경세포들의 정보교환에 필요한 아세틸콜린(acetylcholine)이 풍부하게 들어 있어 뇌가 활발히 움직일 수 있도록 도와준다. 콩을 그대로 이용한 요리도 좋겠지만 콩가루를 이용한 선식이나 천연양념, 두부 등으로 만든 다양한 요리를 먹는 것이 좋다.

(4) 균형 있는 식단과 비타민의 중요성

과거에 비해 먹거리가 풍성해지고 경제 수준이 나아짐에 따라 식습관 및 먹거리와 관련된 질병을 가진 사람들이 기하급수적으로 늘어나고 있다. 이런 현상은 여러 가지 요인에 기인하지만 우선 음식물의 과도한 섭취와 영양의 불균형에서 비롯된다. 결국 음식을 아무리 많이 먹어도 제대로 먹지 않으면 득보다 실이 더 많다.

탄수화물을 과다섭취하면 이를 소화 · 흡수하기 위해 에너지가 장기로 몰리면서 두뇌 활동이 저조해진다. 뿐만 아니라 두뇌 활동에 사용되고 남은 탄수화물은 체내에 지방으로 축적되어 비만의 원인이 된다. 단백질의 과다섭취는 신장 기능에 무리를 주고 혈압 변동의 원인이 되어 두뇌 활동에 악영향을 미치고, 지방을 과다섭취하면 뇌세포를 이루는 인지질의 질을 떨어뜨린다.

따라서 영양소를 골고루 균형 있게 섭취하기 위해 영양소의 권장 섭취비율을 염두에 두고 식단을 짜는 것이 중요하다. 일반적으로 성장기 청소년들에게 적당한 탄수화물과 단백질 및 지방의 비율은 40:30:30이다. 그러나 한국인의 실제 식습관에서는 이 비율이 75:15:10이라고 한다(국립암센터, 2012. 9. 1). 탄수화물 섭취량을 줄이고 단백질과 지방 섭취율을 증가시킬 필요가 있겠다. 그리고 포화지방과 불포화지방의 비율이 1:3이 되도록 하는 것이 바람직하고, 단백질 중에서 동물성 단백질과 식물성 단백질의 권장 비율은 3:1이 좋다.

두뇌 발달과 활성화에 있어서 미네랄과 비타민도 중요한 영양소이다. 아무리 뇌에 좋고 몸에 좋은 음식을 많이 섭취한다 하더라도 그 대사에 관여하는 미네랄과 비타민을 적절하게 섭취하지 못하면 체중이 증가될 뿐만 아니라, 두뇌 발달과 활성화에 도움이 되지 않는다.

두뇌 활동과 관련된 비타민 중에서는 비타민 B12를 주목할 필요가 있다. 전두엽은 후두엽으로 들어온 정보들을 이론적이고 이성적으로 분석해서 사고하는 기능을 담당한다. 사람이 이성적일 수 있는 것은 전두엽이 있기 때문이며 각성 상태에서 알파파가 발달할 경우 우수한 학습 능력을 보인다. 이 경우 같은 수업을 듣더라도 사고 판단과 기억력에서 차이를 보이는 것이다. 이런 뇌파의 기능이나 지능 활동에 있어 비타민 B12는 중요한 역할을 한다. 또한 비타민 B12는 뇌의 기본 단위인 뉴런의 생성과 손상된 뉴런의 재생에도 관여하며 뇌의 피로와 노화에도 관계가 있다.

비타민 B12가 풍부한 음식은 주로 동물성 식품이다. 미역과 달걀, 돼지고기, 생선, 치즈에 많이 함유되어 있다. 구체적으로 동물의 간과 고등어, 정어리와 같은 등 푸른 생선에 많다. 채소나 콩은 몸에 좋은 식품이지만 비타민 B12는 함유하고 있지 않다.

3) 두뇌를 활성화하는 슈퍼 브레인 푸드

음식은 30회 이상 씹는 것이 좋은데, 옛 조선 왕실에서는 어린 왕족에게 볶은 콩을 씹게 했다고 한다. 이는 딱딱한 음식을 오래 씹어 먹게 함으로써 두뇌를 발달시키기 위한 것이었는데, 요즘 엄마들은 아이가 씹는 데 불편할까 봐 음식물을 다져 먹이거나, 질기고 딱딱한 것은 아예 먹이지 않으려고 하여 오히려 아이의 두뇌 발달을 막고 있다. 그리고 아이에게 씹을 필요가 없는 연한 음식만을 먹이면 아이의 위턱과 아래턱에 결함이 생길 수 있으므로 주의해야 한다.

딱딱한 음식을 오래 꼭꼭 씹으면 뇌 기능이 발달하는 이유는 씹을 때의 자극이 치아 주위에 있는 감각 수용기를 거쳐 뇌로 전달되면서 뇌 신경회로가 활발해지기 때문이다. 또 오래 씹으면 음식을 천천히 먹기 때문에 성격이 차분해지고 집중력이 향상되는 효과도 얻을 수 있다. 그런데 성장한 후에는 식습관을 고치기 어려우므로 어릴 때부터 꼭꼭 씹어 먹는 습관을 들이도록 해야 한다. 이런 습관을 들이는 좋은 방법은 아이에게 30회 이상 씹어야 하는 재료로 요리를 해 주는 것이다. 무나 당근 등의 뿌리채소는 물론 식탁에 자주 오르는 감자 등의 재료를 큼지막하게 썰고, 채소는 푹 익히지 않는 조리 방법을 활용해 볼 만하다.

무엇보다 중요한 것은 즐거운 대화를 하며 즐거운 분위기 속에서 식사를 하는 것이다. 편안한 분위기에서 즐거운 대화를 나누며 식사를 하면 소화효소 분비가 촉진되고, 뇌에서 정서 안정에 도움이 되는 각종 신경전달물질도 분비된다. 요즘 엄마들은 아이의 바쁜 일정 때문에 대화할 시간이 부족해서인지 아이가 밥을 먹을 때 잔소리를 하는 경향이 있는데 이는 아이의 두뇌 발달을 저해하는 것이므로 주의해야 한다. 아무리 두뇌에 좋은 음식이라도 즐거운 마음으로 먹지 못한다면 영양 성분이 제대로 흡수되지 않는다.

(1) 피해야 할 식습관

① 주의력을 떨어뜨리는 인스턴트 식품

늦은 시간까지 책상 앞에 앉아 있는 수험생은 출출할 때 간편한 간식거리를 찾는 경우가 많다. 밥 대신 햄버거나 컵라면으로 끼니를 때우고 청량음료로 갈증을 해소하다 보면 각종 식품 첨가물을 과잉 섭취하게 된다. 이는 주의력결핍 과잉행동장애의 원인이 되며 집중력을 떨어뜨린다.

② 숙면을 방해하는 카페인

잠을 쫓으려 찾게 되는 커피도 피해야 할 음식이다. 과도한 카페인 섭취는 중추신경을 흥분시켜 두근거림, 현기증 등을 유발할 수 있고, 오히려 숙면을 방해해 피로를 회복시키는 것이 아니라 장기적으로는 피로를 더 쌓이게 할 수 있다.

③ 민감한 장을 자극하는 찬 음식

한참 예민한 수험생은 스트레스로 인해 장이 제 기능을 하지 못하기 때문에 조금만 신경을 써도 복통을 호소하며 화장실을 찾기 일쑤이다. 여기에 아이스크림이나 차가운 음료를 자주 접하다 보면 반복되는 체내 열손실로 배탈, 설사는 물론 콧물, 코막힘 등 호흡기 질환까지 얻어 공부에 방해를 받을 수 있으므로 주의해야 한다.

(2) 두뇌 발달에 좋은 음식

두뇌 발달에 도움이 되는 음식은 뇌세포의 구성과 활동을 촉진시키는 성분을 함유한 것이다. 뇌를 구성하는 주요 성분에는 단백질, 비타민, DHA 등이 있다. 단백질은 뇌세포의 주요 구성 성분으로서 뇌가 활발하게 기능하는 데 필요한 필수 요소이다(김동일 외, 2011). 다음의 내용에서는 두뇌를 활성화하는 대표적인 두뇌 음식인 이른바 슈퍼 브레인 푸드(super brain food)에 관해 살펴보기로 한다(고시환, 2011).

• 등 푸른 생선: 등 푸른 생선은 뇌신경계의 반응 속도를 높이는 대표적인 음식으로, 뇌세포를 활성화시키는 DHA 및 학습과 기억 능력을 개선시키는 오메가-3 지방산이 다량 함유되어 있다. 고등어, 꽁치, 참치, 정어리 등에

많이 들어 있는 DHA는 기억력 증진에 효과가 있고 세포막을 형성해 두뇌 발달을 돕는다.

- 견과류와 씨앗류: 호두, 잣, 땅콩 등의 견과류와 호박씨, 해바라기씨 등의 씨앗류는 대표적인 건뇌 식품이다. 이런 식품에 들어 있는 불포화지방산은 뇌신경 세포에 좋은 영향을 미치고 비타민 E는 뇌의 혈류량을 늘려 활성화를 돕는다. 견과류는 씹는 맛이 고소해 아이들 간식으로도 적합하지만 소금을 가미하거나 기름에 볶은 견과류는 오히려 건강에 좋지 않으니 유의해야 한다.

- 해조류: 미역, 다시마 등에 들어 있는 칼륨은 머리를 맑게 하고 피로회복을 도와주며 요오드 성분은 두뇌 발달에 깊이 관여하는 갑상선 호르몬의 주성분이다.

- 달걀: 달걀노른자에 함유된 레시틴(lecithin)은 기억력 증진에 좋다.

- 들깨가루: 불포화지방산인 리놀렌산(linolenic acid)이 풍부해 뇌의 기억력 및 학습 능력을 높여 준다.

- 김치: 뇌 기능 촉진, 집중력 향상, 면역활성화에 도움이 된다.

- 우유: 면역력을 강화하는 면역글로불린, 라이소자임, 락토페린 등의 성분을 함유하고 있어 평소 자주 섭취하면 좋다. 신경을 이완시켜 주는 트립토판이 풍부해 정신적 불안감과 우울증, 피로감을 최소화하는 효과가 있다.

- 브로콜리: 피로회복과 해독작용을 하는데 레몬의 2배, 감자의 7배에 해당하는 비타민 C를 함유하고 있다. 하루 3~4개만 먹어도 만성피로 회복에 크게 도움이 된다.

- 뿌리채소: 무, 감자, 당근, 우엉, 연근, 고구마와 같은 뿌리채소는 뇌에 힘을 채워 주어 뇌가 과열되었을 때 도움이 된다.

- 검은콩: 콩은 성장과 두뇌 발달, 건강까지 한꺼번에 잡을 수 있는 식품이다. 볶은 콩을 씹으면 뇌를 자극해 두뇌 발달에 도움을 주므로 물기가 없는 행주로 콩의 겉만 닦아 튀겨 주면 좋은 간식거리가 된다.

- 옥수수: 옥수수는 단백질과 비타민, 미네랄, 섬유소 등이 풍부하며, 특히 옥

수수 눈에 들어 있는 레시틴 성분은 두뇌 발달에 좋은 영향을 미친다. 옥수수는 가열해도 영양소가 쉽게 파괴되지 않는 식품으로 쪄서 먹거나 옥수수 스프 등으로 만들어 먹어도 영양소 섭취에 좋다.

- 당근, 장어, 돼지고기, 구운 김, 문어, 오징어, 새우, 김: 이러한 식품에는 비타민 A와 B군, 타우린이 함유되어 있다. 우선, 당근, 장어 등에 들어 있는 비타민 A는 시력을 보호하고 점막을 정상적으로 유지시키며, 돼지고기, 구운 김 등에 포함되어 있는 비타민 B는 눈의 피로 회복 및 눈의 근육 피로를 개선한다. 그리고 문어, 오징어 등 수산 제품과 김 등에 들어 있는 타우린은 시력 저하를 예방한다.

- 토마토, 당근, 귤, 오렌지, 레몬: 비타민 C가 다량 함유되어 있다. 뇌는 좌·우 반구로 나뉘어 상호 협력해서 모든 활동을 하는데, 비타민 C의 도움 없이는 좌뇌와 우뇌가 상호작용을 하기 어렵다.

- 고구마, 연근, 미나리, 양배추: 이 식품들에는 당분이 다량 함유되어 있다. 위와 속이 나쁜 것은 위가 늘어나거나 위의 기능이 떨어진 것인데, 당분을 많이 섭취하게 되면 그만큼 소화과정의 최종 산물인 단당류의 생성에 도움을 준다.

- 무, 양파, 양배추, 콩나물, 숙주나물, 당근뿌리, 고추열매: 이들 식품에는 파이토케미컬(phytochemical)과 베타카로틴(betacarotin)이 다량 함유되어 있다. 무, 양파 등 담색채소의 파이토케미컬 성분은 백혈구를 활성화시켜 면역력을 증대시키고 당근, 고추 등과 같이 베타카로틴이 많이 함유된 녹황색채소는 피부와 점막을 튼튼하게 만들어 바이러스나 세균이 우리 몸속으로 침입하지 못하게 한다.

2. 학습과 운동

청소년기는 전 생애에서 최고도의 건강을 향유하고 있어 오히려 건강의 중요성을 망각하거나 경시하는 경향이 있다. 또한 각종 시험에 대한 스트레스, 운동 부족, 잘못된 식습관, 불규칙한 생활습관 등으로 인해 성인병 및 퇴행성 질환과 같은 각종 건강장애를 앓는 청소년이 늘어나고 있다. 청소년기는 자기동일시의 위기를 맞이하는 시기로서 급격한 신체적 · 생리적 변화와 더불어 여러 가지 정신적 · 심리적 요구에 수반되는 갈등이 있어 대부분의 청소년이 성장 · 발달의 전환기에 있게 된다. 이 시기에는 가치관의 혼란으로 인해 청소년이 음주, 흡연, 약물 남용, 각종 상해 등에 노출되기 쉽다. 게다가 맞벌이 부부가 점차 늘어나면서 청소년과 부모 사이에 대화가 줄어들고 서로를 돌볼 시간적 여유가 부족해 청소년의 건강장애에 신경을 쓰지 못하게 되면서 청소년 건강에 대한 가정의 역할이 약해지고 있다.

이에 청소년기 학습과 피로의 관계, 학습과 운동의 관계, 학습능력 증진을 위한 운동의 생활화 전략에 대해 살펴보기로 한다.

1) 학습과 피로

학습은 유기체를 긴장 상태에 놓이게 한다. 처음에는 긴장되어 학습을 할수록 능률이 올라가나 같은 학습을 반복한다면 능률이 올라가기는커녕 줄어드는 경우까지 생긴다. 이와 같이 일정한 시간 동안 학습이나 작업 활동을 계속하면 객관적으로는 학습 능률의 감퇴 및 착오가 증가되어 나타나고 주관적으로는 주의력의 감소, 흥미의 상실, 권태 등 일종의 복잡한 심리적 불쾌감이 일어난다. 이러한 현상을 피로(fatigue)라고 하며, 이것이 고도에 도달한 것을 소진(exhaustion)이라고 한다(김동일 외, 2011).

피로감은 학습능률이나 작업능률과 밀접한 관계가 있다. 그러나 피로한 느낌과 실제적인 피로는 반드시 일치하지 않는다. 즉, 실제로는 몹시 피로하지만 그 일에 대한 관심, 흥미, 노력 등의 심리적 조건에 따라 이렇다 할 피로를 느끼지 않는 경우가 있다. 반면 실제로는 하나도 피로하지 않지만 그 일에 대한 관심 및 흥미의 상실, 정서적 불안정 등으로 몹시 피로한 느낌을 지니게 되는 경우도 있다. 피로는 왜 일어나며 어떤 경우에 발생하는지 살펴보면 다음과 같은 원인을 찾을 수 있다.

(1) 신체적 · 생리적 원인
① 영양 부족으로 저장된 에너지원의 소모, 질병, 체질, 신체적 결함 등
② 피로 독소, 즉 노폐물의 축적(유산칼륨, 인산염)
③ 산소의 결핍(이산화탄소의 축적)
④ 신체적 · 생리적 불균형(자세의 고착화, 안근의 긴장)

(2) 학습 자체의 원인
① 학습 내용 및 학습 지도법의 부담량(각 교과에 따라 피로치가 다르다), 난이도, 교과에 대한 적성 등
② 정서적 불안정, 갈등, 혼란 상태

(3) 학습환경 원인
① 물리적 조건, 학습 도구 및 시설의 불비, 온도 및 습도, 조명, 색채, 책상 및 의자, 소음 등
② 사회적 조건, 인간관계, 문화적 · 경제적 조건, 가정생활의 분위기 등

(4) 시기 및 계절의 영향
① 대체로 오전보다 오후에 피로를 많이 느끼며, 1일 수업시간 중에는 처음과 마지막 시간에 학습 능률이 떨어진다.
② 일주일 중 월요일이 가장 능률이 오르지 않으며, 수 · 목요일에 능률이 오

르다가 그 후에 저조하고 토요일에는 다시 약간 높아지는 경향이 있다.

③ 계절에도 봄·가을이 여름·겨울보다 능률적이나, 여름철보다는 겨울철에 학습 효과가 좀 더 높다. 기타 학교의 여러 행사, 휴가 등의 전후도 학습 효과와 밀접한 관계가 있으며, 대체로 이 시기에 학습 효과가 떨어지는 편이다.

(5) 피로 회복 방법

피로 회복 방법은 피로의 원인마다 차이는 있지만 대체로 휴식과 수면이 가장 효과적이다. 그러나 수면시간도 연령에 따라 다르며, 한 번에 오랜 시간 휴식을 하는 것보다는 여러 차례로 나누어 하는 것이 효과적이다. 그 이유는 휴식시간이 길어지면 연습 효과나 몸풀기(warming up)를 한 것이 사라지기 때문이다. 그밖에 피로 회복 방법으로는 음식 섭취, 안정, 산책, 기분 전환, 오락, 가벼운 운동경기 및 율동, 음악 감상, 담화, 목욕, 마사지, 피로 독소의 제거, 조제약 등의 물리적 요법 등이 있다.

2) 학습과 운동

(1) 학습과 체력의 관계

1986년 서울에서 개최된 아시안게임에서 3관왕을 이룬 임춘애 선수는 라면소녀로 유명하다. 그러나 실제로 임춘애 선수는 인터뷰에서 라면만 먹은 것이 아니라 고기도 자주 먹었다고 고백했다. 또한 마라톤의 영웅 황영조 선수는 은퇴식에서 달리는 것보다 힘들었던 것이 식이조절과 영양요법이었으며 힘들어도 따라야 했던 것은 그만큼 영양이 중요했기 때문이라고 이야기하였다.

박세윤(2009)의 연구에 의하면, 체력은 학업성취와 깊은 관련성이 있는 것으로 나타났다. 전반적으로 체력이 좋은 학생들의 학업성취가 높았고, 특히 유산소 운동의 수행 능력과 학업성취가 많은 연관성을 보였다. 과목 중에서도 수학 성적이 체력과 관련성이 크며 체력이 상위인 집단이 하위인 집단에 비해 학업성

취도가 높은 것으로 보고되었다. 또한 체력은 자기주도적 학습 능력과도 관련
이 있어 체력이 좋은 학생들이 높은 자기주도적 학습 능력을 보였으며, 학업성
취와 체력의 수준이 높을수록 인지 능력이 우수하였다.

마라톤과 같은 기나긴 수험생활 동안 체력을 유지하기 위해 가장 기본이 되
면서도 꼭 필요한 것은 충분한 휴식과 수분 및 산소 공급이다. 충분히 자고 자
주 쉬면 청소년기 학습자에게 매우 좋겠지만 현실적으로 쉽지 않다. 따라서 충
분한 수분 공급만으로도 세포는 잠시나마 휴식을 취할 수 있으며 산소를 공급할
때는 단순히 숨을 들이마시고 내쉬는 데에 그치지 말고 가벼운 스트레칭이나 심
호흡 등을 통해 두뇌와 몸 전체의 세포들이 깨어날 정도로 하는 것이 좋다.

무엇보다도 규칙적인 생활이 중요하다. 100m 달리기와 마라톤은 분명히 다
르다. 중간고사나 중요한 모의고사가 목전에 있다 할지라도 조급한 마음으로
수면 패턴에 변화를 주기보다 긴 호흡으로 생활을 관리하는 느긋함이 필요하
다. 뿐만 아니라 기상시간을 일정하게 관리해야 하며 아침마다 화장실에서 규
칙적으로 배변하는 습관을 들이는 것이 좋다.

(2) 수분과 체력

우리 몸은 약 70%가 수분으로 이루어져 있으며, 나이가 적을수록 체내 수분
의 양은 더 많아진다. 그만큼 물은 생명과 직결되므로 중요하다. 물은 신체에
쌓인 노폐물을 몸 밖으로 배출하는 데 도움을 주고 장(腸) 운동을 돕는다. 병균
에 대한 몸의 방어 작용에서 가장 기본이 되는 것도 물이다.

일반적으로 우리는 하루에 소변으로 1.5ℓ, 대변으로 0.1ℓ, 땀으로 0.6ℓ, 호흡
으로 0.3ℓ, 운동 시 0.5~1.0ℓ 정도의 수분을 밖으로 배출해 총 3~3.5ℓ 정도의
수분을 잃게 된다. 반대로 음식을 통해 1.0ℓ, 호흡하는 공기나 에너지 대사산물
로 0.5ℓ 정도의 수분을 섭취하므로 적어도 생명을 유지하려면 부족한 분량인
1.5ℓ의 물을 매일 마셔야 한다.

그러나 청소년기 학습자들은 활동량이 적다 보니 아무래도 물을 적게 마시고
이마저도 커피나 콜라, 주스를 마시기 때문에 수분 공급이 현저히 부족하다. 수

분이 부족하면 가장 먼저 영향을 받는 곳이 뇌세포이다. 피부나 다른 세포들은 손상을 입으면 재생하지만 뇌세포는 재생할 수 없기 때문에 한 번 손상되면 회복이 어려워 치명적일 수 있다. 따라서 물이 부족하지 않게 평소 충분히 섭취해 주는 것이 필요하다.

하루 2ℓ 이상 마시는 것이 가장 좋은데, 마트에서 팔고 있는 0.5ℓ 생수를 오전, 점심, 오후, 저녁에 한 병씩 마신다고 생각하면 쉽게 와 닿을 수 있다. 학원을 다니는 학습자의 경우에는 쉬는 시간마다 정수기에 가서 물을 한 잔씩 마시는 습관을 들이는 것이 좋다. 그러면 하루 동안 8~10잔 이상의 물을 마실 수 있을 뿐만 아니라 물을 많이 마시면 물 대신 입에 달고 살던 몸에 좋지 않은 과당과 카페인의 섭취를 줄일 수 있어 일석이조의 효과를 거둘 수 있다. 끝으로 변비가 심할 때 하루에 2ℓ 이상의 물을 마시다 보면 보통 2~3일 만에 눈에 띄는 효과를 볼 수 있다.

(3) 스트레칭과 하루 30분 운동

봄이나 초여름과 달리 여름이 깊어지고 가을이 가까워질수록 만성피로와 소화장애를 호소하는 학생들이 증가한다(고시환, 2011). 이는 중간고사, 기말고사, 교육청 평가 등 각종 모의고사를 치는 횟수에 따라서 학습 스트레스가 심해지고 체력도 점차 바닥을 드러내기 때문이다.

중간 및 기말 고사, 모의고사, 수능이 가까워질수록 긴장감이 커지고 수면시간, 운동시간이 부족한데다 식사나 운동을 챙기기보다 공부에 신경을 쓰다 보니 알게 모르게 영양불균형이 생겨 이런 증상들이 나타날 수 있다.

만성피로나 소화장애를 극복하는 가장 효과적인 처방은 충분한 수면과 휴식이다. 하지만 시험을 앞두고 수험생이 마음 편하게 자고 쉬기란 현실적으로 쉽지 않다. 또한 대부분 두통의 원인은 알 수 없다는 말이 있을 정도로 그 원인은 매우 다양하다. 체하거나 변비가 있을 때 두통이 생기기도 하고 산소가 부족한 곳에 오래 머물거나 불쾌한 냄새에 오랜 시간 노출되었을 때 머리가 아프다는 사람도 있다. 그런데 청소년기 학습자의 두통은 대부분 긴장과 스트레스, 운동 부족이 그 원인이 된다.

매 시간 쪽지시험을 치거나 집중해서 문제집을 풀다 보면 목 뒤와 어깨의 근육이 뭉치는데, 특히 등 부분의 근육이 뭉치면 자주 두통이 생길 수 있다. 이 부분의 근육이 뭉쳐서 뇌로 가는 혈류의 흐름을 방해하기 때문이다. 눈이 침침해지고 귀가 잘 들리지 않는 경우도 있다.

만성피로, 소화장애, 두통을 극복하기 위해 잠깐이지만 휴식시간인 쉬는 시간과 점심시간을 잘 활용할 필요가 있다. 쉬는 시간이 되면 엎드려 자거나 자리에 앉아 있지 말고 복도를 걷거나 햇볕을 쬐며 화단 주위를 돌면서 자주 스트레칭을 해서 근육의 긴장과 피로감을 풀어 주도록 한다. 어깨 뒤로 양손을 잡고 잡아당기면 어깨 근육과 등 근육이 스트레칭되어 머리가 맑아진다.

학교 행정당국이나 담임교사들도 학생들을 위해 쉬는 시간, 점심시간, 야간 자율학습 시간 중에 일정시간을 할애하여 전교생을 위해 방송으로 스트레칭, 명상, 요가, 이완 프로그램을 진행하면서 학생들로 하여금 동작을 따라하도록 하는 것도 좋을 것이다.

3) 학습능력 증진을 위한 운동의 생활화 전략

걷기 운동은 한국인의 5대 질병인 고혈압, 심장병, 당뇨병, 뇌졸중, 암 등의 예방과 치료에 효과적이며 관절염, 비만 환자들이 가장 안전하게 할 수 있는 운동법이다. 스트레스 조절 호르몬의 분비를 촉진함으로써 면역력을 증강시키며 정신건강에도 도움을 준다.

걷기 운동은 다른 운동과 달리 발목이나 관절 부상의 위험이 없으며 몸에 부담을 별로 주지 않으며 부작용도 거의 없는 안전하고 쉬운 운동이다. 걷기 운동은 무엇보다 유산소 운동으로 다이어트에 효과적이다. 운동 강도, 빈도, 시간을 점차적으로 늘려 걷기 운동을 한다면 여러 가지 효과를 볼 수 있다.

달리기 같은 고강도 운동에는 탄수화물이 주로 소모되고 저강도로 장시간 운동하는 걷기는 지방을 소비하기 때문에 다이어트에 효과적이다. 걷기는 지치지 않고 오랜 시간 할 수 있는데다 어떤 운동이든 15분이 지나야 지방이 쓰이기 시작하기 때문에 걷기가 살 빼기에 유리하다.

하루 1만 보를 걷겠다는 욕심으로 무리를 하면 운동을 지속할 수 없다. 걷기는 단기간 운동으로 효과를 얻을 수 없다. 일주일에 5일, 하루 30분씩 꾸준히 운동을 하는 것이 좋다. 걷기를 시작할 때는 가벼운 스트레칭으로 근육을 긴장, 이완시킨 후에 운동을 하는 것이 좋다. 평소 운동을 하지 않던 몸으로 갑자기 1시간 이상 무리하게 걷는다면 근육에 무리를 줄 수 있다.

처음에는 약간 느린 걸음으로 걷다가 시간이 흐르면 약간 숨이 차고 땀이 날 정도의 걸음걸이로 걷는 것이 좋다. 어느 정도 속도를 내야 체지방을 효율적으로 연소시킬 수 있는데 1분당 100m를 걷는 것을 목표로 한다. 보통 걸음으로 1분당 60~70m를 걸을 수 있으므로 평소 걸음보다 조금 빠르게 걸어야 한다. 이 정도면 꽤 빠른 속도이기 때문에 시작 단계에서는 1분당 80m부터 시작하여 익숙해지면 점차 속도를 내도록 한다.

걷기 시작한 지 15~20분 정도 지나면 땀이 나면서 지방이 연소되기 시작한다. 하루 15~20분 걷기부터 시작해 익숙해지면 5~10분씩 늘려 간다. 운동 횟수는 주 3~4회, 가능하면 매일 걷는 것이 좋다.

이처럼 운동으로 소비한 30분은 분명 앉아서 공부하는 30분 이상의 학습 효과를 나타낼 것이다. 땀을 충분히 흘릴 수 있는 활동적인 운동이 좋으며 어둠 속이나 실내에서 하는 운동보다 해가 떠 있을 때 하는 야외 운동이 좋다. 점심식사 후 햇볕을 받으면서 매일 운동을 하면 호르몬이 활성화되고 스트레스가 풀리면서 긴장감이 줄어들고 자칫 위축되기 쉬운 청소년기 학습자들에게 다시 한번 열심히 해야겠다는 마음이 들게 할 것이다.

그런데 1주일에 3~4회, 1일 30분씩 운동하는 습관을 가진다는 것은 쉬운 일이 아니다. 이를 위해 런던 대학교 워들(Wardle) 교수는 운동을 생활화하기 위한 결심의 습관화 방법을 제시하였다(김종운, 박성실, 2011). 그는 사람들이 무언가 변해야 한다고 느낄 때 자신의 습관을 체크한다고 말한다.

'과음을 하기 때문에' '과식을 하기 때문에' '운동할 시간을 내지 못하기 때문에' 등 자신의 성공을 가로막고 있는 것은 작은 습관이다. 금연과 금주, 다이어트, 운동, 아침형 인간 되기 등의 새로운 습관을 들이려 노력하지만 변하지 않고 반복되는 습관의 패턴 속에 매몰되어 결국 실패를 맛보고 좌절감을 느끼는 사람들이 대부분이다. 그럴 때면 '나는 왜 이것밖에 안 될까, 결국 나란 존재는 어쩔 수 없구나!'라는 자괴감에 빠져 마치 다이어트 결심이 습관화되지 못하고 요요 현상을 겪듯 아무런 성과 없이 이전으로 되돌아가기도 한다.

현재 우리의 삶을 결정짓고 있는 것은 이렇듯 아주 작은 습관이다. 따라서 좋은 습관을 되도록 몸에 익히는 것이 좋다. 습관화된다는 것은 아무 생각없이 무심결에 어떤 행동을 하더라도 원하는 바람직한 행동을 하는 것으로 행동의 기제가 무의식에 저장되는 것을 의미한다. 어떻게 얼마나 해야 원하는 행동과 마인드를 자신의 습관으로 만들 수 있을까. 워들 교수팀의 연구에 따르면, 66일간 지속하면 생각이나 의지 없이 행동할 수 있는 습관이 된다고 한다. 삶의 장애물처럼 버티고 있던 나쁜 습관을 교정하고 좋은 습관을 무의식으로 만드는 것이 66일 만에 가능하다면 작심삼일(作心三日)의 좌절감을 벗어나 66일 동안만이라도 꾸준히 노력해 볼 필요가 있다.

3. 학습과 수면

우리나라 청소년기 학습자들의 수면시간은 절대적으로 부족하다. 수면시간이 부족하면 기억력과 암기력, 판단력 등의 학습 능력이 크게 감퇴하고, 두뇌의 피로도가 높아지면서 낮잠이 쏟아지는 것은 물론 우울감도 커진다. 또한 눈의 피로도가 높아지면서 심한 경우 시력이 저하되기도 하며 원인 모를 편두통을 호소하기도 한다. 전문가들은 수면은 집중력과 기억 등 학습 효과와 밀접한 관계가 있으며 청소년들의 학습의 질을 높이기 위해서는 충분한 수면을 취해야 한다고 말한다. 여기서는 수면이 학습에 미치는 효과와 효과적인 수면관리 방법에 대해 알아보기로 한다.

1) 학습과 수면의 관계

최근 인기리에 방영되었던 드라마에는 내신 성적을 올리는 방법과 같은 공부 비법이 소개되어 많은 학부모와 수험생들의 관심을 끌었다. 그 중 '밤새지 말아라.' '자기 전까지 외우고 또 외워라.'와 같은 비법은 수면이 학습에 미치는 영향을 표현한 것인데, 실제로 과학적인 근거가 있는 이야기이다.

밤에 잠을 잘 자는 것이 밤에 잠을 자지 않는 것에 비해 시험 성적을 향상시켰다는 연구결과처럼 수면은 학습에 있어 중요한 역할을 한다. 잠을 잘 자야 졸리지 않고 집중이 잘 된다는 차원이 아니다. 잠을 자는 동안 뇌는 단기 저장고에 입력된 정보를 장기 저장고로 전송해 저장하기 때문에 잠을 자고 있는 동안 기억력이 강화된다. 우리의 뇌는 수면 중 그날 배운 중요한 것들을 스스로 반복해서 학습하는 것이다. 이것을 하는 것이 바로 무의식이며 학습에서는 잠재의식이라고 한다(Murphy, 2011).

우리는 매일 24시간 중 약 8시간, 즉 생애의 3분의 1을 잠자는 데 소비한다. 이것은 자연의 섭리이며 냉엄한 생명의 법칙이라고 할 수 있다. 사람은 낮 동안에 피곤해지기 때문에 몸을 쉬게 하기 위해 잠자리에 들며 잠자고 있는 동안에 회복 작용이 일어난다. 낮 동안에 손상된 세포를 치유하며 하루 동안 학습한 것을 단기기억에서 장기기억으로 정리 · 저장하고 불필요한 것은 삭제한다.

이렇게 단기기억이 장기기억으로 저장되는 과정은 주로 수면, 특히 꿈을 꾸는 렘(Rapid Eyes Movement: REM) 수면 중에 대부분 이뤄진다. 흔히 꿈을 많이 꾸면 잠을 잘 못 잤다고 생각하는데, 꿈을 많이 기억하고 있는 것일 뿐 잠을 못 잔 것은 아니다. 오히려 꿈은 뇌의 휴식이자 기억과 학습에 관계하여 유용하고 필수적인 기능을 수행한다. 꿈을 꾸는 동안 현실 세계에서 있었던 일들을 분류하고 저장하는 학습이 이루어지기 때문이다. 따라서 힘들여 암기한 내용을 장기기억으로 저장시키기 위해서는 잠을 잘 자야 하고, 또 잠자기 전에 암기하는 것이 더욱 효과적이다.

특히 잠자기 직전 약 30분간 암기한 정보는 잠을 자면서 장기기억으로 저장되기가 가장 쉽다. 잠자기 전에 아이에게 동화책을 읽어 주면 은연중에 아이의 어휘력을 향상시킬 수 있는 것은 바로 이 때문이다. 그러나 잠들기 전에 외우는 단어는 기억에 오래 남지만, 자면서 영어와 같은 학습테이프를 틀어 놓고 자는 것이 효과적이라는 주장은 근거가 없다. 오히려 깊은 잠을 방해하고 수면의 질을 떨어뜨려 학습을 방해할 수 있다.

2) 렘 수면과 학습

렘 수면은 깨어 있는 것에 가까운 얕은 수면이며 안구의 빠른 운동에 의해 구분된 수면의 한 단계이다. 렘 수면은 토닉(tonic)과 페이식(phasic)이라는 두 단계로 구분된다(Kryger, Roth, & Dement, 2000). 렘 수면의 기준은 급속 안구 운동뿐만 아니라, 낮은 근간장과 낮은 전압의 뇌파도(electroencephalogram: EEG)를 포함한다. 이 특징들은 다원수면도(polysomnogram)에서 쉽게 볼 수 있다.

성인의 렘 수면은 일반적으로 총 수면 중 약 20~25%의 비율로 발생한다. 밤 시간 수면의 90~120분 정도이다. 보통 밤 수면 동안 사람은 흔히 렘 수면의 5단계를 경험한다. 이미 렘 수면의 한 단계가 지난 짧은 시간 동안에 많은 동물들과 몇몇 사람은 깨는 경향이 있거나 아주 얕은 잠을 경험하는 경향이 있다. 갓난아이는 총 수면의 80%가 렘 수면이다(Myers, 2004).

렘 수면 동안 뇌의 신경 활동은 깨어 있을 때와 상당히 유사하다. 그러나 몸은 이완되어 불수의적인 상태가 된다. 이러한 이유로 렘 수면 단계는 흔히 역설적 수면(paradoxical sleep)이라고도 불린다. 이는 렘 수면 동안 뇌파는 억제되지 않는 것을 의미한다. 렘 수면 동안의 꿈은 눈에 보이는 듯이 선명하게 발생한다.

렘 수면의 경우 수면 후반부에 많이 나타나기 때문에 잠을 충분히 자야 적절한 렘 수면이 나타나는 것을 기대할 수 있고 이때 낮 시간 동안 배운 내용이 각인된다. 또 수면은 회복의 기능을 갖기 때문에 학습 효과와도 큰 관련이 있다. 낮 시간 동안 활발한 두뇌 및 신체 활동을 하게 되면 세포들이 피로해지고 손상된다. 충분한 수면을 취할 경우 세포들이 효과적으로 회복돼 다음 학습을 위한 준비를 하게 된다.

인간의 수면은 약 2시간 간격의 사이클을 갖고 있고 잠자는 동안 이것이 몇 차례 반복된다. 한 사이클은 얕은 잠, 조금 깊은 잠, 깊은 잠, 렘 수면 등 네 가지로 이루어진다. 렘 수면을 제외한 나머지 세 종류의 잠을 총칭하여 논렘(non-REM) 수면이라고 한다.

얕은 잠은 잠자리에 들기 전 꾸벅꾸벅 조는 상태로 대개 몇 분 정도 있으면 잠이 든다. 일단 잠이 들면 2회째의 사이클부터는 얕은 잠이 반복되지 않는다. 조금 깊은 잠은 잠들기 시작한 후 약 20~30분 정도 이어진다. 이 상태일 때는 아주 작은 소리에도 눈을 뜬다. 깊은 잠의 상태는 40~50분가량 이어진다. 이때는 코를 비틀어도 눈을 뜨지 않는다. 심한 외부 자극으로 인해 일어나게 되더라도 수면과 각성의 간격이 크기 때문에 10분 이상 의식이 몽롱한 상태가 이어진다. 이 1시간 반 정도의 논렘 수면 동안 차츰 호흡과 혈압이 내려간다. 그런데 호흡 횟수가 너무 줄거나 혈압이 낮아지면 체내의 노폐물을 제거할 수 없게 된다. 산소와 영양의 보급도 나빠져 오히려 피로 회복을 할 수 없게 된다. 심할 경우 그와 같은 상태가 오래 지속되면 생명과도 연관이 있게 된다.

렘 수면은 이런 상태를 피하기 위해 필요하다. 몸은 잠들고 있어도 뇌만 깨어나서 여러 가지 신체 기능을 조절하는 것이다. 이것이 렘 수면으로, 30분가량 이어진다. 최근 연구에 따르면, 2회째 사이클의 렘 수면은 조금 시간이 늘어서 30~35분, 3회째 사이클에는 40분 정도로, 사이클을 거듭할 때마다 5분 정도씩 늘어난다는 사실이 확인되었다. 또한 인위적으로 렘 수면을 적게 하면 다음 날의 렘 수면이 길어진다는 실험결과도 보고되어 있다.

렘 수면 중인 사람을 무리하게 깨우면 대개는 '꿈을 꾸고 있었다.'고 말한다. 다시 말해 몸은 쉬고 있어도 뇌가 활동하고 있는 것이다. 사실은 다른 수면을 취할 때도 꿈을 꾸고 있지만, 뇌가 쉬기 위해 기억하기를 거부하는 것이다.

렘 수면 상태일 때 눈을 뜨면 뇌가 각성되어 있기 때문에 의식이 또렷하여 외부의 자극에 대해서도 의식과 몸이 금방 반응한다. 반대로 논렘 수면일 때 깨우면 눈을 뜨는 게 힘들고 유쾌하지 못하며, 그 불쾌감은 일어난 뒤에도 잠시 계속

된다. 따라서 눈을 뜨려면 렘 수면이 끝날 즈음에 깨는 것이 가장 좋다.

논렘 수면과 렘 수면이 이어지는 한 사이클의 시간은 약 2시간 정도로, 하룻밤에 몇 번씩 반복된다. 4사이클이면 8시간, 3사이클이면 6시간의 수면이 되는 것이다. 그때그때의 피곤한 정도에 따라서도 다르겠지만, 그래서 수면 시간은 6시간에서 8시간 정도가 적당하다는 얘기가 된다. 자명종을 맞춰 놓고 자는 경우에는 시간을 계산해서 렘 수면이 끝나는 시점에 맞춰 두면 산뜻하게 눈을 뜰 수 있게 된다. 5시간, 7시간과 같은 홀수 시간보다 6시간, 8시간과 같은 짝수 시간의 수면이 좋은 이유가 과학적으로 증명되는 것이다.

3) 뇌파와 수면

물체가 시간이 흐름에 따라 하나의 점을 중심으로 반복적으로 상하로 움직이는 상태를 진동이라고 하며, 주기적인 진동이 시간의 흐름에 따라 주위로 퍼져 나가는 현상을 파동이라 한다. 뇌파란 뇌의 활동에 따라 일어나는 미세한 전기적 파동(전류)을 기록한 것으로, 주파수와 진폭에 따라 종류를 구분한다. 주파수

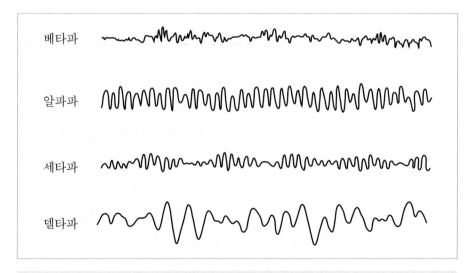

[그림 10-1] 주요 뇌파의 모습

란 진동수의 단위로 진동 운동에서 상하로 움직이는데 반복 운동이 초당 몇 회씩 발생하는지 그 횟수를 헤르츠(Hz)로 표시한다.

뇌파에는 알파(α)파와 베타(β)파 이외에도 세타(θ)파와 델타(δ)파도 있는데, 이들 뇌파의 주파수와 주요 특성들에 대해서 간단히 요약하여 살펴보면 〈표 10-1〉과 같다(설기문, 2000).

ㅇㅇㅇ **표 10-1 뇌파 수준에 따른 주파수와 주요 특징**

뇌파	의식	주파수	수준에 따른 특성
베타파	외적 의식	14~30Hz	• 평상시의 뇌파 • 외계와 대응하여 긴장 상태에서 일을 처리하고 있는 상태
알파파	내적 의식	8~14Hz	• 주의집중과 약간의 긴장 • 공부 능률 향상, 정신통일 상태 • 기억력과 집중력 최대 상태, 스트레스 해소. • 명상, 신체이완 상태
세타파	내적 의식	4~7Hz	• 졸음 상태, 얕은 수면 • 초능력을 발휘할 때의 뇌파
델타파	무의식	0.5~4Hz	• 깊은 수면 • 매일 밤 30~40분 정도 경험

각성기에 발생하는 뇌파를 흔히 베타파라고 하며 주파수가 14~30Hz로 높은 상태이다. 잠자리에 들었을 때, 신체가 이완되고 졸리기 시작하면, 뇌파는 주파수가 약간 낮아져 8~14Hz의 알파파 상태가 되지만, 알파파는 아직 깨어 있음을 나타낸다.

알파파 단계에서 몇 분이 지나면 호흡이 안정되면서 늦어지고 뇌파도 더욱 늦어지면서 수면 1단계로 들어가는데, 이때 뇌파는 4~7Hz의 세타파가 된다. 맥박이 안정되고, 호흡이 규칙적으로 이루어지는 수면 1단계는 과도기적 수면 단계로 아직 완전히 잠이 들었다고 말할 수는 없지만 그렇다고 깨어 있는 상태도 아닌 단계이다. 약 10초~10분 정도 지속된다.

수면 2단계에서는 4~7Hz의 세타파에 K복합파가 추가되어 나타난다. K복합파는 진폭이 높은 한 번의 파동과 수면방추파이다. 수면방추파는 12~14Hz이고 기록된 뇌파의 형태가 베틀의 방추와 비슷하여 수면방추파로 불린다. 수면 2단계에서 깨우면 대부분은 푹 자고 있었다고 대답하게 되며, 시간은 10~20분 정도 지속된다.

수면이 시작된 지 20~30분 정도가 지나면 수면 3단계가 시작되고, 세타파뿐만 아니라 4Hz 미만의 델타파가 나타나게 된다. 수면 3단계에서는 전체 뇌파 중 델타파가 20~50% 정도를 차지한다. 수면 3단계를 지나 델타파의 비율이 높아지면 수면 4단계로 접어들게 된다. 수면 4단계에서는 델타파가 50% 이상을 차지하며, 깊은 수면 시 델타파의 주파수는 0.5~2Hz까지 낮아진다. 매우 깊이 잠든 상태이기 때문에 어린아이의 경우 이 단계에서 잠을 깨운다는 것은 매우 어렵다.

일반적으로 3, 4단계의 수면은 함께 섞여서 나타나고, 주파수가 느린 델타파의 뇌파가 많이 나타나기 때문에, 이 두 단계의 수면을 통칭하여 델타수면 혹은 깊은 수면이라고 한다. 델타수면은 30~40분 정도 지속된다.

델타수면이 지나면 수면단계는 다시 3단계, 2단계로 돌아간다. 2단계까지 돌아간 이후에 수면 1단계가 다시 나타나지는 않고 렘 수면이 나타난다. 수면 1단계-2단계-3단계-4단계-3단계-2단계까지가 수면의 첫 번째 주기를 완성하게 되며, 이러한 과정의 시간은 90~100분 정도가 소요된다.

4) 학습 효과를 높이는 수면법

한 학부모는 고등학교 3학년 아들의 방문을 살짝 열어 보았다. 숙제를 하고 있어야 할 아들이 책상에 엎드려 또 자고 있다. 졸음이 많을 때라고 덮어 두기엔 은근히 걱정이 된다. 밤에 잠을 덜 자는 것도 아닌데 요즘 틈만 나면 저렇게 잠을 자니 몸이 어딘가 안 좋은지, 아니면 공부가 하기 싫은 것인지 신경이 쓰인다.

　　서울의 한 중학교 국어교사는 수업시간마다 조는 학생들 때문에 고민이다. 학급마다 몇 명씩 조는 아이들을 보며 처음에는 수업 태도가 좋지 않다고 야단을 쳤는데, 면담을 해 보니 밤에 게임 등을 하면서 잠을 늦게 자는 경우이거나 아니면 잠을 충분히 자는데도 낮에 심하게 조는 아이들이었다.

　　일분일초가 아까운 청소년 학습자의 몸이 요구하는 대로 수면시간을 충분히 가지기는 현실적으로 어렵다. 그럼에도 불구하고 최소한 5시간 정도의 숙면은 꼭 유지해야 한다. 수면은 신체적·정신적 피로를 풀어 줄 뿐만 아니라 하루 동안 뇌에 입력된 정보를 체계화하는 시간이기 때문이다. 또한 충분한 수면은 청소년 학습자들에게 절실히 요구되는 집중력, 판단력, 기억력을 향상시켜 주며, 수면 동안 분비되는 성장 호르몬이 하루 동안 손상되고 소실된 세포들이나 면역 기능을 회복하고 다음 날 활동할 수 있도록 우리 몸을 준비시켜 주는 것이라 할 수 있다(고시환, 2011).

　　무엇보다 수면 습관은 규칙적으로 지속적으로 유지하는 것이 중요하다. 오늘까지 꼭 해야 할 공부가 남아 있다 하더라도 일정한 시간에 잠자리에 드는 것이 좋다. 여기서는 학습 효과를 높이는 수면법에 대해 살펴보기로 한다(고시환, 2011; 김동일, 임은미, 황매향, 장미경, 2010).

　　첫째, 높은 긴장감과 스트레스로 인하여 밤잠을 이루기 힘든 경우에는 30분 정도 가벼운 운동으로 땀을 흘린 뒤 따뜻한 물에 샤워하면 숙면을 이루는 데 도움이 된다. 자기 전에는 가급적 격렬한 운동, 무서운 드라마, 폭력적인 인터넷 게임, 사회문제를 다룬 TV 프로그램을 피하는 것이 좋다. 이는 뇌의 각성 상태를 높여 수면을 방해하기 때문이다.

　　둘째, 수면 부족 혹은 늦게까지 공부하는 습관 등으로 머리가 멍하다면 수면 시간대를 조절할 필요가 있다. 가능하다면 12시 이전에는 잠자리에 들도록 하고 새벽 4시 정도에 일어나 밤늦은 시간보다 이른 아침을 활용해서 공부하는 것이 좋다. 집중력은 잠에서 깬 후 1~2시간 후 높아진다. 아침에 일어나서 1~2시간 동안은 집중력이 떨어지므로 이때는 공부와 무관한 행동을 하거나 간단한 내용의 공부를 하는 것이 바람직하다. 특히 오전 1~3시 사이에는 무조건 잠을 자야 한다. 이 시간에는 공부를 해도 머릿속에 잘 들어오지 않고 피로만 쌓이기 때문이다.

셋째, 책상에 엎드려 자지 말고 침대에서 자는 것이 좋다. 자는 시간과 일어나는 시간을 정해서 잘 시간이 되면 불을 끄고 침대나 잠자리에서 자는 것이 중요하다. 불을 끄고 잘 때 멜라토닌이 정상적으로 분비돼 좀 더 깊은 수면을 기대할수 있다.

넷째, 낮 시간에 15분 정도의 잠을 한두 차례 자 두면 신체 리듬을 건강하게 유지하는 것은 물론이고 두뇌 피로를 풀고 학습 효과를 상승시키는 데도 아주 효과가 크다. 가능하면 낮잠은 한 번에 30분을 넘지 않도록 한다. 주말에 주중에 부족했던 수면을 보충하기 위해 잠을 좀 더 잘 수 있는데 이때에도 리듬이 깨지지 않도록 1~2시간 이상은 자지 않도록 한다.

다섯째, 하루 최대 7시간은 잠을 자는 것이 좋다. 매일 아침 가정에서는 깨우려는 엄마와 더 자려는 자녀 사이에 전쟁이 벌어진다. 대부분의 부모는 대개 잠이 많은 자녀를 걱정한다. "누구는 하루에 4시간만 잔다더라." 하며 주변 아이들과 끊임없이 비교하기도 한다. 이러한 분위기 속에서 아이들은 잠자는 것에 죄책감을 갖게 될 수밖에 없다.

그러나 잠을 줄인다고 해서 깨어 있는 시간 동안 온전히 공부에 투자할 수 있는 것도 아니다. 밤에 충분히 자지 못한 학생들은 낮에 학교에서 자곤 한다. 구체적인 학교 활동을 잘 모르는 부모들은 아이들이 학교에서 모든 시간을 쏟아부어 공부에 열중할 것이라고 생각한다. 하지만 실제로 아이들은 이런 기대를 충족시키지 못한다.

잠은 의지의 영역이 아니라 본능의 영역이다. 청소년기에 생리적으로 필요한 수면시간은 8시간이다. 밤잠이 부족하면 이는 낮잠으로 채워질 수밖에 없다. 사람마다 수면량도 다르고 자신한테 맞는 수면 패턴도 다르다. 이 때문에 학생이 직접 본인의 생체시계를 찾아 최적의 학습을 할 수 있도록 해야 할 것이다.

여섯째, 암기한 후 잠을 자도록 한다. 잠자기 전에는 암기 과목을 공부하는 것이 효율적이다. 무언가를 암기한 후 잠을 자면 확실하게 기억에 남는다. 즉, 공부하면서 잠을 자는 격이다. 이는 오히려 밤을 새워 공부하는 것보다 배운 내용을 정리하는 데 효과적이며, 시험시간에도 더욱 맑은 정신으로 최고 능력을 발휘할 수 있게 한다. 우리의 뇌는 잠자리에 들었다고 해서 바로 활동을 멈추는 것이 아니기 때문이다.

4. 학습과 음악

"우리 아이는 음악을 들으면서 공부해요. 음악을 들으면서 공부하는 게 효과적인가요?"라며 음악이 학습에 도움이 되는지 궁금해하는 학부모들이나 교사들이 많다. 주변에 공부하는 학생들을 보아도 음악을 들으며 공부하는 학생들이 많은 것을 확인할 수 있다. 특히 가요나 팝송을 들으면서 공부하는 아이들이 많은데 이럴 때 공부에 도움이 되는지 해가 되는지가 부모님들의 주된 관심사이다. 여기서는 음악의 효과, 학습과 음악의 관계, 학습 능력 증진을 위한 음악의 활용 전략 등에 대해 살펴보기로 한다.

1) 음악의 효과

음악과 학습에 관한 최근의 많은 연구에서 음악이 학습에 미치는 효과가 긍정적인 것으로 나타났다(Jensen, 2000). 음악을 들으면서 편안함을 느낄 때 뇌에서는 알파파가 발생하고 신체 곳곳에서는 엔도르핀이 많이 분비된다. 그뿐만 아니라 음악은 기억력까지 높인다고 한다.

또한 음악은 상상력을 촉진시키며 기억력을 높여 정신 활동을 돕는다고 알려져 있다. 또 음악을 들려주면 심신 안정에 도움이 되며 신경회로가 늘어난다. 이와 함께 학습 기억력이 2배로 늘어난다고 한다. 즉, 음악은 대뇌 발달에 좋은 자극을 준다는 것이다. 그 밖에 생활의 리듬감, 창조적 사고에 도움을 주며 축적된 피로와 긴장감을 푸는 데도 효과를 발휘한다.

이러한 음악의 효과를 생리적 · 심리적 · 사회적 · 인지적 반응으로 분류하여 살펴보면 다음과 같다(김동일 외, 2011).

(1) 생리적 반응

음악은 혈압, 심장박동, 호흡수, 뇌파, 전기 피부 반응(galvanic skin response) 등에 영향을 미치기도 한다. 미국 템플 대학교의 머란토(Maranto) 교수는 음악 감상과 신체이완법이 인간의 면역체계에 긍정적 영향을 미친다는 연구결과를 발표했으며, 음악치료가 암환자의 면역증가요법의 하나로 사용되는 이론적 근거를 마련하기도 하였다. 또한 음악은 진통 중인 환자의 주의를 통증이라는 부정적 자극으로부터 음악과 연상을 이용한 긍정적 자극으로 이끌어 내어 통증을 경감시킨다. 음악의 이러한 생리적 반응은 분만 시 산모의 통증 조절, 암환자의 면역력 증가, 기타 안정이 필요한 환자의 신체적 이완 등에 대한 음악치료의 적용 가능성을 시사한다.

그러나 음악이라는 영역 자체가 매우 다양하고 인간 또한 다양한 존재이므로 이러한 효과를 일반화하기란 참으로 어렵다. 즉, 음악에 대한 자율신경 반응은 획일적인 것이 아니라 개인의 나이, 성별, 몸의 상태, 심리적 상태에 따라 다르게 나타나며, 특별히 자신이 듣는 음악에 대한 선호도나 취향에 많은 영향을 받게 된다.

음악에 대한 반응은 다양하게 나타날 수 있으므로 예측하기는 쉽지 않다. 일반적으로 나타나는 결과는 크게 신체 반응을 자주 일으키는 음악과 침체시키는 음악으로 분류할 수 있다. 먼저 사람의 교감신경을 자극시켜 근육 운동 시스템을 활성화시킴으로써 신체반응을 자주 일으키는 음악은 대개 조성의 변화가 급격하고 음역의 폭이 넓으며, 예측할 수 없는 음악의 흐름을 지니고 있다. 반면 부교감신경을 자극하여 편안하고 안정된 상태를 유도하는 음악은 조성의 변화가 거의 없거나 장조와 단조의 자연스러운 변화가 나타나고, 음역의 폭이 좁고 급격한 멜로디의 변화가 없으며, 대개 반복을 동반하여 진행을 예측할 수 있는 것들이다.

인간의 뇌는 좌뇌와 우뇌가 음악에 대해 각각 다르게 작용한다(Goodman, 1981). 즉, 뇌의 좌반구는 음의 높낮이에 대한 인식, 멜로디, 리듬, 형태적 감각과 음악에 대한 기억을 맡고 있으며, 우반구는 음악의 지각과정에 근거를 두고 언어 기능과 행동에 영향을 준다는 것이다. 음악은 사람의 몸과 마음에 직접적이며 순간적으로 작용하여 그 사람의 감정을 외부로 표현할 수 있는 통로를 제공해 주기 때문에 다른 사람에게 쉽게 다가가서 의사소통할 수 있도록 돕는다.

(2) 심리적 반응

인간이 가지고 있는 중요한 문화적 요소 중 하나가 음악이다. 인간은 음악을 통해 자신의 정서를 나타내기 때문에 음악을 듣거나 연구하는 과정에서 그 음악이 가지고 있는 정서와 동일시되기도 한다. 이런 관점에서 우리는 여러 형태의 음악적 활동을 통해 자신의 여러 가지 문제들을 표출하게 되므로 음악을 통해 신체적 · 정신적 · 영적 상태를 조화롭게 하여 여러 가지 질병들을 치유할 수 있음을 보게 된다.

타우트(Thaut, 1990)는 자신의 음악치료 모델에서 음악치료를 통해 '감정 경험'과 '감정 교류'의 과정을 거치며 '정서 수정' 단계를 거쳐 치료 목적을 달성하게 된다고 한다. 뿐만 아니라 음악의 치료적 활동이 감정의 경험과 표현뿐만 아니라 타인에 대한 감정 교류의 이해를 돕고, 자신의 감각적 행동을 종합하고 조절하여 변형시킬 수 있어야 한다고 말한다.

음악은 심리적 발달 단계에서 볼 때 고유의 선법을 통해 표현되는데, 이것은 인간 내면에 있는 무의식의 세계와 연결해서 설명할 수 있다. 인간의 성격을 본능, 자아, 초자아로 나눈 프로이트(Freud)의 이론에 기초해 살펴보면, 음악은 우리의 본능적 욕구를 자극시키거나 표현하며 때로는 해소 · 감소시키기도 한다. 또한 음악은 감정을 발산(catharsis)시키거나 통제하여 자아를 강화시키고 초자아에 적응하며, 감정을 순화시키거나 보다 높은 수준의 지적 경험과 함께 풍부한 심미적 경험을 갖게 해 준다. 이 같은 음악의 심리적 효과를 정리하면 다음과 같다.

첫째, 순기능적인 의사소통을 촉진하여 효과적인 인간관계를 돕는다. 음악은 가사를 통한 메시지 전달의 기능만이 아닌 어떤 상징성을 가지고 의미를 전달하는 기능을 한다. 이러한 음악적 의사소통은 상호작용을 이룰 수 없는 내담자에게 매우 효과적이다.

둘째, 자신이 이해할 수 있는 음악과 자신을 동일시함으로써 얻어지는 소속감을 통해 안정감을 얻고 심리적 치료가 이루어진다.

셋째, 음악의 심리적 효과 중에서 가장 중요한 반응으로는 연상 작용을 들 수 있다. 각 개인은 경험을 통해 직간접적으로 특정 음악에 대한 특정한 연상을 한다. 이러한 연상은 치매성 환자를 포함한 노인을 위한 음악치료에 큰 효과가 있다.

넷째, 음악은 자기표현과 긴장감 해소의 특별한 수단이 된다. 특히 언어장애 치료에 효과적이다.

(3) 사회적 반응

음악이 없는 세상을 상상할 수 있을까? 우리나라의 애국가에서부터 시작하여 학교의 교가, 예배 찬송가, 대중가요, 동요, 오페라, 노동요, 데모가, 민중가요 등에 이르기까지 인간은 노래나 음악을 통해 자신의 소속과 신념을 표현해 왔다. 각급 학교, 여러 사회 단체나 기관, 국가들은 그들만의 고유한 설립 목적이나 이념을 음악을 통해 나타냈다. 또한 종교의식에서도 성가를 통해 그들의 신앙을 확인하고 신을 찬양하는 수단으로 음악을 사용해 왔다.

뿐만 아니라 음악은 각 시대가 가지는 문화현상들을 대변하는 역할을 하기도 하였다. 이처럼 음악은 가장 오래되고 가장 자연스러운 의사소통과 자기표현의 수단이다. 음악치료 영역에서 노래의 역할은 더욱 두드러지는데, 대화를 통해서라면 하기 힘든 마음속의 응어리진 이야기들을 노래나 음악적 틀 속에서 자연스럽게 표현하는 것을 종종 보게 된다. 따라서 노래나 음악은 말로 표현하기 힘든 내면의 문제들을 음악적 선율에 실어 이야기하고 집단 속에서 새로운 사회적 교류로 이어지도록 하는 역할을 하게 된다. 결국 음악은 의사소통 기능을 지님과 동시에 사람들에게 만족을 준다는 점에서 음악의 힘은 집단 혹은 사회 내에서 극대화될 수 있다(Sears, 1968).

(4) 인지적 반응

'모차르트의 음악이 지능 발달에 도움을 준다.'는 명제는 어느 때부터 당연시되어 왔다. 모차르트 효과(Mozart effect)의 원래 의미는 '모차르트의 음악을 들으면 머리가 좋아진다.'는 것이었지만, 지금은 천재로 잘 알려진 모차르트라는 인물의 후광효과까지 더해져 일부에서는 마치 모차르트의 음악을 들으면 천재나 영재가 될 수 있는 것처럼 받아들여지기도 한다.

모차르트 효과는 1993년 10월 『네이처』에 프랜시스 로셔, 고든 쇼, 캐서린 키의 「음악과 공간 과제 수행(Music and spatial task performance)」라는 제목의 논문이 실리면서 최초로 세상에 알려졌다(Rauscher, Shaw, & Ky, 1993). 연구자들은 모차르트 음악의 구조가 고도로 구조화된 공간 추론 과제를 수행할 때 대뇌피질에서 발화하는 뉴런의 패턴과 유사함에 착안하여, '모차르트 음악을 들을 때 이 뉴런들이 활성화되어 과제를 잘 수행할 수 있을 것이다.'라는 가설을 세우고, 실험을 설계하였다. 이들의 실험에는 36명의 대학생이 참여하였다. 세 그룹으로 나뉜 실험 참여자들 중 두 그룹에게는, 검사 전 각각 '두 대의 피아노를 위한 소나타 D장조(K. 448)'와 '자가 이완 요법에 관한 설명'을 들려주었다. 나머지 한 그룹은 아무 소리도 들리지 않는 무음 조건(silence condition)에 배정되었다. 10분간 각기 다른 조건을 경험한 참여자들은 공간 추론 능력 검사를 받았다. 그 결과, 모차르트 소나타를 들려준 그룹의 점수는 다른 두 조건에 비해 검사 점수가 약 8~9점 정도 높았다. 단, 이러한 효과는 길어야 15분 정도로 매우 일시적이고, 또한 공간 추론 지능에만 해당된다. 세간에 알려진 것처럼 모차르트의 음악이 전체 지능을 높여 주는 것은 아니라는 이야기이다.

실제로 학계에는 이 모차르트 효과 실험을 재현해 낸 다른 연구는 거의 존재하지 않으며, 있다 하더라도 최초 연구자의 그룹에서 나온 결과로 전적으로 신뢰하기에는 어려움이 있다. 모차르트 효과에 대한 그나마 타당성 있는 해석은,

익숙하고 아름다운 음악이 실험 참가자들의 긴장을 완화시킨 덕분에 주어진 과제에 부담 없이 임할 수 있었다는 것이다. 실제로 다른 연구들에서는 무음 조건과 모차르트 음악 조건의 점수가 3~4점 정도로 달라 유의미한 차이가 나타나지는 않았다.

따라서 모차르트의 음악을 들으면 지능이 높아진다는 것은 실제 실험결과가 거의 허구에 가깝게 과장된 것이라 보는 것이 타당할 것 같다. 대신 적당한 유산소 운동을 통해 몸과 뇌의 건강을 증진시키는 편이 여러모로 더 나은 결과를 가져올 것이다.

2) 학습과 음악의 관계

많은 학생이 공부를 하면서 동시에 음악을 듣고 있다. 음악을 들으면서 공부를 하면 집중이 잘 된다고 하는데, 그렇지 않다는 학생도 많다. 그러므로 음악을 들으면서 집중하는 것의 효과는 개개인마다 다름을 알 수 있다. 그렇다면 음악을 들으면서 공부하면 집중이 더 잘 되는 이유는 무엇인지 살펴보기로 한다.

첫째, 음악은 감정회로를 조절한다. 학생들은 집중력을 높이는 특정한 음악을 듣는다기보다 대개 자기가 좋아하는 음악을 들으면서 공부한다. 그때 두뇌는 감정중추가 활성화되어 있으면서 집중에 방해되는 분노, 우울, 짜증 등의 좋지 않은 감정들이 발동하지 못하도록 한다. 그래서 집중력 자체를 직접적으로 높여 주기보다는 산만한 감정들이 떠오르는 것을 막음으로써 간접적으로 집중이 잘 되게 한다.

둘째, 좋아하는 음악은 별다른 노력이나 거부감 없이 두뇌에 입력된다는 것이다. 공부나 집중은 상당한 에너지를 소모하며 두뇌의 힘을 의식적으로 동원해야 한다. 더구나 공부 내용이 어렵거나 외우기 싫어하거나 잘 외워지지 않는 등 두뇌에 잘 입력되지 않을 때 음악은 좋은 역할을 한다. 즉, 음악 멜로디에 공부할 내용을 실어 두뇌에 전달하는 것이다. 그러면 공부 내용이 음악과 함께 잘 입력될 수 있다.

셋째, 음악이 다른 소음을 차단한다. 산만한 학생들은 조그만 소리에도 민감하게 반응하며 소리가 나는 곳에 신경이 금방 쓰인다. 이때 음악소리는 다른 소음을 잠재우는 역할을 하며 소음을 중화시킨다고 할 수 있다.

넷째, 음악으로 인한 공부 내용 재생이다. 암기하고 있는 내용을 떠올리기보다 그때 들었던 음악을 떠올리면 공부한 것이 같이 떠오르는 경우가 많다. 즉, 음악이 기억 재생에 촉매제가 된다.

이와 같은 이유로 음악을 들으면서 공부하는 것은 집중력을 높일 수도 있다. 그렇지만 다음의 사항을 또 생각해 봐야 한다.

첫째, 공부 내용 대신 음악만 떠오르게 되는 경우이다. 이것은 나중에 기억에 떠올릴 때 음악 부분을 빼고 공부 내용만 떠올려야 되는데 두뇌가 그렇게 생각대로 작동하지 않을 수 있다. 즉, 공부 내용 대신에 그때 들었던 음악 멜로디만 머릿속에 맴돈다거나 아니면 머릿속에서 음악과 뒤섞여 잘 떠오르지 않게 될 수도 있다.

둘째, 집중력이 오히려 분산될 수도 있다. 음악에 신경 쓰면 공부 집중력은 아무래도 떨어진다. 음악에 신경 쓰지 않으면서 공부에만 집중하기는 어렵다. 공부하면서 음악 소리에 맞춰 콧노래가 흥얼거리며 나오거나 음악 가사가 하나하나 다 들린다면 아직 집중이 안 된 상태로 봐야 한다.

셋째, 음악이 없는 상황에서는 자칫 큰 마이너스가 된다. 시험시간이나 음악을 들으면서 공부할 수 없는 환경에서 공부할 때는 평소보다 오히려 집중력이 크게 흔들릴 수 있다. 이것은 일종의 습관성인데, 음악 소리와 공부 집중력을 서로 연계시켜 강화시켜 놓았기 때문이다.

이렇게 상반된 면을 가지고 있으므로 학생에 따라 효과가 다른 것이다. 되도록 음악을 듣지 않으면서 공부하면 좋겠지만 꼭 음악을 들어야만 집중이 잘 된다는 학생은 다음 몇 가지를 고려하여 음악을 학습에 이용할 필요가 있다.

첫째, 처음부터 음악을 들으면서 공부하는 습관을 들이지 말자. 이것도 마치 TV중독증 같아서 다른 일을 할 때도 TV를 켜 놓아야만 일이 손에 잡히는 것과 같다. 음악을 들을 수 없는 상황이 더 많으므로 정작 중요한 시기에는 마이너스가 될 수 있다. 더군다나 귀에 이어폰을 꽂고 공부하다 보면 자기도 모르게 난청 증세를 가지게 된다. 난청이 심해지면 집중에 큰 장애 요인이 된다.

둘째, 가사 없는 조용한 음악을 듣자. 꼭 음악을 들으려면 가사가 없고 음폭이 크지 않은 음악이 좋다. 음악을 듣는 이유 가운데 하나가 집중했을 때 나오는 뇌파인 알파파가 나오기를 바라는 것인데, 지나치게 자극적인 음악은 오히려 뇌파의 불안정을 높이게 된다.

셋째, 졸음이 오는 것을 유의하자. 반복되면서 낮은 멜로디는 최면효과를 일으켜 음악을 들으면서 공부하다가 자칫 졸음이 몰려와 공부가 더 안 될 수가 있다. 졸음이 올 때는 빠른 템포의 음악을 잠깐 들어 두뇌를 다시 깨운 뒤 다시 공부를 하면 된다.

넷째, 공부를 시작해서 끝낼 때까지 음악 소리가 명확하게 들렸다면 집중이 되지 않았다고 할 수 있다. 이는 고도로 집중되어 있는 상태에서는 음악 소리나 심지어 시계의 요란한 알람 소리도 들리지 않기 때문이다.

다섯째, 자기의 공부와 집중을 높여 주는 음악은 스스로 찾는 것이 좋다. 집중력을 높여 준다는 모차르트 음악이나 여러 음악은 보편적인 효과를 가지는 것은 아니다. 왜냐하면 두뇌 상태나 산만한 증상 등이 개개인에 따라 모두 다르기 때문이다. 그러므로 자기에게 맞는 음악은 여러 음악을 들으면서 시험해 보고 찾으면 된다. 자기 두뇌 상태에 따라 달라야 하기 때문이다.

무엇보다 즐거워지면서 잡념이 사라지고 힘이 나며 공부할 의욕을 불러일으키게 만들도록 음악을 활용하는 것이 중요하다. 책이 수면제가 되는 학생이라면 조금 빠르고 음폭이 큰 음악이 오히려 더 나을 수도 있다. 음악은 자기 두뇌 활성도와 신체 리듬을 조정하는 주요한 하나의 수단이지만 음악 하나만을 가지고 집중력을 높이려는 것은 조금 무리이다. 그렇지만 듣기 나름에 따라 보조 수단은 될 수 있으니 잘 이용할 필요가 있다.

3) 학습 능력 증진을 위한 음악의 활용

팝송이나 가요 등 가사가 있는 음악을 들으면서 공부하면 오히려 집중력을 떨어뜨려 학습 효과를 감소시키는데, 이것은 바로 간섭 효과 때문이다. 우리가 공부를 할 때 주로 쓰이는 좌뇌는 언어적 기능을 담당한다. 그런데 가사가 있는 음악을 들으면 이것 역시 좌뇌 기능을 자극, 상충 효과가 생겨 암기는 물론 집중력을 방해한다. 그런데 두뇌 기반 학습법을 창안한 게오르그 로자노프 박사의 음악학습 이론에 따르면 어떤 종류의 클래식은 집중력을 높여 학습 효과를 향상시켜 준다고 한다(중앙대교수학습개발센터, 2008).

CD 한 장이 60분을 조금 넘기 때문에 한 장을 들으면 한 시간쯤 집중했다는 것을 시계를 보지 않고도 알 수 있다. 정서적인 안정감을 주고 우뇌를 자극하는 바로크 음악을 중심으로 한 고전음악은 박자 수가 우리의 심장박동과 비슷해 집중력 향상에 도움을 주고 기억력을 향상시키는 효과가 있다. 즉, 바흐 · 모차르트 · 파헬벨 등 규칙적이고 일정한 박자가 반복되는 바로크 음악은 심리적 안정 상태를 유지시키는 알파파와 세타파를 유도하고 도파민이나 세로토닌의 생성을 자극해 집중력을 높이는 데 도움을 준다. 또한 클래식 음악은 공부할 때 배경음악으로 사용하면 소음에 대한 차단 효과도 있으며 좌뇌와 우뇌를 모두 자극해 양쪽 뇌를 모두 사용하여 공부하는 이점도 있다.

좋은 음악을 들으면 정신이 맑아지고, 집중력이 향상되며, 기분이 전환되고, 감정을 조절해 주며, 정신력을 통제하는 효과가 있다. 이외에 지적 능력도 향상시켜 준다. 음악을 제대로 선택하면 우울하고 나쁜 기분을 긍정적이고 좋은 기분으로 전환하는 데 큰 도움이 된다.

보다 능률적인 학습을 위해 엄선된 최적의 음악들이 지친 두뇌를 재충전하고 산만한 정서를 정돈시켜 준다.

인간이 들을 수 있는 음파는 진동수 20~20,000Hz 범위의 소리이고, 소리의 크기는 4~130폰(phon, 감각적인 음의 크기를 나타내는 단위의 하나)에 불과하다. 지구의 고유 진동수는 주파수 7.8Hz로서 지구 위에 있는 사람의 뇌파가 이 지구

고유 진동수에 공명할 때 몸에 좋은 알파파가 나온다. 그런데 현대사회에 들어서면서 지구상에 소음과 전자파가 난무하고, 스트레스가 많아져 이 파장이 인체에 전달되지 못하고 있다.

음악으로 심신을 치유하는 음반들은 음향 속에 미세한 알파파 리듬과 함께 그 중심 주파수를 지구의 진동수에 가까운 슈만 레즈넌스(7~13Hz)에 맞추고 있다. 뇌에 자연스럽게 공명현상을 일으킴으로써 자율신경의 균형을 회복하고 스트레스를 해소하며 집중력이 강화되게 하는 것이다.

또한 자연에는 'f분의 1리듬'이라 하여 자연만이 가진 소리의 리듬이 있다. 따라서 산들바람이 피부를 스칠 때, 그리고 잔잔한 바다의 파도 소리나 시냇물 소리를 들으면 일상의 피로와 스트레스가 시원하게 해소된다. 이것은 우리 신체 고유의 생체 신호가 자연의 파동에 공명을 일으켜 평온하고 안정적인 마음 상태를 만들어 집중력과 정신력이 최선의 상태가 되기 때문이다. 그런데 놀랍게도 'f분의 1리듬'은 알파파의 뇌파와 일치한다.

현대인은 대부분 주위의 온갖 소음과 스트레스로 인해 고유의 생체 신호나 알파파의 뇌파를 느낄 수 없을 정도로 감각이 무디어져 있다. 이처럼 외부와의 상호작용을 통해 스트레스를 해소할 기회가 거의 없이 혼자만의 세계에 갇혀 지내는 청소년들에게 가장 좋은 벗이 되어 주는 것이 바로 음악이다. 친구를 만날 때에도, 공부를 할 때에도, 밥을 먹을 때에도, 그냥 멍하게 있을 때에도 늘 음악을 듣는다.

그렇다면 학생들에게 어떤 음악이 좋을까? 동양에서는 너무 크지도 작지도 않고, 또 너무 맑지도 탁하지도 않는 소리를 적합한 소리라고 보았다. 이 말에 비추어 본다면 요즘 청소년들이 듣는 랩이나 헤비메탈, 록 같은 장르의 음악은 대체로 적합한 소리라고 할 수 없을 것이다.

한 실험에서 비발디의 사계를 들려준 물의 결정과 헤비메탈 음악을 들려준 물의 결정 모양은 매우 다른 것으로 나타났다. 비발디 음악을 들려준 물의 결정은 섬세하고 완전한 모양을 갖추고 있는 데 비해 헤비메탈을 들려준 물의 결정은 모두 흩어져 있었다. 그리고 클래식 음악뿐만 아니라 명곡으로 알려진 팝송이나 자연주의 음악(뉴에이지 계열 음악 중에서도 자연을 주제로 자연의 소리를 담은 음악)들을 통해 아름다운 결정이 많이 만들어졌다. 이런 결과를 통해 알 수 있듯이 청소년들의 귀가 즐거워하는 음악이 전부가 아님을 알 수 있다.

음악은 각자의 상황에 맞게 음악을 골라 듣는 것이 좋다. 가령 마음이 답답하거나 몸과 마음이 지치기 쉬운 수험생들에게는 잔잔하면서도 경쾌한 분위기의 음악이 좋다. 이런 음악은 마음을 안정시키고 집중력도 길러 준다. 음악을 통한 안정법은 불안한 상태에 있는 수험생이나 자신감을 잃어버린 청소년에게 특히 좋다.

또한 정서 발달과 두뇌 개발에 좋은 음악들도 있다. 특히 집중력을 높이는 음악, 기억력과 창의력을 증진시키는 음악, 마음을 편안하게 하는 음악이 모두 다르므로 어떤 상황에 어떤 음악이 어울리는지 알고 있는 것이 좋다. 그리고 어떤 음악을 사용하든 음악의 치료 효과를 높이기 위해서는 다음과 같은 방법을 따르는 것이 좋다(조선일보사, 2003).

첫째, 아침, 저녁 중 가능한 시간을 정해서 하루 한 차례씩 지속적으로 듣는다. 이때 호흡은 되도록 천천히 들이마시고 내쉰다. 특별히 시간을 낼 수 없을 때에는 공부나 다른 일을 하면서 음악을 들어도 좋다.

둘째, 몸과 마음을 선율에 자연스럽게 맡기고, 곡을 분석하거나 해석하지 않는다.

셋째, 음악을 청취할 때에는 자신이 원하는 이미지를 상상하면서 또는 마음속에 선율의 흐름을 그려 가면서 편안히 듣는다. 음악을 듣는 순간만큼은 자신의 감정에 충실한 것이 좋다.

넷째, 음악을 들을 때에는 일반 컴퓨터 스피커가 아닌 오디오 시스템이나 CDP를 통해 감상하도록 한다. 일반 컴퓨터 스피커는 저음역대가 미비하기 때문에 좋은 효과를 거두기 어렵다.

다섯째, 음악을 들을 때 무조건 큰 소리로 듣는다고 해서 효과가 극대화되지는 않는다. 자연음이 섞인 음악이라면 그 자연음이 들릴 정도면 된다.

음악을 듣는 방법과 함께 자신에게 필요한 음악을 고르는 것도 매우 중요하다. 몸과 마음에 좋은 음악이란 듣기 편한 음악, 마음이 끌리는 음악이어야 한다. 그래야만 서서히 잃었던 감각을 회복하고 마음이 이끄는 대로 자연스럽게 음악을 듣게 될 것이다.

　집중력 향상, 기억력 및 문제해결력 증진, 스트레스 해소, 편안한 휴식, 깊은 수면을 위해 음악을 사용할 경우 목적에 따라 고려할 수 있는 음악 목록을 정리하면 〈표 10-2〉와 같다(REMNAT 21세기 주역, 2013. 2. 28.).

ooo **표 10-2　목적에 따른 음악의 활용**

목적	음악 목록	효과
집중력 향상을 위한 음악	• 세레나데 - 슈베르트 • G선상의 아리아 - 바흐 • 오페라 〈세르세〉 중 라르고 - 헨델 • 심포니 3번 3악장 - 브람스 • 바이올린 협주곡 1악장 - 브람스 • 피아노 소나타 8번 '비창' 1악장 - 베토벤	적당한 빠르기의 2비트, 3비트의 곡들로, 차분하게 연주되는 음악이다. 각 곡의 구성에 맞게 파도 소리나 새 소리 등의 자연음이 깔려 있다면 자연스럽게 알파파 상태에 이르게 되어 집중력 향상에 더욱 효과를 볼 수 있다.
기억력 증진을 위한 음악	• 첼로와 피아노를 위한 소나타 - 바흐 • 비발디 첼로 협주곡 B단조 중 라르고 - 라파엘 발피슈 • 콘체르토 그로소 작품 6-12번 3악장 - 헨델 • 오르간 협주곡 제1번 사단조 4악장 - 헨델 • '수상음악' 모음곡 중 알라 혼파이프 - 헨델 • 무반주 첼로모음곡 1번 - 바흐	바하와 헨델 등 바로크 음악(17~18세기 전반)도 기억력에 효과가 있다. 바로크 음악은 음역이 작고 화려하지 않아 기억과 집중력에 효과가 있다고 알려졌다.
문제해결력 증진을 위한 음악	• 바이올린 협주곡 사계 중 겨울 1악장(틴컵) - 비발디 • 브라질 풍의 바하 제5번 아리아 - 빌라-로보스 • 바이올린 협주곡 1악장 알레그로 - 멘델스존 • 〈아이다〉 중 '개선행진곡' - 베르니 • 바이올린 협주곡 1악장 - 차이코프스키	어려운 문제에 부딪혔을 때는 사색적인 말러(Gustav Mahler)의 곡이 좋다. 이 밖에도 기억력은 연상 작용에 의해 더욱 자극될 수 있으므로 배경음악에 깔린 선율의 패턴이 도움이 된다.
스트레스 해소를 위한 음악	• 사계 중 봄 1악장 - 비발디 • 사계 중 여름 3악장 - 비발디 • 피아노 협주곡 5번 황제 1악장 - 베토벤 • 폴로네이즈 영웅 - 쇼팽 • 심포니 41번 주피터 4악장 - 모차르트 • 바이올린 협주곡 1악장 - 차이코프스키 • 피아노 소나타 14번 월광 1악장 - 베토벤 • 위풍당당 행진곡 - 엘가 • 합주협주곡 5번 1악장 - 헨델	현악기의 시원한 움직임이 느껴지는 음악이나 오랜 세월 동안 사람들의 답답한 마음을 풀어 주는 역할을 해 온 전래 음악을 들으면 자연스럽게 스트레스가 해소된다. 이러한 음악에 바람 소리, 계곡의 물소리 등 자연음이 결합된다면 더욱 큰 효과가 있을 것이다.

편안한 휴식을 위한 음악	• 사계 중 봄 1악장 – 비발디 • 사계 중 여름 3악장 – 비발디 • 피아노 협주곡 5번 황제 1악장 – 베토벤 • 폴로네이즈 영웅 – 쇼팽 • 심포니 41번 주피터 4악장 – 모차르트 • 바이올린 협주곡 1악장 – 차이코프스키 • 피아노 소나타 14번 월광 1악장 – 베토벤 • 위풍당당 행진곡 – 엘가 • 합주협주곡 5번 1악장 – 헨델	차분한 멜로디는 편안함을 느끼게 해 주며, 두뇌가 쉴 수 있도록 한다. 이러한 멜로디에 파도 소리나 새소리 등의 자연음이 섞인 음악을 들으면 어머니의 자궁 속에 있는 것처럼 안정감을 느끼고, 불안함과 흥분이 가라앉는다.
달고 깊은 수면을 위한 음악	• 첼로와 피아노를 위한 소나타 – 바흐 • 엘리제를 위하여 – 베토벤 • 녹턴 – 드뷔시 • 사계 중 봄 2악장 – 비발디	악기의 움직임이 조심스럽고 음역 폭이 좁은 곡이 특이한 잔상을 불러일으키지 않기 때문에 듣는 사람을 숙면으로 쉽게 유도한다. 자연음은 밤에 활동하는 벌레 소리와 귀뚜라미 울음소리가 적당한데, 이런 소리들은 뇌파에 숙면 환경을 제공한다.

제4부

특수 장면과
특수 대상 학습상담

제11장
시험 준비 행동의 효율성 증진

| 박혜숙 |

시험 준비 행동이란 시험에서 원하는 목표를 달성하기 위하여 준비함으로써 학습자가 가지고 있는 한정된 자원을 효율성 있게 사용하는 행동이다. 본 장에서는 시험 준비 행동의 유형을 살펴보기 위하여 학업성취에 영향을 미치는 여러 요인들, 지능 및 능력에 대한 믿음(self-theory), 유능감(competency)/학업적 자기효능감, 성취 목표 지향성(goal-orientation), 목표(정하기), 귀인, 자기조절학습, 동기 조절 전략, 시험 준비 행동 측면에서 고찰하였다. 그리고 시험 준비 행동과 관련된 몇 가지 유형을 살펴보았다. 그러한 유형에는 적극적으로 시험에 준비하는 유형과 소극적인 대처 방법을 사용하는 유형, 시험에 임하는 태도가 낙관적인 유형과 비관적인 유형, 불확실한 시험 상황에 대비하여 철저하게 준비하는 유형, 자기의 능력 부족을 드러내지 않기 위해 자기손상 전략을 사용하는 유형 그리고 방관적인 태도를 가지고 전혀 준비하지 않은 유형 등이 있다.

적절한 시간관리는 시험 준비에 있어서 필수적 요소이다. 이런 이유로 시험 준비는 수강신청과 더불어 시작된다. 유한한 시간을 사용하여 효과적인 결과를 가져오기 위하여 여러 가지 조건(수강하고 있는 교과목들, 해당 교과에 대한 배경지식)을 고려하여 해당 과목에 시간을 적절하게 배당해야 한다. 해당 수업에서의 학습이 우선적으로 일어나야만 시간을 효율적으로 활용할 수가 있기 때문에 학습 전략이 시험 전략에 그대로 반영된다. 효율성 증진을 위한 방안으로 자신의 이전 학습 습관 및 전략 돌아보기, 시간 계획표 작성, 효과적인 실행 전략 등에 대해 살펴보았다.

1. 시험 준비 행동의 개념

2011년 운전면허시험 도전 960번 만에 합격한 어느 69세 여성의 이야기가 다양한 매체에서 화제가 되었다. 5년 동안 949회의 필기시험을 거친 다음, 실기시험에 도전하여 총 960회 만에 합격한 그녀의 이야기는 끈질긴 도전이라는 측면이 부각되었고, 급기야 한 자동차회사의 광고 모델로까지 나오며 한 때 화제를 모았다. 비록 그분이 어떻게 시험을 위하여 구체적으로 준비했는가에 대한 자세한 정보는 알 수 없으나, 과연 그분의 끈기가 칭찬받을 만한 것인지 그 효율성의 관점에서, 특히 시험 준비 그리고 학습의 기술 및 전략의 관점에서 생각해 보고자 한다. 앞에서 언급된 사례처럼 시험 응시료를 내고 지원서를 제출하는 것도 시험을 보기 위한 준비 행동의 일부라고 생각할 수 있으나, 이 장에서는 학교에서 일어나는 수업과 관련하여 학습 효과를 극대화하기 위한 효율적인 시험 준비란 어떤 것인가를 살펴보고자 한다.

학교환경에서 시험은 다양한 기능을 하며, 상황에 따라 시험에 대한 부담은 다르다. 정해진 자원을 적절히 제공하거나 할당하기 위한 진단평가도 있고, 수업이나 어떤 프로그램이 진행되는 과정에서 교수/교사가 학생들의 수업 이해 정도와 더불어 자신의 교수 방법에 대한 피드백을 얻고자 하는 형성평가, 학습자를 총체적으로 평가하고자 하는 경우나 의사결정을 위한 고부담 검사(high-stakes test)의 특성을 가진 총괄평가가 있다. 다양한 종류의 시험 및 평가(지필고사, 수행검사 등)가 있으나, 이 장에서는 교실 수업과 관련한 전통적인 방법(지필

고사)으로 학습 효과를 측정하기 위한 시험 상황을 중심으로 살펴보았다.

자원의 한계가 있는 상황에서 우선적으로 성적우수자에게 특정 기회를 제공한다거나, 혹은 성적을 근거로 추후 새로운 자원에의 접근이 가능할 수 있도록 하는 것이 평가의 목적(예: 대입 선발)이라고 할 때는 그렇지 않은 경우와 달리 특정 시험에 대한 학습자의 준비 태도는 다를 것이다.

한국 청소년들에게 있어서 학업성취는 자존감과 유능감에 영향을 미치는 매우 중요한 요소이다. 약 80% 이상의 청소년이 성적 하락을 매우 심각한 문제로 생각하고 있으며(장재홍, 양미진, 2002), 청소년 사망 원인의 2위에 해당하는 청소년 자살동기 중 성적비관과 학업 문제가 가장 중요한 자살동기로 밝혀지고 있다(최원기, 2004). 특히 상대적인 비교가 만연한 사회에서 다수의 청소년들에게 스트레스의 원인으로 간주될 수 있는 시험 상황을 긍정적으로 받아들이는 방법과 학업성취에 영향을 주는 요소를 살펴보고 어떻게 그 요소들이 시험 준비 행동에 영향을 미치는가를 살펴보고자 한다.

학업성취에 영향을 미치는 요소

학업성취에 영향을 미치는 요소는 다양하다. 우선 개인내적 특성으로 신념, 지능, 성별, 태도, 습관, 학습시간, 동기, 효능감, 학습 전략, 성취 목표 지향 그리고 가정, 학급, 학교, 사회 환경을 들 수 있다. 이들 중 지능과 성취 목표 지향성을 중심으로 시험 준비 행동과의 관계를 살펴본다.

(1) 지능에 대한 관점

학업성취도와 관련한 개인차를 나타내는 것으로 가장 많이 연구되어 온 특성 중 하나는 지능이다. 지능이 고정적이라고 생각하는 학습자(지능실체론자, entity theorists)의 경우는 수행 목표를 지향하는 반면, 지능의 변화가 가능하다고 믿는 학습자(지능증진론자, incremental theorists)는 학습 지향 목표를 가지고 있다. 지능실체론자는 시험 상황에서 유능성을 과시할 수 있는 수행 지향적 목표를 갖는 반면, 지능의 변화가 가능하다고 생각하는 학습자는 능력을 향상시키는 것을 목적으로 하는 학습 지향/숙달 목표를 갖는 것과 관계가 있다(Dweck & Leggett, 1988). 기본심리욕구 이론에 의하면 유능성 동기는 인간의 기본 욕구이기에 성취동기는 유능성 동기라고 볼 수 있다. 유능성 지각은 자존감(self-worth)과 관련이 있다. 시험 준비 행동과 관련하여 수행 목표 지향의 학습자의 경우는 유능성 과시(performance goal)에 관심을 가지고 있으며, 학습 목표/숙달 지향 목표를 갖는 학습자는 유능성 획득(learning goal)에 관심을 갖는다. 지능실체론자들은 수행과 유능하게 보이는 것에 관심을 가지고 있으며, 자신이 더 유능하게 보이지 않는 상태는 회피하고자 하는 경향이 있다. 반면, 지능이 변한다는 믿음을 가지고 있는 지능증진론자들은 새로운 것을 배워서 더 유능해지는 것에 관심을 가지고 있다. 지능실체론자에게 있어서 노력이란 지능이 높지 않다는 것을 인정하는 것이므로 그들은 노력을 회피한다. 반면, 지능증진론자들은 노력을 유능성을 성취하는 기회로 생각한다. 이런 이유로 지능에 대한 믿음에 따라 시험에 대한 태도와 시험 준비 행동은 달라질 수 있다.

ooo **표 11-1 지능에 대한 당신의 생각은 어떠한가요?**

（5점 척도를 사용하여 '매우 그렇지 않다'고 생각하면 1점, '매우 그렇다'고 생각하면 5점을 부여한다.）

• 어떤 분야에서 전문가가 되려면 타고난 재능이 있어야 한다.	
• 지능은 기본적으로 바꿀 수 있는 것이 아니다.	
• 반에서 내가 몇 등 하는 것이 중요한 것이 아니라 내가 얼마나 많이 배웠는가가 더 중요하다.	
• 내가 좀 덜 배우더라도, 내가 남들에게 머리가 나쁘게 보이는 것이 싫다.	
• 나는 새로운 것을 배울 수 있을지언정, 지능은 바꿀 수 없다고 생각한다.	

(2) 성취 목표 지향성

동기 이론가들은 모든 행동은 목표 지향적이라고 보고 있기 때문에, 목표(goal)는 동기에 있어서 필수 개념이다. 공부하는 구체적 동기, 즉 '이번 학기에 수학에서 A학점 받기' 혹은 '나중에 의사가 되기' 등도 시험을 준비하는 데 영향을 미칠 수 있지만(목표 정하기: 실제 학습 전략 사용 시 전략의 효용성을 판단하는 기준으로 사용됨), 여기서 성취 목표 지향성은 성취 상황에서 학습자의 지각, 정서, 행동을 결정짓는 일종의 인지적인 틀(Ames, 1992)의 개념으로 우리가 공부를 하는 이유를 일컫는다. 성취 목표 지향성은 학업 장면에서 학생의 태도 및 행동에 영향을 미쳐 학업성취를 결정하는 중요한 변인으로 처음에는 숙달 목표 및 수행 목표로만 이분화하여 사용하다가, 최근에 숙달접근, 숙달회피, 수행접근, 수행회피라는 네 가지 하위 유형의 목표로 구분하고 있다(Elliot & McGregor, 2001). 즉, 숙달접근 목표는 학습 활동 참여의 가치 자체에 대한 관심과 더 심도 있는 이해를 하고자 하는 데 초점을 두고 있으며, 숙달회피 목표는 내용을 이해하지 못하거나, 적게 배우는 모습을 보이는 것을 피하고자 하는 경우(예: 최고의 기량을 다 보인 올림픽 피겨스케이팅 금메달리스트, 노년기를 맞이하여 자신의 기량이 예전 같지 않다고 느끼는 노인)이다. 한편, 수행 목표는 학습자가 다른 사람과 비교되는 것에 중점을 두며 상대적인 우월성을 목표로 하는 수행접근 목표(남보다 성적이 높은 것) 및 수행회피 목표(자신의 능력이 남보다 열등하게 보이는 것을 회피하고자 함)로 구별하고 있다.

또한 교실에서의 수업 목표 구조도 학습자의 성취도에 영향을 미친다(Midgley, 2002). 에임스(Ames, 1992)는 교사가 조성하는 목표 구조에 대한 학습자의 지각에 따라 학습자의 성취 목표 지향성이 달라질 수 있다고 한다. 학습 목표를 숙달 목표 구조로 지각할 경우 학습자가 숙달 목표를 지향할 가능성이 높고, 수행 목표로 지각했을 경우 수행 목표 지향성이 높게 나타난다. 교실 목표 구조와 자신의 성취 목표 지향성이 부합되면 학습자의 수업 태도도 적극적이고 학업성취에 긍정적이라고 한다(소연희, 2010; Urdan & Turner, 2005). 소연희(2010)의 연구에서는 학습자의 성취 목표 지향성과 학급 목표 구조를 숙달 지향 목표 혹은 수행 지향 목표로 일치하게 지각하는 그룹의 성취도가 그렇지 않은 그룹보다 높았으나, 수행회피로 일치하는 그룹의 경우는 그 효과가 유의하지 않았다. 또한 학습자는 한 가지 이상의 복합적인 목표 지향을 가질 수 있다. 숙달 및 수행 목표 지향이 동시에 가능하다는 것이다. 일반적으로 숙달 지향 목표가 학업적 결과(성취도)와 긍정적인 관계가 있다고 한다(Ames, 1992). 그러나 대학의 도입 수준 교과목에서는 수행 지향 목표가 학업성취도와 관련 있다는 것을 보여 주고 있다. 하라키위즈 등(Harackiewicz, Barron, Carter, Lehto, & Elliot, 1997)에 의하면 상대평가가 시행되는 대규모 강의 중심 수업에서 성공은 남보다 더 나아야 하는 상대적인 문제이기 때문에 수행 목표는 학업적 성공으로 이끈다고 한다. 페크룬 등(Pekrune, Elliot, & Maier, 2009)은 수행접근 목표가 학업성적과의 관련성이 상대적으로 높다고 밝히고 있다. 또한 하라키위즈 등(Harackiewicz et al., 1997)은 숙달 지향 목표는 흥미와 관련이 있었으며, 수행 지향 목표는 성취도와 관련이 있다고 한다. 흥미도를 유지하면서 성취도도 높이고자 한다면 이 두 가지 목표를 동시에 지향해야 한다(Dembo, 2004).

엘리엇과 드웩(Elliot & Dweck, 2007)에 의하면 시험에 대하여 학습 목표(숙달 목표) 혹은 수행 목표로 지각하느냐에 따라 각각 학습 지향 행동/반응이나 무기력 반응을 나타낸다고 한다. 5학년 학생을 대상으로 한 연구에서는 학생들이 어려운 문제에 직면했을 때, 수행 목표 지향 학생들은 무기력함을 나타냈으나, 학습 목표 지향 그룹의 경우 과제에 집중하며 문제해결 전략을 사용하며(Ames, 1984; Ames & Archer, 1988), 지속적으로 문제해결을 위한 노력을 기울였다. 그들의 두 번째 실험에서는 능력이 높다는 이야기를 해 준 경우 수행 목표 지향적인 학생들만이 문제해결을 위해 지속적으로 노력하였지만, 그렇지 않은 경우는 무기력함을 보였다. 그러나 능력이 과제에 비해 높지 않다는 평가를 받은 경우에도 학습 목표 지향적인 학생들은 계속해서 문제해결에 집중하는 경향을 보였다.

중학생 대상 실험에서도 학습 목표 지향적인 학생들이 성취도가 높았으며, 익숙하지 않은 문제 상황에서도 지속적이고 심도 있는 학습 전략을 사용하는 것으로 나타났다(Ames & Archer, 1988; Pintrich & Garcia, 1991). 반면 수행 목표 지향 그룹은 부정적인 생각에 몰두하였으며, 과제 수행을 회피하였다(Elliot & Church, 2003).

국내에서도 성취 목표 지향성, 자기조절, 학업성취의 관계를 살펴본 연구들에 의하면, 성취 목표가 자기조절을 매개로 학업성취에 영향을 주는 것으로 나타난 연구(문병상, 2009), 성취 목표 지향성이 자기조절학습을 매개로 간접 또는 직접적인 영향을 미친다는 연구(박병기, 송정화, 2008)를 비롯하여 학습자의 성취 목표 지향성과 지각된 학급 목표 구조가 목표몰입의지(goal commitment)와 자기조절을 매개로 수학교과 성취도에 간접적·직접적 영향을 미친다는 것을 보여 주고 있다. 이런 면에서 학습자의 목표 지향성은 학습자의 시험 준비 행동에 영향을 주고 있다.

시험에 있어서 접근 지향의 경우 유능성의 긍정적 결과는 시험이 학습자의 자아개념, 자존감의 일부로 간주된다는 것이다(Dweck & Molden, 2005). 회피지향(avoidance orientation)이 긍정적인 결과(높은 학점)를 성취하기 위한 노력 접근지향(approach orientation)보다 더 낮은 성취를 한다. 그 이유는 부분적으로 회피지향은 유능성을 저해하기 때문이다. 회피지향 학습자에 필요한 에너지가 불안, 위협, 자기방어 등으로 인하여 정해진 고갈될 가능성이 높다(Elliot & Church, 1997). 즉, 회피 지향의 부정적 결과는 수치(shame) 및 불안과 같은 정서를 야기시킨다(Elliot & Dweck, 2007). 이런 에너지 고갈 이유로 회피지향 학습자는 자기조절 과정에서 실패하기가 쉽다(Baumgardner & Crothers, 2009). 시험불안 수준이 높은 경우, 학습된 무기력감이 높고, 자기효능감, 내적 동기, 자기조절감이 낮으며 학교 적응을 잘 못한다(Midgley & Urdan, 2001; Zuckerman & Tsai, 2005). 이런 점에서 학습된 무기력감을 갖고 있는 그룹의 시험 준비 행동은 상대적으로 낮을 것이다. 실제로 지능실체론자는 자기손상(self-handicapping) 전략을 사용하며, 지능증진론자의 학습 전략은 깊은 이해를 동반한 학습 성향이 있다고 한다. 그러나 훈련에 의해서 목표 지향 및 동기가 바뀌면서 학업성취도 역시 높아지는 것으로 보고한 연구가 있다(Blackwell, Trzeniewski, & Dweck, 2003; Zimmerman & Schunk, 2008 재인용).

(3) 학업적 자기효능감

유능성에 관한 대표적 개념 중 하나가 자기효능감이다. 자기효능감은 과제 상황에 따라 다르며 학업 상황과 관련되는 학업적 자기효능감은 학업성취에 영향을 미치는 주요 선행 변인으로 알려져 왔다(Bandura, 1997). 학업적 자기효능감은 학습자가 학업적 과제의 수행을 위해 필요한 행위를 조직하고 실행해 나가는 자신의 능력에 대한 판단을 의미한다(김아영, 2010; 김아영, 박인영, 2001; Bandura, 1986).

중·고등학생을 대상으로 한 많은 연구에서 학업적 자기효능감은 학업성취와 높은 상관관계를 맺는 중요 예측 변인임을 나타내고 있는데(Pajares, 1996; Zimmerman, Bandura, & Matinez-Pons, 1992), 자기효능감은 자기조절학습과 관련성이 있고, 이는 학업동기와 학습을 예측하는 것으로 알려져 있다(Pajares, 1996; Schunk, 1985). 자기효능감은 과제선택, 노력, 지속성, 성취에 영향을 미치고 있다(Bandura, 1986, 1997). 학습자의 자기효능감은 목표 설정, 자기점검 (monitoring), 자기평가 전략과 같은 자기조절 과정을 통하여 학습동기에 영향을 미친다(Zimmerman, 2008). 또한 학업적 효능감이 높을수록 자기조절 능력이 높다고 한다(Zimmerman & Martinez-Pons, 1990). 학업적 자기효능감이 학업성취에 미치는 영향에 대한 연구 중 핀트리치와 가르시아(Pintrich & Garcia, 1991)의 연구에서는 자기효능감이 학업성취를 직접 예언하는 것이 아니고 학습 전략을 매개로 하여 학업성취에 영향을 미친다고 했다. 지머만과 동료들(Zimmerman, Bandura, & Martinez-Pons, 1992)은 자기효능감이 학생들의 성취 목표를 통해 학업성취에 직접적으로 영향을 미칠 뿐 아니라 학업 목표를 거쳐 학업성취에 간접적인 영향을 미치는 것으로 보고했다. 학업적 자기효능감은 과거의 긍정적 성취 경험에 의해서 얻어진다는 연구가 있다(박혜숙, 전명남, 2011 재인용). 어려운 문제가 아닌 경우, 유능성이 높은 경우에 성취도가 높았다. 그러나 어려운 문제를 직면했을 때 혹은 실패를 할 경우에는 비록 과제 수행 전에 성공적인 경험을 했더라도, 수행 목표를 가진 지능실체론자의 경우 자신의 능력 부족으로 귀인하는 경향이 높았으며, 성취도도 지능증진론자들에 비하여 낮아지는 결과를 보였다. 즉,

아무리 유능성이 높다 할지라도 일단 실패를 경험할 경우, 수행 목표 지향 그룹은 자신의 능력 부족에 귀인하고 무기력함을 보이고 있다(Light & Dweck, 1984). 학습 목표 지향 그룹은 유능성의 높낮음에 상관없이 어려운 과제를 만나도 별 차이가 없었으며 그들에게 있어서 실패란 학습 전략을 수정해야 한다는 정보를 제공할 뿐이었다(Dweck, 2000). 숙달 목표 지향성을 갖도록 하기 위해서 실패를 경험하였을 때도 자신의 지능에 귀인(self-attribution)하지 않고 노력이나 전략의 부족에 귀인하도록 하는 훈련이 효과가 있음이 밝혀지고 있다(Dweck, 2000).

(4) 자기조절학습

효능감 및 성취 목표 지향성과 관련 있는 것은 자기조절학습이다. 자기조절을 잘하는 학습자는 초인지, 동기, 행동 면에서 능동적인 참여자이다. 초인지 과정(metacognitive process)에서, 자기조절학습자는 지식 습득 과정의 여러 단계에서 계획, 목표수립, 체계화, 자기관리, 자기평가를 한다. 동기부여 과정에서 자기조절학습자는 높은 자기효능감, 자기귀인 및 내적인 호기심을 갖고 있으며, 인지적 측면에서 정교화 및 조직화하는 것을 그 예로 들 수 있다. 행동적 측면에서 자신의 최적의 학습환경을 선택, 조직, 창조한다(Zimmerman & Martinez-Pons, 1986). 그런데 지능실체론자는 자기방어 전략을 사용하는 경향이 있어서, 즉 자기방해(self-handicapping) 전략 등을 사용함으로써 학업적 지연 행동을 하고, 학습 목표 지향의 지능증진론자는 어려움이나 실패에 직면해서도 쉽게 회복하며, 심층이해 전략을 더 사용하여 학습하는 경향이 있었다(Grant & Dweck, 2003; Zimmerman & Schunk, 2008 재인용). 이런 점에서 학습자의 목표 성향은 자기조절학습에 있어서 매우 중요하다.

사회인지 이론에 의하면 성취 목표 지향성뿐만 아니라, 구체적인 목표(이번 학기 수학과목에서 A학점 맞기)를 정하는 것 역시 목표와 관련된 과제를 선택하게 하고 주의를 기울이게 하며, 강도 높은 노력을 기울이고 지속성과 끈기를 갖게 하고, 관심을 집중하게 만든다고 한다. 이런 이유에서 자기조절에 있어서 구체적인 목표를 정하는 것은 학습 전략에 선행되어야 한다. 목표 설정은 행동을 유지하게 하고, 그 행동의 방향을 설정하도록 이끌며, 일에 끈기를 가지고 임하게 하며, 자신의 학습 전략에 대한 피드백을 제공한다.

자기주도적인 학습자는 개인적·행동적·환경적 조절에 대한 순환적인 적응을 잘 한다(Zimmerman & Kitsantas, 2007). 자기조절을 통해 실력 향상 (Zimmerman & Martinez-Pons; 1986, 1988; Zimmerman & Schunk, 2008)과 학습 효율성을 이루고, 자기 능력을 토대로 더 높은 목표를 세우거나 자기조절학습 방식을 유지하게 된다(박혜숙, 2009 재인용).

(5) 동기 조절

학습 전략을 알고 있다는 것과 행동으로 실천하는 것은 다르다. 동기란 어떤 것을 수행하고, 지속하도록 하는 것인데, 동기 조절은 자신의 동기를 지속시키거나 증진시키는 것 혹은 동기 과정을 관리하고자 하는 능동적인 노력이다 (Wolters, 2003).

동기 조절(regulation of motivation)은 현대의 자기조절학습 모델에서 핵심적인 주요 구성 요소로 여겨져 왔다(Wolters, 2010). 상대적으로 많은 연구들은 자기조절 중 인지 및 초인지에 집중하여 왔다. 그러나 월터스(Wolters, 1998)는 동기에 미치는 동기 조절에 관한 대학생 대상 연구에서 여러 상황, 즉 수업 중 책읽기, 리포트 작성, 시험의 세 가지 상황(따분한 내용, 흥미강화 없는 내용, 어려운 내용)에 직면했을 때 그들의 동기를 조절하기 위한 전략 사용 양태가 다르다는 것을 보여 주고 있다. 2003년에 월터스는 동기 조절 전략으로 '자기-결과적 조치(self-consequating)' '목표 지향적인 자기-지시(goal oriented self-talk)' '흥미 강화(interest enhancement)' '환경 통제(environment structuring)' '자기방해(self-handicapping)' '귀인 통제(attribution control)' '효능감 관리(efficacy management)' '정서 조절(emotion regulation)' 전략과 같은 여러 가지 유형을 제시하였다.

월터스(1998)의 연구에 기초하여 국내 여자 대학생을 대상으로 수행된 김은영(2008)의 연구에서는 성적우수자와 그렇지 않은 학습자들의 동기특성과 동기 조절 전략 사용이 다르다는 것을 보여 주고 있다. 설문형 동기 조절 검사 결과,

성적우수자들이 그렇지 않은 경우보다 흥미강화가 없는 과제를 흥미롭게 변형하는 흥미강화 전략, 학업적 과제의 완성이나 목표에 도달하기 위해 외재적 보상이나 강화, 처벌을 사용하는 자기-결과적 조치 전략, 새로운 내용을 알고 지적으로 유능해지려고 스스로 강조하고 지시하는 숙달적 자기-지시 전략, 다른 사람보다 더 뛰어나고 좋은 성적을 받으려는 욕구를 강조하는 수행적 자기-지시 전략, 공부가 잘되지 않을 때 집중이 잘 되는 시간에 공부하거나 산만한 요인을 제거하는 환경 통제 전략을 더 자주 사용하는 것으로 나타났다.

박혜숙(2021)은 국내에서 초·중·고등학생을 대상으로 월터스와 벤존(Wolters & Benzon, 2013)이 미국 대학생 대상으로 사용한 동기 조절 척도 문항을 이용하여 재타당화한 연구 결과, 동기 조절 척도는 미국에서와 동일하게 세 그룹 모두 6개의 하위요인으로 나타났다. 즉 학습자의 연령과 문화가 다르지만, 미국학생들과 동일하게 여섯 가지 동기 조절 전략(가치 조절, 수행적 자기-지시, 자기-결과적 조치, 환경구조화, 흥미강화 전략, 숙달적 자기-지시)을 사용하는 것으로 나타났다. 또한 초등학생과 중학생의 경우, 수행지향 자기지시가 높은 경우 성취도도 높게 나타났다. 초등생과 고등학생의 경우, 수행지향 자기지시가 높을수록 스스로 공부하는 학습시간도 많았다. 월터스와 로젠탈(Wolters & Rosenthal, 2000)은 자기조절 중 동기 전략이 동기에 관한 믿음과 태도와 관련이 있다고 하였으며, 과제가치와 목표 지향성은 여러 동기 전략과 정적 관계가 있다고 하였다. 동기의 생성 및 유지를 위하여 〈표 11-2〉의 전략을 사용할 수 있다.

ooo **표 11-2** 동기 조절 문항

변인	요인 내용	문항 사례[1]	동기 조절 전략 사용 유무 (o, x)
가치 조절 (regulation of value)	학습 과제를 공부하는 것이 유용하고 재미있고 중요하다고 조절함	학습자료를 공부하는 것이 나중에 중요하다고 나 자신에게 말한다.	

수행적 자기-지시 (regulation of performance goals)	좋은 성적을 성취하도록 조절함(시험과 과제에 한정)	계속 공부하기 위해 좋은 성적을 받게 될 것을 생각한다.
자기-결과적 조치 (self-consequating)	학습 활동 참여와 목표 도달에 외적 보상을 스스로 제공함	공부가 끝나면 보상으로 재미있는 어떤 것을 할 것이라고 자신과 타협한다.
환경 구조화 (environmental structuring)	과제 해결에 방해되지 않도록 집중이 잘 되는 환경 선택, 산만을 초래하는 요소를 제거하려 함	쉽게 공부에 집중할 수 있도록 주변 환경을 바꾼다.
흥미강화 전략 (regulation of situational interest)	즐겁고 흥미롭게 만들어 과제에 들이는 노력과 시간을 증가시킴	학습 과제를 흥미로운 부분에 초점을 맞추어 재미있게 만든다.
숙달적 자기-지시 (mastery goals)	과제를 완성하고 새로운 내용을 알고 유능해지려는 것을 강조함	가능한 한 많이 배우기 위해서 계속 노력해야 한다고 자신에게 말한다.

1): 월터스가 2010년에 개발한 모델을 한국인 학생을 대상으로 재타당화하기 위한 연구에서 발췌한 문항의 예이다(전명남, 박혜숙, 2012).

(6) 학습기술

효과적인 학습 원리와 관련되는 것은 시험공부 전략에도 동일하게 적용이 된다. 이런 이유로 시험 준비 행동은 학기수업과 더불어 시작된다. 중요한 정보에 집중을 하고, 과거에 배운 내용과 연결을 하고, 이해와 기억을 위해 점검하는 과정을 밟는다. 종종 수능시험 성적이 우수한 학생들의 인터뷰에서 빠지지 않은 내용 중 하나는 학교 수업에 충실하였고, 해당 수업에 집중함으로써 내용을 이해하고 지식을 습득하였다는 것이다. 배운 지식을 장기기억에 저장하고 필요할 때 재생할 수 있기 위해서는 단순히 기계적으로 암기하기보다 이해를 수반하는 학습이 효과적인 것으로 보고되고 있다(Bransford, Brown, & Cocking, 2000; Dembo, 2004).

학습이해를 높이기 위하여 필요한 것이 학습기술이다. 학급기술이란 지식을 획득하고, 기록하고, 조직하고, 통합하고, 기억하고, 정보나 생각을 활용하는 역량이다. 학습기술은 다양한 나이, 능력에 맞춰 가르칠 수 있으며, 이를 알고 실행, 점검하는 것은 학업성취에 있어 중요한 차이를 나타낸다(Hattie, Biggs, & Purdie, 1996). 행동장애가 있는 학습자의 경우에도 학습기술을 가르치는 것은 효과가 있었으며(Foley & Epstein, 1992), 학습장애를 극복하는 데 학습 전략이 효과적이라는 주장(Ellis, 1997)이 있으며, 초등학교 학습장애 아동을 대상으로 한 시험 전략 훈련 연구(강영수, 김윤옥, 2002)에서도 학업성취에 효과가 있었으며, 자기개념도 높아졌다.

학습기술 중재(intervention)는 동기적(동기 및 통제소재), 인지적(기억, 정교화, 조직화), 초인지 전략(학습 계획 및 점검) 측면에 초점을 두고 있으며, 학습기술에는 적절한 목표를 설정하는 것, 집중, 요점 발견, 자기평가(self-testing), 정교화(elaboration, 새로운 정보를 장기기억에 저장된 지식과 연결하기), 조직화(organization), 시간관리, 적절한 환경을 선택하는 것, 적절한 노트 필기 전략을 활용하는 것과 동기 및 불안(anxiety)을 조절하는 것을 포함한다.

다양한 연구에서 시간관리는 평량평균총점(GPA; Britton & Tesser, 1991)에 영향을 미치며, 자기평가, 동기, 시간관리, 집중(Kern et al., 1998)과 관련이 있는 것으로 나타났다. 노트 정리도 성취도와 관련이 있다. 또한 노트 정리를 잘 하는 것도 학습기술이다. 노트 기록 분량은 수업 관련 시험과 정적 관련이 있다(Kiewra, Benton, & Lewis, 1987). 라자러스(Lazarus, 1991)에 의하면 노트 정리의 질이 학업성취도와 관련이 있다고 한다. 노트 정리를 포함한 다른 학습기술이 대학생들 성취도의 대략 15% 변량을 설명하는 것으로 나타났다(Jones, Slate, Marini, & DeWater, 1993). 노트 기술에 있어서도 단순히 주어진 내용을 복사하는 기능을 넘어서 학습자가 나름대로 요약하며, 이후의 조사를 위해 잘 모르는 부분에 대한 의문을 적기도 하고, 중요한 부분을 강조하고, 정교화하는 방법이 필요하다. 이와 같은 정교화된 노트 기술에 대해서는 'note-making'이라는 용어를 사용하여 'note-taking(칠판에 쓰인 것이나 강의 내용을 직접 받아 적는 것)'과 구별하기도 한다(Jordan, 1997; Dembo, 2004).

대학생의 경우도 불충분한 학습기술을 가지고 있으며(Jones et al., 1995), 실제로 효과적인 학습 방법과 기술을 알고 있다고 하더라도 활용하는 경우는 많지 않다고 한다. 와인슈타인과 파머(Weinstein & Palmer, 2002)가 개발한 LASSI를 사용하여 성적우수자와 그렇지 않은 학생 및 학습장애 학생과 그렇지 않은 학생을 비교한 결과, 거의 대부분의 영역에 있어서 차이가 있음을 보여 주고 있다. 시험 불안/걱정 조절 면에서도 학습우수자가 더 나은 결과를 나타냈다. 또한 학습장애가 없는 학습자가 학습장애가 있는 학습자에 비하여 학습 전략, 노트 정리, 정보추출 능력, 시간관리 등에서 유의하게 더 우수한 것으로 나타났다(Proctor et al., 2006).

학습장애를 가진 아동의 경우 메타인지적 측면(자신이 학습한 내용을 이해하고 있는지 여부 점검 등)에서의 결함으로 인해, 학습 활동에 소극적이고 비계획적이며, 효율적인 학업 수행에 필요한 전략이 부족하여 문제해결 시 충분한 사고를 하지 않는 특징이 있었다(Dickman, 1990).

2. 시험 준비 행동의 유형

1) 적극적 및 소극적 시험 준비 행동

시험 준비 행동은 목표 지향적이다. 그러나 학습자에 따라서 시험 관련 목표의식이 확고할 수도 있으나 그렇지 않은 경우도 있다. 시험 관련 학습에 관한 뚜렷한 목표를 가지고 적극적으로 시험에 대비하는 능동형(proactive) 학습자와 그렇지 않은 수동적인(reactive) 학습자가 있다. 지머만(Zimmerman, 2008)에 따르면 목표(goal)는 행동을 하는 목적이어서, 목표는 행동의 선택을 하게 하며, 목표와 관련 있는 것에 주의를 집중하도록 하며, 최선의 노력과 인내를 발휘하고, 높은 목표를 세우는 것은 학습자의 높은 관심과 정서적 반응을 일으킴으로써 학습에 간접적으로도 영향을 미친다고 한다. 학습자의 자기조절 과정은 3단계

(phase), 즉 과제분석과 자기동기화의 사전 계획 단계(forethought phase), 자기통제와 자기관찰의 수행 단계(performance phase), 자기판단과 반응을 포함하는 반성 단계(self-reflection phase)로 구성되고 각 단계는 서로에게 피드백을 준다. 각 단계에 있어서 능동형 준비자는 구체적이고, 접근 가능하고, 위계적으로 구성되어 있으며, 도전적인 과제를 선택하며, 인지 활동을 돕고, 정서를 조절하고, 행동을 안내함으로써 수행을 향상시키는 전략을 사용한다. 이들은 과제의 가치를 중요시하고, 결과에 대한 높은 기대를 가지고 있으며, 효능감도 높고, 목표 달성에 위해 최선을 다한다.

그러나 수동적인 학습자는 거의 계획도 세우지 않고, 만약 계획을 세운다고 해도 매우 막연한 계획을 세운다. 또 이런 초점 없는 계획을 가지고 학습을 향상시키기 위해 수행 결과에 의지하며, 자기의 학습 결과에 대하여 긍정적이지도 않고, 과제에 대한 효능감도 낮다.

수행 단계에 있어서 능동적인 학습자는 사전 계획을 사용하여 복잡한 과제를 핵심적인 부분으로 줄이고, 체계적인 수행 과정과 관련하여 재조직화하고(예: 이해를 위한 책 읽기, 주의집중 및 자기에게 스스로에게 말하기 전략 사용하기 등), 기억술, 자기를 칭찬하기, 문제풀이 과정 말하기 등의 자기조절 전략을 비롯하여 초인지 전략, 자기 행동기록, 차트나 포트폴리오 활용 등을 사용한다. 그러나 수동적인 학습자는 특별한 목표가 없기 때문에 자기의 결과물을 초인지적으로 점검ㆍ추적하는 데 어려움이 있다. 단기 목표를 세움으로써 장기 목표에 접근하도록 하는 것, 자신의 수행에 대한 피드백을 이용하는 것 등 행동적인 자기기록을 활용하지 못한다. 또한 자기반성 단계에서 초기 계획 단계에서 세운 계획을 기반으로 스스로 점검한 결과를 평가하지만, 소극적인 준비자는 사전 계획 단계에서 목표를 설정하지 않았기에(혹은 설정한 계획이 너무 막연한 것이기 때문에), 목표 달성과 관련한 평가를 잘 하지 못하고, 남하고 비교할 뿐이다. 초등학생 대상 수학 과제를 사용한 슝크(Schunk, 1996)의 연구는 학습 목표를 세우는 아동의 경우가 그렇지 않은 경우보다 효능감도 높고 성취도가 높다고 밝힌다. 또한 자기평가의 기회가 많을 경우 학업성취도의 향상이 촉진된다고 보고하였다. 이런 점에서 구체적 목표는 매우 중요하다.

2) 성취 목표 지향성과 시험 준비 행동

성취 목표 지향성 중 수행회피와 정적인 관련이 있는 회피 전략으로는 자기 구실 만들기, 시험불안, 학업적 지연 행동이 있다(Midgley, Arunkumar, & Urdan, 1996; 오지은, 추상엽, 임성문, 2011). 지능에 대한 관점과 성취 목표 지향성에서 언급하였던 부분이지만, 회피 중 특히 수행회피의 경우, 부정적인 시험 결과가 자신의 자존감을 손상시키기 때문에 자기도 모르게 구실 전략 만들기, 학업적 지연 행동 전략을 사용하는 것과 상관성이 높다고 나타난 것이다. 이런 회피 전략은 학업 수행 및 성취와 관련이 있다(Kearns, Forbes, Gardiner, & Marshall, 2008; Rhodewalt, 1994).

- 회피 전략 중 자기구실 만들기는 평가에서의 부정적인 결과에 대해 자신의 능력탓이 아닌 외적 원인 탓으로 돌리고자 스스로 장애물을 만드는 것으로(Berglas & Jones, 1978), 목표를 높게 설정하거나 다른 핑계구실을 만들어 공부를 하지 않는 경우를 일컫는다.
- 시험불안은 능력을 평가받는 시험 장면 또는 예상되는 시기에 경험되는 걱정과 같은 인지적 반응과 두려움 같은 정서적 반응(Morris, Davis, & Hutchings, 1981)이다. 시험불안은 인지적 · 정의적 · 행동적 요인으로 나눌 수 있지만, 많은 경우 시험불안은 시험의 경험에 의한 결과로 나타난다.

자신의 수행에 대한 인지적 표현인 걱정은 실제로 나타난 결과에 대한 것보다는 실패했을 때 나타날 수 있는 결과와 의미에 대한 것으로, 지나친 걱정으로 인해 시험에 대한 스트레스가 증가하고 집중력이 떨어지는 경우가 있다. 시험불안의 순기능적 측면으로는 문제 상황을 인식하기에 적절한 준비 행동을 하게 함으로써 불안을 감소시킬 수 있다는 점을 들 수 있다.

3) 학습지연

지연습성은 높은 수강 취소율(Semb, Glick, & Spencer, 1979), 낮은 학업성취도 (Semb et al., 1979), 양호하지 못한 건강 상태(Tice & Baumeister, 1997)와 관련이 있다. 지연으로 인한 시간 낭비는 부정적인 결과를 야기한다. 그러나 시험에 대비하여 미리 준비하는 그룹과 지연 그룹의 학업성취도에 차이가 없는 경우도 있어서(Pychyl, Morin, & Salmon, 2000), 학업성취와 관련하여 일관성 있게 부정적이라고 단정지을 수는 없다. 학습지연은 시간관리의 문제이며, 시간소요 측정을 잘못 계산하는 것으로 해석되고 있다. 즉, 미래 상황에 대한 비현실적 낙관론과 관련이 있다(Weinstein, 1980)고 보는 경우도 있으나, 대학생을 대상으로 한 지연 관련 연구(Pychyl, Morin, & Salmon, 2000)에 의하면, 지연 경향(점수)이 높은 경우나 그렇지 않은 학생들 간 공부시간 예측에 있어서는 별 차이가 없었다. 페라리, 존슨, 맥콘(Ferrari, Johnson, & McCown, 1995)은 지연과 관련된 두 가지 패턴을 밝힌다. 이들은 첫째는 주의부족으로 시간관리 능력 결핍, 과제 관련 훈육, 자기통제(self-control)이며, 둘째는 실패에 대한 불안과 관련한 두려움 회피라고 한다. 공부시간 예측을 잘못한 것 때문에 학습지연이 발생한다. 카네만과 티버스키(Kahneman & Tversky, 1979)에 의하면 학습지연은 계획오류(planning fallacy)에서 비롯되며, 이 오류는 단지 일련의 예나 분포가 아닌 단편적인 정보나 사례만 살핌으로써 전체적으로 필요한 시간의 양을 잘못 산정한 이유로 발생한다고 한다. 빌러 등(Buehler, Griffin, & Ross, 1994)에 의하면 주로 학생들이 그들 프로젝트의 계획과 진도와 관련지어서 시간 안에 과제를 완수할 수 있다고 하지만, 관련 장애물 혹은 과거의 과제 수행과 연결시켜서 생각하지 않는 경향이 있다고 한다. 빌러 등의 연구(1994)에서는 학습지연이 논문 완성을 위해 학생들이 정한 기일과 관련될 수 있으며, 예전에 유사한 경험이 없기에 시간을 정확하게 산정하는 데 어려움을 겪는 문제에서 비롯될 수도 있다고 하였다. 이런 점에서 페라리 등(1995)은 "지연은 시간에 관한 이슈(과제에 필요한 시간을 잘못 산정한 이유)만은 아니며 언제 어떤 경우에 과제 수행을 지연하는가를 고려해야 한다."고 하였다. 그러나 적극적인 학습자의 경우는 수시로 점검과 피드백을 받기에 지연 행동을 줄일 수 있다.

4) 성취 전략 유형에 따른 시험 준비 행동

성취 전략(achievement strategy)이란 능력이 평가받는 시험이 다가올 때, 시험 결과에 대한 기대를 하고, 시험과 관련하여 유발되는 자신의 정서를 관리, 조절 하는 행동을 하며, 시험이 끝난 후에는 결과에 대해 의미를 부여하는 과정이다 (Norem, 2001; 류정희, 신현숙, 2011 재인용). 고등학교 1학년생을 대상으로 한 류 정희와 신현숙(2011)의 연구에서는 시험을 준비하면서 유발되는 불안을 줄이고 자신과 타인에게 유능하게 보이도록 하기 위한, 즉 자기가치를 보호하기 위해 시도하는 전략으로 낙관주의 전략, 방어적 비관주의 전략, 자기손상 전략, 방관 적 전략을 들고 있다.

- 낙관주의 전략(strategic optimism)은 시험에 대해 낙관적 기대를 하고 시험 준 비를 열심히 하지만, 시험과 관련된 부정적인 생각들을 의도적으로 피하 려고 하는 성취 전략이다. 낙관주의 전략 유형은 시험을 준비하면서 마음 의 안정과 자신감을 유지한다. 대체적으로 열심히 공부하고 시험에서 보 통 이상의 수행을 보인다. 성과에 대해서는 내적으로 귀인하나, 실패에 대 해서는 자신이 통제할 수 없었다고 생각하는 경향이 있다(Norem & Cantor, 1986a).
- 방어적 비관주의 전략(defensive pessimism strategy)은 비록 해당 학습자가 과 거에 좋은 성적을 얻었음에도, 다가올 시험에 대해 좋은 성적을 얻지 못할 것이라는 비관적인 기대를 하면서 마주칠지도 모르는 곤란한 상황들을 예 상하고 미리 대비하는 성취 전략이다. 방어적 비관주의 전략 유형은 시험 을 잘 보지 못할 것이라는 불안에 대처하기 위하여 더욱 열심히 준비하여 보통 수준 이상의 결과를 보인다(Norem & Cantor, 1986b).

- 자기손상 전략(self-handicapping strategy)은 시험에 실패할 경우 자신의 능력이나 지능 부족으로 귀인하지 않기 위해 시험 전에 전략적으로 시험에 방해가 될 만한 행동을 하거나 방해가 될 만한 이유가 있음을 호소하는 성취 전략이다(Berglas & Jones, 1978). 예를 들면, 시험 전에 파티를 한다든가, 일부러 다른 일을 하기도 한다. 이때 시험 성적이 안 좋을 경우, 노력하지 않았기 때문이라고 합리화하는 반면, 노력하지 않았음에도 만족할 만한 결과가 나왔을 때는 자신의 능력 때문에 성공했다고 지각한다.
- 방관적 전략은 시험에 대하여 아무런 준비를 하지 않는 것이다. 규준 지향 평가(상대평가)가 만연하는 사회에서 학업성취도를 통하여 유능감을 나타내고자 하는 학생의 욕구가 거듭되는 실패로 좌절 경험을 갖게 될 때, 학습된 무기력이 발생할 가능성이 크다. 실패 경험에 의한 무기력 때문에 나중에 시도조차 하지 않은 그룹은 방관적 전략을 취할 가능성이 높다(류정희, 신현숙, 2011). 이 그룹은 불안과 부정적 상상, 우울은 낮으나 긍정적 상상, 기대감·자신감도 낮고 시험 준비 행동도 낮은 그룹으로 25%에 이르렀다.

시험 준비 전략과 관련한 남녀 비교에서, 여학생은 방어적 비관주의 전략을 남학생보다 더 많이 사용하며, 남학생은 낙관주의 전략, 자기손상 전략 사용의 빈도가 높다고 나타났다(류정희, 신현숙, 2011). 즉, 목표 달성을 위하여 개인의 행동, 인지, 감정을 조절하거나 모니터링하는 역량인 자기조절 전략을 여학생은 남학생보다 잘 사용하는 것으로 나타났다(Meece & Painter, 2008). 비록 행동 기능에서는 차이가 없었으나, 여학생은 남학생보다 목표 설정하기, 계획, 기록, 모니터링 전략을 더 많이 사용했다(Zimmerman & Martinez-Pons, 1990). 상황마다 약간의 차이가 있으나 수학효능감에 있어서는 남학생보다 효능감이 낮았지만, 여학생이 남학생보다 인지 전략을 더 많이 사용했다(Pokay & Blumenfeld, 1990).

또한 성취 전략 유형에 따라 자아존중감 수준은 유의한 차이를 보였다. 류정희와 신현숙(2011)에 의하면 낙관주의 전략을 사용하는 유형이 높은 자아존중감을 소유한 것으로 나타났으며, 방어적 비관주의 전략은 평균 정도의 자아존중감을 가진 사람들에 의해 사용되었으며, 자기손상 전략 유형보다 높은 자아존중감을 보여 주었다. 방어적 비관주의 전략 유형은 실패를 피하고자 하면서도 성공을 추구하고자 하므로 수행회피와 수행접근의 목표가 높았다. 자기손상 전략도 수행회피와 수행접근 목표와 정적 관계를, 숙달 목표와는 부적 관계를 이루었다(송재홍, 2008; Elliot & Church, 2003).

낙관주의 전략 유형은 미래 지향적 행동과 심리적 안전감을 보여 주었다. 그러나 방어적 비관주의 전략 유형의 경우, 학업을 잘 수행했을지라도 소진되는 경향(Eronen, Nurmi, & Salmela-Aro, 1998)을 보였고, 자기손상 전략 사용은 높은 수준의 우울과 관계가 있었으며, 낙관주의 전략이 긍정적 정서를 많이 경험하고 부정적 정서를 경험하지 않은 것은 삶의 만족도와 관계가 있었다. 이런 점에서 시험 준비를 배우는 과정으로 생각하면 좀 더 스트레스를 덜 받고 시험에 임할 것 같다.

3. 시험 준비 행동 개선 및 효과적인 시험 준비

효과적인 시험 준비를 위해서는 효과적으로 공부하는 것과 마찬가지로 계획하고 실행하기 위해 사용하는 자기관리/조절 과정이 그대로 사용되며, 성취 지향 목표 및 구체적인 목표, 자기조절, 자기귀인 등이 관련된다. 단순히 학습 전략을 아는 것만으로는 효과적인 변화가 가능하지 않을 수 있다(Zimmerman & Schunk, 2008). 행동의 변화는 동기의 변화와 귀인의 변화, 목표 등의 변화와 관련된다. 자신이 그동안 시험에 대하여 어떻게 생각하고 있으며, 문제점이 무엇인가를 반추하였을 때, 효율적인 시험 준비를 위한 행동 변화가 가능하다.

시험 준비 행동은 몇 시간 동안 어떻게 공부를 할지 결정하기, 잠정적인 방해 요인과 공부를 방해하는 불안 다루기(동기) 그리고 어떤 환경에서 공부할지 결정하기(물리적 환경), 교수 혹은 다른 동료에게 도움을 구하기(사회적 환경) 등과 같은 시간관리 및 자기조절 능력이 필요하다. 효율적인 생활을 하기 위해서는 계획표를 작성하고 실행하는 것이 필요하다. 시험 계획은 무엇을 언제 어떻게 할 것인가를 포함한다. 자신에게 어떤 자원(인적·물적)이 있으며, 어떻게 활용할 것인가도 고려하는 것이 필요하다. 가능한 경우, 충분한 시간을 가지고 계획을 세우는 것이 필요하다. 정해진 기간 동안 공부하기 위해서 조직화하고 작은 단위로 내용을 분류하며, 다양한 학습 전략을 사용하여 다양한 종류의 시험 문제(높은 사고력을 측정하는 질문 포함)에 정확하게 대답할 수 있도록 한다. 〈표 11-3〉을 참조하라.

○○○ **표 11-3 자기관찰표: 시험 준비 행동 평가하기**

항목	항상	가끔	전혀 안 함
1. 공부하기 전에 어떤 내용이 시험에 나올지 생각했는가?			
2. 매 시험 준비 공부시간(session)에 얼마만큼 공부할지 목표를 정했는가?			
3. 시험 준비를 위한 충분한 시간을 할당했는가?			
4. 공부시간마다 어떤 전략을 사용할지 정했는가?			
5. 시험 준비 기간을 위한 공부 계획표를 만들었는가?			
6. 공부하기에 좋은 환경을 선택하였는가?			
7. 스터디 그룹을 형성하여 공부하는가?			
8. 반복하기 전략 이외의 전략(노트, 교재, 교재의 밑줄 부분, 정의 외우기)을 사용하는가?			
9. 과거의 시험에서 실수한 부분을 검토했는가?			
10. 시험 공부를 하면서 질문을 만들고 대답하는가?			
11. 시험 공부 할 때, 주제 중심으로 수업 내용과 교재에 나온 내용을 결합하는가?			

1) 시간관리 전략

시험에서 목적을 달성하려면 효과적인 시간 사용이 중요하다. 시간은 다른 자원과는 달리 저축이 불가능하기 때문에 일의 순서를 정하고, 업무를 수행 가능하게 세분화하여 실행하는 방법이 좋다. 달성하고자 하는 목표를 일련의 업무로 나누어서, 각각의 업무를 위하여 시간을 사용하는 것이 효과적이다(Britton & Glynn, 1989). 대학생의 경우, 이전 중·고등학교 학교생활과는 달리 많은 것을 자율적으로 결정해야 하는 시기이기에 자기조절학습이 필요하다. 자신이 사용하는 시간을 분석하고, 시간 사용을 점검하는 기술을 개발하고, 지연을 방지하는 방법을 사용하는 것이 시간관리이다. 스미스(Smith, 1994)는 시간이 사건의 연속이고, 그래서 시간의 특징은 사건이라고 한다. 시간을 관리·통제하는 것은 사건을 통제하는 것이며, 일의 순위를 정하는 것이다. 매우 중요한 일과, 순간적인 주의를 요하는 일을 구별하는 것이 매우 중요하다. 어려운 과제를 먼저 하고, 각종 마감날짜를 기록하는 방법이다.

우선적으로 어떻게 시간을 사용하는지를 아는 것이 중요하므로 이제까지 학습자가 사용한 시간을 되돌아보고 낭비하는 시간을 확인해야 한다.

뎀보(Dembo, 2004)는 계획된 시험 준비에 필요한 공부 계획을 개발하기 위한 6단계를 언급하고 있다. 즉, ① 시험범위와 시험의 질문 형태를 결정하기, ② 내용을 조직하고 부분으로 나누기, ③ 특별한 학습 전략 발견하기, ④ 각 전략 사용에 필요한 시간을 확인하기, ⑤ 주간 계획으로 각 학습 전략에 대한 시간을 할당하기, ⑥ 필요한 경우 계획을 수정하기 등이다. 다음은 구체적인 내용이다.

(1) 시험범위와 시험의 질문 형태를 결정하기

교수/교사가 시험 문제에 대하여 자세하게 설명해 주지 않을 수도 있다. 정보가 불충분할 경우, 일단 시험 문제는 수업 중 교수/교사가 가르친 내용(수업 관련 타당도)과 교재에서 배운 시험범위(교과 관련 타당도)를 포함한다고 생각하면 된다. 수업 중 가르친 내용을 한 부분이라도 빠뜨리면, 시험 준비가 불충분하게 된다. 이런 경우 강의 계획서를 살펴야 한다. 우선적으로 강의(수업) 계획서는 특정 교과 내용, 시험 날짜뿐만 아니라 강의 내용을 포함하고 있으며 다양한 수업/강의 관련 정보도 담고 있다. 강의 계획서를 살펴보는 것은 전반적인 학습 및 시험 계획을 세울 때 도움이 된다.

수업 중 강조하지 않은 부분도 시험에 출제될 수 있다. 각 교과서에 대해서 얼마나 알고 있는지 평가하고, 어느 부분(장)을 더 많이 공부해야 하는지를 결정해야 한다.

또한 수업 내용에 대한 노트가 정리되었는지 확인한다. 빠진 부분은 다른 학생에게 빌려서 해당 부분을 채우고, 혼란스러운 부분에 대해서는 동료 혹은 교수에게 물어서 정확히 내용을 이해하도록 한다. 과거의 시험 문제 및 퀴즈에 나온 문제를 살펴봄으로써 어떤 종류의 문제가 나올지 예측할 수 있으며, 교수가 강조하는 부분을 알 수 있다. 전 부분에 걸쳐 문제가 나오는지, 아니면 어떤 내용에 집중되어 출제가 되었는지에 관한 경향을 알 수 있다. 특히 시험 문제가 사실적인 내용을 묻는 질문인지, 아니면 고등사고 능력(비판, 비교, 분석, 종합, 평가, 문제해결 능력)을 측정하는 문제인지 알 수 있다. 교수가 주는 자료(handouts)는 반드시 자료를 받은 날짜와 주제를 적어라. 잊어버리지 않도록 관련 노트 부분에 함께 넣어 둔다. 놓친 부분을 친구에게 묻거나 교수에게 묻는다. 그룹 스터디에 참여함으로써 도움을 얻을 수 있는지를 결정해야 한다.

시험 보기 직전의 수업시간에는 보통 교수/교사가 시험 내용과 양식에 대한 개관과 시험에 관한 정보를 비롯하여 간단한 복습시간을 갖는 경우가 있으므로 수업에 반드시 참여하는 것이 좋다. 교수/교사는 힌트나 특별히 주의할 사항을 알려 주기도 하며, 학생들의 질문에 대답하는 내용들은 중요한 정보이다. 시험유형에 관한 정보(선다형, 에세이 질문형태 등)는 시험을 준비하는 데 도움이 된다. 전 영역에 관한 질문은 선다형 문제로 나올 가능성이 크며, 특정 영역에 대한 질문은 논술/주관식 문제로 출제할 가능성이 높기 때문이다. 매 수업 시 단원 뒷부분의 요약질문은 에세이 시험 준비에 도움이 된다. 객관적인 문제로 구성된 시험을 준비하는 데는 사실적인 정보에 집중하는 것이 더 중요하다.

(2) 내용을 조직하고 부분으로 나누기

노트에 적힌 내용과 교재의 내용을 주제 중심으로 접근하여 모든 관련 정보를 조직한다. 모든 사실적인 정보는 반복된 카테고리 안에서 정리될 필요가 있다. 예를 들면, 역사상 전쟁이 주제일 경우, 전쟁의 원인, 중요한 전쟁, 중요한 지도자, 그 전쟁이 미친 정치적·경제적 영향 등을 아는 것이 필요하며, 주제 중심으로 시험 공부를 하는 것은 어떤 내용이 가장 중요한지 알게 해 주고 수업에서 배운 내용과 책에서 다룬 내용을 통합하여 연결하도록 하기 때문이다 (McWhorter, 1996). 강의 내용과 교재에 나온 내용을 연결하여 통합하는 것은 주요 주제와 제목을 결정하는 데 도움이 된다(〈표 11-4〉 참조).

ㅇㅇㅇ **표 11-4 공부 계획을 사용한 학습 전략**

준비 단계	복습 단계
• 표상 만들기와 시험에 나올 만한 질문 정하기	• 표상 반복하기, 자신이 만든 문제에 답하기, 개요로부터 요점을 암기하기(recite)
• 개요 만들기	• 개요에서 나온 요점 외우기
• 요약하기	• 큰 소리로 암송하기
• 에세이 질문 예측하기	• 에세이 질문에 답하기
• 과정과 관련된 여러 단계를 열거하기	• 여러 절차 외워서 말하기
• 교재에 실린 질문 읽기	• 교재에 실린 질문 답하기
• 교재를 보고 자신이 만든 문제 확인하기	• 자신이 만든 질문에 답하기
• 스터디 그룹을 위한 질문을 준비하기	• 조원들에게 내용 설명하기
• 질문 카드 만들기	• 답 외우기
• 공식 카드 만들기	• 공식 쓰기 연습
• 문제풀이 카드(problem cards) 만들기	• 문제풀이
• 노트 내용을 그대로 질문하는 것 만들기 및 요약하기	• 노트 내용을 그대로 답하거나 요약하기
• 자기 스스로 시험지 만들기	• 자신이 만든 시험지를 가지고 시험보기

출처: Blerkom(1994): Dembo(2004) 재인용.

(3) 특별한 학습 전략 발견하기

시험의 난이도와 경험에 따라서 학습자에게 적합한 효과적인 시험 준비 전략 사용이 가능하다. 고등사고 능력을 측정하는 질문인가, 아니면 사실에 기반한 질문이 시험에 나오는가에 따라 공부하는 전략을 달리할 수 있다. 낮은 수준의 사고력에 관한 질문은 사실, 날짜, 용어, 목록을 나열하는 것으로, 주로 '누가' '무엇을' '언제' 그리고 '어디에'에 해당하는 것들이다. 그러나 고등사고 능력을 요구하는 질문은 주로 새로운 상황에 정보를 적용하기, 정보를 분석하기, 정보를 비교 및 대조하기, 새로운 계획을 개발하거나 문제해결 방법 찾기, 해당 정보를 평가하기 등으로, 예를 들어 '왜?' '어떻게' '만약 ~이라면?' '어떻게 한 사건이 다른 사건에 영향을 주는가?' '그것의 장점과 단점을 비교하라.' '어떤 상황에 대한 견해는 무엇인가?' 등의 형태이다. 블룸(Bloom, 1956)의 지적 행동 영역의 위계적 교수 목표처럼(지식-이해-적용-분석-종합-평가) 후에 나온 형태의 문항이 더 상위의 인지 능력을 측정한다.

ooo **표 11-5** 학습 전략 카드 사용의 예(다양한 질문 관련)

카드의 앞면	카드의 뒷면
~ 사건의 원인은 무엇인가?	그 원인은 1) 2) 3)
A와 B의 차이점은 무엇인가?	그 차이점은 1) 2)
시험 관련 학습 전략이란?	정보를 얻기 위한 방법과 기술이다. - 반복, 정교화, 조직화, 개요 만들기, - 맵핑(인지지도 그리기) - 조직화는 특정 정보를 오랫동안 기억하는 데 더 효과적이다.

(4) 각 전략 사용에 필요한 시간을 확인하기

전략에 따라 필요한 시간이 다르다. 용어 정의를 복습하기 위한 스터디 카드를 만드는 것은 어떤 짧은 이야기 요약이나 한 장에 대한 내용을 표현(representation)하는 것을 개발하는 것보다는 시간이 적게 든다. 시험에 관하여 공부하는 방법에 대하여 결정한 다음, 소요되는 시간을 계산하는 것은 매우 중요하다. 예기된 공부시간을 정확히 산정하기가 쉽지 않다. 과거의 경험에 기반한 산정은 전략을 사용하는 데 필요한 더 나은 기술을 습득함에 따라 달라질 수 있다.

(5) 주간 계획으로 각 학습 전략에 필요한 시간을 할당하기

짧은 시간 안에 집중적인 연습으로 많은 양의 정보를 배울 수 있지만, 시험을 위해 기억하는 것이 목표라고 한다면 여러 번 분산 복습하는 것이 더 효과적이다. 시험마다 매번 얼마나 많은 시간이 각 학습 전략에 필요한가를 생각해야 한다. 주간 계획표에 예상되는 소요되는 시간을 적는 것이 좋다. 시험의 종류에 따라 소요된 시간이 달라진다.

(6) 필요한 경우 계획을 수정하기

매번 공부 계획서대로 따를 수는 없다. 다양한 이유, 즉 공부시간에 대한 과대 혹은 과소 산정, 예기치 않은 사건 발생(즉, 필요한 자료가 없다든가, 어려운 내용이 있어서 반복해야 한다든가 등)으로 인하여 계획된 대로 시간을 사용할 수 없다. 필요한 경우, 계획을 적절히 환경에 적응하여 변경할 수 있어야 한다.

스터디 카드는 다양하게 사용될 수 있다. 하나의 주된 핵심 요소에 관한 것일 수도 있고, 한 주제에 관한 다양한 정보를 조합하는 것일 수도 있다. 시험을 눈앞에 둔 시점이나 시험 전날에는 교재나 수업노트를 다시 읽을 필요는 없고, 질문과 더불어 만든 표상(representation), 노트 카드, 요약본을 복습 자료로 사용하는 것이 더 효과적이다(〈표 11-6〉 참조).

계획 세우기는 시험불안에 대처하는 방법으로도 도움이 된다.

- **문제해결 전략**: (적극적인 대처, 공부하기) 계획 세우기, 공부에 방해되는 경쟁 활동의 자제가 필요하다. 즉, 학습과 직접 관련이 없는 TV 시청이나 컴퓨터 게임을 하는 것 등이다.

ooo **표 11-6** 공부 계획서의 예(과목명: 인간발달)

날짜/요일	공부 전략	시간	완성 여부	재확인 필요 여부
월	• 교재 10장 다시 읽기, 제목을 이용한 질문 만들기(A) • 주요 용어에 대한 정의 중심 스터디 카드 만들기(B) • 중요 발견사항을 기록하기(C)	2시간	OK OK OK	
화	• 10 & 11장 및 수업노트와 관련해서 생성한 문제에 대해 대답하기(D) • 스터디 카드 복습(E)	11장/2시간	OK Not OK OK	Yes
금	시험			

- 정서 전략: 사회적 지지 구하기, 시험에 대해 긍정적으로 재해석하기, 유머 사용하기 등이다.
- 회피 전략: 정신적 회피, 행동적 회피, 종교에 의존하기, 시험 거부, 술 마시기 같은 문제해결 전략이 긍정적인 대처 방법으로 나타나고 있다.

시험불안이 높게 나타나는 학생들은 시험에 직면해서 정서적 도움을 받는 전략을 더 많이 사용한다. 그러나 전략 사용 방법과 학업성취도는 항상 일관적인 결과를 보여 주지 않는다. 시험불안을 줄이기 위한 기법 중 스크러그스와 매스트로피에리(Scruggs & Mastropieri, 1992)가 제안한 자기모니터링 훈련이 있다. 즉, 모의시험을 준비하는 과정에서 과제와 관련된 생각 혹은 그 밖의 생각을 하고 있는지를 기록하게 하고, 해당 생각에 대한 피드백을 주어서 의도적으로 생각을 바꾸게 하는 것 등이다.

2) 시험 준비 향상을 위한 자기조절 과정 모니터링하기

여러 가지 학습 전략이 있지만 모든 학습자가 다양한 과목을 공부하는 데 있어서 본인의 필요와 시간에 따라 적절히 사용할 필요가 있다. 모든 과목에 대해 각 학습자가 동일한 수준의 흥미, 배경지식, 목표를 가지는 것은 아니기에 동일 전략도 내용과 상황(시험 질문)과 학습자의 상태(신념, 생각, 감정, 신체적 및 행동적 특성)에 따라서 각각 그 유용성이 다를 것이다. 이런 이유로 자신이 사용한 학습 전략을 모니터링하고 유용성을 평가할 필요가 있다.

- 자기평가 및 모니터링하기: '현재 나의 시험 준비 전략은 얼마나 효과적인가?' '시험을 위해서 내가 계획한 것을 바꿀 필요가 있는가?' '있다면 그 이유는?' '어떤 문제가 있는가?' '내가 직면한 문제는 어떤 것인가(symptom)?' '이것은 나의 학습 수행에 어떤 영향을 미치는가?' '이 문제를 줄이거나 없애기 위해서 무엇을 바꾸어야 하는가?'
- 목표 설정 및 전략적인 계획: '내 목표가 무엇인가?' '내 시험 준비를 향상시키기 위해서 어떤 전략을 사용해야 하는가?' '내 진행사항을 어떻게 기록할 것인가(표, 기록, 숫자 표기 등)?' '나의 새로운 시험 준비 계획이 잘 작동하는지 진척 상황(progress)을 기록했는가?' '어떤 변화가 있었는가?'
- 전략적으로 결과 감시하기(모니터링): '목표를 달성했는가?' '시험 준비에 있어서 변화(변경)는 성취도에 영향을 미쳤는가?' '가장 효과적인 전략은?' '가장 비효과적인 전략은?' '앞으로 바꾸어야 할 전략은?' '목표를 달성하기 위해서 나의 동기를 유지할 수 있는 효과적인 전략은 어떤 것인가?'

끝으로 여러 전략을 사용하는 것에 추가하여 여러 연구(Karpicke & Roediger, 2008; Rawland, 2014)에 의하면 시험을 보는 것은 기억에 정적인 영향을 주기에(testing effect), 단순히 반복 학습하는 것보다는 학습한 것에 대하여 시험을 보는 방법이 더 효과적이라고 하기에 예비 시험을 치는 것이나 문제풀이를 하는 방법을 고려할 수 있다(Karpicke & Roediger, 2008). 즉, 노력하는 과정이 시험효과를 가져오는 것이며, 특히 단순한 기억(recognition)을 요구하는 방식의 시험보다는 회상하는 것(recall)이 더 효과적이다(Rowland, 2014). 시험에 대한 피드백이 없는 경우를 비롯하여 시험에서 기억을 하는 것을 실패한 경우일 때도, 시험을 보는 것은 후속 학습에도 도움이 되기 때문이다(Lee & Ahn, 2018).

제12장
평가불안

| 이자영 |

평가불안(evaluation anxiety)이란 타인의 평가에 대한 걱정과 불안으로 인해 자신의 능력을 충분히 발휘하지 못하는 것을 의미하며, 학업 장면에서 대표적인 평가불안으로는 시험불안과 발표불안이 있다. 평가불안이 있는 사람은 가슴이 두근거리는 등의 생리적 증상, 시험이나 발표를 잘하지 못하면 다른 사람이 이상하게 생각할 것 같다는 등의 비합리적 사고, 시험이나 발표 상황에 대한 회피 등의 행동적 증상을 나타낸다.

대부분의 사람이 이러한 평가불안을 한 번씩은 경험한다. 숙제를 하지 않아 선생님한테 혼날까 봐 불안해하기도 하고, 시험을 잘 보지 못해 부모님한테 혼날 것 같아 불안해하기도 한다. 대부분의 사람들이 하는 이 같은 경험은 학창 시절의 추억이 될 것인가, 아니면 심각한 문제로 남게 될 것인가? 대부분의 사람은 학창 시절의 추억으로 남기를 원하지만, 상당수의 많은 사람은 이러한 평가불안에 의해 고통을 받고 있다. 실제로 여러 통계 결과를 보면 우리나라 학생들은 입시 위주의 교육, 부모의 높은 기대, 과도한 경쟁적 분위기 등으로 초등학교 때부터 학업 관련 스트레스를 많이 받고 있다. 더욱이 대부분의 시험은 절대평가가 아닌 상대평가이고, 엄친아(엄마 친구 아들의 줄임말)라는 말이 이제는 익숙한 용어가 되었을 정도로 우리나라 학생들은 학교에서도, 가정에서도 다른 사람과의 비교 속에서 살아가고 있다. 그리고 그 끊임없는 비교 속에서 학생들은 평가에 대해 예민해지고, 결과적으로 많은 학생들이 평가불안을 경험하게 된다.

이러한 평가불안을 경험하는 내담자를 위해 상담자는 내담자의 불안을 줄이고 그가 올바르게 대처할 수 있도록 해야 한다. 이를 위한 효과적인 방법으로 합리적으로 생각하기, 이완 훈련, 자기대화 등의 다양한 형태의 개입을 실시할 필요가 있다.

1. 시험불안

1) 시험불안의 정의

시험불안(test anxiety)이란 개인이 중요하다고 지각하는 시험을 인식하는 순간부터 시험이 끝난 후까지 자신의 능력을 평가받는 것에 대해 나타나는 것으로 걱정이나 두려움 등과 같은 인지적 · 생리적 · 정서적 · 행동적 반응을 의미한다 (Sieber, 1977). 적절한 수준의 불안은 학업에 대한 높은 동기를 불러일으키지만, 높은 수준의 불안은 신체를 지나치게 각성시켜 시험을 볼 때 다른 생각을 하게 한다거나 잠을 자게 하는 등 개인의 능력을 충분히 발휘하지 못하게 한다. 즉, 시험불안은 시험 기피, 학업에 대한 무관심, 학업 부진, 학습동기의 저하, 낮은 자존감 등을 일으킨다.

2) 시험불안의 증상

시험불안이 높은 경우 나타나는 반응은 크게 인지적 반응, 생리학적 반응, 행동적 반응으로 구분된다. 인지적 반응은 흔히 걱정(worry)이라고도 하는데, 시험에 대한 부정적 생각, 부정적 자기평가, 과제에 대한 부적절한 사고 등을 의미하며, 이러한 인지적 반응은 시험을 실시하는 동안에도 나타나 시험에 대한 집중력을 떨어뜨리고 결과적으로는 낮은 시험 성적을 초래한다. 생리학적 반응은 손에 땀이 나고 심장이 빠르게 뛰고 손이나 다리가 떨리는 것 등을 의미한다. 이는 각성이 높아지면서 나타나는 것으로 감정 요인(emotionality)이라 부르기도 한다. 마지막으로 행동적 반응은 시험 전이나 시험 중에 나타나는 불안을 해결하기 위해 도망을 친다거나 집중하지 못하는 것 등을 말한다. 각각의 구체적인 증상의 예는 다음과 같다.

(1) 생리학적 증상
- 머리가 아프다.
- 배가 아프고 소화가 잘 안 된다.
- 가슴이 두근거린다.
- 손에 땀이 난다.
- 다리 떨기와 같은 의미 없는 행동을 반복적으로 한다.

(2) 인지적 증상
- 시험을 잘 못 볼 것 같아 걱정이다.
- 이번 시험은 꼭 잘 봐야 한다.
- 이 시험을 못 보면, 내 인생은 끝장이다.
- 절대로 한 문제도 틀리면 안 된다.
- 나는 시험만 보면 아무 생각이 안 난다.

(3) 행동적 증상
- 시험 전날 하루 종일 잠만 잔다.
- 불안한 마음에 TV를 계속 보거나 게임을 한다.
- 시험 전날 학교를 안 간다.

- 시험을 보다가 중간에 나와 버린다.

3) 시험불안의 원인

(1) 가정환경: 부모의 양육 태도

시험불안의 가장 중요한 원인 중 하나로 부모의 양육 태도를 든다. 시험불안을 가진 학생들은 다른 학생들에 비해 시험을 중요하게 지각한다. 이러한 지각은 대부분 부모의 과도한 기대, 시험에 대한 부모의 압력 등에서 기인한다. 즉, 어떤 부모들은 '공부를 잘해야 한다.' '공부를 잘해서 우리 집을 일으켜야 한다.' '반드시 1등을 해야 한다.' 등의 사고를 자녀에게 주입시킴으로써 시험에 대한 부담을 증가시킨다. 이와는 다르게 자녀가 시험을 못 보고 오면 직접적으로 나무라지는 않지만, 부부싸움을 많이 한다든가, 자녀에게 아무런 말을 하지 않는 암묵적 비난을 취하는 부모들이 있다. 이러한 부모들 아래서 성장한 자녀들은 부모에게 인정과 칭찬을 받거나 가정의 평화를 유지하기 위해서 시험을 잘 봐야 하다고 생각한다. 이처럼 부모의 양육 태도는 자녀가 가지는 시험에 대한 부담을 강화시키고, 시험에 대해 과도하게 지각하게 함으로써 자녀의 시험불안을 증가시킨다. 이런 부모 밑에서 자란 자녀들은 자신도 모르는 사이에 시험에 대한 부담을 느끼게 되고 시험불안을 가지게 된다.

(2) 사회적 환경

시험불안에는 학벌 지상주의, 경쟁 지향적 학습 환경 등이 주요한 영향을 미친다. 좋은 학교를 나와야 성공한다는 인식이 팽배한 사회 속에서 학생들은 시험 결과에 과도하게 집착하게 된다. 또한 다른 사람보다 잘하면 더 칭찬을 받고 그렇지 못하면 질타를 받는 등 끊임없이 누군가와 비교하는 사회적 분위기 또한 시험에 대한 가치 부여를 조장한다. 이러한 사회적 분위기를 직접적 또는 간접적으로 경험하는 것을 과도하게 지각할수록 시험불안은 높아진다.

(3) 개인적 요인

인정받고 싶은 욕구가 지나치게 강하거나 잘못된 학업습관이 영향을 미치는 경우가 있다. 잘못된 학업습관을 가지고 있는 경우, 열심히 공부했음에도 불구하고 시험을 못 보게 되고, 그러한 경험이 증가하게 되면 높은 시험불안을 가지게 된다.

4) 시험불안 체크리스트

시험불안의 심각성 정도를 파악하고 싶으면 다음의 시험불안 체크리스트를 사용한다.

ooo **표 12-1 시험불안 체크리스트**

다음은 여러분이 시험을 준비하면서 혹은 시험을 치르면서 느끼는 느낌을 알아보고자 하는 것입니다. 문항을 읽고 해당되는 곳에 표시하기 바랍니다.

	문항	전혀 아니다 (1점)	아닌 편이다 (2점)	그런 편이다 (3점)	항상 그렇다 (4점)	아주 그렇다 (5점)
1	시험지를 받고 문제를 한번 훑어볼 때 나도 모르게 걱정이 앞선다.					
2	시험공부가 잘 안 될 때 짜증만 난다.					
3	시험 문제의 답이 알쏭달쏭하고 생각나지 않을 때 시험 준비를 더 열심히 하지 않은 것을 후회한다.					
4	부모님이 시험이나 성적에 관해 물어보실 때 겁을 먹고 어찌할 바를 모른다.					
5	친구들과 답을 맞추어 보면서 시험에 대해 얘기를 나눌 때 나보다 친구들이 더 좋은 점수를 받았다는 생각에 시달린다.					
6	시험 치기 직전 책이나 참고서를 봐도 머리에 잘 안 들어온다.					
7	시험지를 받을 때 가슴이 두근거릴 정도로 긴장한다.					
8	답안지를 제출할 때 혹시 표기를 잘못하지 않았나 신경이 쓰인다.					

9	시험 치기 전날 신경이 날카로워져 소화가 잘 안 된다.					
10	답안지에 답을 적는 순간에도 손발이 떨린다.					
11	시험 문제를 푸는 중에도 잘못 답하지 않았나 걱정하며 애를 태운다.					
12	시험을 치다가 시간이 부족하다는 것을 느꼈을 때 허둥대고 당황한다.					
13	시험이 끝나고 집으로 돌아갈 때 힘이 빠진다.					
14	시험 문제가 어렵고 잘 풀리지 않을 때 가슴이 답답하고 입이 마른다.					
15	시험 날짜와 시간표가 발표될 때 시험 걱정 때문에 마음의 여유가 없어진다.					
16	시험공부를 다 하지 못하고 잠이 들었다 깼을 때 눈앞이 캄캄하고 막막하다.					
17	틀린 답을 썼거나 표기를 잘못 했을 때 가슴이 몹시 조마조마해진다.					
18	선생님이 시험 점수를 불러 주실 때 불안하고 초조하다.					
19	자신 없거나 많이 공부하지 못한 과목의 시험을 칠 때 좌절감을 느낀다.					
20	부모님께 성적표를 보여 드리기가 두렵다.					

출처: 황경렬(1997).
채점: 체크한 점수를 합하면, 자신의 시험불안 총점이 나온다.

결과	해석
35점 이하	시험에 대한 불안과 걱정이 없는 상태. 불안 때문에 시험을 못 보는 경우는 없지만, 지나치게 낮아서 시험에 대해 무감각해졌을 수도 있다.
36~60점	가끔 불안해지는 상태. 평소 시험에는 별로 불안해하지 않지만, 시험공부를 하지 않았거나 벼락치기할 경우 갑자기 불안해질 수 있다.
61~80점	자주 불안을 느끼는 상태. 불안과 걱정 때문에 공부하는 것에 비해 그 효과가 나지 않을 가능성이 있다.
81점 이상	늘 긴장 속에서 사는 상태. 긴장을 이완하는 방법을 반드시 익히고, 전문 상담자에게 상담을 받도록 한다.

5) 개입 방법

시험불안에 대한 개입 방법은 인지적 · 행동적 · 환경적 접근 등 여러 측면에서 다양하게 제안되어 왔다. 본 장에서는 시험불안에 가장 효과가 있는 것으로 알려진 합리적 사고, 자기대화(self-talk), 이완 훈련, 사전 학습 강화, 부모의 지지에 대해 살펴보겠다.

(1) 합리적 사고

시험불안이 있는 사람들의 대부분은 불안을 유발하는 상황에 대해 비합리적이고 왜곡된 생각을 가지고 있다. 예를 들면, '나 이번 시험 망칠 것 같아.'라는 생각을 할 수 있다. 그러나 그 근거는 무엇인가? 아직 시험을 보지도 않았는데 어떻게 알 수 있는가? 또 다른 예를 들어 보자. 시험불안이 있는 사람이 '이번에 시험을 못 보면 내 인생은 끝장이야.'라고 생각한다고 하자. 인생이 끝장나는 시험이 있는가? 이처럼 시험불안이 높은 사람들은 시험에 대해 과도하게 지각하고 왜곡하여 생각하며 흑백논리를 가지는데, 이러한 비합리적인 사고들이 시험불안을 야기하는 것이다. 따라서 상담자는 시험에 대한 내담자의 비합리적이고 왜곡된 사고를 합리적 사고로 변화시켜야 한다.

- 단계 1: 시험불안을 느꼈던 상황 생각하기
- 단계 2: 내담자가 가지고 있는 비합리적 사고 찾기
- 단계 3: 내담자가 가지고 있는 비합리적 사고의 인지적 오류 찾기
- 단계 4: 비합리적 사고의 근거 찾기
- 단계 5: 합리적 사고로 변화시키기

ㅇㅇㅇ **표 12-2** 시험불안에 대한 합리적 · 비합리적 사고의 예시

상황	비합리적 사고	인지적 오류	근거	합리적 사고
모르는 문제를 보는 순간 눈앞이 캄캄하고 심장이 두근거렸다.	• 한 문제라도 틀리면 절대 안 된다.	흑백논리	지난번 1등이 100점 맞았다.	• 이번 시험은 어려워서 여러 문제 틀려도 1등을 할 수도 있다. • 이번에 1등 못 한다고 내 인생에 달라지는 것은 별로 없다.
시험을 못 볼 것 같아 초조하고 공부가 안 된다.	• 시험을 못 볼 것 같다.	지레짐작	다른 애들은 밤새 공부한다는데 나는 매일 7시간씩 잤다.	• 많이 자면 머리가 맑아 더 효과적으로 공부할 수 있다. • 아직 시험을 보지 않았는데 결과를 어떻게 알 수 있는가. 열심히 하면 잘 볼 수 있다.

그러나 경우에 따라서는 시험불안을 가진 내담자의 생각이 맞을 수도 있다. 예를 들어, 그동안 공부를 열심히 안 했을 경우 시험을 못 볼 수도 있고 그 결과 성적이 떨어질 수도 있다. 그러나 만약 내담자가 가지고 있는 생각이 맞는다 하더라도 그런 생각이 내담자에게 어떤 도움이 되겠는가? 불안해하면 할수록 공부에, 시험에 집중을 하지 못하게 되고 결과적으로 더 시험을 못 보게 된다. 따라서 근거가 있는 상황에서는 '실제로 그런 생각이 자신에게 어떻게 도움이 되는가?'에 대해 내담자와 같이 생각해 보도록 한다.

(2) 자기대화

상담 장면에서 내담자가 비합리적인 사고에 대해 충분히 인식하고 합리적인 사고로 바꾸는 연습을 충분히 하였다고 할지라도 불안한 상황에 직면하게 되면 자동적으로 비합리적인 사고를 하게 되는 경우가 많다. 그런 경우를 대비하여 자신이 주로 직면하는 불안 상황에서 습관적으로 자기대화(self-talk)를 할 수 있게 한다. 자신이 불안한 상황을 상상해 보게 한 후 그 상황에서 유용한 자기대화

를 찾아 연습하도록 한다. 상상을 통한 연습이 끝난 후에는 실생활에서도 연습을 하도록 한다. 즉, 집이나 학교 책상에 자기대화 문장을 적어 놓고 불안한 상황과 유사한 상황(예: 다른 사람이 발표하는 상황)이 발생하거나 불안한 장면을 상상할 때 자기대화를 하는 연습을 하게 한다. 이렇게 연습을 반복적으로 해야 실제 상황에서도 자동적으로 자기대화를 할 수 있다.

- 시험 직전
  - 잘 볼 수 있을 거야.
  - 걱정한다고 시험을 잘 치는 건 아니야.
  - 걱정하면 오히려 시험을 못 봐.
- 시험 중
  - 집중해서 천천히 문제를 풀자.
  - 난 잘 볼 수 있어.
  - 내가 문제가 어려우면 다른 친구들도 어려울 거야.
- 시험 끝난 후
  - 이미 시험은 끝났다. 걱정해도 결과는 바뀌지 않아.
  - 다음에 잘 보면 되지.
  - 미리 걱정했던 것만큼 성적이 안 나오지는 않았어.

(3) 이완 훈련

일상생활에서 상당한 스트레스와 긴장이 지속되다 보니 상당수의 내담자들은 이완이라는 상태를 경험하지 못하는 경우가 많다. 내담자들에게 '몸에서 힘을 빼 보라.'고 요청할 경우, 대부분의 내담자들은 힘을 주지 않았다고 하지만, 몸은 여전히 긴장된 상태로 있다. 이처럼 우리 몸은 나도 모르는 사이에 긴장에 익숙해져 있다. 특히 불안한 상태에서는 이러한 긴장이 극도로 달하게 되는데, 이때 긴장을 줄이는 데 효과적인 것이 이완 훈련이다. 이완 훈련은 극도로 긴장을 했을 때 온몸의 긴장을 풀어 주고 마음을 편하게 해 준다. 특히 이완 훈련의 경우 반복적인 연습을 통해 습득한 후에는 혼자서도 할 수 있기 때문에 불안이 높은 내담자에게 매우 유용하다. 따라서 시험불안이 심한 내담자의 경우 이완 훈련을 실시하도록 한다.

〈준비 작업〉

1. 조용하고 편안한 분위기를 조성한다. 이완 훈련을 하기 전에 핸드폰 벨소리, TV나 라디오 소리 등 집중하는 데 방해가 될 만한 것은 차단하고, 조용한 곳에서 편안한 차림으로 앉는다.
2. 이완 훈련을 할 환경이 조성되면, 기본 호흡법을 먼저 연습하도록 한다.
3. 이완 훈련은 반복해서 연습하는 것이 중요하다. 한 번 한다고 해서 효과가 있는 것이 아니라 꾸준한 연습을 통해 자신의 것으로 만들어야 불안한 순간에 활용할 수 있다.

〈기본 호흡법〉 이완 훈련을 할 때 모든 호흡은 복식호흡으로 진행해야 한다. 먼저 최대한 호흡을 들이쉬고 10초 동안 있는다. 들이마신 상태로 10초 동안 있는다. 그리고 내쉬면서 10초 동안 몸을 최대한 이완한다. 호흡 소리에 집중하면서 하는 것이 좋다.

① 손 이완하기: "눈을 감고 편안한 자세를 취하세요. 지금부터 이완 훈련을 시작하겠습니다. 오른손에 공을 가지고 있다고 생각하고 꽉 쥡니다. 손가락, 손목 그리고 팔에 느껴지는 긴장을 느껴 보세요. 이제 손에 있던 공을 놓습니다. 힘이 빠져 몸이 편안해지는 것을 느껴 보세요. 다시 공을 쥡니다. 아까보다 더 꽉 쥡니다. 긴장을 느껴 보세요. 다시 공을 놓습니다. 몸이 편안해지는 것을 느껴 보세요. 왼손도 같은 방식으로 합니다."
② 팔 이완하기: "팔을 머리 위로 쭉 올립니다. 하늘을 향해 힘껏 당깁니다. 팔의 긴장을 느껴 보세요. 팔에 힘을 빼고 내립니다. 몸이 편안해지는 것을 느껴 보세요." (더 세게 한 번 더 반복한다.)

③ 어깨 이완하기: "이번에는 어깨입니다. 어깨를 귀에 닿을 때까지 올려 주세요. 두 팔을 머리 위로 뻗었다가 뒤로 돌립니다. 이때 어깨의 긴장을 느껴 보세요. 이제 팔을 내립니다. 몸이 편안해지는 것을 느껴 보세요."(더 세게 한 번 더 반복한다.)

④ 목 이완하기: "목을 최대한 아래로 당깁니다. 긴장이 느껴질 것입니다. 이제 목을 원위치로 하세요. 몸을 편하게 하고 이완을 느껴 보세요."(더 세게 한 번 더 반복한다.)

⑤ 얼굴 이완하기: "눈썹을 찡그리듯이 위로 올립니다. 이마가 당겨지는 것이 느껴질 것입니다. 눈썹을 편안하게 하고 이완 상태를 느껴 보세요. 긴장 했을 때와 이완했을 때의 차이도 느껴 봅니다."(더 세게 한 번 더 반복한다.) "같은 형태로 입술도 해 보세요."

⑥ 배 이완하기: "이제 배로 내려갑니다. 배에 풍선을 넣는다고 생각하고 배를 크게 부풀리세요. 힘껏 부풀리셔야 합니다. 그리고 그때의 긴장을 느껴 보세요. 그리고 편안하게 이완해 주세요."(더 세게 한 번 더 반복한다.) "같은 방식으로 가슴을 위로 들어 올려 압축시켜 가슴도 이완해 보세요."

⑦ 다리 이완하기: "다리를 이완하겠습니다. 발과 발가락을 앞으로 젖히면서 힘을 주세요. 발가락, 발 그리고 허벅지, 엉덩이 부분까지 긴장이 느껴질 겁니다. 다리를 내리면서 몸을 편안하게 이완해 주세요."(더 세게 한 번 더 반복한다.)

⑧ 온몸을 이완하기: "마지막으로 온몸에 긴장을 주세요. 여러분이 자주 불안해 하는 순간을 떠올리면서 긴장을 하셔도 좋습니다. 머리, 손가락, 발끝까지 온몸이 긴장되었습니다. 그런 후 천천히 숨을 내쉬고 온몸의 근육들을 편안하게 이완해 주세요."(점점 강도를 높여 반복 실시한다.)

〈상상해 보기〉 불안한 순간을 상상해 보고 각각의 상황에서 몸을 이완하는 연습을 한다. 만약 불안이 쉽게 완화되지 않는다면, 시험을 볼 때 불안의 강도에 따라 불안 위계표를 작성한 후 가장 낮은 불안부터 이완과 연합하는 것이 좋다.

즉, 가장 낮은 발표불안 상황을 상상하고, 몸을 이완한다. 그 상황이 더 이상 불안하지 않으면, 그다음 단계를 상상하고 몸을 이완한다. 이런 식으로 가장 높은 불안 상황까지 하면 된다.

〈실생활에서 적용하기〉 충분히 이완 훈련이 되면, 실생활에서 이를 적용하는 것이 중요하다. 불안한 순간에 직면하면 빠르게 이완법을 실천해야 한다. 예를 들어, 시험지를 보는 순간 갑자기 불안해졌다고 하면, 그때 몸을 빠르게 긴장시켰다가 이완을 하도록 한다. 그러나 불안한 순간이 되면 당황하고 머리가 멍해지기 때문에 이를 실천하는 것은 쉽지 않다. 따라서 이완이 몸에 습관화될 정도로 연습하는 것이 필요하며, 처음에는 불안한 상황에서 의도적으로 연습하는 것이 필요하다.

(4) 사전 학습 강화

시험불안은 시험 보기 전 공부를 안 할수록 그 불안이 높아질 수밖에 없다. 이는 쉬운 문제에서는 불안이 높은 사람이 수행을 더 잘하고, 어려운 문제에서는 불안이 높은 사람이 수행 능력이 떨어지는 것과 같은 이치이다. 따라서 시험공부를 많이 하게 되면, 어려운 문제도 쉬운 문제로 지각할 수 있다. 그럴 경우 상대적으로 불안이 줄어들기 때문에 시험불안이 높은 사람에게는 충분히 도움이 될 수 있으며, 이러한 경험이 지속될 경우 시험불안도 점차 줄어들 수 있다.

(5) 부모의 지지

부모가 의도하였든 의도하지 않았든 간에 시험에 대해 가장 큰 압력을 행사하는 사람은 부모이다. 이는 바꿔 말하면 부모가 적절하게 지지해 주면 시험불안은 줄일 수 있게 된다는 것을 의미한다. 따라서 부모들은 자녀가 시험에 대해 왜 심한 스트레스를 받는지 파악할 필요가 있으며, '시험을 잘 보지 못해도 넌 나의 사랑스러운 자식이야.'와 같은 말을 해 주는 것이 좋다. 특히 이러한 말이 말로만 그쳐서는 도움이 되지 않는다. 말로는 '시험을 못 봐도 돼.'라고 하면서 막상 시험을 못 보고 오면 실망하는 것은 자녀에게 전혀 도움이 되지 않는다.

6) 프로그램

시험불안을 감소시키기 위한 대부분의 프로그램은 행동적 접근과 인지적 접근을 결합한 인지행동치료를 기반으로 하고 있다. 이들 프로그램에서는 앞서 시험불안이 높은 사람들에게 중요한 개입 방법으로 소개한 합리적으로 생각하기와 같은 인지적 접근 방법과 생리적·감정적 정서요인을 감소시키는 이완 훈련을 통한 행동적 접근이 공통적으로 포함되어 있다. 대표적인 프로그램의 예로 최정원과 이영호(2014)가 초등학교 고학년 이상을 대상으로 개발한 시험불안 다루기 전략 프로그램이 있으며, 이는 〈표 12-3〉에 제시하였다. 이외에 인지행동치료를 기반으로 하지만, 인지행동치료 기법에 게슈탈트 이론을 통합한 시험불안 대처 프로그램이 있다(배성훈, 2008). 이 프로그램은 게슈탈트 이론에서의 미해결과제에 대해 알아차리고, 이를 인지행동적 접근으로 명시화한 후 빈의자기법과 같은 게슈탈트 이론을 통해 수용할 수 있도록 돕는 프로그램으로 총 10회기로 구성되었다. 또한 조은경 등(2009)은 초등학생을 대상으로 인지행동적 접근에 시험전략과 같은 학습기술훈련을 포함한 프로그램을 개발하였으며, 최근 수용전념치료의 관심이 증가하면서 시험불안에 이를 적용한 프로그램들이 등장하고 있다. 시험불안을 감소시키기 위한 수용전념치료는 시험불안을 회피하거나 조작하는 것이 아니라 있는 그대로 경험하고 이를 수용할 수 있도록 한다.

ooo **표 12-3 시험불안 다루기 전략 프로그램**

프로그램 내용	세부 활동
시험불안의 정의와 증상 이해	• 시험불안이란? • 시험불안의 증상을 알아보기 • 시험불안의 정도를 평가해 보기

시험불안 극복하기	• 시험불안을 극복하려면? • 첫 번째 걸음: 인지 행동 요법이란? • 두 번째 걸음: 생각, 감정, 행동(상황)을 구분하기 • 세 번째 걸음: 자동적 사고 찾기 • 네 번째 걸음: 자동적 사고의 기원 • 다섯 번째 걸음: 나의 자동적 사고는 어떤 신념과 관련 있을까? • 여섯 번째 걸음: 인지적 왜곡 • 일곱 번째 걸음: 나의 생각에 도전하기 위한 질문 • 여덟 번째 걸음: 생각에 도전하고 합리적인 생각으로 바꾸는 법 • 아홉 번째 걸음: 시험불안의 정도에 대한 재평가
시험불안 극복을 위한 그 밖의 전략들	• 긍정적 자기 언어를 활성화하기 • 걱정하는 시간을 계획하기 • 심상 체인지 • 심상을 통한 대처법 • 생각 중지법 • 나의 PMI 분석 • 긴장 이완을 위한 방법

2. 발표불안

1) 발표불안의 정의

학업 장면에서 시험불안과 함께 가장 빈번하게 나타나는 것이 발표불안 (speech anxiety)이다. 발표불안이란 다수의 청중들 앞에서 발표를 하는 상황에서 타인의 평가가 예상되거나 실제로 평가가 이루어질 때 나타나는 부적응적인 인지적 · 생리적 · 행동적 반응들을 의미하는 것(Fremouw & Breitenstein, 1990)으로, 사회공포증의 한 부분이기도 하지만, 단순발표불안의 경우는 개별적으로 살펴볼 필요가 있다. 학업 장면에서 발표불안의 대표적인 상황으로는 수업 중 앞에 나가 발표해야 하는 상황, 수업 중 교사의 질문에 대답해야 하는 상황, 사람들 앞에서 장기자랑을 해야 하는 상황이 있으며, 이러한 발표불안의 유병률은 외국의 경우 약 34%, 우리나라의 경우 약 20%로(조용래, 원호택, 1997; Pollard & Henderson, 1998), 상당수의 사람들이 발표불안 때문에 고통스러워하고 있다.

2) 발표불안의 원인

발표불안의 원인으로는 다양한 원인들이 제시되고 있으나, 아직까지 명확하게 밝혀진 것은 없다. 그러나 그중에서도 유전, 부모의 양육 태도, 이전의 부정적 경험, 사회적 기술 부족 등이 발표불안의 주된 원인들로 알려져 있다.

첫째, 유전적 원인이다. 일란성 쌍둥이와 이란성 쌍둥이를 대상으로 사회공포증 비율을 조사한 결과 일란성 쌍둥이가 더 높았다는 연구가 있으며, 내향적인 성격 역시 유전의 영향이 강하다는 연구 결과들이 보고되고 있다. 물론 그 이후에 유전적인 영향과 환경적인 영향을 비교한 연구에서는 환경적인 영향이 더 크다는 연구 결과들이 나왔다. 그러나 기본적으로 수줍음이 많고 내성적인 성향은 유전적인 요인과 관련이 있는 만큼 발표불안에 있어 유전을 배제하기란 어렵다.

둘째, 부모의 양육 태도이다. 자녀에게 절대적 존재인 부모가 비일관적이거나 무관심할 경우 또는 엄격한 태도를 취할 경우 자녀의 발표불안으로 이어질 수 있다는 것이다. 즉, 부모에게 따뜻하고 일관된 사랑을 받은 자녀는 자신을 긍정적으로 지각하는 반면, 사랑이나 칭찬 등을 받지 못하고 자란 자녀는 불안정하고 자신이 무가치, 무능력하다고 지각한다. 결과적으로 발표 장면에서도 이러한 자녀는 자신이 무능력하다고 지각하기 때문에, 발표에 대한 자신이 없어지고 불안을 경험할 가능성이 높을 수밖에 없다. 또한 부모가 엄격하거나 불안정할 경우 자녀는 부모의 눈치를 끊임없이 보며 성장한다. 이처럼 자신의 의사보다는 다른 사람의 눈치를 보며 자라기 때문에 다른 사람의 시선에 민감하게 되고, 따라서 발표 상황에서도 불안하게 된다.

셋째, 조건화된 학습의 결과이다. 조건화된 학습 결과는 과거의 발표(또는 자기표현)에 대한 처벌 및 긍정적 강화로 구분되어 설명된다. 전자는 발표를 했을 때 교사가 틀렸다고 핀잔을 주거나 친구들이 심하게 웃거나 나선다고 피드백을 줄 때를 말한다. 특히 최초로 발표를 했을 때 이와 같은 부정적인 경험을 할 경우 발표불안을 경험할 확률은 높아진다. 후자는 평상시 자신의 의견을 이야기하지 않고 가만히 있는 것에 대해 '참하다' '착하다' 등의 긍정적 강화를 받아 그것이 행동 패턴으로 굳어진 경우를 말한다. 특히 우리나라의 경우 유교적인 사상에 의해 자신의 의견을 표현하기보다는 어른의 말을 무조건 수용하는 것을 전통적인 미덕으로 생각해 왔다. 따라서 상당수의 부모나 교사들은 자신들이 의도하지 않았음에도 불구하고, 학생들의 비표현적(수동적) 행동을 강화하고, 그 결과 학생들은 자기표현을 잘 하지 못하고 발표하는 상황에 불안하게 된다.

넷째, 비합리적인 사고이다. 발표불안이 있는 사람은 발표에 대한 비현실적이고 이상적인 기준, 자신에 대한 부정적 지각, 실패 및 타인의 시선에 대한 과도한 지각 등을 가지고 있다. 즉, 발표에 대해 '반드시 잘해야 한다.' '못하면 사람들이 싫어할 것이다.' '나는 발표를 못한다.'와 같은 비합리적인 사고를 갖고 있는데, 이러한 사고들은 발표 상황에서 더욱더 촉진되며, 그 결과 발표 상황에서는 불안할 수밖에 없다.

다섯째, 사회적 기술 부족이다. 발표할 기회를 충분히 갖지 못하고, 발표 행동을 할 연습의 기회가 적어서 불안이 생성되며, 발표를 해 본 경험이 없는 상태에서 학교에 입학하게 된다. 음성의 크기, 손의 처리, 질문의 처리 등을 어떻게 하는 게 잘하는 것인지 잘 모를 경우 발표불안이 더 커진다.

3) 발표불안의 증상

(1) 생리학적 증상

- 다리, 목소리 등이 떨린다.
- 가슴이 쿵쾅거린다.
- 땀을 흘린다.
- 얼굴이 빨개진다.

• 멍해진다.

(2) 인지적 증상

• 내가 발표하면 다른 애들이 나를 놀릴 거야.
• 발표할 때 선생님이 틀렸다고 하면 어떻게 하지? 안 하고 말 거야.
• 발표할 때 떨리고 더듬을 텐데.
• 발표하다 실수하면 어떻게 하지?

(3) 행동적 증상

• 손이나 발을 떤다.
• 아무 말도 하지 못한다.
• 발표 때문에 학교를 가지 않는다.
• 배가 아프다고 양호실에 간다.

(4) 발표불안 체크리스트

발표불안의 심각성 정도를 체크하고 싶으면 다음의 체크리스트를 이용한다.

○○○ **표 12-4** 발표불안 체크리스트

	다음은 여러분이 시험을 준비하면서 혹은 시험을 치르면서 느끼는 느낌을 알아보고자 하는 것입니다. 문항을 읽고 해당되는 곳에 표시하기 바랍니다.					
	문항	전혀 아니다 (1점)	아닌 편이다 (2점)	웬만큼 그렇다 (3점)	상당히 그렇다 (4점)	매우 그렇다 (5점)
1	대중 앞에서 발표할 기회를 즐거운 마음으로 기다린다. (*)					
2	연단 위에 있는 물건들을 만지려고 할 때 손이 떨린다.					
3	발표할 내용을 잊어버릴까 봐 두렵다.					
4	내가 청중들에게 말할 때 그들이 우호적으로 보인다. (*)					
5	발표 준비를 하는 동안, 나는 불안하다.					
6	발표를 끝낼 때, 나는 즐거운 경험을 했다고 느낀다. (*)					

7	나는 몸동작을 많이 사용하거나 목소리를 표현력 있게 내는 것을 싫어한다.				
8	나는 청중 앞에서 발표할 때, 생각이 혼란되고 뒤죽박죽된다.				
9	청중들을 대하는 것이 두렵지 않다. (*)				
10	발표하기 직전에는 신경이 예민해지지만, 금방 두려움을 잊고 그 경험을 즐긴다. (*)				
11	나는 아주 자신 있게 발표할 것이라고 예상한다. (*)				
12	발표를 하는 동안 나는 아주 침착하다고 느낀다. (*)				
13	나는 친구들과는 유창하게 말하지만, 연단 위에 서면 할 말이 생각나지 않는다.				
14	발표를 하는 동안 나는 긴장되지 않고 편안하다고 느낀다. (*)				
15	나는 대중 앞에서 발표하는 것을 즐기지도 않지만, 특별히 두려워하지도 않는다. (*)				
16	가능하다면 대중 앞에서 발표하는 것을 피한다.				
17	청중들을 쳐다볼 때 그들의 얼굴이 흐릿하게 보인다.				
18	여러 사람들 앞에서 발표하려고 애쓴 후에는 나 자신이 싫어진다.				
19	나는 발표 준비하는 것을 즐긴다. (*)				
20	나는 청중을 대할 때 정신이 또렷해진다. (*)				
21	나는 발표할 때 말을 잘한다. (*)				
22	나는 발표하러 일어서기 직전에 땀이 나고 떨린다.				
23	내 자세가 긴장되고 부자연스럽게 느껴진다.				
24	여러 사람들 앞에서 발표하는 동안 나는 두렵고 긴장된다.				
25	발표할 기회는 즐겁다고 생각한다. (*)				
26	내 생각을 표현할 정확한 말을 차분하게 찾기가 어렵다.				
27	대중 앞에서 발표한다고 생각하면 겁난다.				
28	나는 청중 앞에 서면 정신이 맑아지는 느낌이 든다. (*)				

출처: 카이스트상담센터(http://kcc.kaist.ac.kr).

채점하는 방법: 체크한 것의 점수를 합산한다. 단, (*) 이라고 표시되어 있는 것은 역산하여 점수를 합산한다.

즉, 1점은 5점, 2점은 4점, 4점은 2점, 5점은 1점으로 계산한다.

결과	해석
37점 이하	발표할 때 거의 불안을 느끼지 않는 상태. 일반적으로는 당당하게 발표하는 것을 의미하나 경우에 따라서는 발표에 대해 무감각할 수도 있다.
38~84점	중간 정도의 불안을 경험하는 상태. 가끔 이러한 불안 때문에 발표 상황을 피하기도 하지만, 크게 문제가 될 정도는 아니다.
85점 이상	발표불안이 심한 상태. 전문 상담자에게 상담을 받는 등 발표불안을 해결하기 위해 적극적으로 노력해야 한다.

(5) 개입

발표불안 역시 불안이기 때문에 시험불안에서 사용한 방법(예: 이완 훈련)들이 효과적이다. 따라서 발표불안과 시험불안에 동시에 사용할 수 있는 부분은 시험불안 부분을 참고하기 바란다.

① 합리적 사고

시험불안과 마찬가지로 발표불안이 있는 사람 역시 발표불안에 대해 비합리적이고 왜곡된 생각을 가지고 있다. 따라서 상담자는 시험에 대한 내담자의 비합리적이고 왜곡된 사고를 합리적 사고로 변화시켜야 한다(361~362쪽 참조).

○○○ **표 12-5** 발표불안에 대한 합리적 · 비합리적 사고의 예시

상황	비합리적 사고	인지적 오류	근거	합리적 사고
발표하는 상황만 되면 다리가 떨리고 아무 말도 하지 못하겠다.	내가 발표하다 틀리면 선생님은 나를 발표도 못하는 바보 같은 아이로 생각할 거야.	지레짐작	발표를 못했을 때 선생님 표정이 안 좋았다.	• 사람은 누구나 실수를 할 수 있어. • 선생님은 내가 자발적으로 발표를 했다는 것 자체만으로도 좋아하실 거야.

② 자기대화

시험불안과 마찬가지로 자기대화는 불안한 상황에서 내담자에게 자기격려로

서의 기능을 한다. 따라서 발표불안을 느낄 때 또는 다른 사람이 발표할 때 자기 대화를 반복적으로 시도하도록 한다. 이러한 반복적 자기대화는 소위 최면효과 와 같은 역할을 할 수도 있다.

발표불안의 경우, 발표 전, 발표 중, 발표 후에 다음과 같은 자기대화를 할 수 있게 한다.

- 발표하기 전
  - 다른 애들도 잘하는데, 나라고 못할 이유가 뭐가 있어. 나도 잘할 수 있어.
  - 내가 알고 있는 만큼만 발표하자.
- 발표 중
  - 잘할 수 있어.
  - 내가 이 발표를 못한다고 달라질 건 없어.
- 발표 후
  - 이번에 못했어도 다음번에 잘하면 돼.
  - 내가 생각하는 것만큼 다른 사람들은 이 발표를 중요하게 생각하지 않아.

③ 체계적 둔감화

시험불안과 마찬가지로 이완 훈련을 포함한 체계적 둔감화는 발표불안에 매우 효과적이다. 특히 발표불안의 경우 불안한 강도에 따라 발표불안 위계표를 작성하여 실시하는 체계적 둔감화를 사용하는 것도 좋다.

- 이완 훈련 8번까지 동일하게 실시한다(373-376쪽 참조).
- 위계적 발표불안 리스트를 작성한다. 가장 불안이 낮은 것을 1점, 가장 불안이 높은 것을 7점으로 불안 정도 칸에 점수를 작성한다(내담자의 상황에 따라 불안 상황을 더 적을 수도 있다).
- 위계적 발표불안 리스트를 작성할 때 현실적으로 성공 가능한 목표를 정해야 한다. 발표불안이 있는 학생의 불안 수준에 따라 이 목표는 달라져야

한다. 예를 들어, 어떤 학생의 최종 목표를 '우리 학교 전체 학생 앞에서 불안해하지 않고 발표하기'라고 정했다고 하자. 만약 이 학생이 사람이 많은 상황에서 발표하는 것만을 불안해한다고 하면 이렇게 목표를 설정하는 것이 문제가 없다. 그러나 대부분의 학생에게는 상당히 오랫동안 치열하게 노력을 하지 않고서 이것을 실현하기는 어렵다. 따라서 제일 낮은 단계부터 제일 높은 단계까지 노력에 따라 성공 가능한 목표를 세우는 것이 바람직하다.

• 불안한 순간을 상상해 보고 각각의 상황에서 몸을 이완하는 연습을 한다. 한 단계가 성공하면 그다음 단계로 넘어간다.

• 체계적 둔감화까지 끝나면, 실생활에서 이를 적용하는 것이 중요하다. 불안한 순간에 직면하면 빠르게 이완법을 실천해야 한다. 이를 위해서는 이완이 몸에 습관화될 정도로 연습하는 것이 필요하며, 처음에는 불안한 상황에서 의도적으로 연습하는 것이 필요하다.

ooo **표 12-6 위계적 발표불안 리스트**

불안 상황	불안 정도
반 아이들 앞에서 발표할 때	7
영어시간에 자리에서 혼자 발표할 때	6
사회시간에 자리에서 혼자 발표할 때	5
조별 대표로 발표를 해야 할 때	4
조원들 앞에서 발표할 때	3
친한 친구들 앞에서 발표할 때	2
가족 앞에서 발표할 때	1

④ 발표 기술 훈련

발표불안이 높은 내담자들은 발표를 많이 경험하지 못했을 가능성이 크다. 따라서 발표 상황 자체가 익숙하지 않을 뿐만 아니라 발표를 어떻게 하는 것이 좋은지조차 모른다. 이런 내담자들에게는 발표 기술을 습득하게 하고 반복적으로 연습하게 할 필요가 있다.

- 자신이 발표하는 모습을 동영상으로 찍는다. 발표불안이 있는 대부분의 학생들은 자신들의 증상을 실제보다 더 과대하게 지각하는 경우가 많다. 예를 들어, 어떤 학생은 발표를 하는 중간에 너무 긴장하고 불안했던 나머지 발표를 더 이상 할 수 없었다. 그리고 발표가 끝난 후 "나 너무 불안해하지 않았냐?" "너무 긴장해 아무것도 할 수 없었다." 등 극도로 불안했던 순간에 대해 이야기했지만, 그것을 지켜본 사람들은 학생이 발표를 멈추는 순간 그 학생이 불안한 것을 알 수 있었다. 그러나 이러한 이야기를 아무리 해 주어도 발표불안이 있는 사람은 자신을 위로하는 말이라고 생각하고 대체적으로 믿지 않는다. 따라서 발표불안이 있는 사람이 실제보다 더 과도하게 지각하고 있다면 동영상으로 촬영한 후 상담자와 함께 보도록 한다.
- 상담 장면에서 반복적으로 연습한다. 발표에 익숙하지 않은 내담자들을 위해 상담자는 자신이 교사가 되기도 하고, 면접관이 되기도 하는 등 내담자와 역할 연습을 한다. 이것 역시 위계적 발표불안 리스트를 참고하여 가장 쉬운 단계부터 실시한다. 어느 정도 내담자가 발표 상황에 익숙해지면, 실제 상황처럼 상담자가 갑작스러운 질문을 하기도 하고, 비웃어 보기도 한다. 이럴 때 내담자가 흔들리지 않고 발표할 수 있도록 한다.
- 발표하는 올바른 습관을 학습시킨다. 불안감이 높은 내담자들은 다리를 떤다거나 머리카락을 만지작거리는 등 부적응적인 행동을 많이 한다. 이러한 행동은 발표불안을 강화할 뿐만 아니라 실제보다 더 발표를 못했다는 느낌을 주기 때문에 결과적으로 발표불안을 촉진시키므로 교정해야 한다. 또한 목소리 크기, 억양, 말하는 태도 등도 자신감을 향상시킬 수 있으므로 적절하게 할 수 있도록 도와준다.

⑤ 부모 및 교사의 격려

발표불안이 높은 내담자들은 대체적으로 소심하고 다른 사람의 말에 예민하다. 따라서 내담자들에게 중요한 사람인 부모나 교사가 사소하게나마 부정적인 발언을 하는 것은 발표불안을 촉진시킨다. 따라서 적극적인 격려가 필요하다. 그 외에 부모나 교사가 도와주어야 할 몇 가지 지침은 다음과 같다.

- 발표불안을 경험하는 대다수의 사람들은 '혹시 틀리지 않을까?' '틀리면 혼날 텐데…….' '틀리면 부모님이 실망하실텐데…….'와 같은 생각을 많이 하고, 이러한 생각은 불안을 상승시킨다. 따라서 틀리더라도 야단을 치지 않는 것이 좋다.
- 발표 기회를 많이 준다. 자꾸 연습하다 보면 발표가 별것이 아님을 지각하게 되고 불안을 극복할 수 있게 된다.
- 발표할 때 더듬거나 머뭇거리더라도 기다려 준다. 자녀나 학생이 발표를 잘 못하고 더듬으면 교사나 부모가 중간에 끊어 버리는 경우가 많다. 발표를 끝까지 할 가능성이 보인다면 따뜻한 격려를 통해 마무리 짓게 한다.
- 발표불안이 있는 사람은 소집단을 만들어 그 안에서 발표하도록 한다. 처음부터 너무 많은 사람 앞에서 발표하게 하기보다는 소집단부터 시작하는 것이 좋다.
- 주제는 쉬운 주제부터 점진적으로 할 수 있게끔 한다. 어려운 주제보다는 쉬운 주제에서 불안은 감소한다. 따라서 쉬운 주제부터 발표하도록 한다.

6) 프로그램

시험불안 감소 프로그램과 마찬가지로 발표불안 감소 프로그램 역시 인지행동 프로그램이 효과적인 것으로 알려졌다. Allen 등(1989)이 발표불안 치료 기법에 대한 97개의 연구를 메타분석한 결과 인지적 수정, 체계적 둔감화 그리고 기술훈련 모두 발표 불안을 감소시키는 효과를 보였으며, 특히 이 세 가지 치료 기

법을 통합하였을 때 효과가 가장 크다고 하였다. 국내에서도 발표 불안을 감소
시키기 위해 많은 인지행동 프로그램들이 개발되었으며, 대표적인 프로그램 중
하나로 신재은(2009)의 인지행동적 집단상담 프로그램이 있다. 대학생을 대상
으로 개발된 프로그램으로 인지요소와 행동요소를 결합하였으며, 총 7회기로
구성되어 있다.

1회기는 자기소개 및 훈련안내로 프로그램의 목적, 규칙을 설명하고, 2~4회
기에는 발표불안과 관련된 비합리적 사고를 찾고 이완훈련을 실시하며, 5~7회
기에는 비합리적 사고를 합리적 사고로 변화시키고, 체계적 둔감 훈련을 실시하
는 것으로 구성되어 있다.

또한, 최근에는 인지행동 프로그램에서 더 나아가 수용전념치료(Acceptance-
Commitment Terapy: ACT)이 관심을 받고 있다. 수용전념치료에서는 불안 자체
를 문제로 보는 것이 아니라 불안을 억압하고 부인하는 것이 오히려 문제를 악
화시킨다고 보았다. 따라서 수용전념치료는 불안을 제거하는 것이 아니라 수
용, 탈융합, 맥락으로서의 자기, 현재 순간에 머무르기, 가치, 전념행동이라고
하는 핵심 치료 과정을 통해 대처 능력을 향상시킴으로써 가치 있는 삶을 살게
하는 것을 목적으로 하고 있다(이성원, 김원, 2008; Hayes, Luoma, Bond, Masuda,
& Lillis, 2006). 수용전념치료는 시험불안과 발표불안에 효과적인 것으로 알려져
있으며(Block, 2002; Zettl, 2003), 국내에서도 김수인과 백지숙(2013)이 발표불안
이 높은 대학생을 대상으로 수용전념치료 프로그램을 개발하였다. 이 프로그램
은 총 8회기로 구성되어 있으며, 수용전념치료의 여섯 가지 요소 중 인지적 탈
융합 기법 중심으로 구성되어 있다. 즉, 인지적 탈융합을 통해 역기능적 인지의
영향력을 감소시킴으로써 발표불안을 감소시키고 발표 효능감을 향상시키도
하였다. 자세한 것은 〈표 12-7〉과 같다.

ㅇㅇㅇ **표 12-7** 인지행동적 집단상담 프로그램

회기	주제		활동 내용
1	자기소개 및 훈련안내		프로그램의 목적과 규칙 설명
24	인지적 접근	비합리적 사고 분석	• 나의 장점 및 좋아하는 일 찾기 • 발표불안의 의미 알기 • 발표 불안 경험 이야기하기 • 합리적 생각과 비합리적 생각을 설명하고 구분하기 • 비합리적 생각을 분석하기
	행동적 접근	이완 훈련	• 녹음테이프에 따른 이완 훈련 • 훈련자 지시에 따른 이완 훈련 • 자기지시에 따른 이완 훈련
57	인지적 접근	합리적 사고 훈련	• 비합리적 생각을 합리적 생각으로 바꾸기 • 수업시간 또는 그룹 활동 중 발표 경험 나누기 • 합리적 사고와 변화된 행동을 상호 피드백하기
	행동적 접근	체계적 둔감 훈련	• 불안 위계표 작성하기 • 불안 위계 1번 장면 둔감 훈련 • 불안 위계 13번 장면 둔감 훈련 • 불안 위계 46번 둔감 훈련

제13장
특별한 학생에 대한 학습상담

| 유형근 |

학생들의 학업수행 능력에는 개인차가 있다. 즉, 동일한 내용을 동일한 교사에게 배워도 어떤 학생은 매우 빠르게 학습하는가 하면, 어떤 학생은 아주 느리게 학습하기도 한다. 특히 일반 학생과는 다른 특별한 학생은 그들이 가지고 있는 독특한 특성을 제대로 이해하고 그에 맞게 지도하지 못하게 되면 학습과 관련한 여러 문제가 발생하게 되는데, 이를 보여 주는 대표적인 경우가 많은 잠재능력을 가지고 있으나 그것을 제대로 발휘하지 못하여 학습과 관련한 어려움을 겪게 되는 미성취 영재학생과 듣기, 말하기, 읽기, 쓰기, 산수 등의 영역 중 하나이상의 특정 영역에서 심각한 어려움을 겪음으로써 학습상의 문제가 발생하게되는 학습장애 학생들이라고 할 수 있다. 이들은 자신들의 고유한 특성으로 인하여 특유의 상담요구를 갖게 되며, 따라서 이들에 대해서는 정확한 이해를 바탕으로 일반 학생들과는 다른 특별한 상담적 접근을 해야 할 필요가 있다. 따라서 이 장에서는 이렇게 특별한 요구를 지닌 영재와 학습장애 학생의 학습 관련문제를 어떻게 상담할 것인가에 대해 살펴보도록 하겠다.

1. 영재의 학습상담

영재들이 모두 자신의 잠재 능력을 제대로 발휘하며 성공적인 학교생활을 하는 것은 아니다. 이들은 오히려 학교 공부에 지루함을 느끼고 오락에 빠질 수도 있으며 호기심과 탐구심에서 나온 많은 질문 때문에 교사가 귀찮아하는 존재로 전락하여 학교를 싫어하게 되는 경우도 있다. 이렇게 되면 학습동기와 의욕이 떨어져 결국 미성취 영재로 전락하게 되고 자신에 대한 부정적인 자아상과 학교에 대한 부정적인 태도를 보이게 되면서 자신의 잠재 능력을 제대로 펼칠 수 없게 된다. 이 절에서는 이러한 미성취 영재를 어떻게 상담할 것인가에 대해 함께 살펴보도록 하겠다.

1) 영재의 이해

영재의 학습 문제를 잘 이해하기 위해서는 영재와 미성취 영재란 무엇인가와 미성취 영재의 판별 방법 등에 대해 정확히 이해할 필요가 있다.

(1) 영재의 개념

영재의 기준은 시대와 함께 변화하며 학자의 관점에 따라 다양하게 정의될 수 있다. 특히 영재에 대해 관심을 갖기 시작한 초기에는 주로 지적인 능력(IQ)을 중심으로 정의를 하였으나, 시대가 변함에 따라 고려해야 할 요소가 더 많아야 한다는 주장이 설득력을 얻고 있다. 영재에 대한 정의가 시작된 초기에 터먼(Terman, 1925)이 발표한 영재 종단 연구에서는 지능을 강조하였으나, 그 이후에 영재는 지적인 능력뿐 아니라 다양한 능력범주(예: 지적인 기능, 창의성, 지도력, 예술성, 학업성취도, 과제 집중력 등) 중 하나 또는 그 이상의 범주에서 일정 수준 이상의 백분위 점수에 속하는 사람을 일컫는 개념으로 바뀌었다(김동일 외, 2003 재인용). 1950년대 말부터 길포드(Guilford)나 토랜스(Torrance)와 같이 창의성을 연구하는 학자들에 의해 지능의 다양한 측면과 창의성의 개념을 발달시켜 영재아의 개념을 확장시켰다. 그 결과, 말랜드(Marland, 1972)의 보고서 이후 미국 교육부는 영재를 '뛰어난 능력을 갖고 있어서 높은 성취를 보일 가능성이 있는 자로서, 자신과 사회에 기여하기 위해서 정규학교가 제공하는 것 이상의 특별한 교육 프로그램이나 도움을 필요로 하는 사람'이라고 정의하였다. 렌줄리(Renzulli, 1986)는 평균 이상의 높은 능력과 높은 과제 집착력, 창의성이라는 세 가지 요인을 공유해야 영재라는 3고리 모형을 주장하여 지적 능력과 창의성뿐만 아니라 과제 집착력과 같은 성격적인 요인이 영재의 성취에 매우 중요하다는 점을 강조하고 있다. 영재 교육 연구가들은 지적인 특성뿐 아니라 심리적·사회적·동기적 특성까지 영재성의 정의에 포함하고 있다.

(2) 미성취 영재의 개념

일반적으로 '영재'란 다른 사람들보다 높은 지적인 능력을 지닌 사람이고 이들은 원래 타고난 능력이 뛰어나기 때문에 특별히 교육을 시키지 않아도 재능을 발휘한다고 생각하기 쉽다. 그러나 조기에 발견되어 외부의 적절한 자극과 도움을 받지 못한 재능은 쉽게 사라질 수 있을 뿐만 아니라 영재성을 가진 아이들의 특별한 재능이나 특성을 이해하지 못하고 오랫동안 방치하게 되면 학교에서 부적응아로 전락하게 되며 문제아로 인식되게 된다.

미국에서 이뤄진 연구 보고에 따르면, 고등학교를 중퇴하는 학생 가운데 10~20%가 검증받은 영재 범위에 속하며, 영재의 20% 정도가 미성취 영재로 추정된다. 확인된 영재 가운데 15~40%가 학교에서 실패할 위험이 있거나 심각한 미성취 상태인 것으로 조사된 연구결과도 있다. 더욱 중요한 사실은 이러한 영재가 겪는 어려움은 개인적으로 능력을 제대로 발휘하지 못하는 차원을 넘어 국가적 차원에서도 커다란 손실을 초래하고 있다는 것이다.

데이비스와 림(Davis & Rimm, 1989)은 '미성취란 성취 능력지수 또는 지능지수와 학생의 수행 능력 또는 성취도 사이의 불일치를 의미하는 용어로, 미성취 영재는 지적으로 우수하나 자신의 능력만큼 학교에서 학업을 수행해 나가지 못하는 영재를 말한다.'고 정의하였다. 갤러거(Gallagher, 1991) 역시 '미성취 영재란 잠재 능력과 학업성취가 서로 일치하지 않는 영재'라고 정의하였다. 라이스와 맥코치(Reis & McCoach, 2000)는 미성취 영재에 대한 해석이 다양한 관점에서 이루어지고 있음을 고려하여, 미성취 영재에 대한 학자들의 정의를 잠재력과 수행 간의 불일치, IQ와 능력 검사 점수 간의 불일치, 예측된 성취와 실제적 성취 간의 불일치 등으로 분류하여 제시하였다(송수지, 2004).

(3) 미성취 영재의 판별

영재의 판별에 있어 인지 능력 외에도 창의성, 과제 집착력 등이 중요한 특성이므로 이들을 적절히 판단하기 위해서는 표준화된 지능검사만으로는 부족하다. 창의성을 비롯한 다양한 특성들에 대한 검사가 필요하며, 이러한 판별은 판별 자체가 목적이 아니라 그에 적절한 교육을 제공하는 것이 목적이므로 영재의 특성들을 최대한 파악할 수 있는 판별도구의 사용이 중요하다.

미성취 영재를 판별하기 위해서는 먼저 영재성검사를 실시한 다음 학업성취도를 파악해야 한다. 그러나 영재의 판별은 영재를 어떤 사람으로 보느냐에 따라 달라지며, 따라서 영재의 정의가 다양한 만큼 영재의 판별 방법 또한 다양하다(이현주, 신종호, 2009). 이러한 선행연구들을 종합하여 판별 방법들을 제시하고 각 방법들의 장점과 단점을 정리하여 제시하면 〈표 13-1〉과 같다.

이상과 같이 영재의 판별은 그 방법이 다양하고, 각각의 방법은 장단점이 있다. 그래서 최근에는 한 가지 방법으로 영재를 판별하는 것을 지양하고 몇 개의 방법을 통해 종합적이고 다단계적으로 판별하려는 경향이 있다. 렌줄리(Renzulli, 2004)의 재능 풀(talented pool)도 영재가 판별에서 탈락되는 위험을 최소화하기 위하여 다단계에 걸쳐 다양한 방법으로 판별할 것을 강조한다. 그의 5단계는 표준화 점수에 따른 선발(15~20%), 교사 추천(창의성, 과제 집착력, 독특한 흥미), 대안적인 선발(부모 추천, 또래 추천, 창의성검사, 자기추천, 산출물 평가), 특별 추천(전년도 담임 추천), 추가 선발(학급에서의 심화 활동 정보)의 과정을 거치는데, 이중 특별 추천과 추가 선발은 영재 발굴의 안전장치로 작용하여 영재의

○○○ **표 13-1** 영재 판별 방법과 각각의 장단점

방법	장점	단점
개인지능 검사	검사 과정에서 나타나는 영재의 집중도, 수행 태도, 실패 시 반응 등을 관찰할 수 있음	• 일반지능 이외의 다른 지능을 가진 영재를 판별하지 못함
성취도검사	특정한 학업적성 및 수행 관련 정보를 활용할 수 있음	• 난이도가 낮아 고도 영재의 판별이 어려움
창의성검사	일반지능으로 측정할 수 없는 창의적 재능을 판별할 수 있음	
교사 추천	교사가 학교생활에서 관찰한 다양한 정보를 활용할 수 있음	• 신뢰도와 타당도가 낮음
부모 추천	부모가 가정생활에서 관찰한 다양한 정보를 활용할 수 있음	• 객관성이 낮음
또래 추천	부모나 교사가 모르는 다양한 정보를 활용할 수 있음	• 평가 특성, 학년 수준, 질문 방법 등에 따라 달라짐
자기 추천	타인의 관찰이나 일반 검사에서 잘 드러나지 않는 정보를 활용할 수 있음	• 고등학생부터 적용 가능

누락을 막는 데 그 목적이 있다.

우리나라도 다양한 방법으로 영재를 판별하고 있는데, 각 영재교육 기관별로 교육의 목적과 프로그램의 성격에 따라 판별의 내용과 절차가 달리 구성되어 있다. 한국교육개발원의 경우 교사 추천, 영재성검사, 학문적성검사, 면접이라는 4단계 판별이 이루어지고 있다. 또 교육청의 판별 과정도 학교장 추천, 창의적 문제해결검사(지능검사, 창의성검사, 표현능력소양검사), 과제수행 능력검사(잠재 능력검사, 문제해결이나 완성작품에 대한 관찰평가), 심층 면접이라는 4단계로 이루어지며, 영재성의 분야에 따라 평가의 내용이 달라진다(정순이, 2010).

미성취 영재를 판별하기 위한 영재성검사가 완료되어 영재성이 확인되면 이렇게 판별된 영재들의 실제 학업 수행 능력을 측정하기 위해서 학업성취검사 등을 사용하여 그들의 능력에 비해 학업성취도가 현저히 떨어지는 학생들을 미성취 영재로 판별한다.

2) 미성취 영재의 특성과 상담 요구

영재들도 다른 학생들과 같은 상담에 대한 요구를 가지고 있으며 거기에 더하여 그들의 영재성에서 기인하는 몇 가지 특수한 요구들이 추가된다. 장애가 있는 학생들이 그들의 능력을 충분히 발휘할 수 있도록 조력하기 위해서는 그들의 추가적인 요구들이 반영되어야 하는 것과 마찬가지로, 미성취 영재들에게도 그들의 영재성에 적합한 상담 요구가 반영될 필요가 있다. 이러한 미성취 영재의 상담 요구에 대해서는 개인특성, 가정환경, 학교 적응의 영역으로 나누어 고찰할 것이다.

(1) 개인특성

영재의 개인특성은 발달적 · 인지적 · 정서적 특성으로 분류할 수 있으며 이러한 특성들을 바탕으로 추출한 상담 요구는 다음과 같다.

첫째, 영재는 자신의 빠른 지적 성장에 비해 신체적 · 정서적 · 사회적 성장이 상대적으로 늦은 비동시성에서 기인하는 부담과 스트레스에 적절히 대처하지 못할 경우에 미성취 영재가 될 가능성이 높다(Webb, 1993). 이로 인한 상담 요구를 제시하면 다음과 같다. 우선, 영재에게는 자신의 영재성과 그것이 자신의 삶에 미치는 긍정적 · 부정적인 측면에 대한 충분한 이해가 필요하며 자신과 다른 친구들과의 차이점과 유사점을 이해하여 차이점을 인정하고 수용할 수 있어야 한다. 영재의 부모나 교사 역시 영재가 지적 측면 이외의 영역에서도 뛰어날 것이라는 기대를 합리적으로 수정할 필요가 있다. 이는 영재에게 심한 스트레스와 부담을 주어 부적응 및 미성취의 원인으로 작용할 수 있기 때문이다.

둘째, 영재의 다재능성에서 기인하는 상담 요구이다. 영재가 여러 영역에 대한 재능을 갖고 있을 경우 오히려 한 영역에 깊게 집중하지 못하게 됨으로써 미성취 영재가 될 가능성이 있다. 이러한 미성취 영재는 자신의 능력, 흥미, 적성에 맞는 진로 및 직업 선택에 어려움을 겪는다(윤여홍, 1996). 또한 진로결정을 한 이후에는 한 가지 영역에만 집중해야 하므로 여타 영역에서 능력을 활용하고

픈 욕구를 충족시키지 못하게 되어 우울이나 불안감을 겪게 된다.

셋째, 높은 지적 능력에서 기인하는 상담 요구이다. 영재는 높은 지적 능력을 소유하여 예리한 통찰력을 지니고 있어 종종 타인의 생각이나 행동에 대한 잘잘못을 평가하거나 판단하게 된다. 따라서 타인의 감정을 헤아리지 못하고 상하게 할 수도 있으며, 이는 타인들과의 관계에서 어려움을 초래하게 되어 부적응과 미성취의 원인이 될 수 있다. 또한 영재는 창의성이 높고 호기심이 많아서 학교에서의 정형화된 수업 과제에 반발하거나 교사의 가이드라인을 넘어서는 학습 활동을 수행함으로써 교사와의 갈등은 물론 학교에 대한 부정적인 태도를 갖게 될 가능성이 높다.

넷째, 정서적 민감성과 강렬함에서 기인하는 상담 요구이다. 영재가 주변의 자극에 지나치게 과민한 반응을 보이고 자기조절 능력이 부족하며 공격성, 충동성, 과잉행동성 등이 나타나 사회성이 심각하게 훼손되는 경우에 미성취 영재가 될 수 있다. 특히 이러한 특성으로 인해 또래들과의 관계가 악화되어 집단따돌림이나 학교폭력의 피해자나 가해자가 될 수도 있으며 교사나 학교로부터 문제학생으로 낙인찍힐 가능성이 높다.

다섯째, 완벽주의 특성에서 기인하는 상담 요구이다. 영재가 자신의 능력 이상의 비현실적 목표를 설정하여 시간과 에너지를 과다하게 소모하면 실패를 경험하게 되고, 이것이 반복되면 실패에 대한 과도한 염려와 우울, 성공 여부에 대한 과도한 불안에 빠지게 된다(Hewitt & Flett, 1993). 이는 또한 자신에 대한 부적절하고 과도한 비판을 낳게 되고, 이상적 자아와 실제적 자아 사이의 불일치가 커지는 원인이 되며, 기대를 충족시키지 못한 자신에게 분노와 실망을 갖게 할 수도 있다. 이러한 자기비판과 우울증이 심해지면 자살로 이어지기도 한다(Adderholdt-Elliott, 1987). 완벽주의와 높은 이상주의는 반복적인 실패를 낳고 자신의 능력에 비해 낮은 목표를 설정함으로써 실패만을 회피하려는 양상으로 나타나거나 무기력증으로 나타나며 결국 부정적인 자아개념을 낳게 된다.

(2) 가정환경

미성취 영재의 발생 요인 중 가정환경 변인으로는 부모의 양육방식, 부모의 기대, 형제관계 등이 있다. 이를 바탕으로 가정환경 변인에서 기인하는 미성취 영재의 상담 요구는 다음과 같다.

첫째, 부모의 영재성에 대한 이해 부족에서 기인하는 상담 요구이다. 즉, 영재의 부모가 자녀의 영재성에 맞는 자녀교육 및 지도 방법에 대해서 잘 알지 못하여 그들을 어떻게 교육해야 할지 불안해하고(Rimm, 1995), 영재 자녀에 대한 적절한 이해, 지지, 격려 등을 제공하지 못함으로써 미성취 영재를 낳는 원인을 제공하기도 한다.

둘째, 부모의 권위적이고 일관성 없는 양육방식에서 기인하는 상담 요구이다. 자녀의 영재성을 제대로 이해하지 못한 부모의 경우 적절한 양육을 하지 못하고 권위적이고 지배적인 방식으로 양육하거나 무관심할 경우가 발생하며, 이는 영재 자녀에게 많은 혼란을 불러일으켜 부적응을 유발할 수 있다.

셋째, 부모의 과도한 기대나 무관심, 대화 부족 등에서 기인하는 상담 요구이다. 자녀의 재능을 고려치 않은 부모의 과도한 교육열망과 성취기대가 있을 때(Rimm, 1995), 자녀의 성공을 통한 대리만족을 추구할 때, 높은 성취를 이룬 사람만을 영재로 볼 때(Rimm, 1995), 부모-자녀 관계는 힘겨루기로 나타날 수 있으며 자녀의 미성취 현상을 낳기도 한다. 또한 능력과 성취에 대한 지나친 강조는 개인의 정서 및 사회적 특성을 억제시키고, 그 결과 대인관계에서의 어려움을 증가시키며 지적 성취 이외의 것에 가치를 두지 못하게 한다.

넷째, 형제관계에서 기인하는 상담 요구이다. 영재 학생에 대한 부모의 관심집중은 일반 형제들의 질시와 소외는 물론, 나아가서 갈등을 유발할 수도 있다. 이러한 형제들 간의 갈등이 심화되면 영재는 적응의 한 방식으로 자신의 영재성을 감추려는 행동양상을 보이기도 한다. 또한 영재 자녀에게만 너무 초점을 맞추면, 가족 내에서 영재 자녀의 심리적 위치가 상대적으로 높아지기 때문에, 영재는 응석받이나 자기중심적인 행동을 하게 되어 사회성의 문제를 유발할 수도 있다. 반면에, 영재 형제를 둔 일반 자녀들은 능력 면에서 상대적으로 과소평가를 받기도 하고 스스로 위축되기도 하며 자신의 한계를 미리부터 제한하는 경향을 보인다.

(3) 학교 적응

최근 학교 문제로 인해 심리치료를 받는 사례들이 점차 많아지면서 미성취 영재의 학교환경에 관심을 갖게 되었으며, 나아가 학교환경의 변화를 강조하는 초기 개입이 문제발생 이후에 실패 패턴을 바꾸려는 상담보다 효과가 있을 것이라는 제안이 설득력을 갖게 되었다(Whitmore, 1980). 이후, 점차 영재의 미성취에 영향을 미치는 학교환경 내의 많은 요소들이 연구의 초점이 되었다.

미성취 영재의 발생 요인 중 학교 적응과 관련된 변인으로는 획일적인 학교환경, 지적인 자극의 결여, 교사의 지나친 순응 강조, 또래와의 원만하지 못한 관계 등을 들 수 있다. 이를 바탕으로 학교 적응 변인에서 기인하는 미성취 영재의 상담 요구를 제시하면 다음과 같다.

첫째, 학교환경에서 기인하는 상담 요구이다. 영재의 독특한 인지 능력은 일반 학생들과는 다른 교육 경험을 필요로 하나, 나이에 따른 학년 배정, 획일적인 교과과정과 과제, 학습자 개인차를 고려하지 않은 정형화된 교수-학습 방법 등의 교육환경은 영재를 딜레마에 빠지게 만든다(Freeman, 1985). 이렇듯 학생의 욕구와 학교환경 사이의 불일치는 영재의 미성취 문제를 야기한다(Whitmore, 1980).

둘째, 지적인 자극의 결여에서 기인하는 상담 요구이다. 영재에게 있어 미성취 현상을 초래하는 가장 큰 원인은 지적인 자극의 결여이며, 영재의 지적인 욕구가 충족되지 않으면 학교 수업에 대해 지루함을 느끼게 되어 미성취 영재가 될 수 있다(Heinemann, 1977). 현재 영재교육을 위해 월반, 속진제, 조기입학제도 등을 시행하고 있으나, 평준화된 교육과정, 반복 학습, 동일하게 제공되는 학습 지도 형태, 모든 영역에서 우수함을 요구하는 교육제도, 교과에서의 수준을 무시한 일방적인 수업 등은 대체로 영재의 도전 욕구와 지적 욕구를 채워 주지 못하고 있다. 또한 수업에서 영재들의 창의적인 활동을 격려하지 않고 보상해 주지 않는 것이 곧 미성취 영재를 만들며 창의적인 활동을 보상해 주지 못할 경우, 사회적·정서적·인지적 문제를 유발한다(Whitmore, 1980).

셋째, 교사의 지나친 순응강조에서 기인하는 상담 요구이다. 즉, 교실에서 교사가 순응을 지나치게 강조하기 때문에 영재가 자신의 역량을 발휘하지 못하고 성취도가 떨어진다는 결과도 있다(Whitmore, 1980). 영재는 호기심이 많고 독창적이며 도전적인 과제를 선호하는데, 교사들이 지나치게 권위적이어서 일방적으로 지시를 하고 순응하기만을 강조하게 되면 교사에게 적대감을 갖게 되고 학습동기가 떨어지며 학습에 있어서도 학교수업에 대한 기대를 하지 않게 되고 결국은 학교에 대한 부정적인 태도를 갖게 된다는 것이다.

넷째, 또래와의 원만하지 못한 교우관계에서 기인하는 상담 요구이다. 여러 연구결과들을 종합해 보면, 또래에게 인정받지 못하거나 인기가 없는 것도 미성취에 영향을 미친다(Butler-Por, 1987; Coleman, 1961; Morrow & Wilson, 1961; Tannenbaum, 1962; Zilli, 1971). 즉, 뛰어난 지적 능력으로 또래 친구와는 수준이 맞지 않으므로 수준이 맞는 나이 많은 사람들과 어울리려 하나 이것이 쉽지 않아 좌절하기가 쉽다. 결국 이들은 양측의 어느 곳에도 속할 수 없는 중간자적인 애매한 위치에 있어 아무 곳에서도 소속감을 얻지 못하므로 소외감을 느끼게 되며 결국 외톨이가 되어 학교생활에 적응하기가 어려워지게 된다.

지금까지 미성취 영재의 상담 요구와 전문상담교사의 역할들을 제시하였다. 이러한 전문상담교사의 역할은 미성취 영재, 학부모, 교사, 학교 등과 같은 다양한 주체들에게 동시적으로 개입해야 하는 것이며, 이러한 개입들은 상호 연계와 협력을 통해 제공되어야 그 효과가 극대화될 수 있다.

3) 미성취 영재에 대한 상담 방법

영재들에게는 그들만의 특성들이 있다. 이러한 특성들은 그들에게 약이 되기도 하지만 그들이 생활해 나가는 데 독으로 작용하는 경우도 종종 발생한다. 따라서 학교의 교사나 학부모들은 이러한 영재들의 고유한 특성들이 약으로 작용할 수 있도록 예방할 필요가 있으며 혹시나 독으로 작용하는 경우에도 이를 효과적으로 지도해야 한다.

(1) 미성취 영재의 예방 방안

영재들의 독특한 특성이 독으로 작용함으로써 영재들이 미성취 영재로 전락하는 것을 예방할 수 있는 방안을 마련하기 위해서는 영재들이 가지는 고유한 특성을 살펴보고 이것들이 독으로 작용하지 않도록 조력하는 방법들을 검토할 필요가 있다. 이를 정리하면 다음과 같다.

첫째, 영재는 자신의 빠른 지적 성장에 비해 신체적 · 정서적 · 사회적 성장이 상대적으로 늦은 비동시성에서 기인하는 부담과 스트레스에 적절히 대처하지 못할 경우에 미성취 영재가 될 가능성이 높다(Webb, 1993). 이러한 비동시성 때문에 상담교사는 미성취 영재를 대상으로 자신이 가지고 있는 지적 차이의 본질과 중요성을 인식하고 그에 수반하는 열등감이나 부적합한 감정을 다루어 학교생활에 적응하고 궁극적으로 학업적인 성취를 이룰 수 있도록 도와줄 필요가 있다. 이를 위해서는 미성취 영재의 자기이해, 스트레스 대처 훈련 등을 목표로 하는 집단상담 프로그램을 개발하여 적용해야 한다. 또한 부모나 교사들을 대상으로 미성취 영재들의 영재성과 그로 인해 발현될 수 있는 긍정적 · 부정적 특징을 정확히 이해시키며 합리적인 기대를 가지고 많은 격려를 하도록 함으로써 미성취 영재들의 적응을 도와 학업성취를 이룰 수 있도록 부모 교육이나 교사 직무연수를 실시할 필요가 있다.

둘째, 영재는 여러 영역에 재능이 있어 한 영역에 깊게 집중하지 못하기 때문에 미성취 영재가 될 가능성이 있다. 게다가 진로결정을 한 이후에는 한 가지 영역에만 집중해야 함으로써 여타 영역에서의 능력을 활용하려는 욕구를 충족시키지 못하여 우울이나 불안감을 겪게 된다. 이때 상담교사는 미성취 영재의 능력, 흥미, 적성 등을 객관적으로 파악함으로써 자신을 명확히 이해하게 하고 그 아이들이 원하는 직업에 대한 정보를 충분히 제공함으로써 스스로에게 가장 적합한 진로를 탐색하고 준비하고 결정할 수 있도록 돕는 진로상담을 실시해야 한다. 아울러 진로가 명확히 결정된 이후에는 그들이 가지고 있는 다양한 재능을 살리기 위해 다양한 취미 활동이나 특기적성 활동을 할 수 있도록 도와 미성취 영재들의 잠재적인 욕구들을 해소시킴으로써 우울이나 불안감을 해소시킬 필요가 있다.

셋째, 영재는 주변의 자극에 지나치게 과민한 반응을 보이고 자기조절 능력이 부족하며 공격성, 충동성, 과잉행동성 등이 나타나 사회성이 심각하게 훼손되는 경우에 미성취 영재가 될 수 있다. 특히 이러한 특성으로 인해 또래들과의 관계가 악화되어 집단따돌림이나 학교폭력의 피해자나 가해자가 될 수도 있으며 교사나 학교로부터 문제 학생으로 낙인찍힐 가능성이 높다. 상담교사는 미성취 영재에게는 자신의 사고, 감정, 행동을 체계적으로 관리하는 능력을 키워 주는 자기조절 훈련이나 분노조절 훈련 프로그램, 교우관계를 향상시키는 사회성 증진 프로그램을 개발하여 적용할 필요가 있다.

넷째, 영재는 자신의 능력 이상의 비현실적 목표를 설정하여 시간과 에너지를 과다하게 소모하면 실패를 경험하게 되고, 이것이 반복되면 실패에 대한 과도한 염려와 우울, 성공 여부에 대한 과도한 불안에 빠지게 된다(Hewitt & Flett, 1993). 이는 또한 자신에 대한 부적절하고 과도한 비판을 낳게 되고, 이상적 자아와 실제적 자아 사이의 불일치가 커지게 만들며, 기대를 충족시키지 못한 자신에게 분노와 실망을 갖게 할 수도 있다. 이러한 자기비판과 우울증이 심해지면 자살로 이어지기도 한다(Adderholdt-Elliott, 1987). 완벽주의와 높은 이상주의는 반복적인 실패를 낳고, 자신의 능력에 비해 낮은 목표를 설정함으로써 실패만을 회피하려는 양상 또는 무기력증을 초래하여 결국 부정적인 자아개념을 낳게 된다. 이때 상담교사는 개인상담과 심리검사를 통하여 자신의 능력을 객관적으로 파악하여 비현실적으로 높거나 낮은 목표를 수정하고 현실적이고 적절히 도전적인 목표를 설정할 수 있도록 도와줌으로써 성공 경험을 통해 '나도 할 수 있다.'는 자신감을 고취시킬 필요가 있다. 다양한 타인과 상호작용할 기회가 많은 다양한 집단상담에 참여할 수 있는 기회를 제공함으로써 자신과 타인은 다르며, 따라서 모든 사람이 나의 기준에 맞추어 행동할 수 없음을 인식하고 수용할 수 있도록 도울 필요가 있다.

(2) 미성취 영재에 대한 상담 전략

본 절에서는 미성취 영재를 포함한 부적응 영재의 상담을 위해 맞춤식으로 개발한 영재상담 모형(정순이, 2010)을 중심으로 상담 과정에 대하여 살펴보도록 하겠다. 이 모형에서는 영재상담의 방향을 다음과 같이 제시하고 이를 바탕으로 영재상담 모형을 제시하였다.

첫째, 영재상담은 인지적 능력이 뛰어난 영재의 특성을 상담 과정 중에 활용하여 행동·정서·인지의 변화를 통해 문제를 해결해야 한다. 둘째, 영재상담은 상담의 과정에서 부모의 역할을 강조한다. 이는 가족 내에서의 영재의 모습과 가족 구성원과 갖는 관계에 대해 정보를 얻을 수 있고, 문제를 발견하고 해결하는 과정에서도 가족의 참여가 필요하기 때문이다. 셋째, 영재상담은 영재의 심리학적 자료를 중시하여 상담 과정에서 상담자는 영재의 심리적 정보를 얻을 수 있을 뿐만 아니라 필요한 경우 재검사를 실시해야 한다. 넷째, 영재상담에서는 가족, 학교, 지역 사회가 중요한 역할을 한다. 따라서 영재가 가지고 있는 문제를 파악하거나 문제의 해결을 위해서 필요한 경우 교사 및 관리자와 협력해야 한다. 다섯째, 영재상담은 영재의 창의성을 주요한 자원으로 활용한다. 창의성은 영재가 보이는 중요한 특성으로서 이를 상담 과정 중에 활용하여 상담의 효과를 높일 수 있기 때문이다.

정순이(2010)는 이렇게 제시한 방향을 토대로 영재상담 모형을 제시하고([그림 13-1]) 상담의 단계, 단계별 목표, 상담자의 역할 및 상담 기법을 정리하였다.

1단계는 사정 단계로서 이 단계의 목표는 영재의 특성을 확인하고 상담관계를 형성하는 데 있다. 상담자가 해야 할 첫 번째 작업은 영재의 발달사와 기존의 심리상태 평가를 위해 학교와 가족을 통해 기존의 심리학적 자료를 수집하는 것이다. 또한 영재로서 판별된 과정의 자료를 점검한다. 이 단계의 두 번째 목표는 상담관계를 형성하는 것이다. 영재들은 개인 심리검사의 결과에 대한 기대

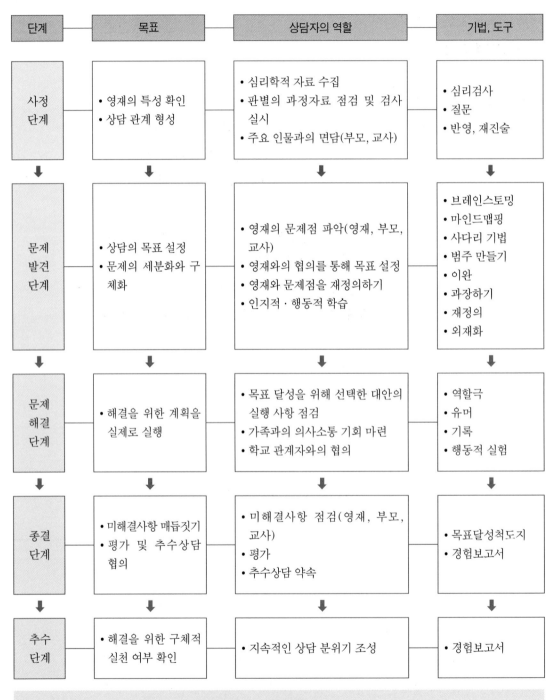

[그림 13-1] 영재상담 모형

나 두려움으로 긴장할 수 있고, 또 정서적 민감함과 과흥분성이라는 영재들만의 독특한 특성 때문에 상담자의 반응이나 태도에 대해서도 민감하게 반응할 수 있다(Silverman, 2008). 따라서 상담자는 진실한 태도로 학생의 이야기에 적극적으로 경청하고 공감해 주어 상담 분위기 조성에 힘써야 한다.

사정 단계에서 영재의 욕구 및 능력을 확인하기 위해 이용되는 도구와 기법은 다음과 같다. 첫째, 영재판별의 과정에 대한 검토 결과 필요하다면 대상자에 대한 보다 정확한 판별을 위해 개인지능검사를 실시한다. 둘째, 영재가 부모와 문제가 있을 경우 상담자는 영재와 학부모에게 성격검사를 실시하여 서로 상대방의 성격 유형에 대해 알아보고 왜 의사소통에 어려움이 있는지, 의사결정과 행동에 있어서 왜 차이가 나는지를 이해하는 계기로 삼을 수 있다(Myers & McCaulley, 1985). 셋째, 이 단계에서 상담자는 영재의 욕구를 알아내기 위해서 구체적인 질문을 사용할 수 있으며 영재의 이야기에 귀를 기울이고, 반영, 재진술 등의 기법을 사용하여 상담자가 공감하고 있음을 영재가 느끼도록 하여 상담의 분위기를 형성한다.

2단계는 문제발견 단계로서 이 단계의 목표는 상담목표 설정과 문제를 세분화하고 구체화하는 데 있다. 상담자는 우선 사정 단계에서 수집된 자료에 근거하여 영재의 강점을 살려 이를 자원으로 하여 문제점을 파악하도록 한다. 이때 무엇이 문제인지와 상담의 목표를 영재와 협의해야 한다. 문제를 발견하는 중에 영재의 가족과 교사와의 면담도 필요하다. 이는 영재가 주변의 기대에 의해 부담을 갖기 쉽고(Silverman, 2008), 이로 인해 문제가 발생할 수도 있기 때문이다. 문제발견 단계에서 상담목표 설정과 문제를 세분화하고 구체화하기 위해 활용되는 도구와 기법으로는 브레인스토밍 기법, 마인드맵핑 기법, 사다리 기법, 비판적 사고를 요하는 범주 만들기, 이완 기법, 과장 기법 등이 있다.

3단계는 문제해결 단계로서 이 단계의 목표는 문제해결을 위한 계획을 직접 실행에 옮기는 것이다. 상담자는 영재가 목표달성을 위해서 합의한 대안을 실행하도록 지속적으로 점검하고 격려하여 문제를 해결하도록 도와야 한다. 또한 영재들의 높은 지적 호기심을 이용하여 자신을 실험대상으로 관찰하게 하고 행동적 실험을 하게 함으로써 상담에 보다 적극적으로 참여하게 한다(Silverman, 2008). 문제해결 단계에서 상담자가 해야 할 또 다른 역할은 학교관계자와 협의하는 일이다. 학교는 가장 대표적이고 공식적인 교육기관으로서, 영재에게 최적의 환경이 될 수도 있고, 영재의 능력이나 흥미에 부합하는 조건을 만들지 못해서 오히려 영재에게 고통만 주는 기관이 될 수도 있다. 따라서 상담자는 학교 교육과정이 영재에게 적절하지 못할 경우 교사·관리자와 협력하여 영재학생에게 질적으로 차별화된 교육과정을 제공하도록 노력해야 한다. 이를 위해 상담자는 관리자에게 영재들의 요구를 설명하고 이해시키는 역할도 해야 하고, 부모와 학교가 영재의 교육적 요구에 대해 서로 다른 견해를 가지고 있을 때 중재자로서의 역할도 해야 한다. 이러한 여러 가지 활동을 위하여 상담자는 학교관계자와 협력체계를 마련해야 한다.

문제해결 단계에서 문제해결 계획을 직접 실행에 옮기기 위해 활용되는 도구와 기법으로는 유머 기법, 역할극, 체계적 감감법이나 홍수법 등의 행동주의 기법, 기록을 통한 자기관찰 기법 등이 있다. 이 단계의 목적은 미해결 사항을 매듭짓고, 전체 상담에 대한 평가와 추수면담에 대한 논의를 하는 것이다. 상담자는 문제를 해결하기 위해서 적용한 결과에 대해 영재 스스로 어떻게 평가하고 있는지를 점검한다. 이때 상담자는 상담에서 해결하고자 했던 목표가 어느 정도 달성되었는지를 평가해 보게 하고, 상담종결의 소감 나누기를 통해 지금까지 진행한 상담에 대한 영재의 느낌을 들어 본다. 이를 통해서 상담자는 영재가 가지고 있는 미해결 과제를 확인할 수 있고, 영재가 이를 어떻게 받아들이고 있는지를 점검한다. 그리고 상담 후 2~3주 후에 추수면담을 하겠다는 약속을 하면서 종결 단계를 마친다.

종결 단계에서 미해결 과제를 탐색하기 위해서 사용될 수 있는 도구와 기법은 다음과 같다. 첫째, 목표 달성도를 평가하는 질문지를 만들어 활용할 수 있다. 둘째, '우리가 상담에서 다루었으면 좋았겠다 싶은 것이 있으면 말해 줄래?' 등의 질문으로 영재의 미해결 과제를 점검한다. 셋째, 경험보고서를 작성하게 하고 상담종결의 소감을 표현하게 한다. 이때 상담자는 영재에게 스스로의 능력을 강화하도록 긍정적인 피드백을 주는 것이 좋다.

추수 단계의 목표는 해결을 위한 구체적인 실천을 했는지를 확인하는 것이다. 상담자는 이 과정을 통해 상담이 종결된 후에 영재가 시도하고 있는 변화에 대해 강화시켜 줄 필요가 있다. 또한 영재가 약속에 대한 책임감을 갖고, 지속적으로 노력할 수 있도록 상담자가 자신에 대해 관심을 갖고 있다는 것을 보여 주는 기회가 된다. 또 상담 종결 후 영재에게 새로운 문제가 발생하였거나 상담했던 문제가 재발했을 경우도 있기 때문에 추수 단계가 중요하다. 또한 상담자의 입장에서는 상담의 효과를 확인하는 기회가 된다.

추수 단계에서는 종결 이후에 자신의 경험과 변화에 대한 경험보고서를 작성하게 한다. 이로써 영재가 자각하는 자신의 모습을 표현해 보게 하여 긍정적인 점을 강화시키고, 필요하면 부정적인 점에 대해서 다시 상담을 할 수 있다.

2. 학습장애 학생의 학습상담

학습장애를 가지고 있는 학생을 효율적으로 상담하기 위해서는 학습장애란 무엇이고, 왜 발생하며, 그들이 겪게 되는 문제는 무엇이고 상담 방법은 무엇인가 등을 알 필요가 있다. 이에 대해 좀 더 구체적으로 살펴보면 다음과 같다.

1) 학습장애의 이해

흔히 학습장애는 학생들이 학습에서 겪는 어려움을 총칭하기도 하며 학습장애 외에도 학습부진이나 학습지체 등과 같은 용어와 혼용해서 쓰기도 한다. 그러나 학습장애는 학습부진이나 학습지체와는 엄밀하게 구분되는 용어이다.

학습장애(learning disorder)라는 용어는 1960년대 초반에 처음으로 제안되었으며, 그 이후로 비교적 정상적인 지적 기능을 지니고 있으나 학습상의 문제를 지닌 학생들을 지칭하는 용어로 사용되어 왔다. 또 DSM-5에 의한 학습장애의 정의는 읽기, 산수, 쓰기를 평가하기 위해 개별적으로 시행된 표준화 검사에서 나이, 학교교육, 지능 등에 비해 기대되는 수준보다 성적이 현저하게 낮은 상태를 의미한다. 아울러 이러한 학습의 문제가 읽기, 셈하기, 쓰기를 요구하는 학업 성취나 일상생활의 활동을 현저하게 방해할 경우에 진단하고 있다.

이 밖에도 국내외에서 많은 학자들이 학습장애에 관하여 각기 다르게 정의하고 있는데, 이러한 정의들에 나타난 공통적인 요소를 추출하여 정리하면 다음과 같다.

- 듣기, 말하기, 읽기, 쓰기, 산수 등의 영역 중 하나 이상의 특정 영역에서 심각한 어려움을 경험한다.
- 잠재적인 능력과 실제 학업성취도 간의 심한 불일치를 보인다.
- 학업 수행에 있어서 학업 영역 간 성취의 불일치를 보인다.
- 이러한 학습 문제가 환경적인 불이익이나 여타의 장애로 인한 경우는 제외한다.

학습장애는 종종 '학습부진'이나 '학습지체'와 같은 용어와 혼용되고 있으나 이들은 분명히 구분되는 차별화된 용어이다. 즉, 학습장애는 아동기에 읽기, 쓰기, 셈하기와 같은 특정 기능을 맡은 뇌 기능상에 문제가 있어 정상적인 학업성취를 이루지 못하는 것을 의미하는 반면, 학습부진은 정상적인 지적 능력을 가지고 있으나 전학, 가정불화 등과 같은 사회 환경적 요인과 불안이나 우울과 같은 정서적 요인에 의해 학업이 떨어지는 것을 의미한다. 학습지체란 평균 이하 또는 경계선 지능 정도의 지적 수준을 지닌 학생이 지적 잠재력의 부족으로 인하여 학습에 어려움을 겪는 것을 의미한다. 이를 도표로 제시하면 〈표 13-2〉와 같다(김영숙, 윤여홍, 2010).

ooo **표 13-2** 학습장애, 학습부진, 학습지체의 구분

정의	지능 수준	원인
학습장애(learning disorder)	정상 지능 이상	생물학적 요인
학습부진(learning problems)	정상 지능 이상	심리적 · 환경적 요인
학습지체(learning difficulties)	평균 이하~경계선 지능	지적 잠재력 부족

2) 학습장애 학생의 특성

학습장애 학생의 특성에 관한 여러 선행연구들을 종합해 보면 대략적으로 인지적 특성, 정서적 특성, 행동적 특성이라는 세 가지 특성으로 정리할 수 있다. 먼저 인지적 특성을 살펴보면, 지적 능력은 평균적인 지능을 보이며 주의집중력이 떨어지고 인지처리 과정에 결함을 보인다. 또한 기억 능력이 떨어지고 기억력 수행에 있어서도 문제를 보인다. 정서적 특징을 살펴보면, 부정적 자아개념을 가지며 좌절 극복 의지가 약하다. 또한 사회적으로 위축되어 있으며 불안수준이 높고 자기관리 능력이 부족하다. 행동적 특성으로는 충동적 과잉행동의문제를 보이며 협응 능력이 떨어져 동작이 전반적으로 어설프고 부자연스럽다. 또한 시각 및 청각적 정보처리의 문제로 인해 읽거나 쓰기를 하지 못한다.

한편, 이소현과 박은혜(2006)는 학습장애 학생들의 이러한 특성들을 발달 시기에 따라 특징적으로 나타나는 것들을 정리하여 제시했는데, 이를 학교급별로 정리하면 다음과 같다.

- 유치원 시기
  - 주의집중을 하지 못하며, 따라서 지시나 학습일과를 따르지 못한다.
  - 발음 문제를 보이며 적절한 단어를 사용하지 못한다.
  - 단추 잠그기, 지퍼 올리기 등을 어려워한다.
  - 숫자, 낱글자, 요일, 색깔, 모양 등의 학습을 어려워한다.

- 초등학교 저학년 시기
  - 기본적인 단어들을 혼동한다.
  - 읽기와 맞춤법에서 동일한 실수를 지속적으로 반복한다.
  - 시간학습을 어려워한다.
  - 새로운 기술 학습에 오랜 시간을 필요로 한다.
- 초등학교 고학년 및 중학교 시기
  - 맞춤법을 어려워한다.
  - 방, 책상, 노트 등의 정리와 시간관리를 하지 못한다.
  - 숙제를 하지 못한다.
  - 토론을 이해하지 못하고 자신의 생각을 표현하지 못한다.
- 고등학교 시기
  - 동일한 문서 내에서 같은 단어의 맞춤법을 다르게 사용한다.
  - 시험에서 주관식 문제를 어려워한다.
  - 특정 상황에서의 기술을 다른 상황에 응용하지 못한다.
  - 내용의 세부사항을 잘 파악하지 못한다.

3) 학습장애 학생들이 겪는 사회적 · 정서적 문제들

학습장애 학생이 겪는 1차적인 문제가 학업성취와 관련된 어려움에 있음은 당연한 것이나, 이러한 부분을 해결하기 위해서는 교육적인 접근이 주가 되어야 한다. 따라서 상담에 초점을 맞추고 있는 이 책의 특성을 고려할 때 여기에서는 학업적인 문제가 해결되지 않아서 발생하는 2차적인 문제들, 즉 사회적 · 정서적 문제들에 초점을 맞출 필요가 있다.

학습장애 학생은 사회적 · 정서적 측면에서 일반 학생들과 많은 차이를 보인다. 그들은 일반 학생들에 비해 지적 호기심, 흥미, 학습동기에 있어서 결함을 보이며 계속되는 학습실패의 경험으로 인하여 높은 좌절감과 열등감, 부정적 자아개념을 형성하게 된다. 나아가 이러한 문제들은 학습장애 학생들이 정상적인 학교생활을 하는 데 많은 지장을 초래한다. 지금까지의 선행연구들을 정리하여 학습장애 학생들의 사회적 · 정서적인 특징들과 이에 대한 대처 방법을 개략적으로 정리하면 〈표 13-3〉과 같다.

이러한 특성들로 인하여 학습장애를 가진 학생들은 학습된 무기력에 빠질 가능성이 높고(Turnbull et al., 1999), 반복적인 실패를 한 후에 위축되거나 새로운 시도들을 중단할 수도 있으며 종국적으로는 학교를 중퇴할 위험성도 크다. 실제로 학습장애 학생들의 40% 이상이 고등학교를 졸업하지 못하였는데, 이는 일반학생의 25%와 비교할 때 상당히 높은 비율임을 알 수 있다(Barga, 1996).

○○○ **표 13-3** 학습장애 학생들의 사회적 · 정서적 특징 및 대처 방안

사회적 · 정서적 특징	대처 방안
자아개념이 부정확하고, 정교화되어 있지 못하다.	학급 규칙, 일상적인 절차, 교과 수행 기준 등에 대한 조정을 개별화해야 한다.
과제에 대한 잦은 실패로 회피 행동이나 철회, 공격 행동 등을 보인다.	학생에 대한 형성평가와 체계적인 관찰을 통하여 성공 경험을 할 수 있도록 계획해야 한다.
학습 과제 수행 시 충동적으로 반응하는 경우가 많아 잦은 오류를 범한다.	과제물을 매번 검토하여 피드백을 해 주고 학습속도를 조절해야 한다.
또래 및 교사들과의 관계가 원만하지 못해 학교생활에 적응하지 못할 가능성이 높다.	사회적 기술의 부족, 상호작용 기회 부족 등의 잘못된 사회적 행동의 원인을 파악하여 바로잡아 줄 필요가 있다.
학교에서의 성공 시에는 외적 귀인을, 실패 시에는 내적 귀인을 함으로써 무기력에 빠지기 쉽다.	충분한 공감과 더불어 감정개입 없이 과오를 바로잡아 주어야 한다.
과도한 불안으로 인해 과잉행동, 주의산만, 신경과민 등이 유발된다.	공감과 더불어 조력자들이 자기편이라는 것을 인식시킬 필요가 있다.

4) 학습장애 학생에 대한 상담 방법

학습장애 학생들은 그들의 독특한 사회적 · 정서적 경험으로 인해 학교생활

에 부적응을 보일 가능성이 크므로 이들에 대한 전문적이고 체계적인 조력이 요구되는데, 학습장애 학생들에 대한 맞춤식 학습상담 과정과 관련한 국내외의 연구는 거의 초기 단계에 머물고 있는 것이 현실이다. 따라서 기존의 선행연구를 바탕으로, 학습장애 학생에 대한 전문적인 상담조력 방법으로 기초학습 상담, 행동 문제 상담, 학부모 상담 등을 제시하고 살펴보도록 하겠다.

(1) 기초학습 상담

학습장애 학생의 학습상담 효과를 높이기 위해서는 조기발견 및 개입이 무엇보다 중요하다. 이러한 조기개입의 목적은 학업을 효율적으로 수행할 수 있도록 하고 학습장애로 인한 2차적인 정신적 문제를 치료하는 데 있다. 학습장애에 대해 조기개입을 하게 되면 학생의 지적 능력을 향상시키는 계기가 될 수 있으며, 모든 발달 영역(신체, 인지, 언어와 말하기, 심리적 그리고 자조 기술발달)에서 실질적인 도움을 줄 수 있다.

김동일 등(2003)은 학습장애 학생들이 학교생활에서 경험하는 심리적 문제들은 근본적으로 이들이 가지고 있는 심각한 학습결손에서 기인한다고 보았다. 즉, 기본적인 학습기능인 읽기, 쓰기, 셈하기의 심각한 결손과 이로 인한 다른 교과학습의 결손이 학교에서의 부적응을 유발하는 근본 원인이라고 보아 이러한 영역에서 학습장애 학생들이 가지는 학습문제의 해결을 위한 상담개입 방향을 다음과 같이 제시하였다.

첫째, 읽기는 내용학습을 위한 중요한 도구의 역할을 수행하기 때문에 매우 중요한 의미를 갖는다. 이러한 읽기 능력은 크게 문자해독 능력과 독해 능력으로 나누어 볼 수 있는데, 학습장애 학생의 경우 두 기능 모두에 있어 심각한 문제를 보인다. 따라서 이러한 능력을 향상시킬 수 있는 적절한 프로그램을 제공할 필요가 있다. 읽기 활동에 있어서는 글자 그대로 쓰여 있는 내용을 이해하는 것뿐만 아니라, 개인적 경험과 직관을 통해 글 속에 내재해 있는 사건들 간의 관련성을 파악하거나 계속되는 이야기에 대한 가설 형성을 할 수 있는 추론 능력이 중요하므로 상담자는 이러한 능력을 향상시킬 수 있도록 조력해야 한다. 이 과정에서 상담자들은 학습상담 시 충분한 연습과 다양한 적용 경험을 제공함으로써 학습장애 학생들이 필요한 인지 전략들을 자율적으로 일반화하여 적용할 수 있도록 조력해야 한다.

둘째, 쓰기 능력의 향상을 위한 개입은 단계적이고 체계적으로 이루어져야 하는데, 대표적인 쓰기 능력 개선을 위한 개입 방안으로는 기획, 초안 작성, 수정, 편집, 발표 등의 5단계 모형을 들 수 있다(Mercer, 1991). 기획 단계에서는 학생이 어떤 주제로 글을 쓸 것인지를 정하도록 하고 주제를 정한 후에는 글의 목적이나 독자의 특성에 적합한 글의 형식을 선택하도록 지도한다. 초안 작성 단계에서는 글의 전체적 구성을 조직해 보도록 하고, 각 부분별로 내용전달을 위해 사용될 소재의 적합성에 대해 검토해 보도록 한다. 전체적인 글의 구성과 글을 구성할 소재가 결정되면 철자나 문법을 지나치게 의식하지 않는 상황에서 내용에 대한 글쓰기를 시작하도록 지도한다. 수정 단계에서는 먼저 전체적인 글의 구성에 대해 스스로 다시 한번 검토하고, 다른 사람에게도 검토하게 하고 피드백을 받도록 하여 자신의 검토 결과와 다른 사람의 피드백을 근거로 전반적인 글의 조직, 내용의 타당성, 문법적 오류 등에 대한 수정작업을 체계적으로 수행할 수 있도록 지도해야 한다. 편집 단계에서는 철자나 문법의 오류뿐 아니라, 글의 형식에 대한 편집이 이루어지도록 지도할 필요가 있다. 마지막으로, 발표 단계에서 상담자는 학습장애 학생이 자신의 글을 다른 동료, 부모 또는 교사들 앞에서 발표할 수 있는 장을 마련하여 쓰기 활동에 대한 동기를 높이는 데 초점을 맞춘다.

셋째, 셈하기 영역에서 심각한 학습결손을 보이는 학생의 경우 사물의 분류, 계열화, 일대일 대응관계, 보존성 등과 같은 기본적 개념을 파악하는 능력이 부족한 것으로 보고되고 있는데(Mercer, 1991), 이러한 개념들은 수의 이해, 연산, 측정, 집합 등과 관련해 중요한 개념적 역할을 수행한다. 따라서 수학 영역에서 학습장애를 가진 학생들을 대상으로 한 학습상담에서는 학생들이 수학기능을 수행하는 데 근본이 되는 기본개념들을 파악하고 있는지에 대한 평가가 선행되어야 한다. 또한 학습상담 시 상담자는 학습장애 학생이 단순한 반복 연습을 통한 기본기능 학습을 하게 하기보다는 각 기능에 내재해 있는 개념적 이해를 도울 수 있는 방향으로 교육 프로그램을 계획하고 제공할 필요가 있다.

(2) 행동 문제 상담

학습장애 학생을 위한 구체적인 상담 전략으로 가장 자주 활용되는 기법은 행동수정의 방법이다. 여기에서는 콜빈, 슈게이, 패칭(Colvin, Sugai, & Patching, 1993)이 제안한 7단계 행동수정의 단계를 중심으로 상담 전략을 간략히 소개하 도록 하겠다([그림 13-2] 참조).

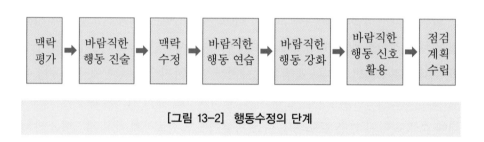

[그림 13-2] 행동수정의 단계

이를 단계별로 살펴보자.

첫 번째 단계는 맥락 평가 단계로, 이는 바람직하지 못한 행동이 발생할 것으로 예측되는 시설, 환경, 상황 등의 맥락을 관찰하여 특정한 상황에서 특정한 실수가 나타나고 있는지 여부를 파악하는 단계이다. 추후에 이를 바탕으로 바람직하지 못한 행동을 유발하는 맥락들을 변경함으로써 그러한 행동을 하지 않도록 할 수 있다.

두 번째 단계는 바람직한 행동 진술 단계로, 상담자는 학생의 바람직하지 못한 행동에 초점을 맞추지 말고 그것을 대체할 수 있는 바람직한 행동을 진술해야 한다. 이를 통해서 학생들이 무엇을 하지 말아야 하는지보다는 무엇을 해야하는지를 파악하게 함으로써 목표를 명확히 인식할 수 있게 한다.

세 번째 단계는 맥락 수정 단계로, 상담자는 학생의 바람직하지 못한 행동이 발생할 수 있는 가능성을 줄이기 위해서 맥락을 수정한다. 맥락 수정이란 자리 이동, 과제 제시 방식의 변화 등과 같은 맥락을 변화시키는 것으로, 학생이 실수할 가능성을 낮추고 바람직한 행동을 할 가능성을 증가시킬 수 있도록 잘 계획해야 한다.

네 번째 단계는 바람직한 행동 연습 단계로, 학생들에게 바람직한 행동을 실제로 연습하게 하거나 인지적으로 상상을 통해 시연해 보도록 하는 단계이다. 이는 학습장애 학생들이 학교 내에서 바람직한 행동을 할 수 있도록 하는 데 있어서 기초가 되는 것으로, 이러한 연습은 바람직한 행동이 실제로 발생할 가능성이 있을 것으로 판단되는 시점의 직전에 실시하는 것이 효과적이다.

다섯 번째 단계는 바람직한 행동 강화 단계이다. 바람직한 행동을 유도하기 위해서는 동기부여를 강하게 할 필요가 있으며, 따라서 학생이 바람직한 행동을 하면 즉시 보상을 주어야 한다. 이러한 보상은 학생들마다 다를 수 있으므로 상담자는 이를 정확하게 파악하여 제공할 필요가 있다.

여섯 번째 단계는 바람직한 행동의 촉진을 위한 신호 활용 단계로, 학습장애 학생들은 바람직한 행동을 해야 한다는 신호를 인식하지 못하여 바람직한 행동의 시기를 놓치는 경우가 많다. 따라서 '바로 지금이야.' 등과 같은 신호를 제시함으로써 적기에 바람직한 행동을 할 수 있도록 도와줄 필요가 있다.

마지막 단계는 점검계획 수립 단계로, 학습장애 학생의 바람직한 행동 습득 여부를 판단하기 위한 점검계획을 수립하여 점검할 필요가 있다. 이를 위해서는 체계적·직접적 관찰을 실시하여 이를 기록해야 한다.

(3) 학부모 상담

학습장애 자녀를 둔 학부모들 대부분은 자녀의 상태, 학교에서의 학업성취도 및 사회적·정서적 문제 등에 대하여 많은 걱정을 한다. 또한 학부모들은 자녀의 학습장애 문제에 대처하는 과정에서 많은 스트레스를 받고 긴장을 하기도 한다. 따라서 이들에 대한 상담을 통해서 스트레스를 감소시키고 자녀의 상태에 대한 이해를 높임으로써 학습장애를 가진 자녀들의 지도를 효율적으로 할 수 있도록 조력할 필요가 있다. 그러나 학부모와의 상담 과정에서 상담자들은 다음과 같은 측면에서 세심한 주의를 할 필요가 있다(김승국 외, 2000).

첫째, 상담자는 부모들이 가진 개성, 배경, 가치 기준, 양육 방법 등이 확실히 나쁘다는 증거가 없는 한 학생의 행동 문제를 부모의 탓으로 돌리는 단정적인 태도를 보여서는 안 된다. 둘째, 장애 학생의 부모들은 자녀를 양육하는 데 있어서 상당히 힘들어하는 경우가 많으나 이것은 그들이 능력이 부족해서가 아니라 학습장애 자녀가 갖는 독특성에서 기인하는 것임을 이해해야 한다. 셋째, 상담자는 학부모 역시 자기 자녀에 관해서는 독특한 경험과 안목을 가진 전문가임을 인정해 줌으로써 장애아 학부모와 대등한 입장에서 공감대를 형성할 수 있게 된다. 넷째, 상담자는 학습장애 학생만의 문제에 국한하여 상담의 초점을 맞추기보다는 가족을 포함한 모든 문제에 초점을 맞출 필요가 있다. 이는 가정환경이 장애학생에게 영향을 미치듯이, 그들 역시 다른 형제나 부모의 결혼생활에 영향을 미칠 수도 있기 때문이다. 다섯째, 상담자와 학습장애 학생의 학부모 사이에 원만하고 신뢰성 있는 관계는 정보의 교환은 물론, 각자가 겪는 좌절이나 혼란의 근원인 개인적인 감정 기복 등에 관해서도 이야기할 수 있을 때 완벽하게 정립된다.

한편, 부모의 문제가 정서적인 문제일 경우에는 항상 인정하고 수용하는 태도를 취함으로써 정서의 표현을 자유롭게 하도록 해야 하고, 만일 부모가 죄의식을 느낀다고 하면 그럴 수 있다고 표현하면서 그러한 정서가 극히 정상적인 것임을 깨닫게 해야 한다. 학습장애의 발생 원인이 부모 자신에게 있다고 생각되어 죄의식을 느끼고 있다면, 장애의 원인을 바로 이해할 수 있도록 필요한 정보를 제공하고, 원인이 누구의 책임으로 돌릴 수 있는 성질의 것이 아님을 깨닫게 해야 한다. 반면에, 자녀의 장애를 부정하고 있다면 장래를 바로 이해할 수 있도록 설명해 주어야 하며 학습장애 자녀를 과보호하고 있다면 그것이 자녀와 다른 가족들에게 미치는 부정적인 영향을 설명해 줌으로써 부모 자신이 행동을 이해하고 고쳐 나가도록 해야 한다.

[참고문헌]

강영수, 김윤옥(2002). 시험전략이 초등학교 학습장애 학생의 학업성취도와 자아개념에 미치는 효과, 특수아동교육연구, 4(2), 39-54.

강위영, 정대영(2001). 학습장애 아동 교육. 서울: 형설출판사.

고시환(2011). 대치동 엄마들의 수험생 건강 프로젝트. 서울: 비타북스.

곽금주(2002). 아동 심리평가와 검사. 서울: 학지사.

곽금주, 박혜원, 김청택(2001). K-WISC-Ⅲ 지침서. 서울: 특수교육.

곽금주, 오상우, 김청택(2011). K-WISC-Ⅳ 전문가 지침서. 서울: 학지사.

곽수란(2003). 효과적인 학교의 학생관련 과정변인 간의 인과관계 분석. 교육사회학연구, 13(1), 1-21.

구광현, 이정윤, 이재규, 이병임, 은혁기(2005). 학교상담의 이론과 실제. 서울: 학지사.

구영준(2008). SELF STUDY프로그램시리즈-읽기전략편. 서울: 중앙적성출판사.

김경근(2005). 한국사회 교육격차의 실태 및 결정요인, 교육사회학연구, 15(3), 1-27.

김경미(2006). 귀인훈련과 인지-초인지 전략을 연합한 교수 프로그램이 학습장애 학생의 무력감과 수학 학습에 미치는 효과. 공주대학교 교육대학원 석사학위논문.

김경화(2001). 자기조정 학습 전략 훈련의 효과 분석. 경성대학교 대학원 박사학위논문.

김군자(2000). 음악치료의 즉흥연주 모델. 서울: 양서원.

김군자(2001). 음악치료 프로그램 연구. 서울: 김군자 음악치료 연구소.

김기석(1991). 중·고등학용 학습습관검사. 서울: 코리안테스팅센터.

김동일(2000). 기초학습기능 수행평가체제: 읽기검사 검사요강. 서울: 학지사.

김동일(2000). ALSA 청소년 학습전략 검사. 서울: 학지사.

김동일(2005). 학업상담을 위한 학습 전략 프로그램. 서울: 학지사.

김동일(2006). 기초학습기능 수행평가체제: 수학검사 검사요강. 서울: 학지사.

김동일(2008). 기초학습기능 수행평가체제: 쓰기검사 검사요강. 서울: 학지사.

김동일, 김계현, 김병석, 김봉환, 김창대, 김혜숙, 신종호(2003). 특수아동상담. 서울: 학지사.

김동일, 박경애, 김택호(1995). 청소년시간-정신에너지관리 연구. 청소년상담연구, 21, 1-152.

김동일, 손승현, 전병운, 한경근(2010). 특수교육학개론: 장애·영재아동의 이해. 서울: 학지사.

김동일, 신을진, 이명경, 김형수(2011). 학습상담. 서울: 학지사.

김동일, 신을진, 황애경(2002). 메타분석을 통한 학습 전략의 효과연구. 아시아교육연구, 3(2), 71-93.

김동일, 이명경(2006). 주의력 결핍 및 과잉행동장애(ADHD) 원인론의 경향과 전망: 애착이론에 의한 대안적 접근. 상담학연구, 7(2), 523-540.

김동일, 임은미, 황매향, 장미경(2010). 청소년 학업상담. 서울: 한국청소년상담원.

김미라, 정재은, 최정금(2007). EBS 60분 부모(스스로 공부하는 아이로 키우는 부모교육서). 서울: 경향미디어.

김민성(2009). 학습상황에서 정서의 존재: 학습정서의 원천과 역할. 아시아교육연구, 10(1), 73-98.

김민정(2004). 아동이 지각하는 부모의 양육태도와 통제소재, 자기효능감 및 학업성취도와의 관계. 강원대학교 대학원 석사학위논문.

김병성(1983). 학교학습풍토: 그 접근과 분석. 한국교육, 10(1).

김송희(2001). 외국어 학습 전략 훈련이 영어성취도에 미치는 영향. 연세대학교 대학원 석사학위논문.

김수혜, 김경근, 황여정(2010). 가정배경, 사회심리학적 매개요인들과 학업성취의 구조적 관계. 한국교육학연구, 16, 153-182.

김승국, 구광조, 정대영, 김호연, 강영심, 김삼섭, 정정진, 한성희, 신현기, 남정걸, 김동일, 박원희, 전병운, 이효자, 이성봉(2000). 학습장애 아동 교육의 이론과 실제. 서울: 교육과학사.

김아영(1994). 한국형 학구적 실패에 대한 내성 척도개발에 관한 연구. 교육학연구, 32(3), 59-75.

김아영(2002). 학업동기 척도 표준화 연구. 한국학술진흥재단 선도연구자 지원사업 결과보고용 상세보고서.

김아영(2003). 학업동기검사 사용자 매뉴얼. 서울: 학지사.

김아영(2010). 학업동기: 이론, 연구와 적용. 서울: 학지사.

김아영, 박인영(2001). 학업적 자기효능감척도 개발 및 타당화 연구. 교육학연구, 39(1), 95-123.

김영진(1998). 효율적인 학습상담법. 서울: 양서원.

김영진(2003). 아동·청소년 지도자를 위한 학습상담연구. 경기: 양서원.

김영채(1990). 학습과 사고의 전략. 서울: 교육과학사.

김은숙(2001). 부부 갈등 및 부부관계 특성과 아동의 주의력 결핍 과잉행동 성향간의 관계. 숙명여자대학교 대학원 석사학위논문.

김은영(2008). 여자대학생의 학업성취도에 따른 동기조절전략 연구. 교육심리연구, 22(1), 111-127.

김일혁(2005). 고등학교의 가정배경 요인과 수학성취도와의 구조적 관계. 연세대학교 대학원 박사학위논문.

김정택, 김명준, 심혜숙, 박병관, 윤선아(2000). STRONG 진로탐색검사 매뉴얼. 서울: 한국심리검사연구소.

김종백, 김준엽(2009). 학업성취 관련 요인과 자아개념을 매개로 한 부모의 교육기대와 학업 관여가 학업 스트레스에 미치는 효과에 관한 종단적 연구. 교육심리연구, 23, 389-412.

김종운, 박성실(2011). 인간관계 심리학. 서울: 학지사.

김진숙, 강진구(2000). 청소년문제 유형분류체계 개발연구 Ⅶ. 서울: 한국청소년상담원.

김진욱, 장성수, 이지연(2006). 지각된 학급의 평가환경 및 개인의 능력 관련 신념과 성취목표와의 관계: 매개효과와 조절효과를 중심으로. 교육심리연구, 20(1), 219-242.

김창대, 이정윤, 이영선, 남상인(1994). 청소년문제 유형분류체계: 기초연구. 서울: 청소년대화의광장.

김현진(2007). 가정배경과 학교교육 그리고 사교육이 학업성취에 미치는 영향 분석. 교육행정학연구, 25(4), 485-508.

김형태, 오익수, 김원중, 김동일(1996). 청소년 학업상담. 서울: 청소년대화의광장.

김혜숙(1983). 중고생의 학습전략과 학업성취와의 관계. 서울대학교 대학원 석사학위논문.

김혜온, 김수정(2008). 대학생을 위한 자기주도학습 기술. 서울: 학지사.

김효창(2011). 학업동기 및 학습전략검사. 서울: 학지사.

남민정, 유형근(2009). 초등학교 미성취 영재의 사회·정서적 자아개념 향상을 위한 집단프로그램 개발. 학습자중심교과교육연구, 9(3), 207-230.

류정희, 신현숙(2011). 시험대비 성취전략 유형 탐색 및 타당화. 한국심리학회지: 학교, 8(1), 17-41.

류철섭(2001). 초인지 독해 전략 훈련이 영어 독해에 미치는 효과에 관한 연구. 한국교원대학교 대학원 석사학위논문.

문병상(2009). 인식론적 신념, 자기조절학습 및 학업성취 간의 관계. 초등교육연구, 22(4), 49-68.

문수백, 변창진(1997). K-ABC 실시·채점·해석 요강. 서울: 학지사.

문은식, 강승호(2008). 고등학생의 심리적 안녕에 관련되는 사회, 동기적 변인들의 구조적 분석. 교육심리연구, 22(1). 1-15.

박경숙, 윤점룡, 박효정(2001). 기초학습기능검사 실시요강. 서울: 한국교육개발원.

박동혁(2000). MLST 학습전략검사 사용자 매뉴얼. 서울: 한국가이던스.

박병관, 최기혜(1997). 학습방법진단검사 실시요강. 서울: 한국가이던스.

박병기, 송정화(2008). 변화신념, 목표지향성, 자기조절학습, 학업성취 및 주관적 안녕의 인과구조 탐색: Dweck 모형의 확장. 교육심리연구, 22(2), 333-350.

박성수(1992). 생활지도. 서울: 정민사.

박성익(1984). 중학교 학습 부진 학생을 위한 프로그램 개발 연구. 서울: 한국교육개발원.

박세윤(2009). 청소년의 체력과 학업성취, 자기주도적 학습능력 및 인지능력의 관계. 충남대학교 대학원 박사학위논문.

박영신, 김의철(1999). 실패와 미래성취에 대한 의식: 토착심리학적 접근. 교육학연구, 37(3), 139-172.

박영신, 김의철(2010). 친구가 청소년의 일탈행동에 미치는 영향: 자기효능감, 부모자녀 갈등 및 부모의 통제를 중심으로. 한국심리학회지: 사회문제, 16(3), 385-422.

박영신, 김의철, 정갑순, 이상미, 권혁호, 양계민(2000). 초중고등학생의 생활만족도 차이와 형성 및 영향. 한국심리학회지: 건강, 5(1), 94-118.

박춘식(2001). 학습 전략 훈련이 초등 영어 학습에 미치는 영향. 대구교육대학교 대학원 석사학위논문.

박현주(1994). 귀인훈련이 경도 정신지체 학생의 성공과 실패에 대한 귀인 및 과제 지속성에 미치는 효과. 이화여자대학교 대학원 석사학위논문.

박혜숙(2009). 국내 대학생들의 전공영어강좌에서의 학습전략과 유능감 성취에 관한 질적 장기연구, 교육심리연구, 23(1), 197-217.

박혜숙, 전명남(2011). 한국인 대학생과 중국인 유학생의 학업성취도에 미치는 학업적 효능감, 동기조절전략, 성별의 관계. 교육문제연구, 41(3), 149-176.

반신환, 백미숙(2009). 심리검사를 사용하는 학습상담의 실제. 서울: 시그마프레스.

반신환, 백미숙(2010). 학습상담 이야기: 사교육으로 해결 안 되는 학습올레길. 서울: 시그마프레스.

배종근, 이미나(1988). 한국교육의 실체: 국민은 교육을 어떻게 생각하나. 서울: 교육과학사.

변영계, 김석우(2002). 학습기술진단검사 실시 및 해석요강. 서울: 학지사.

부재율(2003). 초등교실을 위한 교육평가. 서울: 문음사.

서림능력개발자료실 편(1986). 지적 작업을 위한 독서와 속독의 새 기술. 서울: 서림문화사.

설기문(2000). 최면과 최면치료. 서울: 학지사.

소연희(2010). 성취목표지향성, 지각된 학급목표구조, 목표몰입의지, 자기조절학습 및 수학 학업성취의 구조적 분석. 아동교육, 19(3), 41-56.

손진희, 김안국(2006). 가정환경, 자아개념, 자기학습량과 학업성취의 관계. 아시아교육연구, 7(1), 235-265.

송수지(2004). 미성취 영재의 특성 분석 및 개입전략 효과. 연세대학교 대학원 박사학위논문.

송인섭(1989). 인간심리와 자아개념. 서울: 양서원.

송인섭(2006). 현장적용을 위한 자기주도학습. 서울: 학지사.

송재홍(2008). 대학생의 학업 자해행동 예측에 있어서 자아개념 명료성과 성취목표 및 교실목표구조의 지각의 역할. 교육심리연구, 22(1), 35-53.

송재희(2003). 몸이 즐거운 학습법. 서울: 숨비소리.

송종용(2000). 학습장애: 공부 못하는 것도 병이다. 서울: 학지사.

신민섭, 조수철, 홍강의(2007). 한국판학습장애평가척도(K-LDES) 실시요강. 서울: 학지사.

신민섭, 홍강의(1994). 한국판 아동용 Luria-Nevraska 신경심리검사의 표준화 연구 II: 타당도 및 임상적 유용성 검증. 소아·청소년 정신의학, 5(1), 70-82.

신을진, 김형수(2007). 학교학습상담 매뉴얼. 서울대학교교육연구소 & 교육인적자원부.

신종호, 진성조, 김연제(2010). 지각된 부모의 학업지원, 성취기대, 일상통제가 학업성취 수준에 따라 자기결정성 동기에 미치는 영향. 교육심리연구, 24(1), 121-137.

안도희, 김지아, 황숙영(2005). 초, 중, 고등학생의 학업성취에 영향을 주는 변인탐색: 유능감, 가정의 심리적 환경 및 학교환경 특성을 중심으로. 교육심리연구, 19(4), 1199-1217.

안서원(2011). 시험보기. 박창호 외(2011). 인지학습심리학. 서울: 시그마프레스.

안창규(1996). 홀랜드 진로탐색검사. 서울: 가이던스.

여광응, 전영길, 정종진, 조인수(1992). 교사를 위한 교육심리학. 서울: 양서원.

연세교육개발센터(2004). 학습 전략 업그레이드. 서울: 연세대학교 출판부.

오경자, 이혜련(1990). 한국어판 CBCL의 개발 및 표준화를 위한 연구. 한국학술진흥재단 자유공모과제 보고서.

오경자, 이혜련, 홍강의, 하은혜(1996). K-CBCL 아동·청소년 행동평가척도. 서울: 중앙적성출판사.

오지은, 추상엽, 임성문(2011). 성취목표지향성과 학업평가 장면의 회피전략 간 관계: 중학생과 고등학생의 비교. 청소년학연구, 18(3), 179-213.

오현숙(2002). FAIR주의집중력검사 실시요강. 서울: 중앙적성연구소.

오혜영(2004). 효과적인 학습잠재력 계발을 위한 학습 상담. 서울: 한국가이던스.

윤미선, 이영옥(2005). 남, 여 중학생의 사회적 지지 지각, 컴퓨터게임중독, 학업성적 간 관계 모형 비교. 교육방법연구, 17(2), 183-196.

윤미희(2012). 중학생의 학습시간관리 능력향상 집단상담 프로그램 개발과 효과 검증. 공주대학교 대학원 석사학위논문.

윤순임 외(1995). 현대상담·심리치료의 이론과 실제. 서울: 중앙적성출판사.

윤여홍(1996). 영재아동의 정서적 특성에 관한 임상연구: 정신건강을 위한 지도. 영재교육연구, 6, 53-71.

윤채봉(2000). 징계처분 학생이 지각한 사회적 지지와 학교적응 연구. 가톨릭대학교 사회복지대학원 석사학위논문.

이명경(2007). 집중력 교육의 이론과 실제. 서울: 한국집중력센터.

이명경(2011). 아동청소년을 위한 주의집중능력검사 실시 요강. 서울: 한국집중력센터.

이명경, 김아름(2011) 아동청소년 대상 주의 집중 능력 검사 개발 및 타당화. 상담학연구, 12(4), 1391-1411.

이상로, 변창진(1990). 표준화학습흥미검사. 서울: 중앙적성출판사.

이성진, 이종승, 손충기, 강태중, 손병로, 권성웅(1980). 한국 초등학교 교육의 평가(II): 아동과 학습환경. 서울: 한국행동과학연구소.

이성진, 임진영, 여태철, 김동일, 신종호, 김동민, 김민성, 이윤주(2009). 교육심리학서설. 경기: 교육과학사.

이소현, 박은혜(2006). 특수아동교육. 서울: 학지사.

이숙영, 박승민, 이재규, 김택호, 김동일(1996). 청소년시간·정신에너지관리연구 III: 프로그램(개정판) 종합보고서. 서울: 한국청소년상담원.

이재규(2012). 인간심리이해: 대학생활과 심리학. 경기: 교육과학사.

이재규(2013a). 학교에서의 집단상담: 실제와 연구(2판). 경기: 교육과학사.

이재규(2013b). 학습 자기개념 회복과 향상 프로그램: 공부를 잘할 수 있는 나. 경기: 교육과학사.

이정규(1998). 개념도 학습 전략이 초등학생의 독해력에 미치는 효과. 전북대학교 대학원 석사학위논문.

이종두(1997). 구조화된 협동학습 전략과 집단보상 제공이 학업 성취에 미치는 효과. 서울대학교 대학원 석사학위논문.

이종삼(1995). 학습 전략 훈련이 학습장애아의 학업성취에 미치는 효과분석. 전북대학교 대학원 박사학위논문.

이창우, 서봉연(1974). K-WISC 실시요강. 서울: 교육과학사.

이해리, 조한익(2006). 한국 청소년 탄력성 척도의 타당화 연구. 한국심리학회지: 상담 및 심리치료, 18(2), 353-371.

이현주, 신종호(2009). 영재아동 바로알기. 서울: 학지사.

이화진, 부재율, 서동엽, 송현정(1999). 초등학생 학습부진아 지도 프로그램 개발 연구. 한국교육평가원.

이화진, 임혜숙, 김선, 송현정(1999). 초등학생 학습부진아용 교육-학습자료 개발. 한국교육평가원.

임영남(2000). 메타인지와 전략적 읽기 학습이 독해력에 미치는 영향. 전북대학교 대학원 석사학위논문.

임용우(1994). 시험스트레스 과정에서의 불안, 대처 및 학업성취. 서울대학교 대학원 박사학
　　위논문.

장영애(1986). 아동의 가정환경과 발달특성 간의 인과모형 분석. 연세대학교 대학원 박사학
　　위논문.

장재홍, 양미진(2002). 청소년의 세계와 상담. 서울: 한국청소년상담원.

전경문, 박현주, 노태희(2005). 군집분석을 이용한 학생들의 성취 목적 양식 조사. 한국과학
　　교육학회지, 25(3), 321-326.

전경원(1991). 휴머니즘에 입각한 특수한 영재교육. 서울: 양서원.

전명남(2003). 높은 학업성취 대학생의 학습전략. 교육심리연구, 17(4), 69-89.

전명남(2004). 학습전략 업그레이드. 서울: 연세대학교출판부.

전명남(2007a). 효율적인 시간관리. 조용개 외(2007). 성공적인 대학생활을 위한 학습전략. 서
　　울: 학지사.

전명남(2007b). 효율적인 시간관리. 조용개 외(2007). 성공적인 대학생활을 위한 학습전략 포
　　트폴리오. 서울: 학지사.

전명남, 박혜숙(2012). 대학생용 동기조절전략 척도의 타당화. 사회과학연구, 38(2), 23-46. 경
　　희대학교 사회과학연구원.

전재원(2002). 귀인재훈련이 정신지체아동의 과제수행 및 학습된 무력감에 미치는 효과. 강
　　남대학교 교육대학원 석사학위논문.

전헌선, 윤정륜, 손기준, 이우언(1992). 학습과 사고의 전략: 훈련지침서. 서울: 교육과학사.

정광조(1998). 파워포인트를 이용한 초인지 전략 수업 모형이 중등 특수학습 학생의 읽기인
　　식능력과 학업성취에 미치는 효과. 단국대학교 대학원 석사학위논문.

정순이(2010). 영재상담모형개발. 한국교원대학교 대학원 석사학위논문.

정시균(2000). 전문가 집단 협동학습 전략이 쓰기 능력 및 흥미에 미치는 효과. 충남대학교
　　대학원 석사학위논문.

정원식(1969). 가정환경진단검사. 서울: 코리안테스팅센터.

정현주, 권혜경, 고일주(2002). 음악치료 개론. 서울: 권혜경 음악치료 센터.

조경욱(2000). 연쇄화 학습 전략이 초등학교 아동의 학업성취와 학습태도에 미치는 영향. 대
　　구대학교 대학원 석사학위논문.

조봉환, 임경희(2003). 학습흥미검사. 서울: 한국가이던스.

조선일보사(2003). 공부가 쉬워지고 일이 즐거워지는 두뇌혁명. 서울: 조선일보사.

조용래, 원호택(1997). 대인불안에 대한 인지적 평가 II-한국판 사회적 상호작용에 대한 자기
　　진술검사의 신뢰도와 타당도에 관한 연구. 한국심리학회지: 임상, 16, 233-249.

조용태(1995). 가정환경검사(HOME)의 타당화 연구: 8~13세 정신지체아동을 대상으로. 특
　　수교육학회지, 16(1), 99-117.

주천수(1999). 개념도를 적용한 구성주의 학습 전략이 개념학습과 과학적 태도에 미치는 영향. 전남대학교 대학원 박사학위논문.

중앙적성연구소(2002). FAIR 주의집중력 검사. 서울: 중앙적성연구소.

지은림, 김성숙(2004). 초등학생과 중학생의 담임 교사와의 관계에 대한 인식비교. 교육발전연구, 20(2), 83-101.

진복수(1996). 학습자의 정의적 행동특성과 학업성취의 관련성. 금로논총, 3(1), 81-95.

진화당 편집부(1986). A학점 리포토트 작성법. 서울: 진화당.

차정현(1998). 서울대 두 번 들어가기. 서울: 기린원.

천경록 외(2006). 자기 주도적 학습을 위한 독서전략지도. 경기: 교육과학사.

청소년대화의광장(1995). 청소년 시간, 정신 에너지 관리 연구. 청소년 상담 연구 21. 청소년대화의광장.

최경순, 정현희(1998) 어머니의 언어통제 유형과 아동의 성취동기 및 내외 통제성과의 관계. 인간발달연구, 5(2), 149-164.

최동렬(2004). 학생의 사회관계 친밀도와 학업성취의 관계분석. 공주대학교 대학원 석사학위논문.

최원기(2004). 청소년 자살의 사회적 원인구조. 사회복지정책, 18, 5-13.

최윤웅(2000). 초등학생이 지각한 어머니의 촉진적 의사소통과 지능 및 성취동기의 관계. 충북대학교 교육대학원 석사학위논문.

최정원, 이영호(2006a). 기억력 향상 전략-학습치료 프로그램 3. 서울: 학지사.

최정원, 이영호(2006b). 기초학습능력 향상 전략-학습치료 프로그램 7. 서울: 학지사.

최정원, 이영호(2006c). 사고력 향상 전략-학습치료 프로그램 5. 서울: 학지사.

최정원, 이영호(2006d). 시험불안 다루기 전략 및 시험 전략-학습치료 프로그램 8. 서울: 학지사.

최정원, 이영호(2006e). 어휘 범주화 카드-학습치료 프로그램 11. 서울: 학지사.

최정원, 이영호(2006f). 주의집중력 향상 전략-학습치료 프로그램 2. 서울: 학지사.

최정원, 이영호(2006g). 지침서-학습치료 프로그램 10. 서울: 학지사.

최정원, 이영호(2006h). 학습동기 향상 전략-학습치료 프로그램 1. 서울: 학지사.

최정원, 이영호(2006i). 효과적인 시간, 공간관리 전략 및 학업 스트레스 관리 전략-학습치료 프로그램 9. 서울: 학지사.

최정원, 이영호(2006j). 효과적인 외국어 학습 전략 및 수학적 문제해결 전략-학습치료 프로그램 6. 서울: 학지사.

최정원, 이영호(2006k). 효과적인 읽기 및 필기 전략-학습치료 프로그램 4. 서울: 학지사.

하야시 다카시(1992). 공부가 좋아지게 되는 책(문성원 역). 서울: 진화당.

학지사심리검사연구소(2011). 심리검사 목록. 서울: 학지사.

한국가이던스(2003). 심리검사 가이드. 서울: 한국가이던스.

한국교육개발원(1990). KEDI-WISC 검사요강. 서울: 특수교육.

한국상담학회(2011). 한국상담학회 윤리강령. 서울: 한국상담학회.

한국심리자문연구소(1997). 학습방법진단검사 실시요강. 서울: 한국가이던스.

한국심리학회(1998). 심리검사: 제작 및 사용 지침서. 서울: 중앙적성출판사.

한국집중력센터(2010). 주의집중능력검사 매뉴얼. 서울: 생각상자.

한덕웅(2004). 인간의 동기심리. 서울: 박영사.

홍경자, 김창대, 박경애, 장미경(2002). 청소년집단상담의 운영. 서울: 한국청소년상담원.

황경렬(1997). 행동적, 인지적, 인지-행동 혼합적 시험불안 감소 훈련의 효과 비교. 한국심리
　　　학회지: 상담과 심리치료, 9(1), 57-80.

황매향(2008). 학업상담. 서울: 학지사.

황매향(2009). 학업문제 유형분류의 탐색. 상담학연구, 10(1), 561-581.

황혜자, 최윤화(2003). 부모의 양육태도가 아동의 자기효능감과 학업성취에 미치는 영향. 사
　　　회과학논집, 22(1), 285-304.

국립암센터 홈페이지, 2012. 9. 1.

중앙대교수학습개발센터 홈페이지, 2012. 9. 29.

REMNAT 21세기 주역, 2013. 2. 28. (http://blog.daum.net/myong7491/89)

Achenbach, T. M., & Edelbrock, C. (1983). *Manual for the Child Behavior Checklist and
　　　Revised Child Behavior Profiles*. Burlington, VT: University of Vermont.

Adderholdt-Elliott, M. (1987). *Perfectionism: What's so bad about being good?*
　　　Minneapolis: Free Spirit Publishing Inc.

Alexander, P. A., Murphy, K., Woods, B. S., Duhon, K. E., & Parker, D. (1997). College
　　　instruction and concomitant changes in students' knowledge, interest, and strategy
　　　use: a study of domain learning. *Contemporary Educational Psychology, 22*,
　　　125-146.

Ames, C. (1984). Achievement attribution and self-instructions under competitive and
　　　individualistic goal structures. *Journal of Educational Psychology, 76*, 478-487.

Ames, C. (1992). Classrooms: Goals, structures, and student motivation. *Journal of
　　　educational psychology, 84*(3), 261-271.

Ames, C., & Archer, J. (1988). Achievement goals in the classroom: Students' learning
　　　strategies and motivational processes. *Journal of Educational Psychology, 80*,
　　　260-267.

Anderman, E. M., & Wolters, C. G. (2006). Goals, values and affect: influences on student
　　　motivation. In P. A. Alexander & P. H. Winne (Eds.), *Handbook of Educational
　　　Psychology* (2nd ed., pp. 369-389). NJ: Lawence Erlbaum Associates.

Anderson, M., & Shehan, C. (1984). *Multicultural perspectives in music education* (2nd ed.). Reston, VA: Rowman & Littlefield Education.

Atkinson, R, C., & Shiffrin, R. M. (1968). Human memory: A proposed system and its control processes. In K. Spence & J. Spence (Eds.), *The psychology of learning and motivation* (Vol. 2). NY: Academic Press.

Ausubel, D. P., Novak, J. D., & Hanesian, H. (1978). *Educational psychology: A cognitive view* (2nd ed.). NY: Holt, Rinehart and Winston.

Ayward, G. P. (1994). *Practitioner's guide to developmental and psychological test.* NY: Plenum.

Backer, K. B., & McCloskey, L. A. (2002). Attention and conduct problems in ahildren exposed to family violence. *American Journal of Orthopsychiatry, 72,* 83-91.

Baker, P, D., & Stevenson, L. D. (1986). Mothers' strategies for school achievement: Managing the transition to highschool. *Sociology of Education, 59,* 156-166.

Bandura, A. (1982). Self-efficacy mechanism in human agency. *American Psuchologist, 37,* 122-147.

Bandura, A. (1986). *Social foundations of thoughts and action: A social cognitive theoriest.* Englewood Cliffs, NJ: Prentice Hall.

Bandura, A. (1997). *Self-efficacy: The exercise of control.* NY: W. H. Freeman.

Barkley, R. A. (2006). *Attention deficit hyperactivity disorder: a handbook for diagnosis and treatment.* NY: The Guildford Press.

Baumrind, D. (1996). Effect of authoritative parental control on child behavior. *Child Development, 37,* 889-891.

Baumgardner, S. R., & Crothers, M. K. (2009). *Positive psychology.* Prentice Hall/Pearson Education.

Berglas, S., & Jones, E. E. (1978). Drug choice as a self-handicapping strategy in response to noncontingent success. *Journal of Personality and Social Psychology, 36*(4), 405-417.

Biederman, J., & Faraone, S. V. (2002). Current concepts on the neurobiology of Attention deficit/hyperactivity disorder. *Journal of Attention Disorders, 6,* 7-16.

Birch, S. H., & Ladd, G. W. (1997). The Teacher-Child Relationship and Children's Early School Adjustment. *Journal of school psychology, 35*(1), 61-80.

Biu, K. (2007). Educational expectation and academic achievement among middle and high school students. *Education, 127,* 328-331.

Blackwell, L. S., Trzeniewski, K., & Dweck, C. S. (2003). Implicit theories of intelligence predict achievement acorss an adolescent transition: A longitudinal study and an intervention. *Child Development, 78,* 246-263.

Block, J. H., & Block, J. (1980). The role of ego-control and ego-resiliency in the organization of behavior. In W Collins (Ed.), *The Minnesota Symposia on Child Psychology* (Vol. 13, pp. 39-101). Hillsdale, NJ: Lawrence Erlbaum.

Bloom, B. S. (1956). *Taxonomy of Educational Objectives: Handbook I, Cognitive Domain.* NY: David Mckay.

Bovilsky, D. (1982). Up against the ivy wall. *Independent School, 41,* 51-55.

Bransford, J., Brown, A., & Cocking, R. (Eds.). (2000). *How People Learn: Brain, Mind, Experience, and School.* Washington, DC: National Academy Press.

Brinthaupt, T. M., & Shin, C. M. (2001). The relationship of cramming to academic flow. *College Student Journal, 35,* 457-472.

Britton, B. K., & Glynn, S. M. (1989). Mental management and creativity: A cognitive model of time management for intellectual productivity. In J. A. Glover, R. R. Ronning, & C. R. Reynolds (Eds.), *Handbook of creativity* (pp. 429-440). NY: Plenum.

Britton, B. K., & Tesser, A. (1991). Effects of time management practices on college grades. *Journal of Educational Psychology, 83,* 405-410.

Brophy, J. (1981). Teacher praise: A functional Analysis. *Review of Educational Research, 51,* 5-32.

Brophy, J., & Good, T. L. (1974). *Teacher-student relationships: Causes abd consequences.* NY: Holt, Rinehart & Winston.

Brown, A. (1981). Metacognition in reading and writing: The development and facilitation of selective attention atragies for learning from texts. In M. Kamil (Ed.), *Directions in reading research and instruction* (pp. 21-43). Washington D. C. National Reading Conference.

Brown, A. L., Bransford, J. D., Ferrara, R. A., & Campione, J. C. (1983). Learning, remembering, and understanding. In J. H. Flavell & E. M. Markman (Eds.), *Handbook of child psychology* (4th ed., vol. 3, pp. 77-166). NY: Wiley.

Brown, W. F., & Holtzman, W. H. (1984). *The Survey of Study Habits and Attitude manual.* Iwoa, IA: Author.

Brunning, R., Schraw, G., & Ronning, R. (1999). *Cognitive psychology and instruction* (3rd ed.). Upper Saddle River, NJ: Prentice Hall.

Bryan, T. S., Donahue, M., Pearl, R., & Sturm, C. (1981). Learning disabled children's conversational skill-the TV talk show. *Learning Disability Quarterly, 4,* 250-259.

Buehler, R., Griffin, D. W., & Ross, M. (1994). Exploring in the "planning fallacy": Why people underestiamte their task completing times. *Journal of Personality and Social Psychology, 67*(3), 366-381.

Butkowsky, I., & Willow, M. (1980). Cognitive-motivational characteristics of children varying in reading ability: Evidence for learned helplessness in poor readers. *Journal of Educational Psychology, 72*, 408-422.

Butler-Por, N. (1987). *Underachieves in school: Issues and Intervention.* NY: John Wiley & Sons.

Caldwell, B. M., & Bradley, R. H. (1978). *HOME: Home Observation for Measurement of the Environment.* Little Rock, AR: University of Arkansas.

Campus, B. E. (1987). Coping with stress during childhood and adolescence. *Psychological Bulletin, 101*, 393-403.

Campus, B. E., Orosan, P. G., & Grant, K. E. (1993). Adolescent stress and coping: implication for psychopathology during adolescence. *Journal of Adolescence, 16*, 331-349.

Clark, B. (1992). *Growing up gifted* (4th ed.). Columbus, OH: Merrill.

Clifford, M. M. (1984). Thought on a theory of constructive failure. *Educational Psychologist, 19*(2), 108-120.

Clifford, M. M. (1988). Failure Tolerance and risk taking in ten-to twelve year-old students. *British Journal of Educational Psychology, 58*, 15-27.

Cohen, R. A., Malloy, P. F., Jenkins, M. A., & Paul, R. H. (2006). Disorders of Attention. In P. J. Snyder, P. D. Nussbaum, & D. L. Robins, (Ed.), *Clinical Neuropsychology* (pp. 573-606). Washington, DC: American Psychological Association.

Colangelo, N. M. (1991). Counseling gifted students. In N. Colangelo, & G. A. Davis (Eds.), *Handbook of gifted education* (pp. 285-306). Boston: Allyn & Bacon.

Coleman, J. S. (1961). *The adolescent society.* NY: Free Press.

Coleman, J. S. et al. (1966). *Equality of educational opportunity.* Washington, DC: U.S. Government Printing Office.

Colvin, G., Sugai, G., & Patching, B. (1993). Pre-correction: An instructional approach for managing predictable problem behavior. *Intervention in School and Clinic, 28*, 143-150.

Commission on Development in the Science of Learning, National Research Council. (2000). *How People Learn: Brain, Mind, Experience and School.*

Connell, D. J. (2008). 뇌기반 교수-학습전략(정종진, 임청환, 성용구 역). 서울: 학지사.

Cook, M. J. (1998). *Time Management: Proven Techniques for Making the Most of your Time.* Holbrook, MA: Adams Media Corporation.

Crawford, J. R., Parker, D. M., & McKinlay, W. W. (Eds.) (1995). 신경심리평가(한국신경인지기능연구회 역). 서울: 하나의학사.

Dabrowski, K. (1972). *Psychoneurosis is not an illness*. London: Gryf.

Dansereau, D. F. (1985). Learning strategy research. In J. W. Segal, S. F. Chipman, R. Dixson, W. J., & F. J. Massey, Jr. (Eds.), *Introduction to statistical analysis*. NY: McGraw-Hill.

Dansereau, D. F. (1988). Cooperative learning strategies. In C. E. Weinstein, E. T. Goetz, & P. A. Alexander (Eds.), *Learning and study strategies* (pp. 103-120). San Diago: Academic Press.

Davis, G. A., & Rimm, S. B. (1989). *Education of the gifted and talented* (2nd ed.). NJ: Prentice Hall.

Deci, E. (1971). The effects of externally mediated rewards on intrinsic motivation. *Journal of Personality and Social Psychology, 18*, 105-115.

Deci, E. L., & Ryan, R. M. (1985). *Intrinsic motivation and self-determination in human behavior*. NY: Plenum.

Dembo, M. H. (2004). *Motivation and Learning Strategies for College Success* (2nd ed.). NJ: Lawrence Erlbaum.

Dickman, S. J. (1990). Functional and dysfunctional impulsivity: Personality and cognitive correlate. *Journal of Personality and Social Psychology, 58*, 91-102.

Donnelly, J. (2005). 건강상담: 이론과 실제(현명호 역). 서울: 박학사.

Driscoll, M. P. (2007). 수업설계를 위한 학습심리학(양용칠 역). 서울: 교육과학사.

Dunn, R., & Dunn, K. (1993). *Teaching Secondary Students Through Their Individual Learning Styles*. Boston: Allyn and Bacon.

Dweck, C. S. (1975). The role of expectations and attributions in the alleviation of learned helplessness. *Journal of personality and Social Psychology, 31*, 674-685.

Dweck, C. S. (2000). *Self-Theories: Their role in motivation, personality, and development*. PA: Psychological Press.

Dweck, C. S. (2008). 학습동기를 높여주는 공부원리(차명호 역). 서울: 학지사.

Dweck, C. S., & Elliott, E. (1983). Achivement motivation. In E. Heatherington (Ed.), *Handbook of child psychology* (vol. 4, pp. 643-691). NY: Wiley.

Dweck, C. S., & Leggett, E. L. (1988). A social-cognitive approach to motivation and personality. *Psychological Review, 95*, 256-273.

Dweck, C. S., & Master, A. (2008). Self-theories motivate self-regulated learning. In B. J. Zimmerman & D. H. Schunk (Eds.), *Motivation and Self-regulated learning* (pp. 31-51). NY: Lawrence Earlbaum Associates.

Eccles, J, S., & Harold, R. D. (1993). Parent-school involvement during the early adolescent years. *Teachings College Record, 94*, 568-587.

Egan, G. (1999). 유능한 상담자(제석봉, 유계식, 박은영 역). 서울: 학지사.

Eggen, P., & Kauchak, D. (2006). 교육심리학: 교육 실제를 보는 창(신종호, 김동민, 김정섭, 김종백, 도승이, 김지현, 서영석 역). 서울: 학지사.

Elliot, A. J. (1999). Approach and avoidance motivation and achievement goals. *Educational Psychologist, 34*, 169-189.

Elliot, A. J., & Church, M. A. (1997). A hierarchical model of approach and avoidance achievement motivation. *Journal of Personality and Social Psychology, 72*(1), 218-232. https://doi.org/10.1037/0022-3514.72.1.218

Elliot, A. J., & Church, M. A. (2003). A motivational analysis of defensive pessimism and self-handicapping. *Journal of Personality, 71*(3), 369-396.

Elliot, A. J., & Dweck, C. S. (2007). Competence as the core of achievement motivation. In A. J. Elliot & C. S. Dweck (Eds.), *Handbook of competence and motivation* (pp. 3-12). NY: The Guildford press.

Elliot, A. J., & McGregor, H. (2001). A 2×2 achievement goal framework. *Journal Personality and Social Psychology, 80*, 501-519.

Elliot, A. J., & McGregor, H. A. (2001). A 2×2 achievement goals, study strategies and exam performance: A mediational analysis. *Journal of Educational Psychology, 91*, 549-563.

Elliot, E., & Church, M. (1997). *A hierarchical model of approach and avoidance achievement* (Vol. 10, pp. 143-179). Greenwich, CT: JAI Press.

Elliot, E., & Dweck, C. S. (1988). Goals: An Approach to motivation and achievement. *Journal of Personality and Social Psychology, 54*, 5-12.

Ellis, A. K., & Fouts, J. T. (1997). *Research on educational innovations.* NY: Eye on Education.

Ellis, E. S. (1997). Watering-up instruction for adolescents with mild disabilities: Part I-The knowledge dimension. *Remedial and Special Education, 18*, 326-346.

Erikson, E. (1963). *Childhood and society.* NY: Norton.

Eronen, S., Nurmi, J.-E., & Salmela-Aro, K. (1998). Optimistic, defensive pessimistic, impulsive and self-handicaping strategies in university environments. *Learning and Instruction, 8*, 159-177.

Eva, D. R. (1994). Underachievement among high ability Puerto Rican high school students: Perceptions of their life experiences. Unpublished doctoral dissertation, Pennsylvania State University.

Fehrmann, P. G., Keith, T. Z., & Reimers, T. M. (1987). Home influence on school learning: Direct and indirect effects of parental involvement on high school grade. *Journal of Educational Research*, *80*(6), 330-337.

Ferrari, J. R., Johnson, J. L., & McCown, W. G. (Eds.). (1995). *Procrastination and Task Avoidance theoriest, Research, and Treatment*. NY: Plenum Press.

Festinger, L. (1957). *A theory of cognitive dissonance*. Stanford, CA: Stanford University Press.

Flavell, J. H. (1979). Metacognition and cognitive monitoring: A new area of cognitive-developmental inquiry. *American Psychologist*, *24*, 906-911.

Foley, R. M., & Epstein, M. (1992). Correlates of the academic achievement of adolescents with behavioral disorders. *Behavioral Disorders*, *18*, 9-17.

Ford, J. K., Smith, E, M., Weissbein, D. A., Gully, S. M., & Salas, E. (1998). Relationships of goal orientation, metacognitive activity, and practice strategies with learning outcomes and transfer. *Journal of Applied Psychology*, *83*(2), 218-233

Fosterling, E. (1985). Attributional retraining: A review. *Psychological Bulletin*, *98*, 495-512.

Freeman, J. (1985). Emotional aspects of giftedness. In J. Freeman (Ed.), *The psychology of gifted children* (pp. 247-264). John Wiley & Sons.

Fremouw, W. J., & Breitenstein, J. L. (1990). Speech anxiety. In M. Leitenberg (Ed.), *Handbook of social and evaluation anxiety* (Vol. 14, pp. 455-474). New York: Plenum Press.

Gajria, M., & Salvia, J. (1992). The effects of summarization instruction on text comprehension of students with learning disabilities. *Exceptional children*, *58*, 508-516.

Gallagher, J. J. (1991). Personal patterns of underachievement. *Journal for the Education of the Gifted*, *14*, 221-233.

Gardner, J. N., & Jewler, A. J. (2003). *Your college experience: Strategies for success*. Belmont, CA: Wadsworth Publishing Company.

Girdano, A., & Everly, S. (2001). *Controlling stress and tension journaling workbook* (6th ed.). Boston: Benjamin Cummings.

Goodman, K. (1981). Music therapy. In S. Arieti (Ed.), *American handbook of psychiatry* (2nd rev. ed., Vol. 7, pp. 564-585). NY: Basic Books.

Goulding, M. M., & Goulding, R. L. (1993). 재결단치료(우재현 역). 대구: 정암서원.

Grant, H., & Dweck, C. S. (2003). Clarifying achievement goals and their impact. *Journal of Personality and Social Psychology*, *85*, 541-553.

Harackiewicz, J. M., Barron, K. E., Carter, S. M., Lehto, A. T., & Elliot, A. J. (1997). Predictors and consequences of achievement goals in the college classroom: Maintaining interest and making the grade. *Journal of Educational Psychology, 73*, 1284-1295.

Hartley, J. (2002). 학습과 공부: 연구 조망(박희경 역). 서울: 시그마프레스.

Harvey, V. S. (2002). Best practices in teaching study skills. In A. Thomas & J. Grimes (Eds.), *Best practices in school psychology IV, Vol. 1* (pp. 831-845). Bethesda, MD: National Association of School Psychologists.

Hattie, J., Biggs, J., & Purdie, N. (1996). Effects of learning skills interventions on student learning: A meta-analysis. *Review of Educational Research, 66*, 99-136.

Heider, F. (1958). *The Psychology of interpersonal relations*. NY: Wiley.

Heinemann, A. (1977). Underachievers among the gifted and talented, In Star Power Providing for the gifted and talented (Module 6). Austin, TX: Education Service Center (ERIC DOC, ED 176505).

Heward, W. L. (2009). *Exceptional children: An introduction to special education* (9th ed.). Upper Saddle River, NJ: Pearson.

Hewitt, P. L., & Flett, G. L. (1993). Dimensions of perfectionism, daily stress, and depression: A test of the specific vulnerability hypothesis. *Journal of Abnormal Psychology, 102*, 58-65.

Hibben, J. (1991). Group music therapy with a classroom of 6-8 year-old hyperactive learning-disabled children. In K. Bruscia (Ed.), *Case studies in music therapy*. Gilsum, NH: Barcelona Publishers.

Higgins, R. L., & Berglas, S. (1990). The maintenance and treatment of self-handicapping: From risktaking to face-saving and back. In R. L. Higgins, C. R. Snyder & S. Berglas (Eds.), *Self-handicapping: The paradox that isn't*. NY: Plenum Press.

James, W. (1890). *The principles pf psychology* (Vol. 2). NY: henry Holt.

Jensen, E. (2000). *Music with the brain in mind*. San Diego, CA: The Brain Store, Inc.

Joint FAO/WHO Expert Committee on Food Safety. (1984). *The role of food safety in health and development*. Geneva: WHO.

Jones, C. H., Slate, J. R., Marini, I., & DeWater, B. K. (1993). Academic skills and attitudes toward intelligence. *Journal of College Student Development, 34*, 422-424.

Jordan, R. R. (1997). *English for Academic Purposes. A guide and resource book for teachers*. Cambridge, U.K.: Cambridge University Press.

Kahneman, D., & Tversky, A. (1979). Intuitive prediction: Biases and corrective procedures. *TIMS Studies in Managment Science, 12*, 313-327.

Karabenick, S. A. (2004). Perceived Achievement Goal Structure and College Student Help Seeking. *Journal of educational psychology, 96*(3), 569-581.

Karpicke, J. D., & Roediger, H. L. (2008). The Critical Importance of Retrieval for Learning. *Science, 319*, 966-968.

Kaufman, A. S., & Kaufman, N. L. (1983). *K-ABC: Kaufman Assessment Battery for Children, administration and scoring manual.* Circle Pines, MN: American Guidance Service.

Kavale, K. A., & Forness, S. R. (1996). Social skill deficits and learning disabilities: A meta-analysis. *Journal of Learning Disabilities, 29*(3), 226-237.

Kearns, H., Forbes, A., Gardiner, M., & Marshall, K. (2008). When a high distinction isn't good enough: A review of perfectionism and self-handicapping. *The Australian Educational Researcher, 35*(3), 21-36.

Kelly, H. H. (1972). Causal schemata and the attribution process. In E. E. Jones, D. E. Kanouse, H.. H. Kelly, R.. Nisbett, S. Valins & B. Weiner (Eds.), *Attribution: Perceiving the causes of behavior* (pp. 151-174). Morristown, NJ: General Learning Press.

Kendall, P. C., & Braswell, L. (1985). *Cognitive-behavioral self-control therapy for impulsive children.* NY: Guilford Press.

Kendall, P. C., & Finch, A. J. (1976). A cognitive-behavioral treatment for impulsivity: A group comparison study. *Journal of Consulting and Clinical Psychology, 46*, 110-118.

Khalsa, D. S., & Stauth, C. (2006). 치매 예방과 뇌 장수법: 당신의 지력과 기억력을 향상시키는 의학 프로그램(추선희, 김정모, 허동규, 장현갑 역). 서울: 학지사.

Kiewra, K. A., Benton, S. L., & Lewis, L. B. (1987). The qualitative aspects of information processing ability and academic achievement. *Journal of Instructional Psychology, 14*(3), 110-117.

Klohnen, E. C. (1996). Conceptual analysis and measurement of the construct of ego-resiliency. *Journal of Personality and Social Psychology, 70*(5), 1067-1079.

Kryger, M., Roth, T., & Dement, W. (2000). *Principles & Practices of Sleep Medicine.* WB Saunders Company.

Lay, C. H, , Edwards, J. M., Parker, J. D. A., & Endler, N. S. (1989). An assessment of appraisal, anxiety, coping, and procrastination during an examination period. *European Journal of Personality, 3*, 195-208.

Lay, C. H., & Schouwenburg, H. C. (1993). Trait procrastination, Time management, and academic behavior. *Journal of Social Behavior and Personality, 8*(4), 647-662.

Lazarus, R. S. (1991). *Emotion and adaptation*. London: Oxford University Press.

Lazarus, R. S., & Folkman, S. (1984). *Stress, appraisal, and coping*. NY: Springer.

Lee, H. S., & Ahn, D. (2018). Testing prepares students to learn better: The forward effect of testing in category learning. *Journal of Educational Psychology, 110*(2), 203–217. doi:http://dx.doi.org/10.1037/edu0000211

Lerner, J. (2006). *Learning disabilities and related disorders: Characteristics and teaching strategies* (10th ed.). Boston: Houghton Miffilin Co.

Leveen, S. (2008). 지식을 경영하는 전략적 책읽기(송승하 역). 서울: 밀리언하우스.

Levine, M. (2002). 아이의 뇌를 읽으면 아이의 미래가 열린다(이창신 역). 서울: 도서출판 소소.

Levine, M. (2003). 내 아이에겐 분명 문제가 있다(김미화 역). 서울: 도서출판 소소.

Light, B. G., & Dweck, C. S. (1984). Determinants of academic achievement: The interaction of children's achievement orientations wih skill area. *Developmental Psychology, 20*, 628–636.

Light, R. J. (2001). *Making the most of college: Student speaks their minds*. Cambridge, M.A.: Harvard Univeristy Press.

Linn, R. L., & Gronlund, N. E. (1995). *Measurement and assessment in teaching* (7th ed.). New Jersey: Prentice Hall.

Locke, E. A., & Latham, G. P. (1990). *A theory of goal setting and task performance*. Englewood Cliffs, NJ: Prentice Hall.

Locke, E. A., & Latham, G. P. (2002). Building a practically useful theoriest of goal setting and task motivation: A 35-year odyssey. *American Psychology, 57*, 705–717.

Luria, L. (1961). *The Role of Speech in the Regulation of Normal and Abnormal Behavior*. NY: Liveright.

Marks-Beale, A. (1994). *Study skills: The tools for active learning*. Delmar Pub. Inc.

Marland, S. P., Jr. (1972). *Education of the gifted and talented. Report to the Congress by the US Commissioner of Education*. Washington, DC: U.S. Government Printing Office.

McKeachie, J. L. (1986). *Evaluating teaching*. Minneapolis, MN: University of Minnesota.

McKeachie, W. J., Pintrich, P. R., & Lin, Y. C. (1986). Teaching learning strategies. *Educational Psychologists, 20*(3), 153–160.

McWhorter, K. T. (1996). *Study and criticial thinking skills in college* (3rd ed.). NY: HarperCollins.

Meece, J. L. (1997). *Child and Adolescent development for educators*. NY: McGrow-Hill.

Meece, J. L., & Painter, J. (2008). Gender, self-regulation, and motivation. In B. J. Zimmerman & D. H. Schunk (Eds.), *Motivation and Self-regulated learning* (pp. 31-51). NY: Lawrence Earlbaum Associates.

Meichenbaum. D. (1977). *Cognitive-behavioral modification.* NY: Plenum Press.

Meloth, M. S. (1990). Changes in poor readers' knowledge of cognition and the association of knowledge of cognition with regulation of cognition and reading comprehension. *Journal of Educational Psychology, 82,* 792-798.

Mercer, C. D. (1991). *Students with learning disabilities* (4th ed.). NY: Macmillan.

Michael, W. B., Michael, J. J., & Zimmerman, W. S. (1980). *The Study Attitude and Methods Survey: Manual of instructions and interpretations.* San Diego, CA: EDITS.

Midgley, C. (Ed.). (2002). *Goals, goal structures, and patterns of adaptive learning.* Mahwah, NJ: Erlbaum.

Midgley, C., Arunkumar, R., & Urdan, T. (1996). "If I don't do well tomorrow, there's a reason": Predictors of adolescents' use of academic self-handicapping behavior. *Journal of Educational Psychology, 88,* 423-434.

Midgley, C., & Urdan, T. C. (2001). Academic self-handcapping and achievement goal: A further examination. *Contemporary Educational Psychology, 26*(1), 61-75.

Milne, A. M., Myers, D. E., Rosenthal, A. S., & Ginsburg, A. (1986). Single parents, working mothers, and the educational achievement of schoolchildren. *Sociology of Education, 59,* 125-139.

Morgenstern, J. (2000). *Time management from the inside out.* NY: An OWL book.

Morris, L., Davis, D., & Hutchings, C. (1981). Cognitive and Emotional Components of Anxiety: Literature Review and Revised Worry-Emotionality Scale. *Journal of Educational Psychology, 73,* 541-555.

Morrow, W. R., & Wilson, R. C. (1961). Family relations of bright high-achieving and underachieving high school boys. *Child Development, 32,* 501-510.

Murphy, J. (2011). 잠재의식의 힘(김미옥 역). 서울: 미래지식.

Myers, D. (2004). *Psychology* (7th ed.). NY: Worth Publishers.

Myers, I. B., & McCaulley, M. H. (1985). *Manual: A guide to the developmental and use of the Myers-Briggs Type Indicator.* Palo Alto, CA: Consulting Psychologists Press.

National Joint Commitee on Learning Disabilities. (1988). Letter to NJCLD member organizations.

Newman, R. S. (2000). Social Influences on the Development of Children's Adaptive Help Seeking: The Role of Parents, Teachers, and Peers. *Developmental review, 20*(3),

350-404.

Noddings, N. (2001). How We Teach Matters. *Journal of curriculum and supervision*, *16*(2), 122-124.

Norem, J. K. (2001). *The positive power of negative thinking: Using defensive pessimism to manage anxiety and perform at your peak*. NY: Basic Books.

Norem, J. K., & Cantor, N. (1986a). Anticipatory and post-hoc cushioning strategies: Optimism and defensive pessimism in 'risky' situations. *Cognitive Theraphy and Research*, *10*, 347-362.

Norem, J. K., & Cantor, N. (1986b). Defensive pessimism: Harnessing anxiety as motivation. *Journal of Personality and Social Psychology*, *51*, 1208-1217.

O'Connor, E. (2010). Teacher-child relationships as dynamic systems. *Journal of School Psychology*, *48,* 187-218.

Olson, M. H., & Hergenhahn, B. R. (2009). 학습심리학(김효창, 이지연 역). 서울: 학지사.

Ormrod, J. E. (2009). 인간의 학습(김인규, 여태철, 윤경희, 임은미, 임진영, 황매향 역). 서울: 시그마프레스.

Paivio, A. (1971). *Imagery and verval processes*. NY: Holt, Rinehart, & Winston.

Paivio, A. (1986). *Mental representations: A dual-coding approach*. NY: Oxford University Press.

Pajares, F. (1996). Self-efficacy beliefs in academic settings. *Review of Educational Research*, *66*(4), 543-578.

Park, Hye-Sook. (2021). Validation of Motivational Regulation Strategies for Korean Elementary, Middle, and High School Students. *The Asia-Pacific Education Researcher*. 10.1007/s40299-021-00558-w.

Pekrune, R., Elliot, A. J., & Maier, M. A. (2009). Achievement goals and achievement emotions: Testing a model of their joint relations with academic performance. *Journal of Educational Psychology*, *101*(1), 115-135.

Pianta, R. C., & Steinberg, M. (1992). Teacher-child relationships and the process of adjustment to school. *New Directions for Child Development*, *57*, 61-80.

Pianta, R. C., Steinberg, M. S., & Rollins, K. B. (1995). The first two years of school: Teacher-child relationships and deflections in children's classroom adjustment. *Development and Psychopathology*, *7*, 295-312.

Pianta, T. F. (1999). The Role of Physical Therapy in Improving Physical Functioning of Renal Patients. *Advances in Renal Replacement Therapy*, *6*(2), 149-158.

Piechowski, M. M. (1991). Emotional development and emotional gifedness. In N. Colangelo, & G. A. Davis (Eds.), *Handbook of gifted education* (pp. 285-306).

Boston: Allyn & Bacon.

Pintrich, P. R., & De Groot, E. V. (1990). Motivational and self-regulated learning components of classroom academic performance. *Journal of Educational Psychology, 82*, 33-40.

Pintrich, P. R., & Garcia, T. (1991). Student goal orientation and self-regulation in the college classroom. In M. L. Maeher & P. R. Pintrich (Eds.), *Advances in motivationa and achievement* (vol. 7, pp. 371-402). Greenwich, CT: JAI Press.

Pintrich, P. R., & Schunk, D. H. (2002). *Motivation in education: Theory, research, and applications* (2nd ed.). Upper Saddle River, NJ: Merrill/Prentice Hall.

Pokay P., & Blumenfeld, P. C. (1990). Predicting achievement early and late in the semester. The role of motivation and use of learning strategies. *Journal of Educational Psychology, 82*(1), 41-50.

Pollard, C., & Henderson, J. (1998). Four types of social phobia in a community sample. *Journal of Nervous Mental Disease, 176*, 440-445.

Proctor, B. E., Prevatt, F. F., Adams, K. S., Reaser, A., & Petscher, Y. (2006). Study Skills Profiles of Normal-Achieving and Academically-Struggling College Students. *Journal of College Student Development, 47*(1), 37-51.

Pychyl, T. A., Morin, R. W., & Salmon, B. R. (2000). Procrastination and the planning fallacy: An exmaination of the study habits of university students. *Journal of Social Behavior and Personality, 15*, 135-150.

Rauscher, F. H., Shaw, G. L., & Ky, K. N. (1993). Music and spatial task performance. *Nature, 365*, 611.

Reed, S. K. (2006). 인지심리학(박권생 역). 서울: 시그마프레스.

Reis, S. M., & McCoach, D. B. (2000). The underachievement of gifted student: What do we know and where do we go? *Gifted Child Quarterly, 44*, 152-170.

Renzulli, J. S. (1986). The three ring conception of giftedness. A developmental model for creative productivity. In R. J. Sternberg & J. E. Davison (Eds.), *Conception of giftedness* (pp. 53-92). Cambridge, MA: Cambridge University Press.

Renzulli, J. S. (2004). *Equity, Excellence, and Economy in a System for Identifying Students in Gifted Education: A guidebook*. Storrs, CT: University of Connecticut, The National Research on the Gifted and Talented.

Rimm, S. B. (1995). *Why bright kids get poor grades: And what you can do about it*. NY: Crown Publishers, Inc.

Robinson, F. P. (1961). *Effective study* (4th ed.). NY: Harper & Row.

Roeser, R. W., Eccles, J. S., & Sameroff, A. J. (2000). School as a context of early adolescents' academic and social-emotional development: A summary of research findings. *The Elementary School Journal, 100*(5), 443-471.

Rosenshine, B., & Stevens, R. (1986). Teaching functions. In M. C. Wittrock (Ed.), *Handbook of research on teaching* (3rd ed., pp. 376-391). NY: Macmillan.

Rosenthal, R., & Jacobson, L. (1968). *Pygmalion in the classroom.* NY: Rinehart & Winston.

Rotter, J. B. (1966). Generalized expectancies for internal versus external control of reinforcement. *Psychological Monographs, 80* (Whole No. 609).

Rowland, C. A. (2014). The effect of testing versus restudy on retention: A meta-analytic review of the testing effect. *Psychological Bulletin, 140*(6), 1432-1463. https://doi.org/10.1037/a0037559

Ryan, R. M., & Deci, E. L. (2000). Intrinsic and extrinsic motivations: Classic definitions and new directions. *Contemporary Educational Psychology, 25,* 54-67.

Ryan, R. M., & Deci, E. L. (2002). Overview of self-determination theory: An Organismic Dialectical Perspective. In E. L. Deci & R. M. Ryan (Eds.), *Handbook of self-determination research* (pp. 3-33). Rochester, NY: University of Rochester Press.

Ryan, R. M., & Grolnick, W. (1986). Origins and pawns in the classroom: Self-report and projective techniques of individual differences in children's perceptions. *Journal of personality and social psychology, 50,* 550-558.

Sattler, J. M. (1992). *Assessment of children.* San Diego, CA: Author.

Schmeck, R. S. (1988). *Learning Strategies and Learning Styles.* NY: Plenum Press.

Schumaker, J. B., Deshler, D. D., Alley, G. R., Warner, M. M., & Denton, P. H. (1982). Multipass: A learning strategy for improving reading comprehension. *Learning Disability Quarterly, 5,* 295-304.

Schunk, D. H. (1983a). Ability versus effort attributional feedback: Differtional effects on self-efficacy and achievement. *Journal of Educational Psychology, 75,* 848-856.

Schunk, D. H. (1983b). Developing children's self-efficacy and skills: The roles of social comparative information and goal setting. *Contemporary Educational Psychology, 8*(1), 76-86.

Schunk, D. H. (1985). Participation in goal setting: Effects on self-efficacy and skills on learning disabled children. *The Journal of Special Education, 19,* 307-316.

Schunk, D. H. (1989). Self-efficacy and achievement behaviors. *Educational Psychology Review, 1,* 173-208.

Schunk, D. H. (1990). Goal setting and self-efficacy during self-regulated learning. *Educational Psychologist, 25,* 71-86.

Scruggs, T. E., & Mastropieri, M. A. (1992). *Teaching test-taking skills*. Brookline Books.

Sears, W. W. (1968). Processes in music therapy. In E. T. Gaston (Ed.), *Music in therapy* (pp. 30-44). NY: Macmillan Publishing Co., Inc.

Semb, G., Glick, D. M., & Spencer, R. E. (1979). Student withdrawals and delayed work patterns in self-paced psychology courses. *Teaching of Psychology, 6*, 23-26.

Shavelson, R. J., Hubner, J. J., & Stanton, G. C. (1976). Self-concept: Validation of construct interpretations. *Review of Educational Research, 46*, 407-441.

Sieber, J. E. (1977). How shall anxiety be defined? In J. E. Sieber, H. F. O'neil, & S. Tobias, Jr. (Eds.), *Anxiety, learning, and instruction*. Mahwah, NJ: Lawrence Erlbaum Associates, Inc.

Siepker, B., & Kandaras, C. (Eds.). (1985). *Group therapy with children and adolescents: A treatment manual*. NY: Human Sciences Press.

Silverman, L. K. (2008). 영재상담(이미순 역). 서울: 학지사.

Skinner, B. F. (1953). *Science and human behavior*. NY: Free Press.

Skinner, E. A., & Belmont, M. J. (1993). Motivation in the Classroom: Reciprocal Effects of Teacher Behavior and Student Engagement Across the School Year. *Journal of educational psychology, 85*(4), 571-581.

Skinner, E., Furrer, C., Marchand, G., & Kindermann, T. (2008). Engagement and Disaffection in the Classroom: Part of a Larger Motivational Dynamic?. *Journal of educational psychology, 100*(4), 765-781.

Slavin, R. E. (2004). 교육 심리학: 이론과 실제(강갑원, 김정희, 김종백, 박희순, 이경화, 장인실 역). 서울: 시그마프레스.

Smith, H. (1994). The 10 natural laws of successful time and life management.

Smith, M. D. (1993). *Behavior modification for exceptional children and youth*. Boston, MA: Andover Medical Publishers.

Sternberg, R. J., & Williams, W. M. (2003). 교육심리학(전윤식, 정명화, 황희숙, 강영심, 유순화, 신경숙, 강승희, 김정섭 역). 서울: 시그마프레스.

Tannenbaum, A. J. (1962). *Adolescent attitudes toward academic brilliance*. NY: Teacher's College Press.

Terman, L. M. (1925). *The mental and physical traits of a thousand gifted children*. Sanford, CA: Stanford University Press.

Thapar, A. (2003). Attention deficit hyperactivity disorder: new genetic findings, new directions. In R. Plomin, J. C. Defries, I. W. Craig, & P. McGuffin (Eds.), *Behavioral genetics in the postgenetic era*. Washington, DC: American Psychological Association.

Thaut, M. (1990). Neuropsychological precesses in music perception. In R. Unkefer (Ed.), *Music therapy in the treatment of adults with mental disorders*. NY: Schirmer Books.

Thomas, E. L., & Robinson, H. A. (1972). *Improving reading in every class: A sourcebook for teachers*. Boston: Allyn & Bacon.

Tice, D. M., & Baumeister, R. F. (1997). Longitudinal study of procrastination, performance, stress and health: The costs and benefits of dawdling. *Psychological Science, 8*(6), 454-458.

Urdan, T., & Turner, J. C. (2005). Competence motivation in the classroom. In A. Elliot & C. Dweck (Eds.), *Handbook of competence and motivation* (pp. 297-317). NY: Guildford Press.

Volet, S. E. (1991). Modelling and coaching of relevant metacognitive strategies for enhancing university students' learning. *Learning and Instruction, 1*, 319-336.

Webb, J. T. (1993). Nurturing social-emotional development of gifted children, In K. A. Hellen, F. J. Monks, & A. H. Passow (Eds.), *International handbook of research and development of giftedness and talent* (pp. 525-538). Pergmon Press.

Webb, J. T., Mechkstroth, E. A., & Tolan, S. S. (1982). *Guiding the gifted child: A practical source for parents and teachers*. Ohio Psychology Pub. Com.

Webb, N. M., & Palinscar, A. S. (1996). Group processes in the classroom. In D. C. Berlinar & R. C. Calfee (Eds.), *Handbook of Educational Psychology* (pp. 841-873). NY: Macmillan.

Wechsler, D. (1949). *Wechsler Intelligence Scale for Children*. NY: The Psychological Corporation.

Wechsler, D. (1974). *Manual for the Wechsler Intelligence Scale for Children-Revised Manual*. San Antonio, TX: The Psychological Corporation.

Wechsler, D. (1991). *Wechsler Intelligence Scale for Children-Third Edition*. San Antonio, TX: The Psychological Corporation.

Wechsler, D. (2003). *Wechsler Intelligence Scale for Children-Forth Edition*. San Antonio, TX: Harcourt Assessment, Inc.

Weiner, B. (1979). A Theory of Motivation for Some Classroom Experiences. *Journal of Educational Psychology, 71*(1), 3-25.

Weiner, B. (1984). Principles for a theory of student motivation and their implication within an attributional framework. In R. Ames & C. Ames (Eds.), *Research on motivation in education, Vol. 1: Student motivation*. NY: Academic Press.

Weiner, B. (1985). An attributional theory of achievement motivation and emotion.

Psychological Review, *92*, 548-573.

Weiner, B. (1986). *An attributional theory of motivation and emotion*. NY: Springer-Verlag.

Weinstein, C. E. (1987). *LASSI User's Manual*. Clearwater, FL: H & H.

Weinstein, C. E., & Mayer, R. E. (1986). The teaching of learning strategies. In M. C. Wittrock (Ed.), *Handbook of research on teaching* (3rd ed., pp. 315-327). NY: Macmillan.

Weinstein, C. E., & Palmer, D. R. (2002). *LASSI User's manual*. FL: H&H Publishing Company, Inc.

Weinstein, C. E., Palmer, D. R., & Schulte, A. C. (1987). *Learning and Study Strategies Inventory*. Clearwater, FL: H & H.

Weinstein, N. D. (1980). Unrealistic optimism about future life events. *Journal of Personality and Social Psycology*, *39*, 806-820.

Whitmore, J. R. (1980). *Giftedness conflict and underachievement*. Boston: Allan & Bacon.

Wolters, C. A. (1998). Self-regulated learning and college students' regulation of motivation. *Journal of Educational Psychology*, *90*, 224-234.

Wolters, C. A. (2003). Regulation of motivation: Evaluating an underemphasized aspect of self-regulated learning. *Educational Psychologist*, *38*, 189-205.

Wolters, C. A. (2010). Understanding and predicting the self-regulation of motivation in college students. International Conference on Educational Research, Seoul National University, October 1.

Wolters, C. A., & Rosenthal, H. (2000). The relation between students' motivational beliefs and their use of motivational regulation strategies. *International Journal of Educational Research*, *33*, 801-820.

Woolfolk, A. (2003). 교육심리학(김아영, 백화정, 정명숙 역). 서울: 학지사.

Zilli, M. G. (1971). Reasons why the gifted adolescent underachievers and some of the implications of guidance and counseling to this problem. *Gifted child Quarterly*, *15*(4), 279-292.

Zimmerman, B. J. (2000). Attaining self-regulation. In M. Boekaerts, P. R. Pintrich, & M Zeidner (Eds.), *The handbook of self-regulation*. San Diego, CA: Academic Press.

Zimmerman, B. J. (2008). Goal setting: A key proactive source of academic self-regulation. In B. J. Zimmerman & D. H. Schunk (Eds.), *Motivation and Self-regulated learning* (pp. 267-296). NY: Lawrence Earlbaum Associates.

Zimmerman, B. J., & Kitsantas, A. (2007). The hidden dimension of personal competence:

Self-regulated learning and practice. In A. J. Elliot & C. S. Dweck (Eds.), *Handbook of competence and motivation* (pp. 509-526). NY: The Guildford press.

Zimmerman, B. J., & Martinez-Pons, M. (1986). Development of a structured interview for assessing student use of self-regulated learning strategies. *American Educational Research Journal, 23*, 614-628.

Zimmerman, B. J., & Martinez-Pons, M. (1988). Construct validation of a strategy model of student self-regulated learning. *Journal of Educational Psychology, 80*, 284-290.

Zimmerman, B. J., & Martinez-Pons, M. (1990). Student differences in self-regulated learning: related grade, sex, and giftedness to self-efficacy and strategy use. *Journal of Educational Psychology, 82*(1), 51-59.

Zimmerman, B. J., & Schunk, D. H. (2008). Motivation an essential dimension of self-regulated learning. In B. J. Zimmerman & D. H. Schunk (Eds.), *Motivation and Self-regulated learning* (pp. 1-30). NY: Lawrence Earlbaum Associates.

Zimmerman, B. J., Bandura, A., & Matinez-Pons, M. (1992). Self-motivation for academic attainment: The role of self-efficacy beliefs and personal goal setting. *American Educational Research Journal, 29*(3), 663-676.

Zimmerman, B., & Martinez-Pons, M. (1986). Development of a structured interview for assessing student use of self-regulated learning strategies. *American Educational Research Journal, 23*, 614-628.

Zimmerman, B., & Martinez-Pons, M. (1988). Construct validation of a strategy model of student self-regulated learning. *Journal of Educational Psychology, 80*, 284-290.

Zomeren, A. H., & Brouwer, W. H. (1994). Assessment of Attention. In J. R. Crawford, D. M. Parker, & W. W. McKinlay (Eds.), *A Handbook of Neuropsychological Assessment* (pp. 241-266). Hove: Lawrence Erlbaum Associates Ltd., Publishers.

Zuckerman, M., & Tsai, F. (2005). Cost of self-handicapping. *Journal of Personality, 73*(2), 411-442.

[찾아보기]

[인명]

[내용]

[저자 소개]

이재규
서울대학교 대학원 교육학박사(교육상담 전공)
현 공주대학교 교육학과 교수

김종운
동아대학교 대학원 교육학박사(교육상담 전공)
현 동아대학교 교육학과 교수

김현진
미국 텍사스 오스틴 주립 대학교 대학원 철학박사(교육심리 전공)
현 서울사이버대학교 상담심리학과 부교수

박혜숙
미국 미시간 주립대학교 대학원 철학박사(교육심리 전공)
현 호남대학교 교육대학원 상담심리 전공 조교수

백미숙
한남대학교 대학원 철학박사(상담 전공)
현 백미숙진로학습상담연구소장

송재홍
전북대학교 대학원 교육학박사(교육심리 및 상담 전공)
현 제주대학교 초등교육학과 교수

신을진
서울대학교 대학원 교육학박사(교육상담 전공)
현 숭실사이버대학교 상담심리학과 교수

유형근
한국교원대학교 대학원 교육학박사(교육상담 전공)
현 한국교원대학교 교육학과 교수

이명경
서울대학교 대학원 교육학박사(교육상담 전공)
현 한국집중력센터 소장

이자영
고려대학교 대학원 교육학박사(학교상담 전공)
현 한양사이버대학교 상담심리학과 교수

전명남
경북대학교 대학원 교육학박사(교육심리 및 상담 전공)
현 대구한의대학교 상담심리학과 교수

KCA 한국상담학회 상담학 총서 07

학습상담(2판)
Counseling and Consulting for Learning (2nd ed.)

2013년 4월 22일 1판 1쇄 발행
2016년 4월 25일 1판 3쇄 발행
2022년 3월 25일 2판 1쇄 발행
2024년 3월 25일 2판 2쇄 발행

지은이 • 이재규 · 김종운 · 김현진 · 박혜숙 · 백미숙 · 송재홍
　　　　신을진 · 유형근 · 이명경 · 이자영 · 전명남
펴낸이 • 김진환
펴낸곳 • (주) 학지사
　　　　04031 서울특별시 마포구 양화로 15길 20 마인드월드빌딩
대표전화 • 02)330-5114　　　팩스 • 02)324-2345
등록번호 • 제313-2006-000265호

홈페이지 • http://www.hakjisa.co.kr
인스타그램 • https://www.instagram.com/hakjisabook

ISBN 978-89-997-2649-1 93180

정가 22,000원

출판미디어기업 학지사

간호보건의학출판 학지사메디컬 www.hakjisamd.co.kr
심리검사연구소 인싸이트 www.inpsyt.co.kr
학술논문서비스 뉴논문 www.newnonmun.com
교육연수원 카운피아 www.counpia.com
대학교재전자책플랫폼 캠퍼스북 www.campusbook.co.kr